제3판

정치학개론

한 종 수 저

세창출판사

제3판 서 문

 이 책의 개정판이 발간된 지 어느덧 9년이 되어 간다. 그동안 국내외적으로 정치현상 및 정치제도 등에 있어서 적지 않은 변화가 있었다. 이러한 이유에서 늦은 감이 있지만 저자는 제3판의 출간을 결심하게 되었다.

 저자는 초심으로 돌아가 겸허한 마음으로 책의 개정작업을 수행했다. 새로운 정치적 변화에 대한 내용을 세밀하게 수정·보완했을 뿐만 아니라, 독자가 좀 더 쉽게 읽고 쉽게 이해할 수 있도록 문장을 세심하게 다듬었다. 근래 학계에서 제기된 새로운 정치학적 용어와 이론을 소개하려는 노력도 함께 기울였다.

 그동안 몸담아 왔던 대학교 강단을 떠나 자연인으로 돌아가게 된 지도 벌써 몇 년이 지나갔다. 강의를 포함한 모든 학문적 행위를 멈추고 평범한 일상을 즐기고 있던 중 개정판을 내달라는 출판사의 요청을 받고 몹시 망설였으나 용기를 내어 수락을 결심하게 되었다. 이번 개정판은 저자의 마지막 작품이 될지도 모른다는 생각으로 작업에 임했다. 아무튼 독자 여러분이 어떻게 반응할지 기대와 두려움이 교차한다.

 마지막으로 항상 변함없이 이 책에 대해 신뢰를 가져 주신 세창출판사 이방원 사장님과 임길남 상무님에게 감사드리며 관계 직원들에게도 고마움을 표하고 싶다.

2020년 7월

저 자

서 문

　본인이 저술한 『현대정치학의 이해』라는 책이 세상에 선보인 지 벌써 몇 년
이 지나갔다. 여러 모로 부족함에도 불구하고 그 동안 많은 독자들이 애정을 가지
고 읽어주신 데 대하여 진심으로 감사를 표한다. 당시 나름대로 만족스럽다고 생
각하여 책을 출간하였으나, 그 후 강단에서 가르치면서 많은 부족함을 느껴 부끄
러운 마음 금할 수 없었다. 이런 차에 평소 모아왔던 자료와 생각을 다시 정리하
여 이번에 『정치학개론』이라는 이름으로 새로운 책을 내놓게 되어 마음이 한결
홀가분하다. 더욱이 새롭게 꾸며진 이 책을 새로운 출판사에서 발행하게 되어 새
로운 기분이 배가된다.

　저자는 기존의 책을 전면 수정·보완하고 새로운 내용을 대폭 추가하여 이
책을 개론서에 걸맞게 꾸며보려고 노력했다. 기술하고자 의도한 내용을 충분히 전
달하면서 동시에 책이 너무 두꺼워지지 않도록 주의를 기울였다. 간결하고 평이한
문장으로 표현하여 독자가 접근하기 쉽도록 세심한 배려를 했으며, 중요한 학술용
어 또는 의미상 애매모호한 단어는 영어, 독일어, 한자 등을 병기하여 이해를 돕
고자 했다.

　저자는 학문적 능력이 허용하는 범위에서 책의 완성도를 높이기 위해 최대한
힘썼다. 그럼에도 불구하고 여전히 내용상 미흡하거나 관점에 있어서 무리한 부분
이 없지 않을 것으로 생각한다. 앞으로 독자 여러분의 비판을 겸허히 수용하고 지
도편달에 힘입어 더 좋은 개론서가 되도록 계속 노력하겠다. 아무쪼록 이 책이 정
치학을 전공하는 학도들은 물론이고 이에 관심을 가진 각계각층의 사람들에게 많은
도움이 되길 바란다.

　이 책이 출간되기까지는 많은 분들의 도움이 컸다. 우선 이 책의 출판을 흔쾌

히 수락해 주신 세창출판사 이방원 사장님과 수고하신 관계직원들께 감사드린다. 평소 많은 격려와 협조를 아끼지 않은 선후배 그리고 동료 학자들께도 깊은 감사를 표한다. 또한 책의 마무리를 위해 수고한 오희정 조교와 유인규 군에게 고마운 마음을 전하고자 한다. 끝으로, 이 자리를 빌려 항상 사랑과 너그러움으로 감싸주신 어머님의 은혜에 감사드린다. 그리고 이 책이 나오게 된 기쁨을 나의 가족과 함께 나누고 싶다.

2006년 1월

익산시 신룡동 연구실에서

저자 한 종 수

차 례

제 3 장	정치이론과 정치학 방법론

제 4 장	정치 이데올로기

제5장   정치체제

제6장   정치권력과 정치적 리더십

제 7 장   국가와 정부

제 8 장   선거와 선거제도

제9장 정치사회

제10장 정치문화

제11장 정치발전

제12장　환경정치

제13장　국제정치

제14장 국제기구

제 3 판

정치학개론

제1장

정치

■ I. 정치를 바라보는 관점

인간과 정치에 관한 물음은 고대 그리스가 낳은 위대한 철학자 아리스토텔레스 (Aristoteles, B.C. 384~322)에게로 거슬러 올라간다. 아리스토텔레스는 인간은 다른 동물과 달리 정치적이라고 보았다. 이는 인간은 천성적으로 정치적 동물이며 인간세 계에서 나타난 정치현상은 다른 동물세계에서 볼 수 없는 특별한 것이라는 뜻이다.

정치(politics)라는 단어는 고대 그리스의 폴리스(polis)에서 파생된 폴리티쿠 스(politikos)라는 그리스어에서 나온 말이다. 폴리스는 도시국가로 번역되지만, 원 래의 뜻은 인간이 함께 살아감에 있어 가족 이상의 가장 의미 있는 공동체를 지칭 하는 것이다.[1] 그리스의 폴리스에 있어 정치는 시민 모두가 참여하는 공동체 생

---

1) 강성학, 『소크라테스와 시이저』(박영사, 1997), p.194.

활로서 그들이 다 같이 선하다고 생각하는 목표를 실현하는 윤리적·도덕적 선택을 포함하는 것이었다.[2]

아리스토텔레스는 시민이 공동체 속에서 선하고 도덕적인 삶을 꾸려 나가도록 하는 것이 정치의 임무라고 보았다.[3] 플라톤(Platon, B.C. 427~347)의 도덕적 이상주의에는 못 미치지만, 아리스토텔레스의 정치관 역시 이상국가와 이상사회를 건설하려는 일정한 윤리적 규범에 기초했으며, 이와 같은 정치에 대한 기본관점은 당시에 당연한 것으로 받아들여졌다.

플라톤과 아리스토텔레스는 윤리적 요인을 정치와 불가분의 관계로 파악했으며, 정치를 진리에 준거하여 사회의 최고선, 정의 또는 공정성을 실현하는 것으로 보았다.[4] 아리스토텔레스는 좋은 정치체제의 필수 요건으로 지도자의 합리적이고 윤리적인 도덕성의 완비를 꼽았다.[5] 그는 지도자의 도덕성과 더불어 욕망에 의해 영향을 받지 않는 합리적 이성의 표현인 법률의 중요성을 강조함으로써 철인정치를 구상한 플라톤보다는 현실적인 이상국가를 목표했다는 평가를 받는다.

사회적·정치적 변동기였던 중국의 춘추전국시대(B.C 8세기~B.C 3세기)에 수많은 사상가들이 나타나 학문의 꽃을 피우게 되었다. 당시 형성된 여러 학파 중 하나인 유가(儒家)의 지도적 인물이었던 공자(孔子, B.C. 551~479) 역시 정치를 윤리적·도덕적 관점에서 파악하려 했다. 공자는 이상적인 국가와 사회를 건설하기 위해 통치자가 이상적으로 마땅히 해야 할 왕도(王道)의 실현과 인(仁)과 의(義)를 포괄하는 덕(德)의 실천을 강조했다.[6]

유럽의 중세(5세기~15세기)에 정치는 종교와 일체화되었다. 이 시대에는 신과 군주 사이의 중간자 역할을 자임한 교회(즉, 로마 교황)의 권위가 최고의 지배적 권위로 인정받았다. 기독교적 가치관에 입각하여 신의 뜻에 따르는 국가통치가 강조되었으며, 기독교적 생활을 통해서 구원받으려는 인간의 행위는 바로 정치적 활동과 연결되었다.

근대에 들어와 정치와 종교는 분리되어 정치는 다시 세속적인 권위의 지배하

---

2) 신정현, 『정치학』(법문사, 1993), p.7.

3) Weinacht/Kempf/Merz(eds.), *Einführung in die Politische Wissenschaft* (Freiburg: Karl Alber, 1977), pp.27~33.

4) 김운태/김영국, 『정치학개론』(서울대학교 출판부, 1977), p.41.

5) Weinacht/Kempf/Merz(1977), p.31.

6) Fung Yu-Lan, *A Short History of Chinese Philosophy* (New York: Free Press, 1966), pp.38~48.

에 놓이게 되었다. 중세 교황 중심의 정치질서에서 근대 초 군주 중심의 세속적인 정치질서로 전환하는 시대적 상황에서 마키아벨리(Niccolo Machiavelli, 1469~1527)는 도시국가들로 분열된 그의 조국 이탈리아의 안정과 통일을 위하여 군주권의 강화를 역설했다.

중세의 기독교 왕국이 무너지고 근대적 국가개념이 자리를 잡기 시작할 때 나타난 절대주의 사상가 마키아벨리는 정치를 이상주의적 규범으로 해석하지 않고, 권력을 획득하고 유지하며 사용하는 현실주의적 통치기술로 정의했다.[7] 근대 정치학의 시조라 불리는 마키아벨리는 정치를 도덕이나 윤리로부터 분리시켰다. 그는 정치학의 시조인 아리스토텔레스의 가치함축적 정치관에서 벗어나 몰(沒)가치적 정치관을 형성했다. 즉, 마키아벨리는 정치를 바라보는 아리스토텔레스적 관점에 대전환을 가져오게 했다.

고대 중국의 춘추전국시대 말기에 활동한 법가(法家)의 대표적 인물인 한비자(韓非子, B.C. 280?~233)는 법(法), 세(勢), 술(術) 등 세 가지를 제왕의 도구로 간주하고 중시했다. 현대적 개념으로 풀이하면, 법은 통치제도, 세는 권력, 술은 통치기술을 뜻한다. 비교론적 의미에서 볼 때, 한비자의 정치사상은 마키아벨리와 마찬가지로 현실주의에 기반을 두었다고 말할 수 있다.

〈표 1-1〉 정치를 바라보는 관점

분 류	대표적 인물	특 징
이상주의적 관점	· 플라톤, 아리스토텔레스(서양) · 공자(동양)	· 이상적 규범으로 정치를 파악 · 윤리적 · 도덕적 측면에서 정치를 파악
현실주의적 관점	· 마키아벨리(서양) · 한비자(동양)	· 도덕 · 윤리로부터 정치를 분리하여 이를 실제적으로 파악 · 권력을 획득 · 유지 · 사용하는 통치기술로 정치를 파악

윤리, 도덕, 가치 등 규범적 차원에서 정치를 이해한 플라톤과 아리스토텔레스의 이상주의적 관점과 현실적 실제를 중시한 마키아벨리의 현실주의적 관점은

---

7) Sydney Anglo, "Niccolo Machiavelli: Die Anatomie des politischen und militärischen Zerfalls," in Brian Redhead/Joachim Starbatty(eds.), *Politische Denker*(Stuttgart: Bonn Aktuell, 1988), pp.103~118.

오늘날까지 그 맥을 이어 오고 있다. 실례로 일부 이슬람 국가에서는 종교국가(신정국가)의 건설을 꿈꾸는 이상주의적 세계관과 세속화되어 가고 있는 실제적 현실을 정치에 반영하려는 현실주의적 세계관이 서로 대립하고 있다. 한국에서는 통일을 목표로 남북화해와 협력을 추구하는 이상주의적 관점과 정치적 · 이념적으로 대립하고 있는 남북분단의 현실을 고려하여 통일보다는 현상유지, 그리고 화해 · 협력보다는 국가안보를 강조하는 현실주의적 관점이 충돌하고 있다. 두 관점의 대립 · 공존 현상은 국내정치에서뿐만 아니라, 국제정치에서도 찾아볼 수 있다. 예를 들면 오랫동안 국제정치에서는 국제윤리와 여론, 국제법 및 국제기구의 중요성을 역설하는 이상주의와 국가이익과 권력정치를 강조하는 현실주의가 서로 경쟁하여 왔다.

　　원래 두 관점은 경쟁 · 대립 관계에 놓여 있지만 경우에 따라서 상호 보완하는 역할을 할 수도 있다. 즉, 이상주의적 관점은 현실적 상황판단을 토대로 좀 더 실천 가능한 목표를 설계할 수 있으며, 반대로 현실주의적 관점은 이상주의에 자극을 받아 실제적 상황에 집착하지 않고 공동체가 지향할 발전적 미래에도 관심을 가질 수 있다.

■ II. 정치에 관한 인식

　　인간의 자유를 최고의 가치로 여기는 무정부주의(anarchism)는 모든 형태의 정부기구가 상당히 약화되거나 완전히 소멸하기를 원한다. 무정부주의자들은 정부를 비롯한 모든 형태의 정치적 권위기구는 국민에 대하여 강압적이고 개인의 자율성을 해치기 때문에 이를 사악하며 또한 불필요하다고 인식한다. 이들은 자연적인 질서와 자발적인 사회조화에 대한 강한 믿음을 갖고 있는 반면에, 인위적인 정치질서를 거부하고 정치적 활동성을 띠는 정당과 같은 전통적인 정치수단을 배척한다.[8] 이런 의미에서 우리는 무정부주의를 인간에 대한 인간의 지배가 없는 자유로운 사회를 열망하는 유토피아 사상이라고 말할 수 있겠다.

　　애당초 무정부주의자들은 인위적인 정치를 불필요한 것으로 이해한다. 그러

---

8) Andrew Heywood, *Key Concepts in Politics* (New York: St. Martin's Press, 2000), pp. 45~46.

나 정치를 종말론적으로 생각하는 사람들은 인간이 모여 사는 곳에 갈등이 있게 마련이고 이러한 갈등이 있는 곳에 정치는 존재한다고 본다. 그런데 이들은 정치로 인해 「마지막 갈등」이 해소되면 근본적인 갈등이 존재하지 않게 되며, 그때가 되면 정치는 불필요하게 된다고 믿는다. 이와 같이 정치를 단지 「마지막 갈등」을 해결하기 위해 임시적으로 필요한 것으로 인식하는 대표적인 경우는 마르크스 (Karl Marx, 1818~1883)와 그의 추종자들이다. 이들은 정치를 계급사회의 생성과 결합된 사회현상으로 파악하고 있으며, 계급사회의 소멸(즉, 마지막 갈등의 해결)과 더불어 정치는 쓸모없게 된다고 본다.[9]

〈표 1-2〉 정치에 관한 인식

분　류	특　징
애당초 불필요 (무정부주의자)	·애당초 인위적 정치는 불필요한 것으로 인식 ·정치적 권위기구의 약화 또는 소멸을 주장
단지 임시적으로 필요 (마르크스주의자)	·갈등해소를 위해 정치는 필요 ·그러나 「마지막 갈등」이 해소되면 정치는 불필요
필요악	·정치는 필요하나 나쁨
필요선	·정치는 필요하면서 좋음

　인간은 결코 혼자 떨어져 살 수 없는 사회적 존재이며, 국가 또한 국제사회에서 고립되어 생존할 수 없다. 그런데 다수의 사람과 국가가 존재하는 곳에 불가피하게도 갈등과 투쟁이 발생하며, 또한 그곳에 이를 해결하기 위한 정치가 있게 마련이다. 아리스토텔레스가 "인간은 정치적 동물이다"라고 표현한 바와 같이 인간이 집단생활을 하게 되면서 정치현상은 필연적으로 발생하게 되었다.

　흔히 정치 후진국에서 사람들은 정치가들이 민의를 외면하고 독선과 오기를 부리며, 권력을 남용하여 인권을 유린하고 부정·부패를 저지르며, 사리사욕과 당리당략에 사로잡혀 정쟁을 일삼는다고 혹평하면서, 정치 무용론을 들먹인다. 하지만 아무리 정치 무용론을 외쳐대도 이 세상 어느 나라에서도 정치가 없어질 것 같지는 않다. 왜냐하면 원래 인간은 정치를 떠나 살 수 없는 사회적 존재이기 때문이다.

9) Karl Rohe, "Politikbegriffe," in Wolfgang W. Mickel(ed.), *Handlexikon zur Politikwissenschaft* (Regensburg: Ehrenwirth, 1983), pp.349~350.

시대와 지역에 따라 정도의 차이는 있겠지만 일상생활에서 사람들은 정치를 필요악(必要惡), 즉 필요하나 나쁜 것으로 파악하는 경향이 있다. 구체적으로 말해서 사람들은 정치를 다음과 같이 인식한다.[10]

- 정치는 인간이 거부할 수 없는 숙명적인 것이다.
- 정치는 위에서 행하는 것이다.
- 정치는 더러운 사업이다.

물론 세속정치에 대한 이러한 회의적인 인식은 나름대로 충분한 일리가 있다. 그렇다고 정치가 반드시 그러하다고 단정하는 것은 무리이다. 예컨대 이 세상에는 양심에 따라 행동하는 선량한 정치가들이 적지 않다. 게다가 정치가들은 훌륭한 정치로 국가의 안녕을 수호하고 국민화합과 복리를 증진시켜 국민을 행복하게 만들며, 능란한 외교로 국가의 자주독립을 지키고 전쟁을 막기도 한다.

정치학에서 논하는 정치는 사람들이 흔히 일상생활에서 말하는 정치에 대한 회의적인 인식에 영향을 받고는 있지만 이를 그대로 수용하는 것은 아니다. 대체적으로 정치학은 사람들이 인식하고 있는 일반적인 수준에 머물지 않고 인간의 오성(悟性)에 기초하여 긍정적이고 적극적인 입장에서 정치를 해석하려 한다. 달리 말해서 정치학은 정치를 보다 좋은 공동체를 영위하기 위해서 필요하며 또한 바람직한 것으로 보려고 한다. 이와 더불어 정치학은 좋은 정치가 이루어질 수 있도록 현실을 비판하고 대안을 모색하는 것을 그 임무로 삼는다. 사람들이 정치를 필요악이 아니라 필요선(必要善)으로 인식하게 될 때, 이들은 비로소 자신이 공동체의 일원인 사실에 대하여 진정으로 자부심을 갖게 될 것이다.

III. 정치에 대한 개념정의

정치 또는 정치적이라는 말의 뜻은 시대에 따라 달리 나타났으며, 같은 시대에서도 상이한 지역, 문화, 체제에 따라 다르게 해석된다. 예를 들면 정치라는 개념

10) Kurt Lenk, *Politische Soziologie* (Stuttgart: Kohlhammer, 1982), p.15.

은 고대, 중세, 근대, 현대라는 시대에 따라 달리 이해되었고, 현대에서도 자유민
주주의 국가와 사회주의 국가에서 상이하게 정의된다.

그동안 많은 학자들이 정치란 무엇인가를 정의하고자 시도했다. 그럼에도 아
직까지 정치에 관한 일반적 개념은 정치학에 존재하지 않고 있다. 어쩌면 살아 움
직이는 생명체와 같은 정치현상을 하나의 유일한 개념에 묶어 두려는 시도 자체
가 무리일지도 모른다. 그럼에도 불구하고 아래에서는 그동안 여러 학자들이 시도
한 정치에 관한 개념정의를 크게 몇 가지 학설로 정리하여 분류해 보겠다. 이러한
분류는 정치가 무엇인가를 개괄하고 이해하는 데 나름대로 도움을 줄 것이다.

1. 국가행위설

국가행위설은 국가가 정치행위의 주체이며 운반자이고, 국가의 행위가 바로
정치라고 본다. 국가행위는 국가기관뿐만 아니라 이에 종사하는 사람들의 행위까
지 포함한다. 다시 말해서 이 학설은 국가의사의 창출, 결정, 그리고 그 행사에 관련
된 기관과 사람들의 제 활동을 정치라고 파악한다.[11] 예컨대 블룬칠리(Bluntschli)
는 국가가 과제를 정하고 그 과제를 풀어 나가는 것이 정치라고 정의한다.[12]

정치를 국가 특유의 현상이라고 보는 이 학설은 국가가 정치권력을 독점하고
있다고 전제하기에 정치를 좁은 의미에서 정의하는 학설이라 할 수 있겠다. 과거
에 비해 그 의미가 감소했지만 국가는 여전히 가장 중요한 정치행위자이며 다른
행위자들과 비교해 특별한 존재임에는 틀림없다. 그럼에도 불구하고 이 학설은 정
치과정에서 중대된 그리고 증대되고 있는 사회조직의 역할과 위상을 등한시한다
는 비판을 면하기 어렵다.

2. 다원사회설

현대 민주주의는 다원민주주의다. 각종 사회조직의 생성과 활동이 보장되고,
또한 이를 바람직한 것으로 여기는 사회가 바로 다원민주주의사회(다원사회)이다.

---

11) 김운태/김영국(1977), p.4.
12) W.C.M. Mackenzie, *Politikwissenschaft* (Frankfurt, 1972), pp.11~12.

과거 전통사회에서 개인은 개별적으로 국가를 상대했지만, 현대 다원사회에서는 보다 강한 힘을 보유한 사회조직을 통해 국가를 상대하려 한다.

현대 다원사회에서는 국가기관은 물론이고 정당, 이익단체, 시민단체, 언론기관, 여론 등 각종 사회조직이 정치에 직접 참여하거나 영향을 미치고 있다. 그리고 정치영역에서 차지하는 이들 조직의 역할은 점차 확대되는 경향을 보이고 있다. 다원사회설은 정치행위자로서 국가의 독점적인 지위를 인정하지 않으며, 국가행위를 사회현상의 일부분으로 본다. 따라서 이 학설은 넓은 의미에서 정치를 정의한다고 말할 수 있다.

다원사회설은 정치의 영역을 사회의 영역으로 확대시켜 정치현상을 보다 경험적이고 체계적으로 분석하려 한다. 이 학설을 따르는 학자들은 정치를 단지 국가의 행위나 법과 제도의 틀에서가 아니라, 실제적인 권력관계로 파악하려 한다. 이들 학자들은 실제적인 권력관계에 영향을 미치는 다양한 사회조직을 정치행위자에 포함시키며 또한 그 역할을 중요하게 취급한다. 그러나 이 학설은 정치행위자로서 국가가 지니고 있는 특별한 위상을 간과한다는 약점을 내포하고 있다.

3. 사회질서설

이 세상에는 수많은 사람과 조직이 그들 자신의 이익과 이념을 추구하고 이를 실현시키려 노력한다. 그런데 이들의 행동을 인도할 일정한 질서가 없으면 인간사회는 결국 무질서와 혼란에 빠지게 된다. 그리고 그동안 유지해 온 기존의 질서는 새로운 환경에 처하여 새로운 질서를 요구하기도 한다.

이러한 의미에서 오젠(Oertzen)은 정치를 사회질서의 창조, 유지, 변화에 영향을 미치는 계획적이고 조직적이며 목적지향적인 사회행위라고 정의한다. 비슷한 맥락에서 수르(Suhr)는 정치를 올바른 질서를 찾기 위한 투쟁으로 간주한다.[13]

4. 가치분배설

문명이 발달하면서 사회에 존재하는 물질적 · 비물질적 가치는 양적으로 팽창

---

13) Kurt Lenk(1982), p.19.

하고 질적으로 다양하게 되었다. 그렇지만 한정된 이들 가치를 차지하기 위한 개인과 집단의 갈등과 투쟁은 첨예화되었다. 이런 이유에서 일부 정치학자들은 정치를 공동체에 존재하는 가치를 분배하는 방식으로 이해하게 되었다.

예들 들어 이스튼(Easton)은 정치를 사회에 존재하는 물질적·정신적 가치를 권위적으로 분배하는 것이라고 정의한다. 그는 가치분배가 구속력이나 권위를 가질 경우 정치적인 것이며, 그렇지 않은 경우 비정치적인 것이라고 본다.[14] 렘브루흐(Lehmbruch)는 가치에 대한 사회적 갈등을 구속력이 있게 해결하는 사회적 행동이 정치라고 말한다.[15]

5. 권력설

권력은 사회질서를 유지하고 국민의 기본권을 보장하며 국가의 번영과 국민의 복리를 구현하기 위한 수단이다. 이러한 권력과 관련된 제반 사항들을 정치로 보는 권력설은 현실주의의 토대를 구축한 근대 초 정치사상가 마키아벨리에 뿌리를 두고 있다. 권력이라는 개념을 체계화시킨 마키아벨리는 정치를 권력을 획득하고 유지하며 이를 행사하는 데 필요한 수단의 전부라고 본다. 베버(Max Weber, 1864~1920)는 정치란 권력에 참여하는 노력이며 권력분배에 영향을 미치는 행위라고 정의한다.[16]

마키아벨리와 달리 베버는 정치를 목적을 위한 수단으로뿐만 아니라 일종의 책임윤리로 파악한다. 즉, 베버는 정치는 정치적 행위가 가져올 결과를 깊이 생각하여 행해져야 한다고 강조한다.[17] 정치의 목적을 인권이나 평화로 보고 있는 규범론이 이상주의에 기반을 두고 있다면, 권력설은 현실주의에 바탕을 두고 있다. 베버의 주장은 현실주의에 뿌리를 두고 있으면서 동시에 윤리적 규범을 중요시하는 특징을 갖고 있다.

---

14) David Easton, *A Framework for Political Analysis*(Englewood Cliffs, New Jersey: Prentice-Hall, 1965), p.50.

15) Kurt Lenk(1982), p.19.

16) Hans-Georg Heinrich, *Einführung in die Politikwissenschaft*(Wien: Böhlau, 1989), pp.12~14.

17) Kurt Lenk(1982), pp.17~18.

6. 계급투쟁설

권력설과 마찬가지로 마르크스(Karl Marx, 1818~1883)와 그의 추종자들은 권력쟁취를 정치행위의 핵심으로 본다. 그런데 일반적인 권력설과 달리 이들은 인류역사를 계급투쟁의 역사로 인식하며, 계급투쟁이 바로 정치투쟁이며 권력투쟁이라고 본다.[18]

해방이론에 사로잡힌 마르크스주의자들은 근대 관료국가에서 볼 수 있는 일정한 테두리 내에서 발생하는 국부적(局部的)인 권력의 변동현상을 거부한다. 예컨대 마르크스와 엥겔스(Friedrich Engels, 1820~1895)는 계급의 권력쟁취 행위(즉, 계급투쟁)를 정치로 보면서, 역사법칙에 의한 계급소멸의 유토피아적 미래를 말한다. 이들은 자본가계급에 대한 노동자계급의 승리로 인하여 계급이 소멸된 지상낙원의 상태에서는 갈등이 없는 비정치적 자율사회가 유지된다고 예단(豫斷)한다.

마르크스적 사회주의를 추종하는 사람들의 행동을 인도하는 중심교의는 구세주의적 역사이론이다. 즉, 자본주의 발달과정에서 필연적으로 발생하는 자본가계급과 노동자계급 간의 투쟁은 결국 노동자계급(무산자계급)의 승리로 종결된다는 믿음이다.

위에서 살펴본 바와 같이 정치를 개념적으로 정의하는 제 학설은 나름대로 논리적 타당성을 갖고 있으나, 각기 정치에 관한 일면만을 강조하는 특징을 지니고 있다. 이미 지적하였듯이 정치에 관한 일반적인 개념을 도출하는 작업은 애당초 무리한 일인지도 모른다. 그럼에도 불구하고 위에서 설명한 학설들의 내용을 선별하고 종합하여 정치에 대한 정의를 다음과 같이 요약해 보고자 한다. 즉, 정치란 어느 한 사회 내에서 특정한 이익, 가치 그리고 이념을 추구하는 서로 경쟁하는 제 정치행위자들이 정당한 절차와 방법을 통해 정치권력을 획득하거나 이에 영향을 미치는 과정이며, 또한 정치적 권위체가 법, 제도, 정책 등을 통해 제 가치를 분배하는 행위라고 말할 수 있다.

---

18) Hans-Georg Heinrich(1989), p.13.

참고문헌

강성학, 『소크라테스와 시이저』, 박영사, 1997.

김운태/김영국, 『정치학개론』, 서울대학교 출판부, 1977.

신정현, 『정치학』, 법문사, 1993.

Anglo, Sydney, "Niccolo Machiavelli: Die Anatomie des politischen und militärischen Zerfalls," in Redhead, Brian/Starbatty, Joachim(eds.), *Politische Denker*, Stuttgart: Bonn Aktuell, 1988.

Easton, David, *A Framework for Political Analysis*, Englewood Cliffs, New Jersey Prentice-Hall, 1965.

Friedenthal, Richard, *Karl Marx*, München: Piper, 1981.

Fung Yu-Lan, *A Short History of Chinese Philosophy,* New York: Free Press, 1966.

Heinrich, Hans-Georg, *Einführung in die Politikwissenschaft*, Wien: Böhlau, 1989.

Heywood, Andrew, *Key Concepts in Politics,* New York: St. Martin's Press, 2000.

König, Rene, *Niccolo Machiavelli*, München: Carl Hanser Verlag, 1979.

Lenk, Kurt, *Politische Soziologie*, Stuttgart: Kohlhammer, 1982.

Lipson, Leslie, *The Great Issues of Politics*, Englewood Cliffs, New Jersey: Prentice-Hall, 1970.

Mackenzie, W. C. M., *Politikwissenschaft*, Frankfurt, 1972.

Rohe, Karl, "Politikbegriffe," in Mickel, Wolfgang W.(ed.), *Handlexikon zur Politikwissenschaft*, Regensburg: Ehrenwirth, 1983.

Weber, Max, *Wirtschaft und Gesellschaft*, Tübingen: Mohr, 1985.

Weinacht/Kempf/Merz(eds.), *Einführung in die Politische Wissenschaft*, Freiburg: Karl Alber, 1977.

제 2 장

정치학

■ I. 정치학 : 오래된 학문이면서 짧은 학문

　　정치현상을 분석하고 해석하며 전망하는 정치학(political science)의 역사는 인류사의 발달과 맥을 같이한다. 정치학의 기원은 고대 그리스의 플라톤(Platon, B.C. 427~347)과 아리스토텔레스(Aristoteles, B.C. 384~322)에게서 찾을 수 있다. 따라서 정치학이 하나의 학문으로 발달하기 시작한 시점은 지금으로부터 대단히 멀다고 하겠다. 그러나 정치학이 독자적인 학문으로 체계를 갖추게 된 시기는 19세기 후반 이후이다. 이런 맥락에서 우리는 이율배반적이지만 정치학은 오래된 학문이면서 동시에 짧은 역사를 가진 학문이라 할 수 있겠다.

　　이미 고대에 아리스토텔레스는 학문을 윤리학, 정치학, 경제학 등으로 분리했다. 그럼에도 정치학이 독자성을 가진 학문으로서 위상을 갖는 건 아니었다. 중세 말 오스트리아 빈 대학이 설립된 후 24년째인 1389년 이 대학의 인문학부에 정치에 관한 강의가 처음으로 개설되었다. 그런데 당시 정치학은 통치자의 덕목에 관한 가르침을 주된 내용으로 삼았으며, 윤리학의 보충 학문으로서 존재했다.

근대에 들어와 유럽의 여러 나라에 정치학 강의는 개설되었으며, 16세기 말부터는 정치학 전담 교수를 채용한 국가도 생겨났다. 그 후 근대 유럽에서 정치학이 다루는 영역이 확장되었다. 19세기에 정치학은 국가경제, 국가법, 정치철학사, 정치사, 지정학 등을 포괄했다. 그럼에도 불구하고 정치학은 독립적인 학문분야로서가 아니고 경제학, 법학, 철학, 신학, 역사학 등 여러 관련 학문 속에서 생명을 유지했다. 이와 같이 부분학문의 성격을 띠었던 정치학이 독자성을 갖춘 현대적인 학문으로 발달하기 시작한 곳은 새로운 학문적 시도가 용이했던 미국이었다.

19세기 후반 유럽에서 건너간 학자들의 참여하에 미국에 정치학과가 설립되기 시작했다. 1880년 미국 뉴욕의 컬럼비아 대학에 설치된 정치학과(School of Political Science)가 최초의 독립학과로 기록된다. 거의 비슷한 시기에 프랑스와 영국에서도 고유한 학과가 생성되어 근대적 방법으로 정치학을 연구하고 가르치기 시작했다(프랑스: Ecole libre des Sciences politiques, 영국: London School of Economics and Politics). 이와 같이 타 학문으로부터 독립하게 되면서 정치학은 다시 정치이론, 정치사상, 비교정치, 국제정치 등 세부영역으로 나뉘어 발달하기 시작했다.

이미 오래전부터 독일에서는 정치학이 국가학(Staatswissenschaft)의 틀 속에서 전통적인 명맥을 유지해 왔으며, 바이마르 공화국(1919~1933) 시기에는 정치대학이 설립되기도 했다. 하지만 히틀러 치하의 나치시대에 정치학의 발달이 강력히 저지되었기 때문에, 현대적 의미의 정치학은 제2차 세계대전이 끝난 이후에 비로소 빛을 보기 시작했다고 말할 수 있겠다.[1]

20세기 전반기 일본의 사회과학은 독일의 영향을 받아 법학을 중심으로 발달하였다. 당시 정치학은 겨우 국가학의 틀 속에서 스스로의 존재를 확인할 수 있을 정도였다. 따라서 일제하 조선에서 정치학이 그 한계를 면하지 못하였음은 말할 나위 없다. 한국에서 현대적 의미의 정치학 연구는 1945년 해방 이후 각 대학에 정치학과(또는 정치외교학과)가 설립되면서 시작되었다고 보는 것이 옳겠다.

---

1) Theo Stammen, "Politikwissenschaft," in Wolfgang W. Mickel(ed.), *Handlexikon zur Politikwissenschaft* (Regensburg: Ehrenwirth, 1983), pp.357~358.

■ II. 정치학의 발전과정

서양에서 고대와 중세에 정치학은 실천철학의 일부분을 구성했다고 표현해도 과언이 아니다. 그런데 근대에 들어와 절대왕권국가가 형성되면서 정치학은 더 이상 철학적 사고에만 머무르지 않고 실제 정치적 현실을 반영하는 방향으로 발전하게 되었다. 그럼에도 불구하고 19세기 후반 미국과 유럽의 여러 국가에서 정치학이 경험적이고 과학적인 연구를 시도하기 전까지 정치철학은 정치학 접근방법의 주류를 형성했음은 분명하다. 최소한 당시까지 정치학의 발전은 정치철학의 발전과 불가분의 관계에 놓여 있었다. 이런 이유에서 정치학의 발전과정에 대한 아래의 기술에서 정치철학이 큰 부분을 차지하고 있음을 미리 밝혀 둔다.

1. 고 대

정치학은 고대 그리스의 정치철학에서 그 시작을 찾을 수 있다. 당시 그리스에는 수많은 폴리스(도시국가)들이 있었다. 폴리스(polis)는 전제군주제가 아닌 자유로운 시민들로 구성된 정치공동체였다. 그중 민주정과 귀족정의 대표적인 폴리스로 꼽히는 것이 아테네(Athens)와 스파르타(Sparta)였다. 플라톤과 아리스토텔레스는 그리스의 도시국가들이 붕괴되던 시대적 상황에서 아테네와 스파르타 등 폴리스들의 역사적 경험을 토대로 가장 이상적인 정치질서(즉, 국가)를 찾기 위해 노력했다.

아테네 명문 출신 플라톤은 스승인 소크라테스(Socrates, B.C. 470~399)가 정치투쟁의 결과 스파르타의 지배를 받게 된 아테네에서 시민들의 판결에 의해 처형을 당하자 크게 충격을 받았으며, 그 후 정계에 대한 미련을 버리고 철학을 탐구하는 데 몰두하기 시작했다. 플라톤은 소크라테스의 사상을 이어받아 쇠퇴해 가고 있는 그의 조국 아테네를 재건하고자 정의국가(The Just Republic)의 건설을 제창했다. 또한 그는 현상을 초월한 이데아의 세계를 추구했으며, 저서 『국가론』에서 지혜와 덕을 갖춘 자에 의한 통치를 뜻하는 철인정치를 구상하였다.

소크라테스가 거리의 모퉁이에서 학생들을 모아 가르쳤던 것과 달리, 플라톤은 이들을 아테네 언덕에 위치한 건물로 끌어들였다. 이것이 학교제도의 시작인 아카데미(Academy)이다.[2] 그리고 플라톤은 제자와 스승으로 구성된 아카데미에서 참다운 진리의 장뿐만 아니라 이상적인 정치공동체의 기초를 발견하게 되었다. 플라톤은 정치학을 철학적 차원에서 시대비판을 하는 학문으로 구상했다. 즉, 그는 정치학을 이용해 당시 위기에 처한 아테네의 문제점을 비판했다. 그는 아테네가 처한 위기의 본질을 아테네인들의 정신적 병폐에서 찾았으며 이를 극복하기 위한 철학적 방안의 마련에 힘썼다.[3]

플라톤의 아카데미 학원에서 수학한 바 있는 아리스토텔레스는 인간은 비로소 도시국가에서 사회적 삶을 펼쳐나갈 수 있다고 보았다. 그는 마케도니아의 젊은 왕자 알렉산더(Alexander)의 궁정교사가 됨으로써 정치학을 궁정학문으로 승격시켰으며, 학문을 윤리학, 정치학, 경제학 등으로 분리함으로써 정치학을 체계화시킨 첫 인물로 평가받고 있다. 그의 저서인 『정치학』(The Politics)에서 아리스토텔레스는 정치와 윤리의 관계를 검토했으며, 여러 지역의 수많은 국가들의 정치체제를 비교하였다.

아리스토텔레스를 비롯한 고대 그리스 철학자들은 정치체제를 〈표 2-1〉에서와 같이 6가지 형태로 분류했다. 이들은 다음과 같이 정치체제를 좋은 형태부터 나쁜 형태로 순위를 매겨 나갔다: 군주제, 귀족제, 순수한 민주제, 불순한 민주제, 과두제, 참주제. 이들이 판단한 좋은 정치의 척도는 지배자의 합리적 · 윤리적 덕

〈표 2-1〉 고대 그리스인들의 정치체제 분류

정 부	좋은 형태	나쁜 형태
1인 지배	군주제(monarchy)	참주제(tyranny)
소수 지배	귀족제(aristocracy)	과두제(oligarchy)
다수 지배	순수한 민주제 (pure democracy)	불순한 민주제 (impure democracy)

* 출처: John A. Jacobsohn(1998), p.56.

---

2) John A. Jacobsohn, *An Introduction to Political Science* (Belmont: Wadsworth Publishing Co., 1998), pp.34~49.

3) Hans-Georg Heinrich, *Einführung in die Politikwissenschaft* (Wien: Böhlau, 1989), p.34.

목이었다. 그리고 정치체제는 좋은 형태에서 나쁜 형태로 또는 그 반대 방향으로 변할 수 있다고 보았다.[4]

플라톤과 아리스토텔레스는 정치라는 개념을 발전시켰다. 그리고 이들은 정치학의 주요 대상인 개인과 국가의 이원적 관계를 처음으로 쟁점화시켰으며, 또한 존재(Sein)와 당위(Sollen)의 관계를 주제화시켰다. 플라톤과 마찬가지로 아리스토텔레스는 윤리를 정치적 이상으로 삼았다. 그러나 플라톤이 공동선을 추구하는 이상적인 철인정치를 구상하였는 데 비하여, 아리스토텔레스는 철인정치에서 배제된 법률의 중요성을 강조함으로써 좀 더 실천 가능한 이상국가를 목표했다.

고대 그리스의 정치학은 철학에 근거한 시대비판 학문의 성격을 띠었다. 이러한 학문적 성격과 정신은 고대 로마시대의 대표적 사상가인 폴리비오스(Polybios, B.C. 204~122)와 키케로(Cicero, B.C. 106~43)에게로 이어졌다. 물론 이들은 그리스의 도시국가(폴리스)가 아닌 로마국가의 정치실제를 학문의 대상으로 삼았다.

그리스의 정치철학에서 개인은 엄연한 사실적 존재인 도시국가에 의존된 것이었다. 그러나 도시국가가 멸망하면서 뿔뿔이 흩어진 그리스인들은 국가에 대한 감정보다는 개인을 먼저 생각하게 되었다. 이러한 상황에서 정치철학은 개인으로서의 인간을 주목하기 시작했다.

도시국가에서 로마제국(성립, B.C. 27)으로의 변천을 경험한 로마인들은 개인과 국가를 정치학의 주요 주제로 다루었다. 로마 정치사상의 근간을 이룬 스토아 철학은 국가로부터 독립적인 개인의 가치와 의미, 그리고 실제적인 인간평등에 관한 사상을 발전시켰다.[5]

로마 사상은 그리스 사상의 연장선상에 있다. 그런데 로마인들은 거대하게 커져 가는 로마제국의 경영을 위하여 특히 법질서 문제에 관심을 두었다. 로마가 남긴 위대한 업적은 법체계의 확립이다. 로마인들은 법이 국가를 창조했으며, 국가는 법 바로 그 자체라고 생각했다. 로마인들은 천성적으로 인간이 평등하기에 법은 인간의 평등에 기초한다고 보았다. 이들은 법이 모든 인간을 평등하게 만드는 것은 아니지만 그것을 통해 자연이 창조한 인간의 평등을 보호하고 유지하도록 해야 한다고 믿었다.[6]

---

4) John A. Jacobsohn(1998), pp.53~57.
5) Hans-Georg Heinrich(1989), p.35.

2. 중 세

기원전 1세기에 성립된 제정(帝政) 이후 로마는 군사력, 행정조직, 법체계를 통해 방대한 제국을 관리했다. 로마제국 초기 기독교는 황제 숭배 거부 등을 이유로 박해를 받았다. 그러나 갈수록 신도 수가 증가하여 큰 사회세력으로 성장하자 콘스탄티누스 황제는 313년 기독교를 공인했다. 더 나아가 392년 테오도시우스 황제는 이를 국교로 공인해 제국을 뒷받침하는 정신적 지주로 삼았다.

애초부터 정치와 신학 간 관계설정은 속성상 근본적인 문제점을 안고 있었다. 서양의 고대는 476년 서로마 제국의 멸망과 함께 종말을 보았다. 이어서 중세에 들어와 국가와 교회는 속세(정치)와 영혼(종교)이라는 두 영역의 지배와 관련하여 첨예한 갈등을 보이기 시작했다.

이러한 시대적 상황에서 중세(5세기~15세기)에는 국가와 교회, 그리고 시민과 종교의 관계가 정치사상의 중요한 관심사가 되었다. 중세의 정치사상은 반주지주의적(反主知主義的)이고 신학적(神學的)인 세계관을 그 특징으로 갖는다. 중세의 정치학은 신학의 일부로 취급되었거나 아니면 이에 종속되었다고 표현할 수 있겠다.

교부철학(patristic philosophy)은 기독교 교의를 조직화한 교부(敎父)들의 이론을 말한다. 중세 전기 교부철학(敎父哲學)을 대표하는 아우구스티누스(Augustinus, 354~430)는 『신국론』(*The City of God*)을 저술하였으며, 이 저술은 중세에 큰 영향을 미쳤다. 아우구스티누스는 세상을 천상국가(the heavenly city)와 지상국가(the earthly city)로 구분했다. 그런데 흔히 사람들이 이해하고 있는 것과 달리 지상국가와 천상국가는 땅과 하늘에 존재하는 별개의 세계를 의미하는 것이 아니며, 직접적으로 국가와 교회를 의미하는 것도 아니다. 그가 말하는 지상국가에서는 신을 경멸하고 이기적인 자애(自愛)가 지배하며, 영적인 이익보다는 물질적인 이익이 더 중요시된다. 이와 대조적으로 천상국가에서는 신에 대한 사랑이 지배하며, 자연법이 존중되고 서로를 사랑한다. 아우구스티누스는 역사를 지상국가와 천상국가의 두 힘이 투쟁하는 것으로 인식했으며, 결국 이러한 투쟁은 기독교 공동체의 건설로 귀결된다고 보았다.[7]

---

6) John A. Jacobsohn(1998), pp.59~60.

7) M. Judd Harmon, *Political Thought from Plato to the Present* (New York: McGraw-Hill, 1994), pp.98~99.

아우구스티누스는 인간의 진정한 행복은 이성이 아닌 신앙을 통해 가능하다고 믿었으며, 진정한 정의는 지상국가에서 실현될 수 없고 오직 천상국가에서 가능하다고 보았다. 그는 국가와 정치의 기원을 원죄(original sin)에서 찾았으며, 국가권력을 필요악으로 인식했고, 플라톤의 「철인 왕」에 대비되는 「기독교 군주」를 이상적으로 생각했다.8) 근본적으로 아우구스티누스는 인간이 지상국가와 천상국가 두 곳에서 시민권을 갖고 있는 것으로 간주했다. 따라서 그가 이슬람 종교와 달리 정치와 종교의 융합을 주장하지는 않았다고 보아야 한다.9)

십자군 원정(1096~1270)을 전후하여 이슬람 세계를 거쳐 그리스 철학(특히 아리스토텔레스)이 이탈리아에 소개되면서 이의 힘을 빌리어 기독교의 교리를 설명하려는 스콜라 철학이 중세 후기에 성행하였다. 스콜라 철학을 대표하는 아퀴나스(Thomas Aquinas, 1224~1274)는 아리스토텔레스의 정치철학을 기독교와 결합시켰다. 그는 인간의 사회성을 인정했으며, 이성과 신앙을 조화시키려 시도했다. 또한 아퀴나스는 「국가로부터 독립적인 개인」에 관한 생각을 발전시킨 스토아 철학을 기독교적으로 재해석하여, 인간의 일부분은 신성하며 국가에 예속되지 않는다고 보았다. 아퀴나스의 정치철학은 자연에 기초했으며, 자연법이 인간과 신의 두 영역을 연결하는 중요한 역할을 한다고 여겼다. 훗날 근대에 체계화된 국가권력의 제한과 자연법에 관한 사상은 이미 아퀴나스 시대에 뿌리를 내리기 시작했다.10)

3. 근 대

십자군 운동 이후 유럽에서 위계적 신분제도를 기반으로 한 봉건사회와 종교적 세계관을 토대로 한 중세적 질서가 붕괴되어 갔다. 이와 맞물려 정치와 종교는 분리되어 갔으며, 왕권은 강화되었고, 통일된 근대국가의 형성이 모색되었다. 이러한 변화는 종교개혁 운동과 문예부흥을 통하여 크게 진전되었다. 당시 자연과학은 종교적 고정 관념과 사고에서 벗어나 과학으로서 독자성을 추구하기 시작했다.

---

8) 유홍림, "정치사상(서양편)," 서울대학교 정치학과 교수(공저), 『정치학의 이해』(박영사, 2013), pp.47~48.
9) Hans-Georg Heinrich(1989), p.35.
10) Hans-Georg Heinrich(1989), p.35; Judd Harmon(1994), pp.123~130.

이와 같은 새로운 시대를 맞이하여 정치학 역시 근본적으로 새로운 방향을 설정하여 나아갔다.

십자군 원정 이후 상업이 지속적으로 발전하였다. 그리고 상업의 발전은 한편으로 도시를 크게 발달시키고 상인계급의 위상을 제고시켰으며, 다른 한편으로 상비군과 관료조직을 갖춘 영토국가의 출현을 촉진시켰다. 특히 영국과 프랑스에서는 백년전쟁(1338~1453)[11]과 장미전쟁(1455~1485)[12]의 결과로 제후들의 세력이 약화되고 민족의식의 각성으로 왕권이 신장되어 절대주의 국가체제가 성립되었다. 이와 대조적으로 이탈리아는 통일된 민족국가를 형성하지 못하고 도시국가들은 여전히 대립·갈등을 보였으며, 이는 프랑스, 스페인, 독일 등 주변 외세의 침략과 간섭을 자초하고 있었다. 이와 같은 조국 이탈리아의 위기에 직면하여 군주권의 강화를 역설한 마키아벨리(Niccolo Machiavelli, 1469~1527)는 정치학을 시대비판 학문으로 발전시켰으며, 또한 정치학이 더 이상 실천철학의 일부분이 아님을 분명히 했다.

마키아벨리는 대부분의 인간은 악하다고 생각했다. 그리고 통치자는 많은 사람들을 상대하기 때문에 경우에 따라 악한 수단을 사용할 수 있어야 한다고 보았다. 마키아벨리는 『군주론』(The Prince)에서 플라톤과 아리스토텔레스와 같은 고전 정치 사상가들의 비현실적 이상국가론을 비판하면서 역사적 실제에서 지혜를 얻어야 한다고 역설했다. 현실주의적 관점에서 그는 정치를 권력의 추구로 보았으며, 권력은 모든 정치행위의 목표라고 말했다. 또한 권력의 획득과 유지를 위해서는 온갖 수단을 다 사용할 수 있다고 보았으며, 법과 군대가 훌륭한 통치를 위한 기초라고 강조했다.[13]

마키아벨리는 플라톤이나 아리스토텔레스와 달리 형이상학적 윤리적 차원이 아닌 실제적 차원에서 정치를 바라보았으며, 정치권력의 생성과 유지를 원인과 영향 그리고 목적과 수단이라는 새로운 정치학적 틀로서 분석하려 했다. 이로써 그는 정치학의 새로운 장을 펼친 사상가로 평가받고 있다.

---

11) 영국과 프랑스가 싸운 백년전쟁은 영국 왕의 프랑스 왕위 계승권 요구와 플랑드르 지방을 둘러싼 경제적 이해의 대립으로 시작되었다.

12) 백년 전쟁 후 영국에서 왕위계승을 둘러싸고 랭커스터와 요크 두 왕가 사이에 장미전쟁이 일어났다.

13) John A. Jacobsohn(1998), pp.65~71.

이후 16~17세기 유럽에서 전개된 근대 절대주의 국가시대에는 국가의 개념이 정치학의 주된 영역을 차지했으며, 국가의 주권문제가 보댕(Jean Bodin, 1530~ 1596)과 홉스(Thomas Hobbes, 1588~1679)에 의해 제기되었다.[14] 이들은 정치적 권위를 교회로부터 세속으로 전환시키는 데 크게 공헌했으며, 유럽의 여러 나라들이 근대 민족통일국가를 이룩하는 데 이론적인 토대를 마련해 주었다. 홉스와 보댕은 군주국가의 필요성을 정당화시키려 노력했다는 점에서는 공통적이나, 각기 새로운 학문적 방법론으로 이에 접근했다. 전자는 연역적 방법으로 논리를 전개했으며, 후자는 역사적·비교론적 방법을 사용했다.[15]

계몽주의는 이성에 의한 중세적·봉건적 유산의 청산과 절대왕권주의를 비판한 17~18세기 유럽에서 발달한 사상 및 사상운동이다. 17세기, 특히 18세기에 접어들어 상공업이 급격히 발달함에 따라 그동안 절대군주 세력과 제휴하여 성장한 시민계급은 이제 절대군주를 자신의 생활이념인 산업주의 또는 자본주의의 발전에 대한 장애물로 보기 시작하였다. 그래서 시민계급은 국가권력을 배제하고 경제활동의 자유를 확보할 수 있는 제도수립에 정치운동의 초점을 맞추었다.

이러한 시민계급의 계몽운동을 정치학적으로 뒷받침한 대표적 사상가로는 로크(John Locke, 1632~1704), 몽테스키외(Montesquieu, 1689~1755), 루소(Jean-Jacques Rousseau, 1712~1778)를 들 수 있다. 영국의 홉스는 프랑스의 데카르트(René Descartes, 1596~1650)와 함께 계몽사상의 원조라고 말할 수도 있으나, 고유한 의미에서 계몽철학은 영국의 로크에서 시작되었다고 볼 수 있다.

16세기 보댕을 비롯한 몇몇 사상가들은 왕은 신으로부터 직접 권력을 부여받았기 때문에 왕권은 신성불가침하며 절대적이라고 본 왕권신수설(divine right theory)을 주장하였다. 그런데 17~18세기 시민사회의 성장과 합리주의 사상의 발달에 따라 자연법적 입장에서 국가의 성립을 설명하려는 사회계약설(social contract theory)이 대두되었다. 사회계약설은 국가가 생성되기 이전에 인간과 자연법이 존재했다는 사실에 주목한다. 그리고 국가는 군주나 신에 의해 창조된 것이 아니라, 인간 상호 간의 동의와 계약에 의해 성립되었다고 본다. 사회계약설의 대표적인 학자로는 영국의 홉스와 로크 그리고 프랑스의 루소를 들 수 있다. 그런데 이들은 인간의 본성, 인간이 자연상태에서 벗어나 국가를 성립시킨 이유, 인간

---

14) 김용욱, 『정치학』(법문사, 2002), p.9.
15) Hans-Georg Heinrich(1989), p.36.

이 성립시킨 계약의 성격과 이에 따른 통치형태 등과 관련하여 견해차를 보였다.

의회파와 왕당파 간 3차에 걸쳐 벌어진 영국의 시민전쟁(1642~1651)을 직접 보아온 홉스는 정치의 권위와 복종에 관한 이론을 제시하려 했다. 그는 저서 『리바이어던』(*Leviathan*: 바다의 거대한 괴물)에서 인간은 천성적으로 악하고 이기적이었으며, 따라서 자연상태에서 필연적으로 "만인은 만인에 대한 투쟁"이 야기되었다고 주장했다. 그리고 인간은 이러한 투쟁에 대한 두려움과 평화를 바라는 마음에서 이성적인 판단과 자발적인 계약에 의해 그의 자연권을 절대자인 통치자(군주)에게 양도하였다는 것이다. 즉, 홉스는 사회계약설을 이용하여 절대왕정을 옹호했다.

홉스와 달리 로크는 자연상태에서 인간은 원래 자유스럽고 평화스러운 삶을 유지했다고 보았다. 그런데 시간이 지나면서 부패하지 않는 교환수단인 금, 은 등 화폐가 생기면서 사유재산이 축적되고 한정된 토지와 자본에 대한 싸움이 벌어짐으로써 갈등이 증폭되었다는 것이다. 따라서 사람들은 이러한 갈등상태에서 자신의 소유물(생명, 자유, 재산)을 보호하기 위하여 서로의 동의하에 국가를 형성했다고 그는 말했다.16) 로크는 그의 저서 『정부론』(*Two Treatises of Government*)에서 이권적 권력분립(입법권, 집행권/왕권)을 주장하여 제한군주론을 펼쳤으며, 계약을 위반한 국가(국가기관)에 대해서 국민은 힘으로 저항할 수 있다는 혁명론을 펼쳤다. 프랑스의 몽테스키외는 로크의 권력분립에 관한 이론을 발전시켜 삼권분립(입법, 행정, 사법)을 확립했다.

로크는 그의 생애에 여러 통치형태를 경험했다. 즉, 그의 조국 영국에서 1649년 전통적인 절대왕정으로부터 공화제로 이행되었고, 1660년 공화정의 지나친 진전에 대한 반동으로 왕정이 복고되어 전제정치가 부활했으며, 1688년 명예혁명을 통해 국민주권에 기초를 둔 제한군주제가 확립되는 계기가 마련되었다. 로크가 주장한 통치형태가 제한군주제라는 의미에서 명예혁명의 승리는 곧 로크의 승리라 할 수 있겠다.

홉스와 로크처럼 루소는 사회계약으로 인간은 개인의 주권을 국가에게 양도했다고 보았다. 그런데 루소는 양도와 동시에 인간은 사회의 통치에 참여하는 권리를 획득하며 이 권리는 결코 박탈되지 않는다고 강조했다. 루소는 『사회계약론』

---

16) Walter Euchner, "Locke," in Hans Maier/Heinz Rausch/ Horst Denzer(eds.), *Klassiker des politischen Denkens II* (München: Beck, 1968), pp.1~26.

(*The Social Contract*)에서 의지에 관한 이론을 정립시켜 사회통치 원리를 설명했다. 그는 각각의 개인이나 개인들의 그룹이 요구하고 원하는 것을 개인의지(individual wills), 그리고 개인의지의 집합을 전체의지(will of all)라고 표현했다. 그리고 이 의지들의 공통요소가 일반의지(general will)이며, 이것이 가장 중요하다고 여겼다. 루소는 일반의지를 통하여 사람들은 그들의 주권을 행사하며, 일반의지에 의해 사회는 통치되고, 모든 국민은 평등하게 그리고 끊임없이 일반의지의 형성에 기여한다고 말했다. 루소는 공동체의 모든 구성원은 일반의지에 복종해야 하며, 왕은 통치칭호를 보유하고 있을지라도 단지 일반의지의 이름으로 통치를 행할 수 있다고 보았다.[17]

프랑스의 토크빌(Alexis de Tocqueville, 1805~1859)은 산업주의, 사회계층, 대중문화 등 새로운 주제를 다룬 정치이론가이며, 그의 이론적 구상은 오늘날에도 적용되고 있다. 미국을 여행하고 돌아와 출판한 『미국의 민주주의』(*Democracy in America*)[18]에서 토크빌은 새로운 세계는 새로운 정치학을 필요로 하고 있음을 분명히 했다.

루소가 정치적 인간에 관해 몰두한 뒤 1세기가 지나서 독일의 마르크스(Karl Marx, 1818~1883)는 경제적 인간에 대해 지대한 관심을 가지게 되었다. 마르크스는 경제적 평등이 정치적 평등보다 더 중요함을 사람들에게 알리려 시도했다.[19] 마르크스가 『자본론』(*Das Kapital*)에서 인류의 미래에 대해 내린 결론에 사람들이 동의하든 않든 간에 그가 현대 정치학에 미친 영향은 무시할 수 없다. 그는 정치를 고립된 것으로 보지 않고 사회전체에서 연유(緣由)한다고 보았다. 즉, 경제적·사회적·심리적, 또는 여타 다른 요소들이 복합적으로 작용하여 정치를 결정한다는 것이다. 마르크스는 정치는 영원한 것이 아니며 시간적으로 한정된 인간사회현상이라는 역사인식을 가졌다. 또한 그는 시민계급에 기반을 둔 계몽사상이 국가에 관해 행한 부분적인 비판은 결국 본질적인 비판으로 변하여 프롤레타리아 혁명이 발생할 것이라고 믿었다.[20]

---

17) John A. Jacobsohn(1998), pp.92~93.

18) A. de Tocqueville, *Democracy in America* (London: Fontana, 1968).

19) John A. Jacobsohn(1998), p.96.

20) Hans-Georg Heinrich(1989), pp.36~37.

4. 현   대

20세기에 들어와 새로운 차원으로의 발전을 모색한 현대 정치학의 형성에 독일의 베버(Max Weber, 1864~1920)는 큰 기여를 했다. 그는 현대 정치현상인 국가, 의회제도, 관료체제에 관한 문제뿐만 아니고, 당시 정치실제에서 날로 중요성을 더해 가고 있는 정당, 이익단체, 엘리트 등에 학문적 관심을 두고 연구방향을 선도함으로써 정치사회학을 개척했다. 베버의 학문적 업적은 유럽에 머물지 않고 미국 등에 전파되어 그는 세계적인 명성을 얻게 되었다.[21]

이미 19세기 후반부터 유럽에서 경험적이고 과학적인 전통이 강화되기 시작하면서 정치학에서 차지하는 정치철학의 위상은 약화되어 갔다. 특히 제1차 세계대전(1914~1918) 이후 정치학은 새롭게 등장한 정치사회적 문제를 연구의 대상으로 삼고 새로운 방법론을 모색하게 되었다. 이 과정에서 종래의 법률적 접근방법을 통한 국가기관에 대한 연구와 더불어 정당 등 사회조직에 관한 실증적 연구가 시도되었다. 전후 오스트리아 비엔나학파는 처음으로 경험적 조사방법을 통하여 실업문제를 연구하였는데, 이는 사회과학 연구방법에서 새로운 기법을 사용한 개척자적인 업적이었다. 그리고 이 연구에 참여했던 일부 연구자들은 미국으로 건너가 그곳 사회학이 경험주의로 발전하는 데 크게 영향을 미쳤다.[22] 경험론은 전통적인 법률적 · 제도적 연구경향에 대한 도전이었으며, 이는 20세기 후반기에 들어와 미국에서 행태주의(behavioralism)라는 이름으로 그 꽃을 피우게 되었다.

방법론적 측면에서 볼 때 독일의 프랑크푸르트학파가 정치학에 미친 영향 또한 적지 않다. 마르크스의 이론에 뿌리를 두고 사회과학 방법론으로 재구성된 변증법적 · 비판적 이론은 제1차 세계대전과 제2차 세계대전 사이에 만하임(Karl Mannheim), 호크하이머(Thedor Horkheimer), 마르쿠제(Herbert Marcuse) 등에 의해 개발되었다. 프랑크푸르트학파에 속한 이들의 이론은 제2차 세계대전 이후 각광을 받기 시작했다.[23]

---

21) Hans-Georg Heinrich(1989), p.37. 베버가 남긴 글들은 그가 죽은 후 1922년 『경제와 사회』(*Wirtschaft und Gesellschaft*)라는 단행본으로 첫 출간되었다.

22) Hans-Georg Heinrich(1989), pp.37~38.

23) Schhoeps/Knoll/Bärsch, *Konservativismus, Liberalismus, Sozialismus* (München: W. Fink, 1981), p.201; Hans-Georg Heinrich(1989), p.37.

국제정치는 오랜 역사를 가지고 있다. 그러나 국제정치가 현대적 학문분야 (discipline)로 정착되기 시작한 시점은 제1차 세계대전 이후로 보아야 한다. 즉, 전후 문제를 논의하기 위해 파리에 모인 미국과 영국의 대표단이 1919년 5월 양 국에 각기 국제문제를 연구하기 위한 연구소를 설치하기로 합의한 이후 국제정치 는 제도화되어 현대 학문으로 발달하기 시작했다.[24]

제2차 세계대전으로 국제정세는 획기적인 변화를 맞이했다. 즉, 종전 이후 미 국과 소련은 초강대국으로 부상하였다. 그리고 세계질서는 미국이 주도하는 서방 진영과 소련이 주도하는 동방진영으로 분열되어 서로 경쟁·대립하는 동서냉전체 제로 발전하였다. 또한 세계 도처에서 혁명이 일어났고, 제국주의의 지배에서 벗 어나 독립을 쟁취한 신생국들은 미·소로 양분된 동서냉전구조를 거부하고 독자 적인 영역을 구축하고자 시도했다.[25] 이러한 새로운 시대를 맞이하여 국제정치는 그 영역을 확대하여 나갔으며, 비교정치는 정치학의 새로운 하위영역으로 편입되 어 발전을 도모하였다.

제2차 세계대전 이후 정치학은 의사소통기술의 발달로 국제화되었으며, 또한 세계질서에서 미국의 지배체제 구축으로 미국화되어 갔다. 미 중앙정보국(CIA) 등 미국의 국가기관은 재정적·행정적으로 정치학 연구를 지원했으며, 그 결과를 국 가운용의 자료로 삼았다. 전후 미국의 정치학에서 경험주의(empiricism)는 점차 무 게를 얻어 갔으며, 이는 1950년대와 1960년대 행태주의라는 이름으로 주류를 형 성했다. 그 배경으로는 첫째, 정치학자들이 과거보다 쉽게 연구재원을 마련할 수 있었다는 점을 꼽을 수 있다. 당시 연구자는 물론이고 재정지원자는 과학적 방법 에 의해 정치세계의 실제를 파악할 수 있다는 점에서 조사방법에 매력을 느꼈다. 둘째, 컴퓨터 등 기술적·방법론적 영역의 발달로 경험적·분석적 방법에·의한 실 증연구가 용이하게 되었다는 점을 들 수 있다.

1954년 알몬드(Gabriel Almond)와 파이(Lucian Pye)는 비교정치 연구위원회를 설립하여 현대적 학문분야로서 비교정치를 개척했다. 알몬드와 버바(Sidney Verba)

---

24) Henning Behrens/Paul Noack, *Theorien der internationalen Politik* (München: dtv, 1984), pp.34~36. 베르사유 평화회담의 부산물로 1920년 British Institute of International Affairs와 American Institute of International Affairs가 탄생하였다.

25) 1955년 인도네시아 반둥에서 개최된 아시아·아프리카·중동지역 신생국 수뇌회담은 반 식민주의, 민족독립, 평화유지, 상호협력 등을 내용으로 한 「반둥 10원칙」을 채택했다. 그리고 1961년 유고슬라비아의 베오그라드에서 제1차 비동맹정상회담이 열리게 되었다.

는 동일한 설문지에 의한 조사를 통해 5개국(미국, 영국, 서독, 이탈리아, 멕시코)의 정치문화를 비교·연구하여 1963년『시민문화』(*The Civic Culture*)를 출간했는데, 이는 경험적·분석적 방법에 의한 비교연구의 고전(古典)으로 평가받고 있다. 군비경쟁에 관한 수학적 모델에서 볼 수 있듯이 정치학의 과학화 바람은 국제정치 분야에도 침전되어 나타났다.

　제2차 세계대전 후 독일 프랑크푸르트학파의 비판이론은 과학적 경험주의에 맞서 자신의 위치를 확보해 나갔다. 그리고 이 이론은 1960년대 후반기 서독의 대학가에서 거세게 몰아친 항의운동에 이론적 토대를 제공했다. 이후 비판이론은 경험이론에 대한 대항이론으로서 그 위치를 확고하게 다졌다. 동시에 미국에서도 주류를 형성한 행태주의에 저항하는 흐름이 조성되어 갔다. 특히 베트남전쟁은 비판적 경향을 강화시키는 촉매작용을 했다. 1968년 미국에서 발생한 소위「캠퍼스 혁명」(Campus Revolution) 후 과학적 경험주의에 반대하는─독일의 비판이론과 비슷한─학문적 흐름이 미국 정치학에서 형성되어 나갔다. 이러한 추세에 영향을 받아 1970년대 행태주의는 과학적 연구와 윤리적 가치판단을 조화시키려는 후기 행태주의로 변신을 꾀했다. 이어서 새로운 사조(思潮)에 대한 철학적 논쟁과 가치의 중요성에 대한 새로운 인식과 더불어 정치사상은 재조명을 받게 되었다.26)

　우리가 살고 있는 21세기는 과거와 비교할 때 매우 상이한 정치적 환경에 처해 있으며, 새로운 문제들에 직면하고 있다. 이미 지난 세기 말 동유럽과 구소련에서 사회주의체제는 붕괴되었고 이와 함께 동서냉전체제는 종식되었다. 민주주의와 자본주의 시장경제는 전 세계적으로 확산되었으며, 과거의 경직된 국경개념은 약화되었다. 오늘날 우리는 세계화, 지방화, 정보화, 세방화(世方化), 환경보호, 여성의 정치참여, 시민사회 성장, 민족갈등, 국제테러, 핵확산 등 다양한 정치적 문제들을 안고 있다. 이와 같은 정치적 환경의 변화와 새로운 문제들의 이슈화는 한편으로 현대정치학의 연구영역을 확대시키며, 다른 한편으로 연구방법의 복합화를 요구한다.

---

26) Hans-Georg Heinrich(1989), pp.41~48.

■ III. 정치학의 분류

　　현대 정치학은 다루는 주제에 따라 몇몇 하위 분야(subfield)로 구분된다. 일반적으로 정치학은 정치이론, 정치사상, 비교정치, 국제정치 등 네 분야로 분류된다. 한국정치는 원래 정치학에서 고유한 영역을 차지할 위치에 있지는 않지만, 우리나라에 관한 것으로서 양적·질적으로 다른 분야 못지않게 중요하게 다루어지기에, 하나의 영역으로 취급된다.

1. 정치이론

　　정치이론(political theory)은 사회적 현상인 정치가 갖는 질서 또는 의미를 찾아내려는 분석적이고 설명적인 제안 또는 아이디어라 할 수 있다. 흔히 정치이론은 정치사상(정치철학)의 중심을 이루는 아이디어나 교리를 분석·연구하는 것과 관련된다. 정치이론과 정치철학은 상당 부분 내용상 겹치며, 두 용어는 혼용되기도 한다. 그런데 엄밀히 말하면 정치이론이 정치현상을 분석하고 설명하는 데 만족한다면, 정치철학은 이를 평가하고 호오(好惡)를 표현한다는 점에서 차이가 난다.

　　정치에 관한 고찰은 어느 정도 이미 형성된 선입견을 배경으로 이루어지고 있다. 따라서 정치학에서는 서로 양립하거나 경쟁하는 여러 상이한 이론유형들이 존재한다. 이 유형들은 학문적 인식의 실제나 가능성에 관한 일정한 전제나 가정에 기초하며, 경우에 따라서는 일정한 인간상과 사회상을 반영하기도 한다. 크게보아 현대정치이론의 유형은 다음 세 가지로 집약될 수 있다:

　　· 규범적 이론유형
　　· 경험적·분석적 이론유형
　　· 변증법적·비판적 이론유형

　　정치학 일반에서 정치이론은 사용된 중심개념에 따라 여러 부분이론들로 구분된다. 이들 부분이론들은 정치를 포괄적으로 정의하려는 욕심을 내지 않고 단지 일정한 중심개념에 한정하여 정의하려 한다. 예를 들면 정치학에서 취급하는 부분이론들은 국가론, 정부론(정부기구론), 민주주의론, 정치체제론, 정치체계론, 권력이론, 엘리트론, 발전론, 혁명론, 계급론, 정치문화론 등 다양하다.

넓은 의미에서 정치이론은 정치에 관한 주제를 분석하고 설명하는 이론은 물론이고 이에 접근(approach)하는 방법도 포함한다. 어느 특정한 이론유형의 기반 위에서 다시 여러 상이한 접근방법이 개발되어 사용되고 있다. 현대 정치학에서 활용되고 있는 주요한 접근방법으로는 다음과 같은 것들이 있다:

- 역사적 접근방법
- 제도적 접근방법
- 행태적 접근방법
- 구조적·기능적 접근방법
- 비교 접근방법
- 합리적 선택 패러다임과 게임이론

2. 정치사상

정치사상(political thought)이 취급하는 영역과 그 위치에 관해 아직 정치학에서 의견이 일치하지 못하고 있다. 대체적으로 정치사상은 정치철학(political philosophy)과 동의어로 사용된다. 마르크스주의자들은 정치사상을 정치행위의 규범, 가치, 정당성을 다루는 정치 이데올로기로 한정하기도 한다.

정치사상은 발달한 지역과 역사 그리고 내용을 고려할 때 크게 서양정치사상과 동양정치사상으로 구분된다. 현대정치는 동양정치사상보다는 서양정치사상에 의해 더 많이 영향을 받고 있다. 정도의 차이는 있으나 한국도 그러하다.

정치사상의 발달사는 대단히 길며, 또한 많은 변천을 경험했다. 따라서 정치학 분야로서 정치사상에서는 역사적 접근방법이 연구방법론으로 널리 이용된다. 정치사상사는 시대별로 구분되어 연구되거나 아니면 주요 사상가를 중심으로 연구된다. 현대정치에 직접 또는 간접적으로 영향을 미치고 있는 정치 이데올로기로서 정치사상은 이데올로기가 추구하는 목표와 수단을 기준으로 구분되어 다루어진다. 물론 정치 이데올로기에 관한 연구에서도 시대와 인물이 중요하게 취급되고 있음은 말할 나위 없다.

현대사회에 강력하면서 지속적으로 영향을 미친 주요 정치 이데올로기로는 자유주의, 보수주의, 사회주의(공산주의)를 꼽을 수 있다. 그 외에 전체주의(파시즘, 나치즘), 민족주의, 무정부주의, 페미니즘, 생태주의, 종교적 근본주의 등 다양한 이데올로기들이 나름대로 영향력을 발휘한다. 민주주의는 인류가 가장 보편타당한 것으로 받아들인 정치원리다. 그러나 민주주의도 경우에 따라 자신을 절대시하는 이데올로기적 성격을 띠고 있음을 부인하기 어렵다.

정치사상(정치철학)은 시대적으로 고대 정치사상, 중세 정치사상, 근대 정치사상, 현대 정치사상으로 구분된다. 정치사상은 고대 그리스의 플라톤(Platon, B.C. 427~347)과 아리스토텔레스(Aristoteles, B.C. 384~322)에게로 거슬러 올라간다. 이들의 아이디어는 중세에 아우구스티누스(Augustinus, 354~430)와 아퀴나스(Aquinas, 1224~1274) 같은 사상가들의 글 속에서 다른 형태로 재구성되어 나타났다. 중세에서 근세로 넘어오는 과정에서 마키아벨리(Machiavelli, 1469~1527)는 근대적 정치질서를 추구했다. 근대 초 정치사상은 홉스(Hobbes, 1588~1679), 로크(Locke, 1632~1704), 루소(Rousseau, 1712~1778)의 사회계약론과 긴밀히 연결되었다. 19세기 정치사상은 밀(Mill, 1806~1873)의 자유론과 마르크스(Marx, 1818~1883)의 유물사관을 통하여 더욱 발전했다.

정치철학은 규범적인 물음을 제기하고 답하는 속성을 지니고 있기에 윤리 또는 도덕철학의 하위영역으로 취급받기도 한다. 정치학에서 정치철학은 정치에 관한 소위 「전통적인」 접근방법을 이룩했다. 그런데 정치철학의 위상은 19세기 후반부터 경험적이고 과학적인 새로운 전통의 강화와 더불어 점차 약화되다가, 1950년대와 1960년대에 걸쳐서는 행태주의 영향으로 더욱 위축되었다. 하지만 1970년대 이후 정치철학은 행태주의에 대한 환멸과 페미니즘, 생태주의, 공동체주의 등과 관련된 새로운 철학적 논쟁의 대두로 활기를 되찾기 시작했다. 더구나 사람들이 가치(values)는 숨겨진 상태 또는 다른 방식으로 모든 형태의 정치현상과 관련되어 있다는 생각을 하게 되면서 정치철학은 더욱 활력을 얻게 되었다.[27]

---

27) Andrew Heywood, *Key Concepts in Politics* (New York: St. Martin's Press, 2000), pp.94~96.

3. 비교정치

비교정치(comparative politics)는 정치과정, 정치구조, 정책 등 정치와 관련된 사항들의 비교를 통하여 유사점과 차이점을 밝혀내는 데 목적을 두며, 더 나아가 이를 바탕으로 상호 간에 장단점을 교환하는 데 의미를 갖는다. 비교는 국가 간에 이루어지기도 하고 한 국가 내의 정치행위자 간에 이루어지기도 한다. 예를 들어서 한국과 영국의 선거제도 비교나 아시아 국가들의 투표행태 비교는 전자에 속하며, 한국의 지역 간, 계층 간, 세대 간 정당선호 비교나 미국 50개 주의 복지정책 비교는 후자에 속한다.

1945년 제2차 세계대전이 종결된 이후 미국과 소련의 지배체제하에서 국가 간 상호 의존이 심화되면서 비교정치는 발달하기 시작했다. 그리고 1990년대 초 전개된 동유럽 및 소련에서의 사회주의체제 붕괴로 동서 양 진영의 경계가 사라짐으로써 비교정치의 지평은 넓어졌다. 특히 1990년대 이후 진행된 세계화 현상으로 지역연구는 강화되었고 이와 병행하여 비교정치는 더욱 활기를 띠게 되었다.

비교정치의 대상은 매우 광범위하나 그동안 정부형태, 정치체제, 정치과정, 정치문화 등이 연구의 중심을 이루어 왔다. 아래에서는 이들을 간략히 소개해 보도록 하겠다.

절대군주제가 보편적이었던 과거와 달리 현재는 대부분의 국가들이 민주공화제를 채택하고 있으며, 일부 국가들은 입헌군주제를 유지하고 있다. 이들 국가들의 정부형태(권력구조)는 다음 다섯 가지 종류로 구별된다:

- 대통령중심제
- 의원내각제
- 혼합형 정부형태
- 합의제 정부형태
- 사회주의 정부형태

정치체제는 크게 자유민주주의 체제와 전체주의 체제로 구분된다. 진정한 의미의 자유민주주의 체제에서는 기본권, 법치국가 원리, 권력분립, 정당의 자유경쟁, 자유선거, 자유언론, 자유결사 등이 제도적으로는 물론이고 실제에서도 보장되어야 한다. 이들 요소들이 존중되지 않거나 무시되면 권위주의 체제 또는 독재체제라고 부르며, 극단적인 경우는 전체주의 체제라고 말한다. 이념상 극좌(사회주의/공산주의)와 극우(파시즘/나치즘)를 표방하는 국가의 정치체제는 전체주의 체제이다. 전체주의 체제의 특징으로는 유일이념 신봉, 일당체제, 감시 및 테러체제, 대중동원 및 선동 등을 꼽을 수 있다.

정치과정은 개인이나 집단이 국가의 요직을 점하기 위하여, 또는 국가의 정책결정이나 집행에 영향력을 행사하기 위하여 상호 작용하는 과정이다.

정치문화는 공동체의 구성원이 지니고 있는 정치에 대한 일반적인 신념, 가치관, 태도, 입장 등의 총체를 말한다.

4. 국제정치

국제정치(international politics)는 국제사회에서 일어나는 정치현상과 국제정치 행위자들 간에 이루어지는 제반 관계 및 내용의 일체(一切)라고 정의할 수 있다. 여기서 말하는 관계는 국제관계(international relations)를 의미하며, 내용은 외교정책과 외교를 뜻한다.

전통적으로 국가와 국제기구(international organization)는 국제정치의 주된 행위자로 작용하여 왔다. 현대의 국제기구는 국제 정부간 기구(IGO: Inter-Geovernmental Organization)와 국제 비정부기구(INGO: International Non-Governmental Organization)를 포괄한다.

외교정책과 외교는 국제정치의 하위영역이다. 외교정책의 영역은 날로 확장되고 있다(정치, 안보, 경제·통화, 기술, 정보, 문화, 환경 등). 외교의 목적은 자신의 이익을 관철하는 데 있을 뿐만 아니고, 모두의 이익인 국제평화의 유지에도 있다. 지원, 설득, 타협, 또는 위협이 외교의 수단으로 사용된다.

세계질서(국제정치체제)는 국제정치에 직접적·간접적으로 영향을 미친다. 제2차 세계대전이 끝난 이후 형성되어 전개된 세계질서는 동서 간의 이념적 대립을 특징으로 하기에 동서냉전체제라 한다. 동서냉전체제에서 동서 양 진영 간에 전개된 갈등은 고조와 완화를 반복했다. 그러다가 냉전체제는 1990대 초 동유럽의 사

회주의체제 몰락과 바르샤바조약기구(WTO)의 해체로 사실상 붕괴되어 세계질서
는 대전환의 계기를 맞았다.

과거 국제정치학에서 냉전체제는 어떤 변화과정을 거쳤으며, 그 특징은 무엇
이고, 이 체제에서 국제정치 행위자들은 어떤 행동양식을 보였는가에 대한 연구가
활발히 진행되었다. 흔히 사람들은 냉전체제 종식 이후의 시대를 탈냉전시대라 불
렀다. 그러나 탈냉전시대는 임시적인 성격을 띠었으며, 새로운 체제로 향한 전환
기를 의미했다. 따라서 학자들은 냉전 후 국제정치에서 어떤 새로운 현상이 나타
나고 있으며, 새로이 형성되는(또는 형성될) 국제정치체제는 어떤 방향으로 발전하
고 있고, 국제정치 행위자들은 이에 어떻게 대응하는가에 보다 많은 관심을 기울
이게 되었다.

냉전체제 종식 이후 재편된 국제경제 질서에서는 상호 모순적으로 보이는 세
계주의(globalism)와 지역주의(regionalism)가 공존하고 있다. 새로운 국제경제 질
서가 국제정치의 주요 연구대상을 이루고 있음은 물론이다.

5. 한국정치

과거 우리나라는 동양정치사상(특히 유교)의 영향권에 속했다. 그런데 1876년
문호개방 이후 서양의 문물이 들어오면서 서양정치사상이 뿌리를 내리기 시작했
다. 1948년에 제정된 한국의 헌법은 서양정치사상에 기초를 두고 있다. 그럼에도
전래의 사상이 오늘날의 정치현실에 영향력을 미치고 있음은 사실이다. 이런 이유
에서 학자들은 전통사상(특히 유교)과 새로이 유입된 외래사상(특히 민주주의)이 어
떻게 정치현실에서 접목되고 있는가에 관심이 크다. 이에 관한 연구는 한국인의
정치문화를 파악하는 데 도움이 된다. 이와 더불어 유교가 한국의 자본주의에 미
친 긍정적·부정적 영향을 규명하는 작업이 수행되고 있다.

1948년에 건국된 한국은 그동안 커다란 정치변동을 수차례 겪어 왔다. 이는
한국이 지금까지 여섯 번에 걸쳐 새로운 공화국을 맞이했다는 사실에서 잘 드러
난다. 한국의 국내정치는 흔히 공화국별로 구분되어 연구되거나, 아니면 국가의
최고지도자를 중심으로 연구되고 있다. 그 외에 주요 사건이나 주제, 또는 정책을
중심으로 연구되기도 한다.

국내정치와 더불어 외교정책은 한국정치의 주된 연구영역을 구성하고 있다. 전통적인 한국 외교정책의 주요 목표는 안보확립, 경제발전, 그리고 통일이었다. 이들 목표의 우선순위는 시대와 국가 최고지도자의 신념에 따라 달리 나타났다. 과거에 반공은 한국외교를 뒷받침하는 주된 이념으로 작용했으나, 이제 그 의미는 상실되었다고 볼 수 있다. 최근에 들어와 지식 및 정보 획득, 환경보호, 문화교류, 자원확보 등이 새롭게 외교의 목표로 자리를 잡았다.

해방 후 소련군과 미군의 분할점령과 이후 가속화된 동서냉전의 부산물로 한반도는 두 개의 서로 다른 체제로 분단된 민족비극을 맞게 되었다. 분단의 원인에 관해서는 아직도 여러 이론들이 서로 경쟁하고 있다.[28] 오늘날 분단에 대한 연구보다는 통일에 대한 연구가 더 중요시되고 있음은 물론이다. 특히 독일과 예멘의 통일을 계기로 통일에 대한 비교연구가 활발하게 전개되어 왔다. 무엇보다도 유럽통합의 영향을 받아 남북관계를 통일(unification)보다는 통합(integration)이라는 개념으로 파악하고 발전시키려는 흐름도 있다.

■ IV. 정치학의 특성

정치학은 사회과학의 한 분야로서 인간사회에 관한 학문이다. 다음에서는 인간사회를 다루는 현대 정치학이 내포하고 있는 특성들을 살펴보겠다.

① 정치는 우리들의 삶에 큰 영향을 미친다. 그런데 사람들은 정치의 본질, 정치권력의 획득, 정치적 이익의 분배 등 정치와 관련된 제반 사항들에 대하여 상이하게 이해한다. 그리고 사람마다 인간사회에서 접하는 정치현상에 관한 지식의 폭이 다르고 이에 대한 선악(善惡)의 판단과 호오(好惡)가 천차만별이다. 또한 사람들은 여러 통로(가족, 친구, 동료, 학교, 책, 대중매체, 인터넷, 정치가 등)를 통해 정치현상에 관한 정보를 습득하는데 이들 정보는 경우에 따라 불명확하고, 서로

---

28) 분단의 책임을 외세의 탓으로 돌리는 외인론은 전통주의, 수정주의, 탈수정주의, 공동책임주의 등으로 세분된다. 반면, 본질적이고 궁극적인 분단의 책임은 우리민족 자신에게 있다는 내인론이 이에 맞서고 있다.

상반되며, 틀리기도 한다. 따라서 현대 정치학은 사람들에게 정치와 정치세계에 대한 명쾌하고 정확한 이해와 지식을 전달하고 촉진시키는 것을 주된 목적으로 삼는다.

② 인간은 다른 동물과 달리 이성과 오성, 그리고 지능을 가지고 있기에 인간 사회는 동물사회와 달리 합리적이면서 동시에 복잡하고 미묘하게 끊임없이 변화한다. 이러한 현상은 현대사회에 들어와 더욱 뚜렷이 드러난다. 그래서 사람들은 흔히 정치를 살아 있는 생물체라고 말하며, 정치학은 이를 다루는 학문이기에 역시 살아 있는 학문이라 할 수 있겠다. 대체적으로 현대 정치학은 정태적이 아닌 동태적 학문의 성격을 띠고 있다.

③ 인간사회의 실제에서 정치의 모습은 항상 아름다운 것만은 아니다. 어쩌면 정치가 좋은 면보다는 추한 면을 더 많이 보여 주고 있다고 말해도 지나친 표현은 아닐 것이다. 그런데 아리스토텔레스가 인간은 「정치적 동물」이라고 말하였듯이 인간은 정치를 떠나 살 수 없다. 다시 말해서 정치는 필요악(必要惡)이다. 그러나 정치는 원래 공동체 구성원의 평화롭고 풍요로운 삶의 영위와 공동체 자체의 안전과 번영을 도모하는 데 그 목적을 두고 있기에, 이론상 정치는 필요선(必要善)이다. 현대 정치학은 정치의 필요악적인 성격을 규명하는 데 그치지 않고, 정치가 필요선의 길로 가게 하는 지팡이 역할을 한다.

④ 정치학은 인간사회에서 나타나는 제반 정치현상을 분석하고 이해하는 데 중점을 두고 있다. 그런데 이미 마르크스(Karl Marx, 1818~1883)가 지적한 바와 같이 정치현상은 사회전체에서 고립되어 생성되고 발전하는 것이 아니라, 경제적·사회적·문화적·역사적·심리적 또는 여타 다른 요소들에 의해 영향을 받고 있다. 이러한 이유에서 현대 정치학은 다른 인접 학문과의 연계를 더욱 심화시켜 나아가는 추세에 있다.

⑤ 정치학은 고대 그리스의 플라톤(Platon, B.C. 427~347) 이래 시대를 비판하는 학문으로 발전하여 왔다. 정치사상과 이론은 헤겔(Georg W. F. Hegel, 1770~1831)의 변증법에서 말하는 부정의 부정을 거쳐 거듭 태어났다. 정치 실제에 있어

서 현대 정치학은 권력이나 정책에 대한 비판과 평가를 주저하지 않음으로써 새
로운 미래를 건설하는 데 기여한다.

⑥ 베버(Max Weber, 1864~1920)는 목적을 달성하기 위한 수단으로서 정치를
파악했을 뿐만 아니고, 정치의 책임윤리를 강조했다.[29] 현대 정치학은 정치가 나
아갈 방향을 제시하고 이를 위한 구체적인 정책을 수립하는 데 이바지한다. 그래
서 정치를 직접 행하는 정치가들은 말할 것도 없고, 이들을 학문적으로 뒷받침하
는 정치학자들도 미래에 초래될 결과에 대한 투철한 책임의식을 가져야 한다.

■ V. 과학적 관점에서 정치학에 대한 비판

과학(science)은 반복할 수 있는 실험, 관찰 그리고 연역법 등을 통해 현상에
관한 믿을 만한 설명을 개발하는 것을 목표로 하는 연구영역이다. 과학적 연구는
경험주의에 기반을 두고 있으며, 이는 19세기 실증주의의 결과이다. 가설을 증명
하는 과학적 연구는 가치중립적이어야 하며 객관적인 사실을 밝혀내는 수단으로
이해된다.

과학주의(scientism)는 과학적 방법이 자연과학에서와 마찬가지로 철학, 역사
학, 정치학 등에도 적용되어야 한다고 믿는다. 물론 모든 사람들이 과학적 방법을
정치학에 적용시키는 것이 적합하며 또한 바람직하다고 생각하지는 않는다. 실제
로 정치학은 경험적 분석이론 외에 규범적 이론과 비판이론을 포괄한다. 하지만
과학주의자들은 엄밀한 의미에서 정치학은 자연과학의 방법을 사용하여 정치현상
을 연구할 것을 요구한다.

여하튼 과학적 방법의 적용이라는 잣대로 볼 때 정치학이 과연 과학인가라는
의문이 제기된다. 아래에서는 과학주의자들이 과학적 관점에서 정치학에 대해 가
한 비판점들을 살펴보겠다.[30] 이러한 비판점들은 한편으로 과학으로서 정치학이

---

29) Kurt Lenk, *Politische Soziologie* (Stuttgart: Kohlhammer, 1982), pp.17~18.

30) James N. Danziger, *Understanding the Political World* (New York: Longman, 2001),
    pp.17~18.

갖고 있는 본질적인 한계를 보여 주지만, 다른 한편으로 정치학은 과학적 방법으로만 해결할 수 있는 학문이 아니라는 것을 말해준다.

(1) 정치학은 진정한 과학이 아니다

화학, 물리학, 공학과 같은 과학적 방법이 적용되는 연구 분야와 비교할 때 정치학은 진정한(real) 과학이 아니라는 것이다. 발달된 과학에서는 중심개념, 이론, 해석규칙, 일련의 질문제기 등 4가지 사항이 연구의 체계와 방향을 제시하는 핵심요소로 작용한다. 이들 4가지 핵심요소는 자연과학과 응용과학의 연구과정에서 잘 발달되었고 널리 공유된다. 그러나 이와는 대조적으로 다른 사회과학과 마찬가지로 정치학에 종사하는 연구자들은 어떤 일정한 주제를 연구하는 데 있어서 중심개념, 이론 그리고 해석규칙을 설정하는 데 일치된 의견을 내지 못한다. 이 책에서도 볼 수 있듯이, 정치학에는 여러 상이한 이론과 방법론이 경합하고 있다. 연구의 실제에 있어서 어떤 이슈가 해결되어야 하고, 어떤 이론이 증명되어야 하는지에 관해 연구자들의 의견이 일치하는 경우가 드물다. 더구나 권력이나 민주주의 연구에서와 같이 핵심개념을 해부하기가 무척 어렵다.

(2) 정치학에서 일반화 작업은 불가능하다

정치학이 다루는 주제의 특성 때문에 정치학을 과학으로 발전시키는 것은 사실상 불가능하다. 또한 정치세계를 체계적으로 일반화하는 작업은 너무 복잡하며 가능하지도 않다. 정치는 수많은 개인, 조직, 국가들의 작용과 반작용에 기초하고 있다. 그리고 정치는 이들 정치행위자들의 행동에 미칠 수 있는 조건들이 변하고 있는 와중에 일어난다. 또한 사람들이 처한 조건과 행동에 영향을 주는 변수의 폭이 너무 커서 "… 하면, …된다"라고 확언하기가 어렵다. 이런 까닭으로 예컨대 정치 분석가들이 전쟁이나 남녀투표성향차이의 원인에 대해서 정확하게 설명하지 못하는 것은 놀라운 일이 아니다.

(3) 정치학 연구자들은 객관적일 수 없다

선택된 연구주제와 변수들의 정의, 측정 그리고 분석방식은 문화, 이념, 생활

경험 등 연구자의 사회적 현실에 크게 영향을 받는다. 과학적 방식은 몰가치를 이상적인 것으로 여기지만, 정치현상에 관한 분석에 있어서 연구자 자신의 가치로부터 영향을 받지 않은 기술이나 설명은 실제에서 불가능하다. 다시 말해서 어떤 연구자도 그가 분석하려는 정치현상에 관해 완전히 객관적이고 편견이 없을 수는 없다는 것이다.

(4) 정치학은 규범적인 문제를 외면할 수 없다

아리스토텔레스(Aristoteles, B.C. 384~322) 이래 고전적 정치 사상가들은 정치연구의 궁극적인 목적은 "행위에 의해 얻을 수 있는 가장 좋은 것"을 찾는 데 있다고 보았다. 따라서 그들은 가치가 있는 목적이 달성될 수 있도록 국가와 개인은 무엇을 해야만 하는가에 연구의 초점을 맞추었다. 현대정치학에서 가치를 중시하는 정치학자들은 과학적 방법이 규범적인 정치적 물음을 외면함으로써 무엇이 바람직한 정치인가에 관해 적절한 해답을 주지 못한다고 역설한다. 우리는 과학적 방법을 사용하는 사람들 중에서도 과학적 방법이 규범적 목적을 달성할 수 없다고 실토하는 것을 목격할 수 있다. 예를 들면 베버는 과학적 방법이 정치적 · 사회적 현실을 서술하고 범주화하는 데 매우 유용하지만, 이상적인 목적과 적절한 수단에 관한 규범적인 물음에는 답을 줄 수 없다고 말한다. 이처럼 정치학은 본질적으로 규범적인 문제를 외면할 수 없는 학문이다.

참고문헌

김용욱, 『정치학』, 법문사, 2002.

유홍림, "정치사상(서양편)," 서울대학교 정치학과 교수(공저), 『정치학의 이해』, 박영사, 2013.

Behrens, Henning/Noack, Paul, *Theorien der internationalen Politik*, München: dtv, 1984.

Danziger, James N., *Understanding the Political World,* New York: Longman, 2001.

Euchner, Walter, "Locke," in Maier, Hans/Rausch, Heinz/Denzer, Horst(eds.), *Klassiker des politischen Denkens II*, München: Beck, 1968.

Falk, Berthold, "Montesquieu," in Maier, Hans/Rausch, Heinz/Denzer, Horst(eds.), *Klassiker des politischen Denkens II*, München: Beck, 1968.

Harmon, M. Judd, *Political Thought from Plato to the Present,* New York: McGraw-Hill, 1994.

Heinrich, Hans-Georg, *Einführung in die Politikwissenschaft*, Wien: Böhlau, 1989.

Heywood, Andrew, *Key Concepts in Politics,* New York: St. Martin's Press, 2000.

Jacobsohn, John A., *An Introduction to Political Science,* Belmont: Wadsworth Publishing Co., 1998.

Lipson, Leslie, *The Great Issues of Politics*, Englewood Cliffs, New Jersey: Prentice-Hall, 1970.

MacIntyre, A., *A Short History of Ethics*, New York: Macmillan, 1966.

Maier, Hans, "Augustin," in Maier, Hans/Rausch, Heinz/Denzer, Horst (eds.), *Klassiker des politischen Denkens I*, München: Beck, 1968.

Matz, Ulrich, "Thomas von Aquin," in Maier, Hans/Rausch, Heinz/Denzer, Horst (eds.), *Klassiker des politischen Denkens I*, München: Beck, 1968.

Russell, Bertrand, *A History of Western Philosophy*, New York: Simon & Schuster, 1972.

Schhoeps/Knoll/Bärsch, *Konservativismus, Liberalismus, Sozialismus*, München: W. Fink, 1981.

Stammen, Theo, "Politikwissenschaft," in Mickel, Wolfgang W.(ed.), *Handlexikon zur Politikwissenschaft*, Regensburg: Ehrenwirth, 1983.

Tocqueville, A. de, *Democracy in America*, London: Fontana, 1968.

Wiarda, H.(ed.), *New Directions in Comparative Politics*, Boulder: Westview Press, 1985.

제 3 장

정치이론과 정치학 방법론

■ I. 정치이론

정치에 관한 생각은 개인 또는 그룹별로 정도의 차이가 있겠지만 이미 사전 (事前)에 형성된 이해(理解)를 배경으로 진행된다. 이에 따라 현대 정치학에는 여러 정치이론이 존재하며, 이들은 상호 공존하면서 동시에 경쟁관계에 있다. 우리는 현대 정치이론을 규범적 이론유형, 경험적·분석적 이론유형, 변증법적·비판적 이론유형 등 세 유형으로 대별할 수 있다. 이들 세 유형은 각기 학문적 인식의 실제와 가능성에 관한 일정한 가정과 전제에 상응하며, 역시 일정한 인간상과 사회상을 반영한다.

프랑크푸르트학파의 제2세대 학자로 분류되는 하버마스(Jürgen Habermas)는 세 이론유형의 상이한 이론적 전제는 상이한 인식관심(Erkenntnisinteresse)과 관련이 있다고 본다. 즉, 규범적 이론유형은 사람들 간의 의사소통을 달성하려는 실제적(實際的) 관심에 상응하고, 경험적·분석적 이론유형은 사회과정을 해부하여 파악하고 조작(操作)하려는 기술적(技術的) 관심에 상응하며, 변증법적·비판적 이론유형은 스스로 창조한 사회적 강요로부터 인간을 해방시키려는 해방적(解放的) 관심과 상응한다는 것이다.

다음에서는 세 이론유형에 관해 좀 더 자세히 알아보고자 한다. 이들 유형의 나열순서는 중요도를 나타내는 것이 아니고, 출현한 역사적 차례를 표현하고 있다.

1. 규범적 이론유형

규범적 이론(normative theory)의 핵심개념은 「가치」(values)이며, 「하여야 하는」(should, ought 또는 must) 도덕적 원리 또는 이상을 추구하는 것을 그 특징으로 삼는다. 자유, 권리, 정의, 평등, 관용 등 가치를 포함하고 있는 정치개념은 매우 폭 넓다. 가치 또는 규범적 개념은 사건이나 사실을 묘사하기보다는 일정한 행동양식을 규정하거나 진척시킨다. 따라서 정치적 가치는 종종 도덕적, 철학적, 이념적 신념과 분리하기가 매우 어렵다.

규범적 이론유형은 플라톤과 아리스토텔레스에 그 뿌리를 두고 있다. 아리스토텔레스 이후 고전 정치학은 선하고 정의로운 삶에 관한 학문이었으며, 윤리학의 성격을 띠었다. 플라톤은 정치와 윤리를 한 책에 같이 다루었다. 아리스토텔레스는 정치와 윤리를 분리하여 취급했으나, 양자는 역시 밀접한 관계에 놓여 있었다.[1] 아리스토텔레스는 한편으로 정치학을 궁정학문, 즉 최상의 실제적 학문으로 격상시켰으나, 다른 한편으로 엄격한 과학적·경험적 잣대로 정치를 판단하려는 의도를 갖지는 않았다.

당시 도시국가 아테네의 절망적인 정치적 상황과 정신적 기반의 동요에 대한 반응으로 플라톤과 아리스토텔레스의 학문적 방향은 시대 비판적인 성격을 띠게 되었다. 그리고 이들이 추구한 시대 비판적 학문은 실천철학의 일부분이었으며, 규범적인 특징을 가졌다.

이미 고대에 플라톤과 아리스토텔레스는 「존재」(Sein)와 「당위」(Sollen)의 이

---

1) Klaus von Beyme, *Die politischen Theorien der Gegenwart* (München: Piper, 1986), p.19.

원적 관계를 다루었다. 규범적 이론유형에는 존재론(ontology)이 근저(根底)를 이루고 있다. 그래서 규범적 이론유형은 흔히 존재론적·규범적 이론유형이라 불린다. 이 이론은 시간과 공간을 초월하여 유효한 가치와 더불어 정치적 실제(정치행위)를 주요 개념으로 간주하며, 이 두 개념은 서로 결부되어야 한다고 주장한다.[2] 이 이론유형을 따르는 사람들은 「존재」와 「당위」는 구별할 수 있으나 분리될 수 없으며, 이들은 상호 작용하여 근본적인 실재(實在)의 조건을 형성한다고 본다.[3]

규범적 이론유형을 따르는 학자들은 자연에 관한 학문과 인간에 관한 학문을 동일하게 취급해서는 안 된다고 말한다. 그리고 이들 중 일부는 정치학은 과학적 지식을 도출할 수 있는 학문이 아니며, 오히려 이성적이고 도덕적인 현명함을 바탕으로 여러 상이한 정치적 견해와 질서를 평가하는 학문이라고 주장한다.

자고로 규범적 이론유형이 달성한 학문적 성과는 주로 정치철학과 정치사상사 분야에서 이루어졌다. 그런데 현대 정치학에서 정치철학과 정치사상사의 역할이 줄어들면서 이 이론유형은 전통적 경쟁상대인 경험적·분석적 이론유형에 비해 그 영향력을 상실한 것은 사실이다.[4] 그러나 1970년대 이후 나타난 행태주의에 대한 환멸, 생태주의, 페미니즘 등 새로운 철학적 논쟁의 대두 그리고 가치와 완전히 무관한 정치연구가 과연 가능한가라는 물음 등의 영향으로 규범적 이론유형은 활기를 되찾았다.

2. 경험적·분석적 이론유형

경험적·분석적 이론(empirical-analytical theory)의 핵심개념은 「사실」(facts)이며, 사실적 진실이 「무엇인가」(what is)를 경험적으로 검증하려는 특징을 갖는다. 이런 의미에서 권력, 권위, 질서, 법 등은 규범적 개념보다는 분석적 개념에 가깝다.

---

2) Hans-Georg Heinrich, *Einführung in die Politikwissenschaft* (Wien: Böhlau, 1989), p.56.

3) Weinacht/Kempf/Merz(eds.), *Einführung in die Politische Wissenschaft* (Freiburg: Alber, 1977), pp.55~56.

4) Herbert Maier/Theo Stammen, *Einführung in die Politikwissenschaft* (München: Beck, 1974), pp.55~56.

경험적·분석적 이론유형은 자연과학의 연구방법론이 정치학에 원용(援用)된 것이며, 또한 분석철학 방법론의 영향을 받았다. 일종의 자연과학과 같은 방법으로 정치실제를 규명하는 것이 이 유형의 중심 과제이다. 경험적이며 몰가치적 접근법에 기초한 경험적·분석적 이론유형은 19세기 실증주의(positivism)의 산물로서 엄격한 과학적 조사의 수행을 사명으로 삼는다. 이 이론유형은 1950년대와 1960년대 미국에서 행태주의(behavioralism)라는 이름으로 정치학의 주류를 형성하게 되었다.

존재론적·규범적 이론유형과 변증법적·비판적 이론유형이 인식론적 근거를 가진 규범적 입장에 근원을 갖고 있는 데 반하여, 경험적·분석적 이론유형은 구체적인 정치현상을 분석하는 데 있어서 규범적 요소를 의식적으로 배제한다. 즉, 이 이론유형은 가치중립을 연구의 전제로 삼는다.

경험적·분석적 이론유형은 인식할 수 있는 「존재」와 그렇게 되기를 희망하는 「당위」를 엄격히 분리시키려 노력한다.5) 그리고 이 이론유형은 단순한 사실의 집합뿐만 아니라, 검증되지 않았거나 검증될 수 없는 가정(假定)을 연구에서 제외시킨다. 또한 이 이론유형은 가치와 사실의 혼합이나 도덕과 정치의 합성에 반대한다. 실증적 입장을 취하고 있는 이 이론유형은 정치를 단지 규범적, 그리고 제도적인 조건으로 설명하려는 제도주의에 대한 반대운동으로 출현한 측면이 있다.6)

경험적·분석적 연구방법은 아래와 같은 상이한 두 가지 목적을 위해 사용되고 있다.

첫째, 특정한 역사적 사건을 포괄적이고 정확하게 기술(記述)하려는 목적이다. 일정한 시간과 공간에서 일어난 사건의 배경, 발생, 진행, 영향 등을 충실하게 기술하기 위해서는 믿을 만한 자료의 수집과 신중한 분석이 무엇보다 중요하다. 그리고 다루려는 인물의 생각과 행동양식에 파고드는 연구자의 감정이입능력이 중요하다. 감정이입능력은 해석학의 일종으로서 주관적이다. 따라서 어떤 사건에 대한 기술이 여러 연구자들의 상호주관성에 의해 검증될 수 있도록 하는 것이 과학적 방법이다.

둘째, 소위 「경험과학」에 속하는 것으로 법칙이나 이론을 형성하려는 목적이

---

5) Herbert Maier/Theo Stammen(1974), p.56.
6) Hans-Georg Heinrich(1989), p.56.

다. 달리 말해서 더 이상 특정한 사건을 구체적으로 파악하거나 설명하려 들지 않고, 각 현상들의 집합으로부터 보편적인 규칙성이나 법칙성을 찾으려 한다는 것이다. 이론이나 법칙을 찾으려는 노력은 다음과 같은 순서로 진행된다.

① 사전 고려: 본격적인 작업에 들어가기 전에 연구자는 연구의 목적, 의의, 기여도 등을 감안하여 주제를 설정하고 이와 관련된 문제를 파악한다. 그리고 연구대상을 시간적·공간적으로 한정하며, 문제를 세분한다.

② 가설의 설정: 사전에 고려한 사항들과 학문적 경험을 기초로 하여 임시적으로 받아들일 수 있는 가설을 설정한다. 가설은 조사 가능한 문제에 대한 잠정적인 해답이다.

③ 조작화: 구체적으로 다룰 수 있는 경험적 작업도구에 가설을 이입시키는 일의 조작화(操作化)이다. 흔히 작업도구로 표본조사(survey)가 사용된다. 그리고 신뢰도와 타당도에 영향을 미치는 요인들(조사도구, 조사환경, 조사대상자, 조사자의 해석 등)을 분석하여 조사의 신뢰도와 타당도를 제고시킬 수 있는 방안을 강구해야 한다.

④ 이론형성: 조작화된 가설을 체계적으로 정사(精査)함으로써 이론을 형성한다. 일반적으로 이론은 각 현상들을 설명하는 언어의 보편적 체계를 일컫는다.

흔히 경험적·분석적 이론유형은 경험주의에 기반을 둔 과학적 연구방법 유형이라고 불린다. 그런데 과학적 정치학을 구성하려는 이 유형의 시도는 다음과 같은 어려움을 갖고 있다.[7]

① 인간에 관한 자료의 문제이다. 즉, 인간은 실험실에 데려와 관찰할 수 있는 올챙이와도 다르며, 현미경으로 관찰할 수 있는 세포와도 다르다. 또한 연구자는 인간의 내면세계로 들어갈 수 없으며, 인간의 행동을 반복해서 실험하기도 곤란하다. 따라서 우리가 알 수 있는 개인의 행태는 한계가 있으며 피상적이다.

② 경험적·분석적 이론유형은 「가치」와 「사실」을 구별할 수 있음을 전제하며, 또한 가치중립적 연구를 요구한다. 그런데 인간세계와 관련된 정치현상에서 「가치」와 「사실」은 서로 뒤얽혀 있어 이들을 분별하기도 어렵고, 또한 이들을 억지로 떼어 놓아 연구하는 것이 바람직한가라는 의문도 생긴다. 예를 들면 다른 사람의 행동에 영향을 미치는 것이 권위인데, 누가 권위를 행사하는가에 관한 연구

---

7) Andrew Heywood, *Key Concepts in Politics* (New York: St. Martin's Press, 2000), pp.97~98.

는 「사실」에 관한 문제이며, 어떻게 권위가 행사되어야 하는가에 관한 연구는 「가치」에 관한 문제이기 때문이다. 따라서 이 경우 두 연구방법의 복합적인 사용이 불가피하다.

　③ 자연과학과 달리 정치학에서 연구자가 완전히 가치중립적이고 공평한 연구를 한다는 것은 기대하기 어렵다. 왜냐하면 연구자는 가족배경, 사회경험, 교육관, 국가관, 세계관 등으로 연구대상에 대하여 자기도 모르게 편견을 갖게 되기 때문이다. 다시 말해서 정치연구에서 완전한 과학적 객관성을 확보한다는 것은 거의 불가능하다는 말이다.

3. 변증법적 · 비판적 이론유형

　변증법적 · 비판적 이론(dialectical-critical theory)은 제1, 2차 세계대전 사이 독일의 프랑크푸르트학파에 의해 정립되었으나, 1960년대 중반 이후에 현대 정치학에서 주목을 받기 시작했다. 이 이론은 현대 정치학의 연구와 교육에서 절대적인 영향력을 발휘하고 있지는 못하지만, 나름대로 그 존재의미를 인정받고 있다. 대표적인 학자로는 호크하이머(Horkheimer), 마르쿠제(Marcuse), 아도르노(Adorno), 하버마스(Habermas)를 들 수 있다.[8]

　변증법적 · 비판적 이론은 헤겔(Hegel)과 마르크스(Marx)의 역사철학과 변증법에 기초하고 있으며, 이를 현대적 의미의 사회과학 방법론으로 재구성한 것이다.[9] 이 이론은 흔히 비판이론(critical theory)이라 불리기도 한다.

　변증법적 · 비판적 이론유형의 핵심개념은 역사성, 총체성 그리고 변증법이다.[10] 이 이론유형은 정치와 사회의 역사성으로부터 출발하며, 사회비판을 주된 임무로 여긴다. 사회는 계속해서 역사적으로 제약을 받게 되고, 사회의 발전은 종료되는 것이 아니며, 사회적 모순이 사회발전을 진전시킨다고 본다. 또한 역사는

---

　8) 아도르노와 호크하이머는 1947년에 『계몽의 변증법』(*Dialektik der Aufklärung*)이라는 책을 출간하였다. 이들은 그동안 여러 논문을 통하여 가다듬은 생각들을 이 책에 모아 비판이론을 체계화시켰다.

　9) Herbert Maier/Theo Stammen(1974), pp.62~86.

　10) Herbert Maier/Theo Stammen(1974), pp.68~86.

경험적으로 현존하는 현상(現狀)에 대해 비판하는 척도를 제공한다고 믿는다. 이 이론유형의 정신적 원리는 총체성이다. 즉, 세계사를 바라보는 관점은 전체를 관통하는 것이어야 하며, 역사는 전체적으로 이해되어야 한다는 것이다. 그리고 이 이론유형은 자연과학의 연구모델을 사회과학에 적용하는 것에 반대한다. 왜냐하면 사회과학의 연구대상인 인간은 주관성을 지닌 생물체이며, 역시 주요 연구대상인 가족, 계급, 민족과 같은 사회구조는 의식(意識)을 갖는 존재구조이기 때문이라는 것이다. 경험적 이론유형이 정치체계의 유지 또는 점진적 변화의 조건에 관심을 갖는 데 반하여 변증법적 이론유형은 사회적 모순에 관심을 기울인다.

변증법적·비판적 이론유형은 다른 두 이론유형(규범적 이론유형, 경험적·분석적 이론유형)이 현상유지에 집착하고 있다고 질책한다. 그리고 이 이론유형은 다른 두 이론유형이 현상을 넘어서 이미 현재에 시사하고 있는 미래의 그 무엇을 볼 수 있는 능력이 없다고 비판한다. 비판이론의 일종인 변증법적·비판적 이론은 인간 스스로 만든 역사적으로 불필요한 지배와 구속을 폐기 또는 약화시키기 위한 해방적 목적을 추구하며, 이와 관련하여 사회적 모순을 찾고 지적하는 것을 주된 임무로 삼는다.11) 이런 맥락에서 이 이론은 진보이론, 또는 과정이론의 성격을 강하게 띠고 있다고 말할 수 있겠다.

변증법적·비판적 이론은 부정(否定)의 부정(否定)을 거쳐 끊임없이 변화하는 변증법적 역사관과 시대비판정신이 결합된 것이라고 요약할 수 있다. 경험적·분석적 이론에 대한 대항이론으로 발전한 이 이론은 1960년대 후반기 이후 구미 정치사회에 적지 않은 영향력을 발휘했다. 예컨대 이 이론은 1968년 독일과 프랑스 등을 강타한 좌파부흥운동의 성격을 띤 「항의운동」에 이론적 기초를 제공했으며, 역시 같은 해 반전운동에서 촉발된 미국의 「캠퍼스혁명」에 영향을 미쳤다. 1960년대와 1970년대 서유럽에서는 경제발전을 중시한 기존의 성장사회에 반대하는 「녹색운동」(환경운동)이 정치사회를 뒤흔들었다. 이 운동 역시 비판이론의 영향을 받았다고 볼 수 있다.

---

11) Hans-Georg Heinrich(1989), p.57.

■ II. 정치학 방법론

정치이론은 어떤 정치현상을 분석하고 설명하는 일반화된 서술이다. 정치학 방법은 정치현상의 하나인 어떤 연구주제에 접근하는 데 적용되는 방법을 말한다. 이러한 맥락에서 이론과 방법은 상호의존관계에 놓여 있다. 흔히 정치학 방법은 정치학 접근방법이라 칭하여지고 있다. 넓은 의미에서 정치학 방법은 일종의 정치 이론이라 말할 수 있지만, 엄밀한 의미에서 양자는 서로 구별된다. 그리고 위에서 기술한 이론유형과 비교할 때 접근방법은 그렇게 강하게 인간과 사회에 관한 주관적인 관점에 뿌리를 박고 있지는 않다.

1. 역사적 접근방법

역사적 접근방법(historical approach)을 추구하는 사람들은 정치학은 역사학과 동일한 연구대상을 취급하고 있으며, 역시 역사적 사실과 관계하고 있다고 확신한다. 사실 정치학이 발달하게 된 초창기 역사적 접근방법과 다른 접근방법들 간에 뚜렷한 구별이 없었다. 과거 인류사에서 발생한 주요 정치적 사건이나 정치적 행위, 또는 정치제도에 관한 기록물들은 거의 이 연구방법에 의해 기술되었다고 표현해도 지나치지 않다. 그런데 인류문명이 발달하면서 각 학문분야는 세분화되었으며, 이 과정에서 역사학자들과 정치학자들이 사용하는 접근방법은 상이하게 발전하게 되었다.

역사적 방법은 어떤 특정한 사건이나 사태를 정확한 자료에 근거하여 기술해 나가는 것을 특징으로 한다. 물론 기술하는 데 있어서 될수록 주관적인 가치판단이나 편견은 배제되어야 한다.[12] 그리고 역사적 연구는 주요 정치적 사건이나 현상의 단순한 수집이나 나열로 흘러가서는 안 된다. 대신에 어떤 특정한 정치적 사건이나 현상의 배경, 원인, 과정, 결과, 영향 등을 분석하고 해석하여야 한다. 더 나아가 이에 역사적 의미를 부여하고 평가하여 교훈이나 시사점을 도출해 내면 더 좋다. 또한 역사적 제 사건이나 현상의 연구를 통하여 공통점을 찾아내고 의미

---

12) 신정현, 『정치학』(법문사, 1993), p.109.

를 갖는 유형을 설정하는 작업을 수행할 수도 있다.

오늘날 사회과학자들은 역사학이 비체계적으로 개념들을 만들고 정의하기 때문에 임시적인 보편화를 이끌어 낼 수는 있으나, 결코 이론을 도출해 낼 수는 없다고 비판한다. 반대로 역사학자들은 사회과학이 체계화라는 구실로 역사적 기원(起源)을 고려하지 않고 개념들을 제멋대로 설정한다고 비난한다. 하지만 방법론적인 차이에도 불구하고 공통관심을 갖고 있는 영역(예: 현대 헌법사, 의회발달사, 정당사)에서 정치학과 역사학은 서로 밀접히 연결되어 돕고 있다. 그리고 현대사 연구에서 역사학자들이 사회과학의 이론과 방법을 수용하게 됨으로써 두 학문 간의 차이가 좁혀진 것도 사실이다.[13]

2. 제도적 접근방법

제도적 접근방법(institutional approach)은 법학의 영향을 받아 비교적 쉽게 파악할 수 있는 정치체제의 공식적인 구조(즉, 제도)에 연구의 초점을 맞춘다. 국가의 기본질서를 정하고 있는 헌법구조와 이에 기초하고 있는 정부기구들, 그리고 소정(所定)의 법적 규정에 따라 행동하는 이들의 활동에 관한 연구는 주로 제도적 접근방법에 의존한다. 이러한 연구는 법에 기초한 제도에 관심을 갖기 때문에 법학은 물론이고, 관료제나 행정을 연구대상으로 삼고 있는 행정학과도 밀접한 관계에 있다.

제도적 접근방법은 독일의 공법학과 이를 계승한 일본 학풍의 영향을 받은 한국의 정치학에서 한때 지배적인 영향력을 가졌던 방법이다.[14] 이 접근방법은 제2차 세계대전 이후 독일 정치학의 첫 세대에서 절대적인 영향력을 가진 연구방향으로 자리를 잡기도 했다. 이 방법은 무엇보다도 국가의 산출기능을 가진 국가기관(즉, 의회, 정부/행정부, 사법부)에 관심을 가졌다. 그리고 투입기능을 가진 정치적 사회조직(즉, 정당, 이익단체, 여론)을 부분적으로 다루기는 했으나, 주로 제도적인 측면에서 접근했다. 따라서 이 연구 흐름은 그 후 행태주의자들의 정치행동 연구에 밀려 점차 뒷전으로 물러나게 되었다.[15] 물론 그렇다고 제도적 접근방법

---

13) Klaus von Beyme(1986), p.82.
14) 김운태/김영국, 『정치학개론』(서울대학교 출판부, 1977), p.53.

이 본래의 의미를 상실한 것은 아니다. 왜냐하면 지금도 국가기관에 대한 제도적 연구는 여전히 필요하기 때문이다. 특히 1990년대 이래 국제기구(EU, WTO 등)의 발달과 더불어 제도주의(institutionalism)는 정치학에서 다시 주목을 받게 되었다.

원래 제도적 접근방법은 연구대상을 주로 국가기구와 그 활동에 한정시켰으며, 투입기능을 하는 사회조직의 정치활동이나 정치적 영향력은 학문적 관심대상에서 거의 배제시켰다. 그러나 오늘날 일부 학자들은 정치사회학의 학문적 업적과 행태주의자들의 연구방법을 끌어들여 제도연구를 심화시키고 있다. 예컨대 정부나 의회와 같은 국가기관의 행위는 소위 「정책결정연구」(decision making studies)를 통해 깊이 탐구되고 있다.

3. 행태적 접근방법

행태적 접근방법(behavioral approach)은 근대 경험주의(empiricism)에 인식론적 뿌리를 두고 있으며 실증주의(positivism)로부터 발달하였다. 이 연구방법이 사회과학에 구체적으로 적용되기 시작한 것은 20세기 전반기로 거슬러 올라가나, 정치학에서 지배적인 위치를 차지하게 된 시점은 1950년대 후반이다.[16] 당시 미국의 정치학에서 행태직 접근방법이 그 위치를 확보하게 된 사실을 두고 사람들은 '혁명적'이라고 표현했다.

행태주의의 대표적 학자인 이스튼(David Easton)은 국민의 투표행위, 의원, 로비스트 또는 정치가들의 행동과 같은 분야에서 정치학은 자연과학의 방법론을 채택할 수 있다고 보았다. 당시 행태주의(behavioralism)는 규범적 이론에서 벗어나 처음으로 신뢰할 수 있는 과학적 방법으로 정치연구를 할 수 있다는 점에서 대단한 인기를 끌었다.[17]

행태적 방법은 설문지, 전화 또는 면담을 통해 많은 자료를 수집하여 분석하는 설문연구(survey research), 이미 정리되어 있는 통계자료를 활용하는 통계분석(statistical analysis) 또는 어떤 정치이슈에 대한 집단들의 반응을 실험하는 실험연

---

15) Klaus von Beyme(1986), p.84.
16) 신정현(1993), p.111.
17) Andrew Heywood(2000), p.85.

구(experiment) 등 다양하다. 이 접근방법은 관찰할 수 있는 정치현상을 연구대상
으로 삼기에 정치학에서 그 연구영역이 제한된다는 약점을 갖는다. 그리고 행태주
의의 과학성은 객관성, 신뢰성, 가치중립성을 요구하는데 연구자의 성향이나 편견
의 개입으로 그 의미가 훼손될 수 있다.

행태적 분석은 유기체의 하나인 인간의 정치적 행동과 태도를 관찰하고 규명
하는 방법이다. 그러나 이를 위한 일반적인 규칙은 없다. 그럼에도 이 방법을 추
구하는 연구자와 연구그룹의 대부분은 경험적·분석적 이론유형에 몸을 담고 있
음을 고백한다.[18] 행태적 방법을 추구하는 연구 흐름은 여러 갈래로 나누어진다.
그럼에도 이들은 다음과 같은 점에서 공통적이다.[19]

① 정치학은 자연과학(특히, 생물학)을 모델로 삼아 정치현상에 대한 설명을 하
고 예측을 할 수 있으며, 또한 이미 검증된 이론을 통해 체계적인 분석을 할 수 있다.

② 정치학은 관찰할 수 있는 현상에 연구를 한정해야 한다.

③ 정치학 연구는 가치중립적이어야 하며, 자료는 가능하면 계량화되어야 한다.

④ 정치학은 민주주의, 평등, 자유 등과 같이 가치와 관련된 주제의 옳고 그
름을 과학적으로 증명할 수 없다. 정당성과 당위에 관한 문제, 그리고 도덕적·윤
리적 문제는 입증될 수 없고 재생산될 수 없으며, 이와 관련된 정치적 명제들은
과학이 아닌 정치철학 분야에 속한다.

⑤ 정치학은 순수연구보다는 정치적 문제를 해결하고 발전적인 프로그램을
만드는 데 기여하는 응용연구의 성격을 지녀야 한다.

4. 구조적·기능적 접근방법

구조적·기능적 접근방법은 정치체계(political system)를 분석하는 주된 방법
이다. 이런 의미에서 구조적·기능적 접근방법은 실제에서 정치체계이론과 동일
시되고 있다. 이 접근방법은 정치를 하나의 체계현상으로 인식한다. 체계는 상호
간에 서로 관련을 갖는 여러 가지 요소에 의해 구성된 통일적 전체를 뜻한다. 체
계를 구성하는 여러 가지 구조(structure)는 일정한 기능(function)을 수행하고, 또

---

18) Hans-Georg Heinrich(1989), pp.58~59.
19) Klaus von Beyme(1986), pp.92~93.

한 이러한 기능을 통해 체계가 유지된다는 것이 체계이론의 요체이다.

구조적·기능적 접근방법은 정치행위를 상호 의존적인 여러 요소들로 구성된 사회체계에서 일어나는 현상으로 본다. 체계이론(system theory)은 생물학의 유기체(organism) 개념이나 기계공학의 기계장치(machine) 개념에 비추어 정치현상을 사회체계를 전제하여 설명하려는 특징을 갖고 있다.

「유기체」와 「기계장치」는 오래전부터 정치이론에서 사용되어 온 개념이다. 그런데 체계이론은 이들을 과거와 달리 해석한다. 즉, 체계이론은 유기체를 단순히 살아 있는 생명체로 보지 않고 자신의 구조를 안전하게 유지하기 위하여 변화를 모색하며 환경에 적응하여 기능을 발휘해 나가는 것으로 파악하며, 또한 기계를 단순한 생산도구로 보지 않고 변화하는 환경에 스스로 적응하여 조절해 나가는 것으로 인식한다.[20]

파슨스(Talcott Parsons)는 개인과 집단 간의 역할에 따라 하위체계가 성립하고, 여러 하위체계가 모여 환경에 적응할 수 있는 하나의 능력을 갖춘 통합된 사회체계가 형성된다고 보았다.[21] 그리고 사회체계는 일정한 구조를 갖고 필요한 기능(체계유지기능, 목표실현기능, 환경적응기능, 통합기능)을 수행한다고 생각했다.

(1) 이스튼의 정치체계론

파슨스의 사회체계 분석모델의 영향을 받아 이스튼(David Easton)은 「투입-산출 모델」(참조: 〈그림 3-1〉)을 설정하여 정치체계이론을 발전시켰다. 이스튼은 정치체계는 사회체계의 하위체계라는 인식에서 출발했으며, 컴퓨터의 작업과정에 견주어 이론을 체계화시켰다. 그가 제시한 개념 틀에 의하면 투입이 산출로 전환되는 과정이 바로 정치과정이다.

---

20) N. Luhmann, *Soziologische Aufklärung* (Opladen: Westdeutscher Verlag, 1970), pp. 38~39.
21) Talcott Parsons, *The Social System* (Glencoe, Illinois: The Free Press, 1951), pp.3~21.

〈그림 3-1〉 단순화된 정치체계 모델

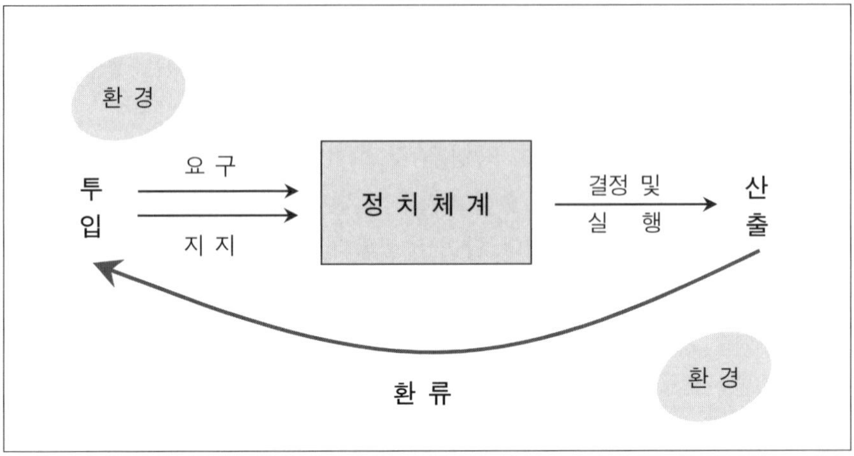

* 출처: 데이비드 이스튼(이용필 역), 『정치생활의 체계분석』(법문사, 1988), p.70.

이스튼이 도식적으로 시도한 정치체계의 개념화는 폭넓은 환경에서 작동하는 투입-산출체계를 기반으로 삼고 있다. 그가 제시한 도식에 의하면 환경으로부터 나오는 요구와 지지가 정치체계로 흘러 들어가 전환과정을 거쳐 권위적인 정책 또는 결정으로 산출되며, 산출은 다시 환경에 영향을 미치고 그 결과가 새로운 요구와 지지 형태로 정치체계에 재투입된다는 것이다.

◆ 환 경(environment)
환경은 정치체계 밖에 존재하는 사회적, 물리적 체계를 말한다. 그리고 환경은 사회 안에 존재하는 환경과 사회 밖에 존재하는 환경으로 구분된다. 이스튼에 의하면 사회 내적 환경은 생태적, 생물적, 개성적, 사회적 체계로 구성되며, 사회 외적 환경은 국제사회체계, 국제생태체계, 국제경제체계, 국제정치체계로 구성된다. 이 모든 환경은 정치체계에 영향을 주고 정치체계는 환경에 영향을 미친다.

◆ 투 입(input)
투입은 환경의 영향이 정치체계로 흘러 들어가서 이를 움직이게 하는 힘이다. 구체적으로 투입은 정부(행정부, 입법부, 사법부)에 대한 요구(demand)와 지지(support)로 나타난다. 요구는 특별한 가치배분에 대한 필요와 욕구를 의미한다.

요구는 사회 안팎의 개인, 그룹, 또는 제도로부터 나온다. 정책이 권위적으로 결정되고 실행되기 위해서는 투입기능으로 요구와 더불어 지지가 필요하다. 지지가 있어야 요구가 충족될 수 있고 목표를 둘러싼 이견도 조절될 수 있다.

◆ 산 출(output)

요구와 지지는 정치체계 속으로 흘러 들어가 전환과정(conversion process)을 거쳐 정부의 정책 또는 결정으로 산출된다. 결정 및 실행과정을 포함하는 산출(output)과 결정이 환경에 영향을 미쳐 생긴 결과(outcome)는 구별된다.

◆ 환 류(feedback)

환류는 산출이 환경에 영향을 미쳐 어떤 결과를 가져오고 그 결과는 새로운 요구와 지지의 형태로 정치체계에 재투입되는 과정이다. 환류는 정치체계와 환경의 변화에 대한 정보수집이 원활하게 이루어질 때 역동성을 갖게 된다. 정치행위자들이 그 역할을 담당한다.

(2) 알몬드의 정치체계론

알몬드(Gabriel A. Almond)는 이스튼이 제시한 정치체계이론을 더욱 발전시켰다. 그는 정치구조가 일련의 기능을 수행하기 위하여 어떻게 정치체계에 결합되어 있는가를 분석함으로써 모든 국가의 정치체계를 설명할 수 있다고 보았다.[22] 특히 알몬드는 정치체계가 수행하는 일곱 가지 기능을 제시하고 이들을 투입기능과 산출기능의 범주로 구분함으로써 비교정치 연구에 크게 기여했다. 그가 제시한 7가지 기능 중 정치사회화와 충원, 이익표출, 이익결집, 정치적 의사소통은 투입기능에 속하며, 규칙제정, 규칙적용, 규칙판정은 산출기능에 속한다.[23]

① 정치사회화와 충원(political socialization and recruitment): 정치사회화란 구성원들에게 일정한 규범과 가치, 정책방향, 규칙과 관행 등을 이해시키고 그들

---

22) Gabriel A. Almond, "Introduction: A Functional Approach to Comparative Politics," in Gabriel A. Almond/James S. Coleman(eds.), *The Politics of the Developing Areas* (Princeton: Princeton University Press, 1971), pp.9~25.

23) Gabriel A. Almond(1971), pp.26~58.

에게 필요한 역할을 수행하도록 하는 것을 말한다. 정치사회화는 수많은 사회화기
관으로부터 행해진다. 가정, 학교, 대중매체, 동료집단 등이 사회화기관에 속한다.
충원은 정치지도자를 육성하는 것을 뜻한다.

② 이익표출(interest articulation): 이익표출은 이익을 주장하고 요구하는 것을
말하며, 주로 이익단체가 이 기능을 수행한다.

③ 이익결집(interest aggregation): 이익집단들에 의해 표출된 이익을 결집시
켜 정책결정과정에 반영하는 것으로, 주로 정당이 이 기능을 수행한다.

④ 정치적 의사소통(political communication): 사회의 각종 기구와 구조를 통
해 정보가 흐르는 것이 정치적 의사소통이다. 사회조직과 대중매체 등에 의해 이
기능이 수행된다.

⑤ 규칙제정(rule making): 입법부의 입법기능을 말한다.

⑥ 규칙적용(rule application): 행정부의 집행기능이 이에 속한다.

⑦ 규칙판정(rule adjudication): 사법부가 법을 해석하고 판정하는 것을 말한다.

5. 비교 접근방법

국가이론이 국가에 관한 문제를 예전과 같이 통상적(通常的)으로 다루는 데
한정하지 않고 각국의 정치제도를 비교하여 연구하게 되면서 비교 접근방법
(comparative approach)은 다른 사회과학보다 정치학에서 커다란 의미를 갖게
되었다.

비교 접근방법은 상이한 정치제도와 체계, 또는 문화유형 등의 비교를 통하
여 사회과학에서 본질적으로 불가능한 실험의 대체물을 얻을 수 있다는 생각에서
출발한다. 이 방법은 비교할 수 있는 많은 자료의 도움을 받아 비교대상 간 보편
성과 차별성을 도출하며, 더 나아가 서로 장단점을 교환할 수 있기에 매우 유용하
다.[24] 그리고 이 방법은 동시대에 존재하는 대상은 물론이고 역사적으로 시기를
달리하는 대상의 연구에도 이용될 수 있다.

비교 접근방법은 위에서 언급한 다른 접근방법들보다 섬세한 체계성을 갖추

---

24) Hans-Georg Heinrich(1989), p.61.

고 있지도 못하며, 또한 접근방법으로서 독립적이지도 못하다. 왜냐하면 역사적 접근방법, 제도적 접근방법, 행태적 접근방법, 구조적·기능적 접근방법 등 거의 모든 방법이 부분적으로 비교 접근방법의 속성을 지니고 있기 때문이다.

6. 합리적 선택 패러다임과 게임이론

게임이론(game theory)은 1944년 출간된 폰 노이만(John von Neumann)과 모르겐슈테른(Oskar Morgenstern)의 공저 『게임이론과 경제행동』(*Theory of Games and Economic Behavior*)에서 이론적 기초를 마련했다. 게임이론은 경쟁관계에 있는 행위자들이 서로 상대방의 반응을 고려해 최적 행위를 결정해야 하는 전략적 상황에서 이루어지는 의사결정 행태를 연구하는 이론이다. 경제학에서 발달하기 시작한 이 이론의 특징은 게임에 참여한 의사결정자들이 각자 최선의 성과를 위해 합리적으로 선택한다는 점이다.

엄밀한 의미에서 게임이론은 맹목적이 아닌 합리적(rational)으로 행동하는 인간상을 모델로 설정하여 다듬어진 일종의 접근방법이다.[25] 정치에 적용된 게임이론은 전략적 상호작용이 존재하는 정치게임의 상황에서 게임자(player)가 선택할 수 있는 전략(strategy)과 결정에 의해 발생하는 결과(득실/payoff)에 따른 결정상황을 분석하는 방법론이다. 예컨대 선거에서 정당들이 한정된 의석을 놓고 벌이는 선거전과 같은 국내정치는 물론이고, 군비경쟁과 같은 국제정치에도 이 접근방법이 응용될 수 있다.

지금까지 수많은 종류의 게임유형이 개발되었다. 게임이론은 게임 상황에 따라 제로섬 게임(zero-sum game)과 비제로섬 게임(non zero-sum game), 양자게임과 다자게임, 협력게임과 비협력게임 등의 유형으로 분류된다. 게임자 중 한쪽이 얻는 이익이 다른 쪽이 잃은 손실과 같은 게임이 제로섬 게임이며, 두 게임자의 득실이 서로 완전히 상반하지 않는 게임이 비제로섬 게임이다. 게임자가 2인이면 양자게임, 3인 이상이면 다자게임이다. 게임자들이 서로 어떤 전략을 택할 것인가

---

25) 게임이론을 시도한 대표적인 학자와 저서는 다음과 같다: 리커(William H. Riker)의 『정치연합이론』, 다운스(Anthony Downs)의 『민주주의에 관한 경제이론』, 올손(Mancour Olson)의 『집단행동 논리』.

에 관하여 사전에 협의할 수 있는 경우를 협력게임이라 하고, 그렇지 않은 경우를
비협력게임이라 한다.

그동안 학문세계에서 여러 게임이론들이 개발되어 실제에 응용되고 있다. 그
중 죄수의 딜레마 게임(prisoner's dilemma game)과 치킨게임(chicken game)이 잘
알려져 있다.

죄수의 딜레마 게임은 공범인 사건 용의자 A와 B가 서로 다른 취조실에서 격
리된 채 심문을 받는 상황을 가정해 만들어진 이론이다. 두 용의자에게는 자백 여
부에 따라 예컨대 〈표 3-1〉과 같은 결과가 주어진다.

〈표 3-1〉 죄수의 딜레마 게임

분 류		죄 수 B	
		침 묵	자 백
죄수 A	침 묵	A, B 모두 6개월씩 복역	A 10년 복역, B 석방
	자 백	A 석방, B 10년 복역	A, B 모두 5년씩 복역

* 출처: 동아일보, 2009년 12월 25일, p.6.

치킨게임(겁쟁이게임)은 도로의 양쪽에서 경쟁관계인 불량배 A와 B가 마주
보며 차를 돌진하는 경우를 가정해 만들어진 이론이다. 두 불량배에게는 돌진 여부
에 따라 예컨대 〈표 3-2〉와 같은 결과가 주어진다.

〈표 3-2〉 치킨게임

분 류		불 량 배 B	
		돌 진	회 피
불량배 A	돌진	공멸	A가 영웅
	회피	B가 영웅	양쪽 모두 비웃음 삼

* 출처: 동아일보, 2009년 12월 25일, p.6.

주변 상황이나 상대방의 행동이 예측 가능하면 무엇이 합리적 선택인지 판단

하기가 비교적 간단하나, 그렇지 않은 경우 매우 복잡하고 미묘하다. 그래서 이러한 복잡하고 미묘한 게임에 접근하기 위하여 다양한 전략적 모형들(예: 강우월전략, 약우월전략, 합리화가능전략, 내쉬균형전략)이 고안되었다.[26] 날로 발전하는 컴퓨터 기술에 힘입어 게임이론의 의미는 점차 커지고 있다.

---

26) 이들 전략적 모형에 관해서 자세히 알려면 Drew Fudenberg/Jean Tirole, *Game Theory* (Cambridge: The MIT Press, 1991), pp.11~28; 왕규호/조인구, 『게임이론』(박영사, 2005), pp.34~73 참조.

참고문헌

김운태/김영국, 『정치학개론』, 서울대학교 출판부, 1977.

데이비드 이스튼(이용필 역), 『정치생활의 체계분석』, 법문사, 1988.

동아일보, 2009년 12월 25일.

신정현, 『정치학』, 법문사, 1993.

왕규호/조인구, 『게임이론』, 박영사, 2005.

Almond, Gabriel A., "Introduction: A Functional Approach to Comparative Politics," in Almond, Gabriel A./Coleman, James S.(eds.), The Politics of the Developing Areas, Princeton: Princeton University Press, 1971.

Almond, G. A./Powell, G., *Comparative Politics : System, Process and Policy*, New York: Little, Brown and Co., 1978.

Beyme, Klaus von, *Die politischen Theorien der Gegenwart*, München: Piper, 1986.

Dunn, J., *Western Political Theory in the Face of the Future*, Cambridge: Cambridge University Press, 1979.

Easton, David, "An Approach to the Analysis of Political System," *World Politics,* Vol. X, No. 3, April, 1953.

Easton, D., *A Framework for Political Analysis*, New York: Prentice-Hall, 1965.

Fudenberg, Drew/Tirole, Jean, *Game Theory*, Cambridge: The MIT Press, 1991.

Heinrich, Hans-Georg, *Einführung in die Politikwissenschaft*, Wien: Böhlau, 1989.

Heywood, Andrew, *Key Concepts in Politics*, New York: St. Martin's Press, 2000.

Luhmann, N., *Soziologische Aufklärung*, Opladen: Westdeutscher Verlag, 1970.

Maguire, J. M., *Marx's Theory of Politics*, Cambridge: Cambridge University Press, 1978.

Maier, Herbert/Stammen, Theo, *Einführung in die Politikwissenschaft*, München: Beck, 1974.

Parsons, Talcott, *The Social System*, Glencoe, Illinois: The Free Press, 1951.

Sabine, George H., *A History of Political Theory*, New York: Holt, 1962.

Weinacht/Kempf/Merz(eds.), *Einführung in die Politische Wissenschaft*, Freiburg: Alber, 1977.

정치 이데올로기

제 4 장

▣ I. 이데올로기의 개념과 특성

　　이데올로기(ideology)는 어원상 관념(idea)과 논리(logic)의 합성어이다. 우리
가 사용하는 이데올로기라는 용어는 독일어 단어인 Ideologie를 그대로 우리말로
옮긴 것이며, 이념(理念)이라는 용어와 혼용된다. 이 용어는 18세기 말 프랑스의
계몽주의 사상가 트래시(Destutt de Tracy, 1754~1836)에 의해 처음 사용된 것으로
알려져 있다.

　　이데올로기의 개념은 철학(philosophy)과 이론(theory)의 개념들과 밀접하게
관련되어 있으나 구별된다. 철학이 진리나 지혜를 얻기 위한 사고와 사색이라면,[1]
이론은 어떤 현상을 설명하고 해석하는 일반화된 서술이다. 흔히 이데올로기는 특
정한 종류의 조직화된 정치행위를 위해 기초를 제공하는 상호 연관된 관념들

---

1) R. C. 매크리디스(이은호/이신일 역), 『현대정치사상』(박영사, 1993), p.6.

(ideas)의 응집력이 있는 조합(set)이라고 정의된다.[2] 달리 말해서, 철학과 이론이 생각, 믿음 그리고 설명을 내포한다면, 이데올로기는 이들을 행동으로 표출시키는 힘을 포함한다.

정치 이데올로기는 정의하기가 매우 어려운 정치학 개념 중의 하나이다. 그럼에도 불구하고 이것은 다음과 같은 특성을 가지고 있다는 점에서 다른 유관 개념들과 뚜렷이 구별된다.

① 이데올로기는 세계관의 형태로 기존 질서를 평가하고 비판한다. 그리고 '좋은 사회'를 위한 바람직한 비전을 제공하며 어떻게 정치변화가 일어날 수 있고 또한 일어나야만 하는가에 관한 윤곽을 제시한다.[3]

② 이데올로기는 행동지향적이고 대중지향적이며, 사용하는 용어는 정치적 성격을 띤다.[4]

③ 이데올로기는 자신이 추구하는 가치가 다른 가치보다 더 중요하며, 자신이 추구하는 가치는 다른 모든 관념, 신념, 행동을 판단할 기준을 제공한다고 믿는다.[5]

④ 이데올로기는 자신이 믿고 추구하는 것이 최고이며 절대적이라고 믿는다. 그러기 때문에 이데올로기는 경우에 따라서 진실을 기만하고 왜곡시키며 거짓을 은폐하려는 속성을 지닌다. 역사적으로 살펴볼 때, 이데올로기는 흔히 경쟁관계에 있는 정치적 입장을 비판·비난하는 정치적 무기로 사용되어 왔다.

■ II. 정치적 스펙트럼

좌·우파 구분은 정치가, 정당 그리고 정치운동의 이데올로기적 위치를 파악하고 이들의 정치적 관념과 믿음을 간략히 기술하는 방법이다. 우리에게 가장 친

---

2) Andrew Heywood, *Key Concepts in Politics* (New York: St. Martin's Press, 2000), p.22.

3) Andrew Heywood(2000), p.22.

4) L. P. 바라다트(신복룡 외 역), 『현대정치사상』(평민사, 1995), p.35.

5) 오스틴 래니(권만학 외 역), 『현대 정치학』(을유문화사, 1994), p.126.

근한 좌우 구분방법은 좌측에서 우측으로 이동하는 선(線) 모양 스펙트럼이다.

　좌우 개념의 기원은 프랑스 혁명(1789)으로 거슬러 올라간다. 프랑스 혁명 직후 파리에서 처음으로 삼부회의가 열렸을 때 의장의 왼쪽에는 체제 전복을 도모한 혁명당원 출신들이 앉았고 왕정에 우호적인 왕당파는 오른쪽에 좌정했다. 그들이 앉은 자리 때문에 역사상 최초로 좌파(좌익)와 우파(우익)라는 용어가 만들어졌다. 즉, 좌파와 우파의 구분은 원래 혁명과 반동을 나누는 개념이었다.

〈그림 4-1〉 선 모양의 정치적 스펙트럼 (1)

* 출처: L. P. 바라다트 (1995), p.40.

　우리는 정치현상 또는 정치체제의 「변화」에 대한 개인이나 집단의 가치와 태도에 따라 이들을 급진주의자(radical), 진보주의자(liberal), 온건주의자(moderate), 보수주의자(conservative), 반동주의자(reactionary) 등으로 구분할 수 있다. 〈그림 4-1〉에서와 같이 가장 좌측에 치우친 급진주의자들은 현상에 대해 대단히 불만스러워하고 체제변화를 강력히 원한다. 진보주의자들은 급진주의자들보다는 덜 불만스러워 하지만 상당한 정도로 체제변화를 원하는 사람들이다. 중앙에 위치한 온건주의자들은 기존 사회에서 별로 나쁜 점을 발견하지 못하며 변화에 대해서 미온적이다. 보수주의자들은 현상에 집착하며 변화를 싫어한다. 이상에서 언급한 입장들이 변화의 속도, 깊이, 방법 등에서 차이가 있겠지만 원칙적으로 사회의 건설적인 변화를 옹호한다는 점에서는 공통적이다. 하지만 가장 우측에 치우친 반동주의자들은 변화를 거부하는 것은 물론이고 이전 체제로의 복귀를 원하는 것이 특징이다.6)

　또한, 우리는 「국가의 역할 및 경제문제」에 대한 가치와 태도에 따라 이데올로기의 정치적 스펙트럼을 공산주의(communism), 사회주의(socialism), 자유주의(liberalism), 보수주의(conservatism), 파시즘(fascism) 등으로 나누어 볼 수 있다(참조:

6) L. P. 바라다트(1995), pp.38~39.

〈그림 4-2〉 선 모양의 정치적 스펙트럼(2)

    * 출처: Andrew Heywood (2000), p.27.

〈그림 4-2〉). 여기에서 좌측으로 갈수록 이데올로기는 국가의 개입과 집산주의
(collectivism)를 더 옹호하고 반면에 우측으로 갈수록 이데올로기는 시장원리와 개
인주의(individualism)를 더 중시한다. 그런데 이 선 모양의 스펙트럼은 파시즘을
설명하는 데는 적합하지 못하다는 흠을 갖고 있다.

    완벽하지는 않지만, 「이념적·가치적 차이」역시 좌우를 구분하는 기준을 제
공한다. 일반적으로 평등, 우애, 권리, 진보, 개혁, 국제주의 등은 좌익의 특징을
갖는 용어로 간주되는 반면에 자유, 권위, 질서, 의무, 전통, 민족주의 등은 우익의
특징을 갖는 용어로 여겨진다.[7]

〈그림 4-3〉 독일 정당구도의 정치적 스펙트럼

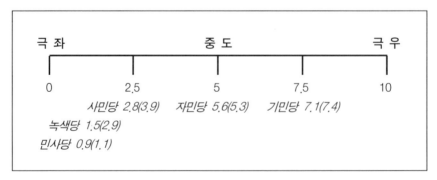

    * 출처: Wolfgang Rudzio (1996), p.145.
    ** (   ) 밖의 수치는 구서독 지역 유권자들을 대상으로 한 여론조사 결과이고, (   ) 안의
수치는 구동독 지역 유권자들을 대상으로 한 여론조사 결과임.

---

7) Andrew Heywood(2000), p.27.

　　과거 서독은 줄곧 정치적·이념적으로 상이한 정당들이 상호 경쟁하는 다당체제를 유지했다. 1990년 통일된 독일도 역시 다당체제이다. 1990년대 중반 정치학자 루드찌오는 여론조사를 이용하여 독일의 정당들이 정치적 스펙트럼에서 차지한 위치를 파악하고자 시도했다. 그는 극좌를 0, 중도를 5, 극우를 10이라 표시하고 여론조사를 통해 구서독 지역과 구동독 지역에서 각 정당이 정치적·이념적으로 위치한 자리를 수치로 파악하여 이를 〈그림 4-3〉과 같이 제시했다. 이와 같은 시도는 요즈음 한 국가의 정당체제가 갖는 정치적 스펙트럼을 분석하는 도구로 널리 사용되고 있다.

　　선 모양의 정치적 스펙트럼은 정치적·이념적 위치를 표현하고 있다는 점에서 나름대로 의미가 있다. 그러나 좌우를 표시하는 이 방법은 너무 단순하게 일반화되어 사용에 있어서 주의를 요한다. 예컨대 공산주의와 파시즘은 선 모양에서 극좌와 극우에 위치하고 있다. 그런데 이 스펙트럼은 두 이데올로기가 전체주의라는 측면에서 상당 정도 유사성을 갖고 있다는 사실을 무시한다. 또한 중앙 좌측의 사회주의와 중앙의 자유주의 그리고 중앙 우측의 보수주의는 서로 장단점을 교환하여 수렴하고 일부분이 겹친다는 사실을 반영하지 못한다.

　　이와 같은 문제점들을 보완하기 위하여 고안된 것이 〈그림 4-4〉의 말편자 모양 스펙트럼이다. 예를 들어 선 모양 스펙트럼에서 공산주의와 파시즘은 좌우 양단에 위치하지만 말편자 모양 스펙트럼에서는 서로 근접한다. 이러한 근접은 두 이데올로기가 전체주의라는 관점에서 유사하다는 것을 반영한다. 또한 선 모양 스펙트럼

〈그림 4-4〉 말편자 모양의 정치적 스펙트럼

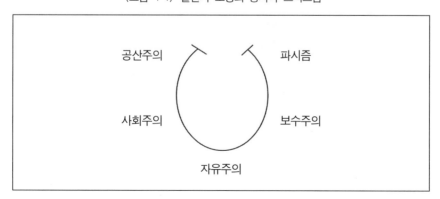

* 출처: Andrew Heywood (2000), p.28.

과 달리 말편자 모양 스펙트럼은 사회주의와 보수주의 간 수렴현상을 시각적으로
표현한다.

III. 주요 이데올로기

1. 자유주의

(1) 정치사상으로서 자유주의

자유주의(liberalism)는 근대 유럽에서 광범위하게 퍼져 발달한 역사적으로 형
성된 사조(思潮)이다. 자유주의는 개인의 자유를 최고의 규범으로 여긴다. 모든 자
유주의적 사조는 각 개인을 스스로 생각하고, 판단하며, 행동하는 존재로 인정하
는 공통점을 가지고 있다.

과거 자유주의자들은 개인의 자유를 강요로부터의 자유로 정의했다. 물론 현
대에도 그렇게 정의하는 사람이 적지 않다(예: Friedrich August von Hayek). 그러
나 현대에 대부분의 자유주의자들은 이를 뛰어넘어 자유를 여러 가능성 가운데
원하는 것을 스스로 결정할 수 있는 것으로 해석하려는 경향을 보인다(예: Ralf
Dahrendorf).[8]

사상적 기원 면에서 자유주의는 인도주의, 합리주의(Rene Descartes), 경험주
의(Francis Bacon), 그리고 계몽사상(David Hume, John Locke, Jean-Jacques
Rousseau, Immanuel Kant)에 정신적인 뿌리를 두고 있다. 원칙적으로 자유주의는
모든 사람은 계속하여 지력(智力)을 계발하고 정신적인 성년에 도달할 수 있는 능
력이 있다는 개인주의적 인성원리(人性原理)를 수용하는 낙천적인 인간상을 기본
공리로 삼고 있다. 더 나아가 개인적인 이익과 행복의 추구는 본질적으로 평화를
지향하는 인간 공동체의 복리와 자유를 보증한다고 생각한다.

르네상스 이후 싹이 돋기 시작한 자유주의는 과거 고대 도시국가에서 시민이

---

8) Hans-Georg Heinrich, *Einführung in die Politikwissenschaft* (Wien: Böhlau, 1989),
   p.99.

누렸던 자유와 민주주의의 재발견으로 볼 수 있다. 종교적 관용과 양심의 자유, 국가질서에서의 자유와 예측 가능한 법에 대한 외침은 종교전쟁 이후 모든 자유 주의 이론에서 찾아볼 수 있는 폭발력을 지닌 요구들이었다.

자유주의는 한편으로 절대군주제 및 이를 정당화시키는 이론과 투쟁하면서, 다른 한편으로 봉건사회의 신분제도 및 특권과 맞섰다. 이 과정에서 자유주의는 헌법운동으로 발전했다. 사회계약이론과 병행하여 자유주의는 국가의 법이나 계 약으로도 변경하거나 제한할 수 없는 자연권과 연결된 개인의 권리를 주장했다. 그 결과 인권보장과 입헌국가 확립은 자유주의가 이룩한 세계사적인 업적으로 남 게 되었다. 또한 정당성의 기초로서 민주적 동의, 대의정부(代議政府), 성문법에 의 한 국가권력의 제한, 그리고 평화와 복리추구는 민주정치체제의 기본원리가 되었 다.9) 자유주의 사회는 다양성과 다원주의로 특징지어졌으며, 민주적 동의와 입헌 정치라는 쌍둥이 가치를 중심으로 조직화되었다. 이로써 자유민주주의(liberal democracy)는 자유주의 사회의 근간을 이루게 되었다.10)

이미 초기 자유주의에서 사람들은 자유와 평등이 갈등관계에 놓여 있음을 인 식했다. 그러다가 1789년에 일어난 프랑스 대혁명에서 평등이 구호에 그친 평등 이 아니라 법 앞에서의 평등으로 이해되면서, 자유주의의 보수적 변형과 이와 동 시에 등장한 보수주의는 자유와 평등이 국가와 사회에서 커다란 갈등관계에 있음 을 실감했다.

산업화 과정에서 노동자계급이 형성되어 자본주의 체제와 대립하게 되면서 자유와 평등 간의 갈등은 더욱 첨예화되었다. 노동운동과 좌파 자유주의그룹은 사 회적 평등, 또는 사회경제적·정치적 권력의 평등이 실제적 평등과 자유의 조건이 라고 주장했다. 이에 대해 보수주의자들과 대부분의 자유주의자들은 "좀 더 많은 평등은 좀 더 적은 자유"라는 슬로건으로 맞섰다.11) 현대 자유주의에서도 흔히 이 슬로건은 그 존재가 확인되고 있다. 하지만 일부 진보적 자유주의자들은 자유와 평등이 균형을 이루어야 한다고 역설한다. 대체적으로 자유주의 사회에서는 산술

---

9) Rainer Koch, "Liberalismus," in Wolfgang W. Mickel(ed.), *Handlexikon zur Politik-wissenschaft*(Regensburg: Ehrenwirth, 1983), pp.276~277.

10) Andrew Heywood(2000), p.60.

11) Lothar Döhn, "Liberalismus," in Franz Neumann(ed.), *Politische Theorien und Ideologien*(Baden-Baden: Signal Verlag, 1977), p.15.

적 평등보다는 개인의 자질과 노력에 따라 보상받는 능력주의가 강조된다고 말할
수 있다.

(2) 자유주의가 생각하는 경제질서

자유주의는 개인주의(individualism)를 근본으로 한다. 자유주의는 개인의 해
방을 추구하며, 더 나아가 개인적인 능력과 소질의 다양성을 존중하고 용기를 북
돋아 준다. 이와 더불어 사유재산의 자유로운 처분을 보장하고 이윤동기에 의한
경제적 행위로부터 얻어진 결과가 잘 활용될 수 있도록 한다. 개인주의에 입각한
이 모든 것은 산업사회 건설의 바탕이 된다고 자유주의는 믿는다.

산업혁명 이후 발달하기 시작한 현대 이데올로기에 있어서 정치와 경제는 결
코 분리될 수 없도록 결합되었다. 경제적 자유주의는 유럽의 절대왕권국가들이 추
구해 온 중상주의(mercantilism)와 도시에서 발달한 길드(조합) 및 신분제도의 특권
체제에 대한 시민계급(부르주아계급)의 비판으로서 발생했다. 봉건주의 몰락의 산
물인 자유주의는 시장경제와 자본주의 사회의 성장을 가져왔다. 이후 자유주의는
자본주의(capitalism)와 죽 긴밀히 연결되어 발전하여 왔다.

17~18세기 상공업이 발달함에 따라 시민계급이 성장하기 시작했다. 원래 근
대에 들어와 절대군주와 결탁하여 성장한 시민계급은 이제 절대군주와 그의 비호
하에 발달한 중상주의를 자신의 생활이념인 산업주의(자본주의)에 대한 방해물로
보기 시작했다. 시민계급은 합리적인 경제운용을 생활원칙으로 받아들였으며, 물
질적인 향유와 성공을 도덕적으로 승화시켰다.

중상주의는 15~16세기 유럽에서 유행한 경제 이데올로기이다. 유럽의 군주들
은 상대국에 대한 지배력을 확보하기 위한 방편으로 국제무역을 통해 가능한 한
상대국보다 많은 부를 축적하고자 했다. 당시 국가의 부를 측정하는 척도로 인식
된 화폐의 흐름을 통제하기 위하여 군주들은 특정 사람들에게만 생산하고 무역을
할 수 있는 특권을 주었다. 원하는 대로 생산하고 팔 수 있는 권한을 갖지 못한
시민계급은 고도로 통제된 독점적 경제 이데올로기인 중상주의와 이를 옹호한 군
주에게 불만을 갖게 되었다.[12]

---

12) L. P. 바라다트(1995), pp.140~141.

이와 같은 불만은 1776년 애덤 스미스(Adam Smith)가 저술한 『국부론』(*The Wealth of Nations*)에 잘 정리되어 나타났다. 대량생산경제를 예견한 스미스는 국가의 부는 보물창고에 쌓아 놓은 화폐(금, 은)보다는 생산된 상품의 가치로 평가되어야 마땅하다고 주장했다. 그리고 스미스는 인위적인 제재를 가하는 중상주의를 비판하면서, 인간의 자유로운 경제적 활동을 역설했다.

이미 애덤 스미스 이전에 로크와 중농주의 학파로 알려진 프랑스 경제학자들에 의해 「자유방임」(laissez faire) 원칙이 선언되었다. 그런데 애덤 스미스가 『국부론』에서 「자유방임」을 말함으로써 비로소 이 원칙은 자본주의 경제의 주요한 특징이 되었으며, 오랫동안 자본주의 경제가 옹호하는 '신성불가침'한 목표로 작용했다.[13]

자유방임의 일부 옹호자들은 이 원칙을 무정부 상태라는 논리적 극단까지 몰고 갔다. 그러나 스미스는 자유방임이라는 교의의 엄격한 적용을 말한 것은 아니었다. 당시 「자유방임」은 "최소 통치의 정부가 최선의 정부"(야경국가)라는 정치적 슬로건이 경제영역에 적용된 것이었다. 다시 말해서 "경제영역에 대한 국가의 간섭은 최소한에 그쳐야 한다"는 뜻이었다. 스미스와 같은 자유방임주의의 주창자들은 자본주의가 최선의 경제체제라는 확신으로부터 출발했다. 그리고 이들은 자본주의가 잘 작동하기 위해서는 국가의 역할은 경제적 자유경쟁을 위한 기초적 조건들을 마련하는 정도로 제한되어야 한다고 생각했다.[14]

산업화 과정에서 산업생산에 의해 수공업생산이 대체되고 산업자본에 의해 상업자본이 대체되었다. 이와 더불어 시민계급이 크게 성장하였다. 그리고 개인소유, 시장경제, 자유교역 등 경제적 기본원칙은 산업자본주의의 발달을 위한 초석이 되었다.

자본주의는 재산의 소유형태와 경제체제에 관한 자유주의적 이데올로기이다. 자본주의는 교환을 목적으로 한 상품생산, 생산수단의 사유, 수요와 공급에 의한 시장형성, 노동과 기업의 동기로서 물질적 이익추구와 이윤 극대화 등을 특징으로 한다.

마르크스주의자들은 자유주의가 자본주의의 옹호를 통하여 계급 간 불평등한 권력을 정당화시켰으며, 부르주아 이데올로기를 창출했다고 비판했다. 그리고 자본주의는 내적인 갈등과 모순으로 붕괴되어 결국 무산자계급의 공산주의 사회가

---

13) L. P. 바라다트(1995), p.142.
14) 오스틴 래니(1994), pp.138~140.

도래한다고 믿었다. 그러나 후쿠야마(Francis Fukuyama)처럼 소위 「이데올로기의
종언」(end of ideology)을 주장하는 사람들은 20세기는 자유주의의 승리로 막을
내렸다고 평가한다. 경제체제의 기초인 시장자본주의와 정치체제의 기초인 자유
민주주의를 대신할 대체 이데올로기는 이제 지구상에 존재하지 않는다는 것이 그
들의 기본인식이다.

(3) 신자유주의

그동안 「자유방임」을 떠받든 고전적 자유주의는 경제에 대한 국가개입을 철
저히 경계했다. 그러나 19세기 중반 이후 과잉생산과 불안정한 경기변동으로 유럽
에서 산업사회가 위기를 맞게 되면서 점차 자유주의는 국가개입에 대한 생각에
마음을 열기 시작했다. 그리고 두 차례에 걸친 세계대전에서는 국가가 주도적으로
경제를 이끌어 나갔다. 더구나 사회주의 국가에서 일반화된 계획경제는 국가의 권
력을 집중시키는 결과를 초래했다. 이와 같은 국가권력의 집중과 개입에 대한 반
응으로 자유주의 경제와 사회의 부흥을 위한 새로운 사상적 움직임이 나타났다.
이를 신자유주의라 일컫게 되었다.

20세기 전반기 독일의 프라이부르그 학파를 중심으로 발전하기 시작한 질서
자유주의(Ordoliberalismus)는 대표적인 신자유주의의 예이다. 질서자유주의는
1949년 건국된 독일연방공화국(서독)의 경제정책의 근간이 된 「사회적 시장경제」
원리에 실제로 응용되었다.[15] 「사회적 시장경제」원리는 자유경쟁을 원칙으로 한
경제체제의 토대 위에서 개인의 자유와 번영, 그리고 사회의 안정을 조화시키려
노력한다.

질서자유주의의 경제정책 개념의 중심에는 자유경쟁에 입각한 경제질서가 자
리를 잡고 있다. 질서자유주의가 추구하는 제일의 목표는 개인소유인정과 시장경
제원칙에 기초한 경제질서를 확립하는 일이다. 그 일환으로 국가는 경제정책을 통
하여 자유경쟁질서를 관철시켜야 한다는 것이다. 더 나아가 국가는 특별한 경우,
예컨대 독점이 나타나거나 전체 경제를 해치는 일이나 사회에 긴장이 발생하는

---

15) 질서자유주의의 대표적 학자는 하이에크(Friedrich A. v. Hayek), 오이켄(W. Eucken),
   미크쉬(L. Miksch) 등이며, 이 이론을 경제실제에 응용한 사람은 에르하르트(L. Erhard)
   이다.

경우, 경제질서에 간섭할 수 있다고 본다. 달리 말해서 질서자유주의는 경쟁질서를 스스로 알아서 작동하는 것으로 보지 않고 국가의 업무로 이해한다.[16)]

질서자유주의는 주로 경제영역에서 발달하고 경제실제에 접목된 것은 사실이다. 그렇다고 다른 영역이 배제된 것은 아니다. 예컨대 오이켄(W. Eucken)은 국가질서는 법질서(법치주의), 정치질서(권력분립, 개인의 정치적 자유), 문화질서(예술 및 표현의 자유), 경제질서(경쟁) 등이 동시에 실현될 때 비로소 확립된다고 말한다.

1980년대 영국의 대처 수상(보수당)이 정부의 과도한 개입이 초래하는 부작용을 고려한 정책을 시행하면서 「대처이즘」이라는 신조어를 낳았다. 그리고 1990년대 후반 블레어 수상(노동당)이 기든스(Anthony Giddens)가 제시한 「제3의 길」(The Third Way)을 자신의 이념과 정책으로 받아들이면서 또 다른 신조어가 유행하였다. 이들 「대처이즘」과 「제3의 길」은 신자유주의로서 상통한다. 보호와 책임의 균형, 일하는 복지, 소외와의 투쟁, 경영주의 등이 「제3의 길」의 골격을 이룬다.

1998년 실시된 총선거로 독일은 우파연정(기민당/기사당/자민당)에서 좌파연정(사민당/녹색당)으로 정권을 교체하였다. 새로 수상에 선출된 슈뢰더(사민당)는 「신중도」(Neue Mitte) 노선을 표방하였다. 「신중도」 노선의 사상적 배경은 신자유주의이다. 신자유주의적 경향은 정치실제에서 작은 정부, 규제완화, 포스트포디즘(post-fordism)으로 불리는 유연한 생산과정, 노동시장의 유연화, 재정긴축, 사회복지 축소, 그리고 국제적 차원에서의 자유무역 증대 및 자본의 세계화 등으로 나타났다.[17)]

영국의 블레어 수상과 독일의 슈뢰더 수상은 1999년 6월 공동으로 「유럽 제3의 길-신중도」라는 강령을 발표하여 구시대적 좌파이념을 포기하고 사회민주주의를 과감하게 개혁할 것을 촉구했다. 「제3의 길-신중도」는 거칠게 표현해서 '좌파정당 내 우파노선의 성공 전략'이라 할 수 있다. 여하튼 당내 일부 반대자들은 이들이 보수성향의 중산층을 끌어들여 노동자 계급정당이 아닌 국민정당을 만들

---

16) H. G. Schachtschabel, *Wirtschaftspolitische Konzeptionen* (Stuttgart: Kohlhammer, 1976), pp.65~72.

17) 성태규, "독일 신중도(neue Mitte) 노선의 등장과 전망," 『한국정치학회보』, 34집 1호(한국정치학회, 2000), pp.255~257.

려 한다고 비판했다. 독일 사민당의 당내 좌파 세력은 「신중도」 노선을 사회민주
주의가 아니라 사회자유주의라고 비난했다.

　1998년에 출범한 김대중 정부는 과거 어느 정부보다 개혁을 강조했다. 특히
금융위기를 맞이하여 경제분야에서의 개혁은 가속화되었다. 1999년 김대중 대통
령이 "영국의 기든스가 주창한 제3의 길을 추구하겠다"[18]고 밝힌 바와 같이 그의
정책방향은 신자유주의로부터 영향을 받은 것이 분명하다. 김대중 정부가 추진한
작은 정부, 정부규제 완화, 공기업의 민영화, 생산적 복지정책 등이 영국의 신자유
주의와 유사하다고 본다면, 노·사·정 합의를 통한 구조조정과 기업 간 사업교환
에서 정부가 관리자로서 수행한 역할은 독일의 질서자유주의와 유사하다고 할 수
있겠다.

2. 보수주의

(1) 보수주의의 개념과 성격

　구체적인 역사적 또는 정치적 질서에 보수주의(conservatism)를 연결시키려는
시도는 자유주의를 연결시키려는 것보다 어렵다. 이데올로기적 노선으로서 보수
주의를 발생하게 한 조건은 역사적 상황에 따라 상이한 모습을 보여 주었다. 정치
와 사회 체제에 관한 규범적·경험적 진술에 있어서 어떤 다른 이데올로기보다
보수주의는 상황에 좌우되었다. 이러한 맥락에서 어떤 사람들은 보수주의를 정치
적 운동이나 이념으로 묘사하기보다는 정치에 관한 입장이나 생활방식 정도로 평
가하려고 한다.[19]

　그럼에도 우리는 보수주의에 전반적으로 통하는 이데올로기적인 요소들을 발
견할 수 있다. 이는 무엇보다도 근대 보수주의를 형성한 버크(Edmund Burke,
1729~1797)의 글에 잘 나타나 있다. 버크는 1789년 발발한 프랑스 혁명에 대항하
는 글을 발표함으로써 보수주의 이데올로기를 발전시켰다.[20] 근본적으로 버크의

---

18) 매일경제, 1999년 5월 14일.

19) Weinacht/Kempf/Merz(eds.), *Einführung in die Politische Wissenschaft*(Freiburg: Karl
　　Alber, 1977), p. 39.

투쟁방향은 유토피아적인 사고에 대항하는 것이었다. 또한 그는 인간의 이성한계를 초월하고 제도판 위에 인간운명을 설계하고자 하는 개인주의적·합리주의적 희망사항들을 거부하였다.

버크에 의하면 인간은 신 앞에서는 평등하나 신체적 그리고 정신적인 면에서는 불평등하며, 인간의 사회적 불평등은 구조화된 사회질서와 지배자와 피지배자의 구별에서 형성된다는 것이다. 버크는 인간은 불완전하며 죄를 범할 수 있고, 이성도 가지고 있지만 감성도 가지고 있다고 본다. 미래와 관련된 인간의 행위는 역사적인 경험으로 증명되어야 하며 계산할 수 없는 위험에 인간이 방치되어서는 안 된다고 말한다. 또한 그는 진보는 긍정적인 측면에서뿐만 아니고 부정적인 측면에서도 고려되어야 한다고 덧붙인다.

자유주의와 마찬가지로 보수주의에서도 자유와 사유재산이 핵심적인 역할을 하고 있다. 버크에게 있어서 역사는 정지되어 있는 것이 아니고 끊임없는 변화 속에 있다. 정치사상사에서 고전적 보수주의자로 알려진 버크는 프랑스 혁명이 일어나기 전에는 영국의 헌정문제에서 개혁적이었다.[21]

만하임(Karl Mannheim)은 보수주의적 사고를 진보주의적 사고와 반대되는 개념으로 파악한다. 그는 보수주의가 프랑스 혁명 이후 나타난 진보주의적 요소들의 형성에 대한 반대운동으로 출현했다고 본다.[22] 보수주의는 과거로부터 전래된 것을 지키려 하고 새로운 것에 대해서는 달갑지 않게 대한다. 이런 의미에서 보수주의는 전통주의라고 불린다.[23] 보수주의에 있어서 전통은 시간적으로 검증된 축적된 지혜이며, 삶의 이익을 위하여 대대로 보전되어야 할 가치이다.[24]

대부분의 보수주의자들은 자기가 믿는 체제에 대해 매우 느리고 피상적인 변경만을 허용한다. 그렇다고 보수주의자들이 변화를 꺼리는 것은 그 변화가 더 나

---

20) 버크가 1790년에 발표한 글(*Reflections on the Revolution in France*)은 프랑스 혁명에 대하여 조성되고 있었던 국민들의 긍정적인 태도가 갈수록 강하게 회의적이고 거부적인 방향으로 선회하는 데 크게 기여했다. 그 이후에도 버크는 프랑스 혁명과 논쟁하는 글을 지속적으로 발표하였다. 이에 관해서는 Fenske/Mertens/Reinhard/Rosen, *Geschichte der Politischen Ideen* (Königstein: Athenäum Verlag, 1981), pp.350~351 참조.

21) Weinacht/Kempf/Merz(1977), pp.40~41.

22) Hans-Georg Heinrich(1989), p.98.

23) Klaus Hornung, "Konservativismus," in Wolfgang W. Mickel(ed.), *Handlexikon zur Politikwissenschaft* (Regensburg: Ehrenwirth, 1983), pp.259~260.

24) Andrew Heywood(2000), p.53.

은 결과를 가져올 수 있을 것인가에 대한 의구심 때문이지, 그들이 개선이나 좋은 미래를 원하지 않기 때문인 것으로 이해하는 것은 잘못이다.[25)

　　보수주의는 18세기 후반 이래 현재까지 이어지는 역사적 현상임에는 틀림없다. 보수주의는 합리주의, 계몽사상, 프랑스 혁명, 자유주의, 그리고 사회주의에 반대하는 반사적 반대운동이었으며, 이 과정에서 전통주의를 이론적으로 체계화하고 이를 정치실제에 적용시키려 시도했다. 그럼에도 보수주의가 시대와 지역에 따라 성격을 달리하여 나타났음은 물론이다. 보수주의는 농업과 수공업에 치중된 봉건적 신분질서의 붕괴에 위협을 느낀 이익집단과 결합하였고 자유주의에 기초한 자본주의에 반대했다. 이런 이유에서 보수주의는 복고주의나 반동주의와 구별하기 어렵다. 18세기 영국에서는 자유주의적 보수주의가 출현했다. 자유주의적 보수주의자들(휘그당원)은 한때 절대왕권주의와 싸운 선구자였으나, 그 후 유산계급으로서 자신의 지배적 위치를 방어하기 위하여 무산계급의 혁명에 대항하여 투쟁했다. 대개의 경우 보수주의는 기존 제도를 고집하나, 개혁에로의 길은 열어 놓고 있다. 그런데 지주, 군인, 관료계급 등으로 구성된 독일 프로이센의 보수주의는 아예 자유주의적 개혁에 강한 거부감을 나타냈다.

　　옛날이나 지금이나 보수주의는 변화를 거부하거나 꺼려하고 지배 그룹이나 엘리트 그룹의 이익을 옹호하며 현상유지를 정당화시키기에 지배계급을 위한 이데올로기라는 책망을 받는다. 이에 대해 보수주의자들은 경험과 역사는 항상 정치행위를 위한 건전한 기초를 제공하며 전통은 인간사회를 인도하는 영원한 진실이라고 항변한다.[26)

(2) 보수주의의 유형

　　보수주의는 미래에 대한 불만이나 과거에 대한 후회를 표현할 뿐만 아니라 현실과도 깊게 관련된 반혁명적 정치이념이다. 그래서 보수주의는 조건과 상황에 따라 상이하게 나타났다. 이러한 보수주의는 역사적으로 보아 크게 다음 네 가지 유형으로 분류될 수 있다. 이들 유형은 정도의 차이는 있겠지만 오늘날까지 그 의미를 간직하고 있다.

---

25) L. P. 바라다트(1995), pp.54~55.
26) Andrew Heywood(2000), p.54.

1) 자유주의적 보수주의

영국에서 발전한 「자유주의적 보수주의」 또는 「개혁적 보수주의」는 시민계급이 주도한 자본주의 사회와 공생하는 토지귀족 출신에 그 사회경제적 기반을 두었다. 자유주의적 보수주의를 대표하는 사람으로는 아일랜드 태생의 버크, 미국의 애덤스(John Adams), 프랑스의 토크빌(Alexis de Tocqueville) 등을 들 수 있다.

이미 17세기에 영국에는 토리당과 휘그당이 대립하고 있었다. 토리당은 봉건귀족의 보수주의 경향을 대표하고 있었으며, 휘그당은 부르주아 귀족의 진보주의 경향을 보여 주었다. 휘그당에 속한 버크는 18세기 말 프랑스 혁명원리를 진전시키려는 신휘그주의의 도전에 대항하여 기존 정치체제의 기본가치를 옹호하려 했다.

이미 지적한 바와 같이 버크는 프랑스 혁명에 대항하여 싸웠다. 그는 프랑스 혁명이 자유를 구실로 삼아 혼란과 무질서를 조장하고, 전래의 소유관계를 파괴하고 있다고 비난했다. 더 나아가 혁명이 영원한 것으로 예측되었던 국가를 해체시키고 있다고 주장했다. 이와 같이 버크는 프랑스 혁명을 혹평한 보수주의자였다.

그렇지만 버크는 고지식하게 현상유지에 집착하지는 않았으며, 사려있게 현실과 상황을 고려하는 입장을 견지했다. 예를 들면, 버크는 국가가 변화를 위한 수단을 가지고 있지 않다는 것은 국가 자신의 유지를 위한 수단을 보유하지 않고 있다는 것을 의미한다고 말했다. 또한 자유시민은 자신의 자유를 지키기 위하여 일정한 힘을 보유해야 하며, 군주는 무절제한 의지를 정치에 반영해서는 안 된다고 주장했다. 이러한 맥락에서 버크의 사상에는 조화와 균형이 자리하고 있다고 볼 수 있다.[27]

2) 정치적 낭만주의

원래 독일에서 낭만주의 운동은 프랑스 혁명에 영향을 받아 자유운동으로 시작하였다. 그런데 급진적 자코뱅당의 집권과 나폴레옹의 독일 정복으로 낭만주의적 국가이론은 개인주의에 기초한 사회계약설을 단호히 거부하는 방향으로 나갔다. 초개인적 유기체로 국가를 파악한 낭만주의적 입장은 오래전부터 독일이 유지해 온 봉건적 신분사회와 제후국가(諸侯國家)를 옹호하는 이념으로 발전하였다.

---

27) Klaus Fritzsche, "Konservatismus," in Franz Neumann(ed.), *Politische Theorien und Ideologien* (Baden-Baden: Signal Verlag, 1977), pp.58~59.

30년 전쟁(1618~1648)이 남긴 상처, 작은 국가들로의 분열, 식민지 미개척 등은 영국과 프랑스에 비하여 독일의 자본주의를 뒤처지게 만들었으며 봉건주의를 지속시켰다. 이러한 특수 상황을 가진 독일에서 보수주의는 정치적으로 비뚤어진 길을 걷게 되었다. 1919년 슈미트(Karl Schmitt)는 이를 「정치적 낭만주의」라고 표현했다.

「정치적 낭만주의」의 대표적 인물인 뮐러(Adam Müller, 1779~1829)는 버크의 사상을 독일현실에 맞게 변형시켰다. 뮐러는 버크가 영국에서 유지시키려는 정치사회질서는 독일의 상황과 비교할 때 진보적이라고 평가하였다.[28] 그는 국가란 개인을 온통 휩쓸어 싼 강력한 전체적 생명체라고 역설하였으며, 스미스(Adam Smith)의 자본주의적 자유경제를 비판하였다. 같은 맥락에서 바더(Franz v. Baader)는 무한한 자유경쟁은 "만인의 만인에 대한 투쟁"을 초래한다고 주장하였다.[29]

3) 단호한 보수주의

정치적 낭만주의에서는 사색적이고 이상주의적인 국가관과 독단적인 전통중시 사상이 공존하고 있다. 이에 비해 「단호한 보수주의」는 적극적으로 혁명에 반대하는 단호한 결심을 가지고 모든 해방운동을 제거하려는 이데올로기적 노선이다. 주로 라틴어계 국가들에 널리 퍼진 이 노선은 절대왕권국가의 완전한 권력의 장악과 군대, 관료, 교회 등으로 조직된 완벽한 지배체제구축을 목표로 삼았다.

1848년 시민계급이 주도한 두 번째 민주주의 혁명물결이 유럽을 휩쓸었을 때, 공격적으로 혁명에 반대한 스페인의 꼬르떼쓰(Donoso Cortes, 1809~1853)는 세상 사람들에게 고도의 경계경보를 보냈다. 그는 혁명적인 시민계급의 배후에는 커다란 세력을 가진 혁명적인 노동자계급의 위협이 도사리고 있다고 인식했다. 그의 눈에는 자유주의보다 사회주의가 모든 것을 파괴하는 더 사악한 것으로 보였다. 꼬르떼쓰는 모든 법적, 종교적, 도덕적인 한계를 넘어서 온갖 수단을 동원하여 단호한 결심으로 이 사악한 것에 대항하여 투쟁할 것을 강조했다. 특히 그는 가톨릭주의에 호소하여 무신론을 믿는 사회주의를 척결할 것을 주장했다.[30]

---

28) Klaus Fritzsche(1977), p.59.
29) Klaus Hornung(1983), p.262.
30) Klaus Fritzsche(1977), p.61.

4) 사회적 보수주의

사회적 해방운동을 과격하게 부정한 「단호한 보수주의」와 동시대에 이 해방운동이 요구하는 것을 수용하면서, 온건한 형태로 이를 대변하려는 「사회적 보수주의」가 출현하였다. 이 이데올로기적 노선은 사회주의적으로 생각하고 행동하는 노동자계급의 존재를 전제로 삼고 있으나 계급투쟁이 자리를 잡을 수 없는 정의롭고 조화가 충만한 사회질서의 형성을 목표로 삼았다. 사회주의자들의 요구를 수용하고 통합함으로써 혁명적 사회주의를 무력화시키자는 것이 이 노선이 품고 있는 동기였다. 즉, 「사회적 보수주의」 노선은 위로부터의 개혁(reform from above)이 아래로부터의 혁명(revolution from below)을 막는 지름길이라고 생각했다.

「사회적 보수주의」는 본질적으로 전통적인 왕권국가개념에 부합하지만 국가를 혁명을 해체시키는 독재자로 보지 않고 계급들의 위에 위치하여 중립적이고 온당하게 결정을 내리는 관리자로 이해했다.[31] 이 이념은 프로이센 독일을 생각하여 구상된 것이었기 때문에 군주제적 요소를 내포하고 있었으며, 군주를 사회를 통합하는 지도자로 보았다는 특징을 갖는다.

「사회적 보수주의」에 이론적인 초석을 놓은 사람은 슈타인(Lorenz von Stein, 1815~1890)이다. 1850년에 발표한 저술[32]에서 슈타인은 초기 사회주의, 자유주의, 그리고 보수주의의 입장을 이론적으로 중재하려고 시도했다. 여기에서 슈타인은 군주제적 사회국가 개념을 발전시켰다.

(3) 신보수주의

신자유주의와 달리 신보수주의는 뚜렷한 이론체계를 보여 주지는 못하고 있다. 신보수주의는 전통을 계승하고 현 상태를 유지하려는 보수주의의 본질을 이어가면서 새로운 사조와 이념적 경향에 대응하는 새로운 노선으로 이해된다. 따라서 신보수주의가 강조하는 내용은 시대와 지역에 따라 다양하게 나타났다. 다음에서는 신보수주의의 대표적 사례를 몇 개 골라 소개하겠다.

영국의 보수당은 1870년 고전적 보수집단인 토리당을 모태로 하여 성립되었

---

31) Klaus Fritzsche(1977), p.62.
32) 슈타인이 출간한 책명은 『프랑스 사회운동사: 1789년에서 오늘날까지』(*Geschichte der sozialen Bewegung in Frankreich von 1789 bis auf unsere Tage*)이다.

다. 그런데 보수당은 창당과 더불어 신보수주의를 표방하였다. 영국의 신보수주의는 급변하는 정세변화에 탄력적으로 대처하는 신축성을 보이면서, 방법론으로 경험주의를 강조한 것이 특징이었다.

20세기를 전후하여 독일이 내외적인 문제로 어려움에 처하게 되자 생활철학인 신낭만주의와 청년운동이 활발히 전개되었다. 이어서 시민계급의 물질주의적 「타락」(decadence)이 심화되자 이에 대항하여 신보수적 갱신운동이 일어났다.

20세기에 들어와 보수주의는 방향수정의 불가피성을 과거보다 더 느꼈다. 그래서 신보수주의는 점차 민주적 보통선거권과 평등선거권에 대해 마음을 열었고 결국 이를 수용하게 되었다.

제2차 세계대전 이후 세계질서로서 동서냉전체제가 형성되고 발전하게 되었다. 이런 가운데 미국 등 서방국가에서 급속히 팽창하는 공산주의에 저항한 신보수주의가 등장하였다.

우리가 살고 있는 오늘날에도 신보수주의의 범주에 넣을 수 있는 현상들은 곳곳에서 목격된다. 예컨대 중국 정부의 민주화운동 탄압, 과거로의 회귀를 그리워하는 러시아 보수세력(공산주의자)의 움직임, 일본에서 개헌논의(전쟁포기와 전력보유를 금지한 헌법 제9조)의 활성화, 스웨덴 등 북유럽 사회복지국가들의 복지비용 삭감경향, 9·11 테러(2001) 이후 강화된 미국 네오콘들(neo-conservatives)의 활약, 개혁조치로 초래된 위험한 결과를 근절시키고 북한을 정통사회주의로 복원시키려는 북한당국의 시도(예: 화폐개혁/2009) 등이 바로 그것이다.

3. 사회주의

(1) 사회주의의 개념

사회주의(socialism)라는 개념은 사회민주주의에서 민주사회주의, 마르크스주의, 레닌주의, 마르크스-레닌주의, 스탈린주의, 마오쩌뚱주의, 유로공산주의에 이르는 이데올로기적 스펙트럼을 총괄하는 개념이다. 본질적으로 모든 사회주의 이데올로기는 자본주의(capitalism)를 비판한 데서 유래했으며, 인간의 생활관계를 개인적인 것으로 보기보다는 사회적인 것으로 보려는 데 공통점을 가지고 있다.

　　사회주의는 자본주의에 반대되는 이데올로기로 정의되며, 인도주의적이고 사회적으로 가치가 있는 대안(代案)을 제공하려는 이데올로기적 시도이다. 따라서 사회주의자들은 경쟁보다는 협동을 좋아하며, 개인주의보다는 집산주의를 선호한다. 사회주의의 중심가치는 평등이며, 이는 간혹 균등주의 형태로 나타난다. 사회주의자들은 사회적 평등이 사회적 안정과 통합을 보증하며, 물질적 필요를 충족시키고, 자유를 신장시킨다고 믿는다. 전통적으로 사회주의 운동은 자본주의 체제에서 철저하게 억압받고 구조적으로 불이익을 받는 것으로 간주되는 산업노동자 계급의 이익을 표출시킨다. 그리고 사회주의는 계급의 구분을 감소시키거나 폐지시키는 것을 목적으로 삼는다.

　　마르크스주의(Marxism)는 마르크스(Karl Marx, 1818~1883)의 글에서 유래하여 발달한 이데올로기적 체계로서 사회주의 범주에 속한다. 이데올로기 운동사에서 공산주의(communism)는 근본적으로 마르크스주의와 연결되었다. 따라서 두 용어는 서로 혼용(混用)되거나, 아니면 공산주의는 마르크스주의가 실제에 응용된 것이라고 여겨진다. 다시 말해서, 마르크스주의는 이론이며 공산주의는 실제라는 것이다. 마르크스 사후인 20세기에 소련식 공산주의, 즉 마르크스-레닌주의(Marxism-Leninism)가 공산세계의 지배 이데올로기가 된 점을 고려할 때, 이 개념정의는 나름대로 타당성을 갖는다.

　　마르크스는 엥겔스(Friedrich Engels, 1820~1895)와 함께 쓴 글에서 미래사회의 모델을 제시했다. 마르크스는 자본주의가 전복된 후 프롤레타리아 독재로 특징지어진 과도기적 사회주의 단계가 도래한다고 예측했다. 그리고 사회주의 사회는 계급간 적대가 감소하여 결국 공산주의 사회로 인도된다고 덧붙였다.[33]

　　마르크스주의자들에 의하면 사회주의는 자본주의와 공산주의 사이에 놓여 있는 중간단계이다. 공산주의의 전 단계인 사회주의에서 생산수단은 공동체에 귀속되고, 재화와 용역의 생산과 분배는 공동체에 의해 결정되며, "능력에 따라 일하고 성과에 따라 분배받는 원칙"이 적용된다는 것이다. 그리고 공산주의 단계에 이르게 되면 "능력에 따라 일하고 필요에 따라 분배받는 원칙"이 적용되며, 계급이 없고 국가가 소용이 없는 지상낙원의 사회가 실현된다는 것이다. 이와 같이 이론적으로 사회주의와 공산주의는 구별된다. 그러나 일상생활에서뿐만 아니고 학문의

---

33) Andrew Heywood(2000), p.48.

세계에서도 두 개념은 혼용되는 것이 보통이다.

(2) 사회주의의 구분

1) 공상적 사회주의와 과학적 사회주의

사람들은 마르크스 이전의 사회주의를 초기사회주의라 부른다. 마르크스적 사회주의자들로부터 '공상적'이라는 비판을 받은 데 연유하여 초기사회주의는 보통 「공상적 사회주의」(utopian socialism)라 불린다. 공상적 사회주의자들은 자본주의적 소유와 경제질서에 대한 비판으로부터 출발하여 평등한 이상사회의 건설을 꿈꿨으며, 이들의 사상 속에는 정의의 실현이라는 도덕적 천성이 깊이 뿌리박고 있었다. 공상적 사회주의는 도덕적으로 사회주의가 자본주의보다 우월하다고 생각한다. 그래서 사람들은 이 이데올로기를 「윤리적 사회주의」(ethical socialism)라고도 칭한다. 대표적인 사상가로는 생 시몽(Claude H. Saint-Simon, 1760~1825), 오웬(Robert Owen, 1771~1858), 푸리에(Charles Fourier, 1772~1837)를 들 수 있다.

공상적 사회주의자들은 많은 사람들이 가난으로 인하여 비참함을 겪고 있는 가운데 일부 사람들이 굉장한 부를 아낌없이 누리는 것은 비도덕적이라고 보았다. 그리고 이들은 평등사회를 창안하여 이를 잘 운용하면 인류를 새로운 번영과 행복으로 이끌어 갈 새로운 사회질서가 마련될 것이라고 믿었다. 또한 노동가치설을 신봉한 이들은 오직 노동자들만이 부를 창출한다고 주장했다.[34]

마르크스주의자들은 초기사회주의를 공상적(utopian)이라고 비판하면서 마르크스주의를 과학적(scientific)이라고 이해했다. 마르크스주의를 지칭하는 「과학적 사회주의」(scientific socialism)란 역사적·사회적 발달을 과학적으로 분석한 이데올로기라는 뜻이다. 예컨대 마르크스주의자들은 사회주의가 자본주의를 대체해야만 한다고 제안한 것이 아니라, 과학적 분석에 따라 사회주의가 필연적으로 자본주의를 대체할 것이라고 예측했다.

공상적 사회주의자들처럼 마르크스도 인간 상호 간에 존재하는 비인도성에 관심은 있었지만, 그들과 같이 인도주의적 호소로 사회주의를 실현하려고 하지는 않았다. 그래서 마르크스는 공상적 사회주의자는 아니었다고 말할 수 있다.[35] 그

---

34) L. P. 바라다트(1995), p.304.
35) L. P. 바라다트(1995), p.249.

럼에도 초기 사회주의자들처럼 그렇게 심하지는 않았지만, 마르크스 스스로도 그들의 일반적 낙관론에 동조하고 그것에 영향을 받았음은 확실하다. 예를 들어 사회주의 단계를 거쳐 공산주의에 이르면 무한한 자유와 평등이 보장된 사회가 도래하고, 또한 사회주의가 전 세계에 퍼짐에 따라 전쟁과 이에 버금가게 해악한 민족주의는 발붙일 곳이 없게 되며 국제적 형제우애가 따르게 된다는 그의 믿음이 바로 그 증거이다.[36]

2) 혁명적 사회주의와 개혁적 사회주의

사회주의는 목적을 달성하려는 방법에 따라 「혁명적 사회주의」(revolutionary socialism)와 「개혁적 사회주의」(reformist socialism)로 구분된다. 혁명적 사회주의는 자본주의와 연결되고 지배계급의 이익을 추구하는 '구제받을 수 없는' 국가의 정치와 사회체제는 혁명을 통해 전복되어야 하며, 이는 사회주의를 실현할 수 있는 유일한 방법이라고 생각한다. 공산주의의 전통을 이어받은 계통이 이에 속한다.

반면에 의회사회주의, 또는 민주사회주의라 불리기도 하는 개혁적 사회주의는 한마디로 말해서 선거에 의한 사회주의의 실현을 도모하는 이데올로기적 흐름이다. 이 흐름은 동의, 입헌정치, 정당의 자유경쟁, 자유선거 등 자유민주주의의 기본 원칙을 수용한다.

3) 근본주의적 사회주의와 수정주의적 사회주의

추구하는 목표에 따라 사회주의는 「근본주의적 사회주의」(fundamentalist socialism)와 「수정주의적 사회주의」(revisionist socialism)로 구분된다. 근본주의적 사회주의는 질적으로 사회주의는 자본주의와 다르다고 생각하며, 자본주의 체제를 폐지시키고 대체시킬 것을 목표한다. 마르크스주의자들과 공산주의자들이 바로 근본주의적 사회주의자들이며, 이들은 공동소유를 사회주의의 근간으로 인식한다.

이와 대조적으로 수정주의적 사회주의자들은 자본주의적 시장경제의 효율성과 사회주의의 도덕적 비전을 조화시키려 노력한다. 따라서 이들은 자본주의의 폐지가 아닌 이의 개혁을 목표로 삼는다. 수정주의적 사회주의의 대표적인 예는 사회민주주의(social democracy)이다.

---

36) R. C. 매크리디스(1993), p.124.

사회민주주의는 마르크스적 사회주의 정당 내에서 발생한 혁명주의 세력과 수정주의 세력 간 투쟁과정에서 발달하였다. 사회민주주의는 시장과 국가, 개인과 공동체 그리고 효율성과 평등 간의 균형을 표방한다. 그리고 의회제도의 틀 속에서 사회개혁을 위한 투쟁을 지향하며, 구세주의적·결정론적인 역사이론을 거부한다. 이런 의미에서 사회민주주의는 수정주의적 사회주의이면서 동시에 개혁적 사회주의이다.

(3) 마르크스주의의 변형발전

19세기 유럽은 프랑스 혁명과 산업혁명이 남긴 후유증으로 심각한 혼란에 빠졌으며, 이러한 상황 속에서 마르크스(Karl Marx, 1818~1883)의 이론은 탄생할 수 있었다. 당시 정치적 스펙트럼의 극좌에 속했던 무신론자인 마르크스는 나름대로 인간사회를 이해하기 위한 이론을 전개했으며, 이것이 사회주의의 근간을 이루게 된 마르크스주의의 모태이다.

마르크스 사상의 본질은 변증법적 유물론(dialectical materialism)이다. 마르크스는 헤겔로부터 변증법[37]이라는 개념을 차용했다. 그러나 헤겔의 변증법적 관념론(dialectical idealism)과 달리 마르크스는 정신이 아닌 물질이 변증법을 고양시킨다고 보았다. 마르크스에 의하면 경제 또는 생산체계 안에서 발생한 내적 모순은 계급 간 적개심에 투영되며, 내적 모순과 갈등에 의한 변증법적 과정을 거쳐 역사는 앞으로 진행한다는 것이다. 구체적으로 말해서, 계급사회에서 가장 기술적으로 발달한 자본주의는 프롤레타리아 혁명에 의해 전복될 운명을 지니고 있으며, 이 혁명은 결국 계급이 없는 공산사회의 건설로 귀결된다는 것이다.[38] 이와 같이 왜 자본주의가 멸망할 수밖에 없으며, 그리고 왜 사회주의(종국적으로, 공산주의)가 자본주의를 대체할 수밖에 없는가를 대략적으로 설명하는 역사철학이 바로 마르크

---

37) 간단하게 변증법을 설명하면 다음과 같다. 예컨대 우리가 현존하는 상태를 정(正, thesis)이라고 할 때, 어떤 정이든 반(反, antithesis)이라고 하는 새로운 사상에 의해 도전을 받는다. 그리고 정과 반은 반이 정을 해치거나 또는 어느 형태로든지 결합할 때까지 충돌하고 투쟁한다. 이 결합이 합(合, synthesis)이며, 이는 다시 새로운 합을 도출하기 위해 결합되는 반을 자동적으로 제시하는 정이 된다. 이에 관해서는 L. P. 바라다트(1995), p.267 참조.

38) Andrew Heywood(2000), p.64.

스주의의 핵심이다.

마르크스는 변증법에 따라 인류의 역사가 네 가지 단계(원시공동사회, 노예사회, 봉건사회, 자본주의 사회)를 거쳐 발전했으며, 이제 마지막 단계인 새로운 사회로 접어든다고 믿었다. 더 나아가 마르크스는 앞으로 전개될 새로운 사회를 위한 역사적 법칙을 구체적으로 제시했는데, 이것이 바로 그의 미래사관이다. 마르크스의 미래사관에 의하면 첫째, 자본주의가 발달하면서 무산자계급의 빈곤화가 심화되고 둘째, 계급투쟁이 치열해지며 셋째, 프롤레타리아 혁명이 일어나고 넷째, 프롤레타리아 독재가 실현되며 다섯째, 모든 상품을 공유하는, 계급이 없는 그리고 국가로부터 해방된 사회(즉, 공산사회)가 도래한다는 것이다.

마르크스는 그가 제시한 미래역사에 대하여 확신을 가졌다. 하지만 그의 추종자들에게는 마르크스가 제공한 방법으로 분석을 했을 때 언제, 그리고 누구에 의하여 혁명행위가 일어나는지, 또한 역사발전의 각 시기에 어떻게 행동하는 것이 옳은지에 대한 확신이 분명한 것은 아니었다. 그래서 마르크스가 제시한 역사적 법칙성은 20세기 그의 사상을 이어받은 마르크스주의자들의 개인적 의사와 의지에 따라 다른 모습으로 변형되어 발전하게 되었다.

마르크스는 고도로 발달한 자본주의를 프롤레타리아 혁명을 위한 전제조건으로 받아들였다. 그러나 1917년 러시아에서 볼셰비키 혁명이 일어났을 때, 산업노동자가 전체 인구에서 차지하는 비중은 5%를 넘지 않았다. 그래서 레닌(Vladimir I. Lenin, 1870~1924)은 마르크스의 사상을 변형하여 발전시켜야만 했다.[39] 레닌에 의해 러시아에서 역사의 추진력은 경제적 요소에서 정치적 요소로 점차 힘을 갖고 이동했으며, 하부구조의 미숙한 발달로 인하여 상부구조가 혁명의 전면에 등장하였다. 레닌은 계급의식을 고양시킬 수 있는 자체적 힘이 부족한 노동자계급이 혁명의 핵심세력을 구성하는 것이 아니고, 엄격한 규율을 갖춘 직업혁명가들의 조직(즉, 공산당)이 혁명세력의 핵심이 되어야 한다고 믿었다.

레닌에 의하면 정당(공산당)은 노동자계급의 전위대이다. 프롤레타리아 혁명이 일어난 후에 정당은 특별한 권력조직을 갖춘 국가의 도움을 받아 프롤레타리아 독재의 형태로 모든 수단과 방법을 동원하여 반동세력들과 싸워서 자본주의에서 공산주의로 넘어가는 중간단계인 사회주의를 강행시켜야 한다는 것이다.

---

39) Weinacht/Kempf/Merz(1977), p.44.

러시아의 산업이 발전하지 못한 상황을 고려하여 레닌은 동맹이론을 발전시켰다. 그가 제시한 동맹이론은 혁명의 잠재력을 산업노동자에서 농촌의 임금노동자와 봉건세력에 의해 억압받는 농민으로 확대시켰다. 그리고 레닌은 제국주의를 자본주의가 최고로 고조된 단계로 보았다. 그의 제국주의 이론은 세계혁명에 관한 논쟁을 불러일으킴으로써 마르크스 사상의 지평을 넓혔다.[40)

하나의 이데올로기적 체계인 레닌주의로 레닌의 사상이 계속 생명력을 갖도록 한 사람으로는 누구보다도 스탈린을 들 수 있다. 레닌이 죽은 후 동지들과 경쟁자들을 잔인하게 숙청하고 권력을 잡은 스탈린(Joseph V. Stalin, 1879~1953)은 레닌이 그동안 저술한 것들을 선별하여 취합하고 이를 토대로 자신이 지향한 테러체제를 이론적으로 확립했다. 스탈린은 "레닌주의는 일반적으로는 프롤레타리아 혁명을 위한 이론과 전략이며, 특별하게는 프롤레타리아 독재를 위한 이론과 전략"이라고 평가했다.[41)

중국의 공산주의자들은 산업화가 극히 저조한 자국(自國)의 현실에서 혁명활동을 마르크스의 이론과 결합시켜야만 하는 문제를 안고 있었다. 따라서 중국의 마오쩌뚱(毛澤東, 1893~1976)은 농민을 혁명의 주체세력으로 삼았으며, 농민운동을 통해 권력을 장악했다.[42) 그가 농민을 혁명의 주체세력으로 삼은 것은 단순히 레닌이 제시한 동맹이론의 연장이 아니라 그 이상을 의미했다. 즉, 그는 농민이 농촌마을에서 나와 도시를 에워싸는 혁명전략을 수립했다. 더 나아가 마오쩌뚱은 이를 세계혁명전략으로 발전시켰다. 즉, 그는 개발도상국에서 혁명의 추진력은 민족해방운동에서 나온다고 보았으며, 개발도상국에서 시작된 혁명운동은 고도로 산업화된 자본주의 국가에게로 전파되어야 한다고 생각했다.

위에서 언급한 커다란 사상적 흐름 이외에 마르크스주의를 변형시킨 흐름은 더 있다. 그중 유로공산주의(Eurocommunism)는 고도로 산업화된 프랑스, 이탈리아 등 서방 민주주의국가에서 발달하였다. 유로공산주의에 속한 프랑스 공산당과 이탈리아 공산당은 정규적인 선거를 통하여 권력에 도달하려 노력하며, 경우에 따라서 원하는 구조개혁을 위하여 다른 정당들과도 타협할 자세가 되어 있다.[43) 물

---

40) Ingrid R. Griepenburg, "Kommunismus," in Wolfgang W. Mickel(ed.), *Handlexikon zur Politikwissenschaft*(Regensburg: Ehrenwirth, 1983), pp.250~251.

41) Weinacht/Kempf/Merz(1977), p.45.

42) 체스타 탄(민두기 역), 『중국현대정치사상사』(지식산업사, 1969), p.264.

론 이들 정당이 권력을 장악한 후에도 대의민주주의 원칙을 존중할 것인가에 관
해서는 의문이다.

개발도상국에서 사회주의는 퍽 다채롭게 적용되었다. 즉, 개발도상국의 사회주
의자들은 마르크스-레닌주의에 근거한 사회주의적 요소를 자국의 역사, 문화 그리고
정치환경과 같은 특수성과 결합시켜 특이한 사회주의 변형을 보여 주었다. 북한의
김일성(1912~1994)이 창시한 국가지도이념인 주체사상이 그 대표적인 예이다.[44]

(4) 공산주의에 대한 평가

이미 기술한 바와 같이 지난 20세기에 소련식 공산주의, 즉 마르크스-레닌주
의는 공산세계의 지배 이데올로기가 되었다. 비록 공산주의는 세계 곳곳에서 달리
해석되고 적용되었지만 대체적으로 다음과 같은 점에서 공통성을 가졌다: 다른 역
사적 요인보다 경제를 가장 중요시 여김, 개혁보다는 혁명을 옹호, 무산자계급과
혁명계급을 동일시함, 공산당을 노동자계급의 전위대로 내세움, 국제사회주의 지
원, 공동소유 및 집산화(集産化).

공산주의는 자본주의의 대안(代案)으로 제시된 이데올로기였다. 그리고 20세
기 이데올로기 운동에서 가장 강력한 힘을 발휘한 것들 중의 하나가 되었다. 사회
적 평등과 공동소유에 대한 강조는 공산주의가 갖는 힘의 원천으로 작용했으며,
마르크스가 언급한 '소수에 의한 다수의 착취'를 종식시키겠다는 약속은 무산자계
급의 호응을 얻기에 충분했다. 공산주의가 정치적으로 성공할 수 있었던 결정적인
요인은 잘 조직되고 전략에 능한 혁명지도자들의 도움으로 억압받거나 불이익을
받는 계급을 동원할 수 있었던 능력이었다. 공산당 일당국가 체제는 '계급의 적'과
반대세력을 약화시켰을 뿐만 아니라 정부, 군사, 경제, 이데올로기 등 전 분야에
걸쳐 공산당이 '지배정당'으로 작용케 했다. 실제에 있어서 공산주의는 경제적으로
덜 발달된 국가에서 근대화를 위한 이데올로기로 작용했다.

---

43) Klaus Hornung, "Eurokommunismus: Ein Konzept der Machteroberung," in Hans-
Georg Wehling/Peter Pawelka(eds.), *Eurokommunismus und die Zukunft des Westens*
(Heidelberg: Decker, 1979), pp.143~166.

44) 1972년 12월 27일 개정된 북한 헌법 제4조에 "조선민주주의인민공화국은 맑스ㆍ레닌주
의를 우리나라의 현실에 창조적으로 적용한 조선로동당의 주체사상을 자기활동의 지도적
지침으로 삼는다"고 명시되었다.

　　한동안 공산주의는 자본주의에 맞서 전 지구의 거의 반쪽에 영향을 미칠 정
도로 강력한 이데올로기로 작용했다. 그런데 1989년과 1991년 사이에 동유럽과
구소련 지역에서 극적으로 몰락하는 비운을 맞게 되었다. 아직 북한, 쿠바 등이
공산주의를 고수하고 있고, 개혁 · 개방을 추구하는 중국이 정치적 민주화를 거부
하고 있으나, 세계적으로 공산주의가 고사위기에 놓여 있음은 분명하다.

　　이와 같이 몰락의 운명을 맞은 공산주의가 갖고 있는 본질적인 취약점을 간
략히 정리하면 아래와 같다.[45]

　　① 공산주의는 본질적으로 독재적이다. 정치권력의 집중화, 당과 국가의 권력
독점, 정치지도자의 카리스마 등이 바로 그렇다.

　　② 공산주의는 인간의 개별적인 물질적 동기와 욕구를 무시함으로써 공동체
중심이 갖는 허점을 드러냈다.

　　③ 불과 몇 년 사이에 동유럽에서 사회주의 체제가 급격히 붕괴된 것은 공산
주의가 갖고 있는 구조적인 약점을 말해 준다. 가장 큰 약점은 공산주의 국가가
추구한 공동소유와 계획경제의 비효율성이다. 다시 말해서 공산주의 국가는 자본
주의 국가와 같이 경제적 번영을 이룩할 수 있는 능력이 구조적으로 부족했다는
것이다.

　　④ 당과 관료기구의 자기보호 경향으로 정치체계는 경직화되었다. 즉, 공산주
의 정치체계에서는 엘리트 그룹이 국민과 사회의 의견을 수렴하고 이를 정치에
반영하는 기제(mechanism)가 잘 구비되지 않았다.

　　이어서 아래에서는 그동안 공산주의에서 핵심적인 역할을 수행한 마르크스의
미래사관이 드러낸 한계에 관해 논하여 보도록 하겠다.

　　① 마르크스는 자본주의는 내적인 갈등과 모순으로 붕괴되어 결국은 공산주
의가 도래한다고 믿었다. 그러나 이러한 믿음은 현실로 나타나지 않아 단지 희망
사항이 되고 말았다.

　　자본주의는 마르크스가 예견한 것과는 달리 붕괴되지 않고 스스로 개혁하
여 문제점을 보완함으로써 그 생명력을 지탱하고 보강해 나갔다. 서방의 자본주
의 국가들이 추구한 복지국가 실현이 대표적인 예이다. 이들은 복지제도의 도입

---

45) Andrew Heywood(2000), pp.50~51.

으로 산업화 과정에서 발생한 착취와 계급갈등과 같은 문제를 희석시켰다. 이와
는 대조적으로 사회주의 국가들은 마르크스-레닌주의를 유연성이 없이 현실에
적용하는 무리를 범했다.

　② 마르크스는 자본주의가 발달할수록 무산자계급이 빈곤화되고 계급투쟁이
심화된다고 보았다. 그런데 산업국가에서 자본주의가 발달함에 따라 노동자들은
과거보다 더 잘살게 되고 여가를 즐길 수 있게 되었다. 그리고 이들은 자본가 기
업이 무너지게 되면 결국 자신들에게 불이익이 초래된다는 사실을 점차 깨닫게
되었다. 그래서 노동자들의 투쟁은 계급투쟁의 성격을 띠지 않고 권리투쟁으로 발
전하게 되었다. 그 결과 고도로 발달된 자본주의 국가에서 마르크스-레닌주의에
뿌리를 둔 공산당은 세력을 잃어 갔다.

　③ 프롤레타리아 혁명이 성공하면 사회주의 단계에 접어들고, 이 기간에 공
산주의로 향한 발전을 위하여 프롤레타리아 독재가 실현된다고 마르크스는 말했
다. 다른 모든 독재와 달리, 프롤레타리아 독재는 소수에 대한 다수의 독재이며,
이 독재는 반혁명을 막기 위해 필요한 것이라고 그는 주장했다. 그리고 프롤레타
리아 독재는 인민민주주의에 부응하며, 소수 자본가들은 폭력에 의해 축출되어야
한다는 것이었다.[46)

　그런데 공산주의 국가에서 자본주의 세력과 자본주의적 요소가 제거된 후에
도 프롤레타리아 독재는 계속 남게 되었다. 그리고 당과 국가는 체제유지를 위하
여 노동자를 비롯한 인민대중을 감시하고 경우에 따라 무자비한 폭력을 사용했다.
사회주의 체제의 관료화, 테러, 인권탄압 등이 그 실례다. 다시 말해서 독재의 주
체가 되어야 할 인민은 실제에서 독재의 대상으로 전락하고 말았다는 것이다.

　④ 마르크스는 사회주의가 전 세계에 퍼짐에 따라 인간의 최대 해악인 전쟁
에 버금가는 민족주의는 그 터전을 잃게 되며 국제사회에는 형제우애가 따르게
된다고 보았다.[47) 이러한 마르크스의 낙관적 예측은 항상 맞는 것은 아니었다. 마
르크스는 사회의 구성원인 개인의 이기적 동기를 과소평가했듯이, 국제사회의 구
성원인 국가의 민족적 동기를 등한시했다.

　과거 프롤레타리아 국제주의의 원칙하에 전개된 국제사회주의 운동은 몇 차
례에 걸쳐 조직의 결성과 해체를 거듭했다. 그중 제2인터내셔널(1889~1914)과 코

---

46) R. C. 매크리디스(1993), p.123.
47) R. C. 매크리디스(1993), p.124.

민테른(1919~1943)의 해체는 전쟁과 같은 국가의 위기상황에서는 사회주의자들의 연대의식이 민족의식보다 강하지 못하다는 사실을 보여 준 예이다.[48] 소련, 유고슬라비아, 체코슬로바키아 등은 여러 민족국가들이 공산주의 기치 아래 뭉쳐 형성한 연방형태의 국가들이었다. 그런데 1990년대 전반기 이들은 해체되어 옛날로 환원되었다. 이것은 경우에 따라 공산주의 이데올로기가 민족주의 앞에서 무너질 수 있음을 보여 준 또 다른 예이다.

작금 우리는 마르크스-레닌주의적 사회주의는 종말을 고했다는 잠정적인 결론에 도달할 수 있다. 그러나 모든 사람들이 보다 나은 생활을 할 권리를 가지고 있고, 경제적 약자가 강자의 침해로부터 보호받을 권리가 있다는 것을 전제하는 사회주의는 사라질 것 같지 않다.[49] 사회정의의 중요성을 일깨우고 있는 사회주의는 불평등, 불의 등과 같은 자본주의의 약점을 보완하는 데 계속 긍정적인 작용을 할 것으로 보인다. 또 다른 차원에서 우리는 공산주의의 몰락은 근본주의적 마르크스주의가 인도주의적 사회주의 형태로 거듭나는 기회를 제공해 준다고 이해할 수도 있다.[50]

■ IV. 기타 이데올로기

1. 민족주의

정치적으로 민족주의(nationalism)는 민족국가(nation-state)에 관한 이데올로기

---

48) 제1 인터내셔널(1864~1876)에 이어 결성된 제2 인터내셔널은 1914년 제1차 세계대전이 발발하자 대부분의 사회주의자들이 자국의 입장을 지지하게 되어 붕괴되었다. 그 후 성립된 코민테른은 제2차 세계대전이 진행 중인 1943년 소련이 연합국들과의 동맹을 강화하려는 목적에 따라 해체되었다.

49) L. P. 바라다트(1995), p.372.

50) 마르크스는 그의 저술 시기에 따라 '젊은 마르크스'와 '성숙한 마르크스'로 구분된다. 사람들은 '젊은 마르크스'를 인도주의적 사회주의자로 간주하며, '성숙한 마르크스'를 경제적 결정론자라 평가한다.

이다. 민족(nation)과 국가(state)라는 용어는 가끔 혼동되어 사용되지만 엄밀한 의미에서 구별된다. 민족이 언어, 인종, 문화, 역사, 지리 등의 측면에서 서로 일체감을 가지고 있는 일단의 사람들을 지칭하는 사회적 용어라면, 국가는 국민, 영토, 주권, 정부 등의 요소들을 포함하는 정치적 용어이다.[51]

정치적 의미에서 민족주의는 민족이 정치조직의 중심이라는 믿음에 기초한다. 이 믿음은 인류는 자연적으로 여러 상이한 민족들로 나누어졌으며, 민족은 가장 적절하고 정당성을 가진 통치단위라고 전제한다. 고전적인 정치적 민족주의는 세계는 민족국가들로 구성되어야 한다고 주장하면서 모든 민족은 독립된 국가의 지위를 부여받았다고 믿는다. 이런 맥락에서 고전적 민족주의는 독트린의 성격을 띤다고 볼 수 있다.

역사적으로 살펴볼 때 이데올로기로서 정치적 민족주의는 매우 복잡하고 다양한 모습을 보여 준다. 자유주의적 민족주의는 개인에게 부여된 것과 비슷하게 민족에게 도덕적 지위를 부여한다. 즉, 민족은 자결권을 가지며 모든 민족은 동등하다고 여긴다. 이런 의미에서 이 사상에는 민족국가의 이상(理想)이 근저에 깔려 있다고 말할 수 있다. 보수주의적 민족주의는 민족의 자결(自決)보다는 민족적 애국주의 감정에서 구현된 사회적 응집과 공적 질서에 관심을 가진다. 보수적 민족주의가 강조하는 애국적 충성심과 국가에 대한 의식은 역사적으로 증명된 전통적인 가치와 구조의 옹호로 나타난다. 팽창주의적 민족주의는 공격적이고 전투적인 민족주의 형태이다. 광신적 애국주의(chauvinism)에 사로잡힌 팽창주의적 민족주의는 독일의 나치즘과 같이 민족주의와 인종주의 간의 구별을 흐리게 하는 경향을 띤다. 아프리카, 아시아 그리고 라틴 아메리카에서 출현한 반(反)식민지적 민족주의는 민족해방운동 형태로 나타났으며, 이는 대부분 공통적으로 혁명적 마르크스주의와 연결되었다. 게다가 1970년대 이후 일부 개발도상국에서는 민족주의가 종교적 근본주의와 손을 잡게 되었다.

민족주의는 시대와 장소에 따라 전혀 상이한 성격을 띠는 이데올로기로 나타났다. 즉, 민족주의는 좌파적 또는 우파적, 진보적 또는 반동적, 민주적 또는 권위적, 이성적 또는 비이성적 성격을 보여 주었다.[52] 그리고 민족주의는 어느 이데올로기나 체제와도 쉽게 결합할 수 있는 속성을 지니고 있다.[53] 따라서 민족주의를

---

51) L. P. 바라다트(1995), pp.84~86.
52) Andrew Heywood(2000), p.256.

따로 분리하여 규범적으로 평가하거나 사실적으로 파악한다는 것은 매우 어려운 일이다.

그동안 민족주의는 세계 도처에서 역사를 재구성하는 데 크게 영향을 미쳤다. 유럽에서 나폴레옹의 대륙침략을 계기로 민족주의가 자유주의와 결합하게 되면서 그 추진력은 힘을 얻게 되었다. 19세기 유럽에서 민족주의에 힘입어 이탈리아(1861)와 독일(1871)이 통일됨으로써 유럽의 판도는 바뀌었다. 이미 오래전부터 진행된 서양 열강(列强)의 식민지 쟁탈전은 민족주의와 결합하면서 더욱 치열해져 세계를 위기로 몰고 갔다. 제1차 세계대전이 종결된 후 체결된 베르사유조약(1919)에 민족자결권이 명시되기도 했지만 팽창주의적 제국주의의 벽을 깨지는 못했다. 제2차 세계대전이 끝난 1945년 이후 제3세계에서 민족주의는 반식민주의 형태로 나타났으며, 이는 수많은 신생국들의 탄생을 가져왔다. 그리고 1990년대 초 소련, 유고슬라비아, 체코슬로바키아 등 연방형태의 국가들이 무너져 각기 여러 민족국가들로 분열되면서 민족주의는 다시 활기를 띠기도 했다.

20세기 말 이후 민족주의는 그 힘을 잃어 갔다. 그리고 적지 않은 사람들은 민족주의는 이제 시대착오적 이데올로기가 되었다고 주장했다. 이 주장은 다음 세 가지 사실에 근거한다. 첫째, 세계는 이제 대부분 민족국가들로 구성되어 있기에 민족주의는 사명을 다했다. 둘째, 민족국가들은 세계화(globalization)의 영향, 초국가주의(supranationalism)의 성장 그리고 국경을 초월하여 넘나드는 초국적(transnational) 기구들의 활동강화로 종래의 권위를 잃었다. 셋째, 인종과 지역에 근거한 정치적 정체성은 민족에 근거한 정체성을 대체시켜 왔다.[54]

확실히 기존의 민족국가 개념은 많이 바뀌었다. 그렇지만 국가는 국제사회에서 여전히 가장 중요한 행위자로서 활약하고 있으며, 국제정치에서 국제적 협력을 강조하는 이상주의보다는 힘의 정치와 국가이익을 강조하는 현실주의가 더 지배적이고, 민족국가를 형성하거나 이를 저지하려는 움직임은 아직도 세계 도처에서 목격된다. 따라서 민족주의를 시대착오적 이데올로기라고 단정하는 것은 지나친 표현이라 할 수 있겠다.

---

53) Heinrich August Winkler, "Der Nationalismus und seine Funktionen," in Heinrich August Winkler(ed.), *Nationalismus* (Königstein: Verlag Hain, 1978), p.5.

54) Andrew Heywood(2000), pp.255~256.

2. 무정부주의

　권위적인 국가, 또는 정부에 대한 반대논리는 고대 그리스까지 거슬러 올라가지만, 무정부주의(anarchism)가 하나의 정치 이데올로기나 운동으로 등장하게 된 시점은 산업혁명 시기이다. 유럽에서 산업혁명이 진행됨에 따라 빈부격차는 뚜렷해지고 권력은 국가에 집중되었으며, 법, 제도 그리고 관료제의 확충은 개인의 자율성을 억눌렀다. 이러한 토양에서 무정부주의는 성장하였다.55)

　무정부주의는 모든 형태의 정치적 권위기구(특히 정부)와 법, 제도 등은 사악하며 불필요하다고 믿는 이데올로기로 정의된다. 무정부주의는 자유를 최고의 가치로 여긴다. 그런데 국가권력의 핵심인 정부는 강압적이며 개인의 자유를 억압하기 때문에 대표적인 타도의 대상이다. 무정부주의자들은 인위적인 정치질서와 기구를 거부한다. 이들은 인간 본성에 대한 낙관적인 가정의 기반 위에서 자연적인 질서와 자발적인 사회조화에 강한 신뢰를 갖는다. 근본적으로 무정부주의자들은 정부가 질서의 문제를 해결하는 것이 아니고 오히려 문제를 발생시킨다고 생각한다. 간단히 말해서 무정부주의는 인간에 대한 인간의 지배가 없는 자유로운 사회를 갈망하는 유토피아적 이데올로기라고 묘사할 수 있겠다.

　대부분의 무정부주의자들은 정부 등 국가의 권위적 기구가 약화되거나 완전히 없어지기를 원한다. 그렇다고 이들이 무질서 상태를 옹호하는 것은 아니다. 이들은 단지 사회의 자율적 조직에 의한 자연적 질서를 강조할 뿐이다.56) 그럼에도 불구하고 현실 사회에서 일반 사람들이 무정부주의를 바라보는 시각은 전혀 다르다. 무정부주의자들은 '무정부 상태는 질서'라고 여기지만, 일반 사람들은 '무정부 상태는 혼란'이라고 이해한다. 그리고 무정부주의자들은 인간의 자치를 강조하는 무정부주의야말로 '가장 순수한 형태의 민주주의'라고 강변하지만, 일반사람들은 무정부주의가 다수의 지배라는 이유로 대의민주주의(代議民主主義)를 거부하기 때문에 비민주적이라고 여긴다.57) 또한 무정부주의자들의 기대와는 달리, 일반 사람들은 국가와 모든 형태의 정치적 권위기구를 뒤엎겠다는 이들의 생각은 비현실적

---

55) L. P. 바라다트(1995), p.224.

56) L. P. 바라다트(1995), p.225.

57) Franz Neumann, "Anarchismus," in Franz Neumann(ed.), *Politische Theorien und Ideologien* (Baden-Baden: Signal Verlag, 1977), p.181.

이라고 생각한다.

국가가 없는, 그러나 자유로운 개인들이 그들의 일들을 자발적인 동의와 협력으로 경영해 나간다는 무정부주의는 경쟁적인 두 분파로 나뉘어 발전하여 왔다. 사회주의적 무정부주의(고전적 무정부주의)는 사회적 단결이라는 아이디어에 기초하며, 사회적 평등과 공동소유의 중요성을 강조한다. 반면에 개인주의적 무정부주의는 개인주권이라는 아이디어에 기초하며, 개인적인 양심과 자기이익 추구는 집합적 기구나 공공기구에 의해 제약을 받아서는 안 된다고 주장한다. 특히 이 분파는 시장의 자동조절 기제를 믿으며 시장에 대한 국가의 간섭을 단호히 거부한다. 또한 무정부주의자들은 그들의 이데올로기를 실현시키는 수단과 관련하여 두 갈래로 구분된다. 예컨대 고드윈(William Godwin, 1756~1836))과 프루동(Pierre J. Proudhon, 1809~1865)은 폭력에 반대한 평화주의자였으며, 바쿠닌(Mikhail Bakunin, 1814~1876)과 크로포트킨(Peter Kropotkin, 1842~1921)은 폭력을 지지한 혁명주의자였다.

무정부주의는 지금까지 정치권력을 획득한 경험이 없는 이데올로기이다. 어느 사회나 국가도 이 이데올로기에 따라 개조되지는 않았다. 그러나 우리는 무정부주의가 기존의 주요 정치 이데올로기들에 도전하고, 이로써 이들을 더욱 성숙하게 만든 사실을 간과해서는 안 된다. 예들 들면 무정부주의는 정치권력의 강압적이고 파괴적인 특성을 파악하고 비판함으로써 다른 이데올로기들(특히 자유주의, 보수주의, 사회주의)의 국가주의적 경향에 제동을 걸었다.[58]

3. 페미니즘

페미니즘(feminism)은 정치, 경제, 문화적으로 여성을 열등한 지위로 격하시키는 것에 반대하며, 동시에 다양한 방법으로 여성의 사회적 지위를 높이려는 정치운동이면서 이데올로기이다. 페미니즘은 남성과 여성이 단지 성(性)이 다르다는 이유로 차별대우를 받고 있다는 인식에 기초하며, 이러한 차별적 대우는 철폐될 수 있으며 또한 그렇게 되어야 한다는 믿음을 갖고 있다.

---

58) Andrew Heywood(2000), pp.46~47.

흔히 일상생활에서 젠더와 섹스라는 두 용어는 혼용(混用)되지만, 엄밀한 의미에서 학문적으로는 구별된다. 젠더(gender)는 사회적인 역할과 지위에 있어서 남녀의 구별을 표현한다면, 섹스(sex)는 생물학적인, 다시 말해서 변경할 수 없는 남녀의 차이를 나타낸다. 페미니스트들은 남녀의 생물학적·육체적인 차이는 이들의 사회적 역할과 지위의 차이를 의미하지 않으며 또한 이를 정당화시키지 못한다고 강조한다.

페미니스트들은 여성이 남성보다 열등하다는 입장을 갖는 법, 관습 그리고 신념을 비판하며, 여성에게 불리한 차별을 유도하거나 여성에 대한 남성의 특권을 조장하는 것에 반대한다. 페미니스트들이 그들의 논리전개를 위해 가장 관심을 갖는 것은 가부장사회(patriarchy)이다. 가부장제는 남성이 우위에 있으며 여성은 복종과 의존의 위치에 있는 남녀서열을 기반으로 한 사회제도이다. 페미니스트들은 가부장사회에서 모든 남성이 여성을 지배하고 권력을 행사하는 것은 아니지만 최소한 그룹으로서 남성이 여성의 우위에 있다는 데에 인식을 같이한다. 그리고 이들은 가부장제에서 젠더구별은 남녀의 생물학적인 차이에서 생긴 것이 아니고 사회적으로 강요된 것이라고 본다.

페미니즘의 이론과 실제는 매우 다양하다. 그중에서 자유주의적 페미니즘, 사회주의적 페미니즘, 그리고 과격한 형태의 페미니즘이 두드러진다. 자주성을 강조하고 부당한 권력행사에 반대하는 점에서 페미니즘과 자유주의는 일맥상통한다. 자유주의적 페미니스트들은 개인주의에 기초하며 공적 생활에서의 평등한 권리와 기회균등을 강조한다. 이들은 젠더구분을 구조적인 억압으로 이해하기보다는 권리와 기회의 불평등한 분배로 이해한다. 따라서 이들은 공적 생활에서나 전문직에서의 여성의 대표성 부족과 소외에 관심을 갖는다. 사회주의적 페미니스트들은 산업혁명으로 여성에 비해 남성의 사회적 역할이 증대하면서 젠더문제가 발생했다고 본다. 따라서 젠더구분은 본질적으로 자본주의와 연관이 있다고 인식하며, 젠더(gender)와 계급(class)은 사회적 균열이라는 관점에서 유사하다고 주장한다. 과격한 페미니스트들은 젠더구분을 가장 심각하고 정치적으로 특별한 사회적 균열로 간주하면서 혁명적인 과격한 방법으로 가족과 사회를 재구성할 것을 요구한다. 또한 이들은 젠더구분의 철폐를 넘어서 여성적인 것을 찬양한다는 점에서 다른 분파와 구별된다.[59]

1840년대와 1850년대 서유럽에서 나타난 페미니즘의 「첫 물결」은 여성의 참정권 획득운동과 함께 시작되었다. 그러나 1920년을 전후로 서유럽 각국에서 여성의 투표참여가 가능해지면서 페미니즘은 단일성에서 벗어나 분열하기 시작했고 여성운동은 약화되는 모습을 보였다. 그러다가 1960년대 말 신좌파운동을 계기로 등장한 새로운 페미니즘은 남녀평등을 넘어 여성해방운동을 강조하는 과격하고 혁명적인 성격을 띤 「제2의 물결」을 일으켰다. 그리고 1970년대 이후 페미니스트들은 새로운 변신을 꾀했으며 이로써 페미니즘은 더욱 다양한 모습을 띠게 되었다. 즉, 페미니스트들은 기존의 성차별이라는 한정된 영역에서 벗어나 인종차별, 계급차별, 노인차별, 동성애자차별 등 모든 형태의 억압을 철폐하고자 시도했다. 이의 연장선에서 인간의 경제발전과 생활수준 향상으로 인해 희생되고 있는 동식물, 토양, 대기 등을 보전하고 종(種) 평등의 개념을 통해 종의 공존과 보호를 도모하는 에코페미니즘(eco-feminism)도 나타나게 되었다.

4. 생태주의

엄밀한 의미에서 생태주의(ecologism)와 환경주의(environmentalism)는 구별된다. 환경주의는 자연세계에 대한 전통적인 가정에 대하여 근본적인 의문을 제기하지 않으면서 생태적 위기와 관련된 환경에 대하여 온건하거나 개혁적인 접근을 시도한다. 그런데 생태주의는 틀에 박힌 인간중심의 이데올로기적 전통과 달리 자연에게 우선권을 주는 생태중심적 시각에 기초한다.

일반적으로 생태주의는 두 계통으로 구분된다. 강한 의미의 생태주의는 인간이라는 종(種)이 다른 종들(또는 자연)보다 우월하다는 신념을 완전히 거부한다. 자연을 윤리적 공동체로 인식하며, 이 공동체에서 인간은 단지 평범한 시민에 불과하다. 그리고 생물중심적 평등사고에 입각하여 동물에게 인간이 갖는 도덕적 지위를 부여한다. 반면에 약한 의미의 생태주의는 생태학이 주는 교훈(즉, 생태계의 중요성)을 받아들이는데, 이는 어디까지나 교훈을 인간의 필요와 목적으로 활용하기 위함이다. 예컨대 약한 의미의 생태주의는 인간이 자연세계를 섬기고 소중히 여긴다면 반대급부로 자연세계는 인간의 삶을 지속시키는 데 기여할 것이라고 믿

---

59) Ellen Grigsby, *Analyzing Politics* (Belmont: Wadsworth, 1999), pp.142~151; Andrew Heywood(2000), pp.204~205.

는다.[60]

생태주의는 인간과 비인간 그리고 생명이 없는 세계를 포함한 자연을 상호 연관된 전체로 파악하는 데 그 특징이 있다. 생태학적 아이디어는 19세기 산업화와 도시화의 확장에 대한 반발로 나타났다.[61] 그러나 현대적 의미에서 생태주의는 1960년대 오염, 자원고갈, 인구과잉 등으로 환경훼손에 대한 걱정이 새로워지면서 등장했다. 정치적으로 환경위기에 대한 사람들의 걱정을 표출시킨 것이 독일 등 서유럽국가들에서 출현한 녹색운동이었다. 그 후 이들 녹색운동은 이데올로기적 투쟁을 거쳐 녹색정당(환경정당)으로 변신했다. 그리고 이들 정당 중 일부는 다른 이념정당과 손잡고 연립내각을 구성하여 정권에 참여하기도 했다. 이와 같이 변천하는 과정에서 원래 근본주의적 성격이 강했던 생태주의는 현실주의적 성격이 강한 환경주의로 변모하는 모습을 보였다.

경제성장과 산업사회에 대한 비판을 주된 무기로 삼고 있는 생태주의는 반(反)성장, 반(反)기술 등 이데올로기에 내재하는 '한계적' 특성으로 인하여 정치적 확산에 어려움을 겪었다. 그럼에도 불구하고 이 이데올로기는 인간과 자연의 불균형적 관계를 세상에 드러냄으로써 다른 이데올로기들과의 차별화에 성공했다. 그리고 웰빙(well-being)과 세계화(globalization)라는 시대적 조류에 힘입어 생태주의는 발생지인 유럽을 넘어서 전 지구촌으로 퍼지는 저력을 보여 주었으며, 정치적 세력도 날로 강화되고 있는 추세에 있다.

5. 종교적 근본주의

근본주의(fundamentalism)는 내용의 진위와는 상관없이 특정한 원리를 도전할 수 없는 절대적인 권위를 가진 진리라고 인정하는 일종의 이데올로기이다. 이 세상에는 많은 근본주의가 있는데 이들이 추종하는 원리는 각기 다르다. 근본주의자들은 자신들이 믿는 교리에 대한 확신에서 엄숙함과 열렬(熱烈)을 보이는 경향이 있다. 우리는 여러 상이한 이데올로기적 교의(敎義)에서 근본주의를 발견할 수

---

60) Andrew Heywood(2000), p.55.
61) 1860년대 독일의 생물학자 헤켈(Ernst Haeckel)이 생태계(ecology)라는 개념을 확립했다.

있다. 예컨대 마르크스주의 또는 공산주의는 수정주의적 사회주의와 달리 자본주의를 단호하게 거부한다는 점에서 종종 근본주의적 사회주의라 불린다.

　　종교적 근본주의(religious fundamentalism)는 종교와 정치의 구분을 거부하는 것이 특징이다. 다시 말해서 정치와 종교는 일치한다는 것이다. 이는 종교적 원리가 개인적 또는 사적 생활에서 제한받지 않을 뿐만 아니고, 정치·경제·사회 등 공적인 제 분야에서 조직의 원리로 받아들여진다는 것을 의미한다. 따라서 종교적 근본주의는 종교의 속세문제(俗事)에 대한 불간섭(즉, 교회와 국가의 분리)을 원칙으로 하는 세속주의(secularism)와 확연히 대조된다.

　　1979년 이란에서 발생한 이슬람 혁명을 계기로 이슬람 근본주의는 중동지역에서 크게 두각을 나타냈으며, 북아프리카와 동남아시아에서도 그 활동이 강화되었다. 물론 그 이전에 미국(기독교 근본주의), 이스라엘(유대교 근본주의), 인도(힌두교 근본주의, 시크교 근본주의), 스리랑카(불교 근본주의) 등 세계 도처에서 종교적 근본주의가 출현했다. 그러나 이란, 파키스탄, 수단 등에서 활약한 근본주의는 신정국가(神政國家)의 건설을 목표로 한 혁명적 근본주의라는 점에서 다른 종교적 근본주의와 구별된다.

　　근본주의의 강점은 정치적 적극성을 발생시키고 충직한 추종자들을 동원할 수 있는 능력에 있다. 근본주의는 종교적 호소를 통하여 불확실한 세상에서 곤란을 겪고 불안에 떨고 있는 사람들을 심리적으로 안정시킨다. 종교적 호소는 교육을 받고 전문직에 종사하는 사람들에게도 통하지만, 경제적·정치적으로 소외받는 계층에서 더 성공적이다.[62]

　　모두가 그렇지는 않지만 대체적으로 종교적 근본주의는 공격적이고 전체주의적인 정치적 과격주의를 배출한다는 비판을 받는다. 어떤 근본주의는 호전성과 폭력을 통해 스스로를 표현한다. 이는 악을 제거하고 신의 의지를 충족시킨다는 이유로 정당화된다. 근본주의는 단 하나의 의문의 여지가 없는 진실과 단 하나의 도전받을 수 없는 정치적 권위를 주장하기에 다원주의(pluralism) 및 자유민주주의(liberal democracy)와는 긴장관계에 놓일 수밖에 없다.

---

62) Andrew Heywood(2000), p.73.

참고문헌

성태규, "독일 신중도(neue Mitte) 노선의 등장과 전망,"『한국정치학회보』, 34집 1호, 한국
　　정치학회, 2000.

한규선, "제3의 길과 DJ노믹스," 한국정치쟁점연구회 발표논문, 1999.

오스틴 래니(권만학 외 역),『현대 정치학』, 을유문화사, 1994.

체스타 탄(민두기 역),『중국현대정치사상사』, 지식산업사, 1969.

L. P. 바라다트(신복룡 외 역),『현대정치사상』, 평민사, 1995.

R. C. 매크리디스(이은호/이신일 역),『현대정치사상』, 박영사, 1993.

Bottomore, T., *Theories of Modern Capitalism*, London: Allen and Unwin, 1985.

Döhn, Lothar, "Liberalismus," in Neumann, Franz(ed.), *Politische Theorien und Ideologien*,
　　Baden-Baden: Signal Verlag, 1977.

Fenske/Mertens/Reinhard/Rosen, *Geschichte der Politischen Ideen*, Königstein: Athenäum
　　Verlag, 1981.

Fritzsche, Klaus, "Konservatismus," in Neumann, Franz(ed.), *Politische Theorien und
　　Ideologien*, Baden-Baden: Signal Verlag, 1977.

Giddens, A., *A Contemporary Critique of Historical Materialism*, London: Macmillan,
　　1981.

Griepenburg, Ingrid R., "Kommunismus," in Mickel, Wolfgang W.(ed.), *Handlexikon zur
　　Politikwissenschaft*, Regensburg: Ehrenwirth, 1983.

Grigsby, Ellen, *Analyzing Politics,* Belmont: Wadsworth, 1999.

Heinrich, Hans-Georg, *Einführung in die Politikwissenschaft*, Wien: Böhlau, 1989.

Heywood, Andrew, *Key Concepts in Politics,* New York: St. Martin's Press, 2000.

Hornung, Klaus, "Eurokommunismus: Ein Konzept der Machteroberung," in Wehling,
　　Hans-Georg/Pawelka, Peter(eds.), *Eurokommunismus und die Zukunft des Westens*,
　　Heidelberg: Decker, 1979.

Hornung, Klaus, "Konservativismus," in Mickel, Wolfgang W.(ed.), *Handlexikon zur
　　Politikwissenschaft*, Regensburg: Ehrenwirth, 1983.

Koch, Rainer, "Liberalismus," in Mickel, Wolfgang W.(ed.), *Handlexikon zur Politikwissen-
　　schaft*, Regensburg: Ehrenwirth, 1983.

Neumann, Franz, "Anarchismus," in Neumann, Franz(ed.), *Politische Theorien und*

Ideologien, Baden-Baden: Signal Verlag, 1977.

Rudzio, Wolfgang, *Das politische System der Bundesrepublik Deutschland*, Opladen, 1996.

Russell, Bertrand, *A History of Western Philosophy*, New York: Simon & Schuster, 1972.

Schachtschabel, H. G., *Wirtschaftspolitische Konzeptionen*, Stuttgart: Kohlhammer, 1976.

Schumpeter, J., Capitalism, *Socialism and Democracy*, London: Allen and Unwin, 1976.

Thompson, J. B., *Studies in the Theory of Ideology*, Cambridge: Polity Press, 1984.

Weinacht/Kempf/Merz(eds.), *Einführung in die Politische Wissenschaft*, Freiburg: Karl Alber, 1977.

Winkler, Heinrich August, "Der Nationalismus und seine Funktionen," in Winkler, Heinrich August(ed.), *Nationalismus,* Königstein: Verlag Hain, 1978.

제 5 장

정치체제

I. 민주주의와 자유민주주의 체제

1. 민주주의의 개념과 특성

민주주의의 역사는 고대 그리스 시대로 거슬러 올라간다. 민주주의(영어 democracy, 독일어 Demokratie)의 어원 역시 고대 그리스어인 demokratia에서 유래한다. demokratia라는 단어는 demos(국민, 인민, 민중)와 kratia(지배, 통치, 권력)가 합성된 것이다. 이는 민주주의는 「국민의 지배」를 의미함을 말한다. 당시 민주정치는 권력이 한 사람에게 집중된 군주정치 및 소수의 몇 사람에게 속한 귀족정치와 구별되는 개념으로 사용된 것이었다.

오늘날에는 거의 모든 사람들이 민주주의에 찬성의사를 표하고 있지만, 고대 그리스에서는 그렇지 않았다. 플라톤(Platon, B.C. 427~347)은 민주주의가 대중에 의한 지배를 의미한다고 생각했으며, 만일 모든 사람들에게 참정권을 허락한다면 훨씬 다수인 하층계급 사람들이 국가를 지배할 것이라고 경고했다. 아리스토텔레스(Aristoteles, B.C. 384~322)는 플라톤에 비하여 민주주의에 대해 긍정적인 태도를 보인 것은 사실이나, 다수가 지배하는 민주정치보다는 1인이 지배하는 군주제(monarchy)나 상류계층의 지배를 의미하는 귀족정치(aristocracy)를 더 선호했다.[1]

현대적 의미의 민주주의는 근대 계몽시대에 발전하기 시작했다. 그리고 19세기 자유주의 물결 속에서 민주주의는 쟁취를 위한 투쟁의 목표가 되었다. 그 후 민주주의는 아무도 감히 이의를 제기할 수 없는 '보편적' 가치를 지닌 정치신조로 자리를 잡아 나갔다. 그런데 민주주의의 핵심개념인 「국민의 지배」는 태생적으로 모호한 개념이었으며, 민주주의는 정치 이데올로기와 정치상황에 따라 다양하게 해석·적용되는 특성을 보여 주었다.

역사적으로 민주주의는 자유주의적 요소와 사회주의적 요소를 함께 수용했다. 그리고 오늘날 민주주의는 자유와 평등을 기본가치로 받아들인다. 모든 인간의 자유는 평등하다는 뜻에서 개인의 자유는 제한을 받으며, 이러한 제한을 통하여 자유는 진정으로 보장된다는 것이 민주주의의 기본자세이다. 그렇다고 민주주의가 자유와 평등을 완전한 등가물로 인정한다는 것은 아니다. 이데올로기 역사를 돌이켜 볼 때, 자유주의와 보수주의는 자유를 평등보다 상위에 위치한 개념으로 파악했으며, 반면에 사회주의는 자유보다 평등을 소중히 여기고 평등원칙을 행동강령으로 삼았다.

민주주의는 자유주의와 결합하여 자유민주주의를 탄생시켰다. 예컨대 미국, 영국, 독일, 한국 등은 자유민주주의 체제를 유지하는 나라이다. 자유민주주의를 추구하는 국가들 가운데서 독일과 같은 나라에서는 민주주의가 여러 상이한 이데올로기적 정당들(예: 기독교민주당, 사회민주당, 자유민주당)과 결합하여 작동하고 있다.

보통 공산주의와 결합된 민주주의는 인민민주주의라고 불린다. 북한, 중국, 쿠바 등 공산주의 체제를 신봉하는 국가들이 그 전형이다. 헝가리, 폴란드, 체코, 슬로바키아, 러시아 등은 이미 지난 세기 공산당의 권력독점을 종식시키고 서방식 의회민주주의(즉, 자유민주주의)로 체제를 전환했다.

위에서 언급한 바와 같이 민주주의는 공산주의와 결합하기도 했지만 군사독

---

1) John A. Jacobsohn, *An Introduction to Political Science* (Belmont: Wadsworth Publishing Co., 1998), p.56.

재정권을 정당화시키거나 파시스트의 전체주의적 권력을 미화하기 위한 치장의 도구로 사용되기도 했다. 예를 들면 군사 쿠데타로 권력을 장악한 박정희 대통령은 서구의 자유민주주의가 한국의 실정에 맞지 않는다는 이유로 한국적 민주주의를 내세웠으며, 이탈리아의 파시즘과 독일의 나치즘은 스스로 '진정한 새로운 민주주의'라고 선전했다.

흔히 사람들은 민주주의는 인류가 오랜 시일에 걸쳐 경험과 시행착오를 거듭한 가운데 인간의 삶을 위하여 가장 '보편타당한' 것으로서 받아들여 만들어 낸 정치원리이면서 동시에 통치형태라고 진술한다.[2] 세계의 거의 모든 국가들의 헌법이 스스로 민주주의적이라고 고백하고 있는 것이 하나의 증거이다. 그러나 이 세상에는 전혀 색깔이 다른 민주주의들이 존재하고 있는 사실을 고려할 때, 위의 진술은 단지 한정된 의미를 지니고 있음이 분명하다.

이 세상에 존재하는 거의 모든 이데올로기와 체제는 민주주의라고 자칭(自稱)한다. 자유주의자, 보수주의자, 사회주의자, 공산주의자, 무정부주의자, 심지어 파시스트들까지도 민주주의의 덕목을 칭송하며 민주주의를 수호한다고 과시한다. 그러나 일반적으로 사람들은 자유민주주의에게 '인류의 보편적 가치'의 지위를 부여한다. 제2차 세계대전이 종결된 이후 세계적 이데올로기로 세력을 확장한 공산주의가 20세기 말에 몰락하면서 자유민주주의가 갖는 '보편성'의 위상은 더욱 강화되었다.

미국의 링컨(Abraham Lincoln) 대통령이 남북전쟁(1861~1865)시 게티즈버그에서 행한 연설문(government of the people, by the people and for the people)은 민주주의에 관한 고전적인 정의로 알려져 있다. 그가 언급한 「국민의 정치」(government of the people)는 국민주권을 의미하며, 「국민에 의한 정치」(government by the people)는 폭넓은 국민의 정치참여를 뜻하고, 「국민을 위한 정치」(government for the people)는 공공의 이익을 위한 정치를 말한다. 여기서 국민(people)은 정치적 평등을 내포하는 개념이다.

자유주의, 보수주의, 사회주의 등 이 세상에 존재하는 이데올로기들은 각기 스스로 절대적인 가치이며 진리라고 믿고 자신을 관철시키려 한다. 그런데 '인류의 보편적 진리 또는 가치'로 인정받는 자유민주주의도 경우에 따라 자신만이 절

---

2) 이극찬 편, 『민주주의』(종로서적, 1987), pp.9~30.

대적인 가치이며 정치형태라고 주장하면서 이에 반하는 체제 또는 국가를 용납하지 않으려 한다. 이러한 범위에서 우리는 민주주의 역시 이데올로기적 특성을 띠고 있음을 부인하기 어렵다.

2. 민주주의의 발달

이미 언급한 바와 같이 고대 그리스에서 민주주의는 「국민의 지배」를 의미했으며, 이는 현대 민주주의에서 국민주권(popular sovereignty)이라는 개념으로 체계화되었다. 민주주의를 뒷받침하는 원리로는 국민주권, 자유와 평등의 조화, 다수의 지배, 절차의 중요성 등 여러 가지를 들 수 있다.[3] 그중 국민주권원리는 민주주의의 가장 기본이 되는 원리라고 말할 수 있다. 그런데 국민주권을 의미하는 「국민의 지배」 원리는 애당초, 누가 정치적 의미에서 주권을 가진 국민이며, 또한 이들 국민이 어떻게 지배하는 것이 옳은 방식이냐에 관한 문제를 안고 있었다. 그리고 이 두 가지 문제는 민주주의 발달사에서 중심을 이루게 되었다.

(1) 선거권 문제

기원전 5세기 고대 그리스의 도시국가인 아테네에서 잠시나마 민주주의가 실시되었다.[4] 당시 아테네의 민주정치는 직접민주주의 형태를 띠었다. 시민들이 광장에 모여 회합을 갖고 만장의 갈채방식으로 국가정책을 결정했으며, 법관이나 공무원 등의 선출은 추첨제와 윤번제를 채택하여 정치지도자의 빈번한 교체를 가능케 했다. 그런데 아테네의 민주주의는 국민(demos) 모두가 권력(kratia)의 행사에 참여하지는 못한 제한된 민주주의였다. 왜냐하면 그 당시 정치적 의미의 국민 개념에서 여성, 노예, 이방인 등이 제외되었기 때문이다.[5] 이러한 제한된 국민 개념

---

3) 이에 관하여 좀 더 자세히 알려면 오스틴 래니(권만학 외 역), 『현대 정치학』(을유문화사, 1994), pp.156~164 참조.

4) 기원전 5세기 아테네의 유명한 정치가 페리클레스(Pericles) 시대에 민주주의가 실시되었으나, 그를 제외한 대부분의 정치 사상가들이 민주주의를 지지하지 않았기 때문에 생명이 길지 못했다.

5) 이범준/신승권, 『정치학』(박영사, 1996), pp.242~243.

과 직접민주주의는 현대 민주주의에 더 이상 활용될 수 없게 되었음은 물론이다.

근대 유럽에서 봉건적 신분제도를 타파하고 절대 왕권으로부터의 해방을 위해 싸운 시민혁명(예: 청교도혁명, 명예혁명, 프랑스혁명)의 결과로 의회제도가 생겨났다. 그렇지만 근대의 고전적 자유주의에서 선거권은 사유재산과 연계되었다. 당시에는 물론이고 지금도 부분적으로 민주주의의 본보기로 인정받고 있는 영국의 의회주의는 19세기 중반까지 극소수의 유산자(즉, 시민계급)에게만 선거에 참여할 수 있는 권리를 부여했다. 독일의 프로이센에서는 세금납부의 정도에 따라 세 등급으로 분류하여 투표권에 가중치를 주는 선거제도가 실행되었다.[6]

그러나 자본주의가 발달하면서 사회적 분화가 심화되고 노동자들의 정치적 욕구가 분출함으로써 정치적 변화는 불가피하게 되었다. 그래서 자유주의는 사회통합을 위하여 사회주의의 요구에 점차 부응하는 자세를 보였다. 예컨대 19세기 영국은 세 차례(1832년, 1867년, 1884년)에 걸쳐 선거권을 확대하였다.

20세기에 들어와 자유주의와 사회주의는 일반적인 인간의 기본권으로서 「평등」에 합의를 보았다. 즉, 자유주의자들은 민주주의에서 최소한 지켜야 할 원칙인 일반선거권(보통선거권)을 받아들였다. 예컨대 영국에서 재산에 의한 제한선거는 1918년 폐지되었다. 유럽에서 일반선거권의 도입으로 근대 부르주아민주주의(시민민주주의) 시대는 막을 내리고 현대 대중민주주의 시대가 열리게 되었다.

각 나라에 따라 차이가 나지만 유럽에서 여성이 선거권을 보유하게 된 시기는 대략 1920년대이다. 독일에서는 1919년 바이마르 헌법을 통하여 여성이 선거권을 획득했다. 영국에서는 1928년 선거법 개정으로 여성에게 선거권이 부여되었다. 유럽에서 가장 보수적인 나라인 스위스는 1971년에야 비로소 연방하원선거에서 여성에게 선거권을 부여했다.

모든 국민에게 선거권(즉, 보통선거권)이 부여되고 모든 국민이 같은 정도의 선거권(즉, 평등선거권)을 갖게 되자 자유주의자들은 대중민주주의의 결과인 '다수의 전횡'에 대항하기 위하여 법치국가 원리를 강화했다. 이 점에서 자유주의는 보수주의와 연대하였다. 반면에 사회주의자들은 정치적 평등개념을 경제적·사회적 영역으로 확대시켜 나갔다.

---

6) Lothar Döhn, "Liberalismus," in Franz Neumann(ed.), *Politische Theorien und Ideologien* (Baden-Baden: Signal Verlag, 1977), p.30.

(2) 정치형태 문제

「국민의 지배」 방식(즉, 국민주권원리의 적용방식)은 민주정치에서 직접민주주의(direct democracy)와 대의민주주의(representative democracy)라는 두 가지 상이한 형태로 나타났다. 직접민주주의는 치자와 피치자 또는 국가와 시민사회의 일체성이 극대화된 정치형태이다. 고대 그리스에서 실시된 직접민주주의가 그 전형이다. 대의민주주의란 국민이 선거를 통해서 대표자를 선출하고, 선출된 대표자가 국민을 대표하여 정치를 담당하는 정치형태를 일컫는다. 간접민주주의라고도 불리는 대의민주주의는 근대 이후 거의 모든 국가에서 보편화되었다. 이러한 보편화는 다음과 같은 사실에 기인한다.

① 대의정치는 시민계급이 주도한 근대의 부르주아민주주의 시대에 당연한 것이었다. 그리고 현대의 대중민주주의 시대에서도 일반 대중보다는 대표들의 합리성, 안목, 그리고 식견을 높이 평가하는 엘리트이론이 먹혀들었다.

② 근대 이후 민족국가가 형성되면서 영토가 넓어지고, 또한 갈수록 인구가 증가하면서 직접민주정치의 실현은 불가능하게 되었다.

③ 현대에 들어와 사회는 분화되고 국제관계가 복잡하게 되면서 국민이 국가의사를 직접 결정한다는 것은 비효율적이며 비합리적이었다.

현대 민주주의에서 고전적 직접민주주의가 지속적으로 실시되고 있는 곳은 스위스의 조그마한 지방자치단체들에 불과하다. 그렇지만 오늘날까지 직접민주주의는 국민투표, 국민발의, 국민소환 등의 형태로 그 맥을 이어오고 있다.

국민투표(plebiscite)는 일반국민이 특정 사안에 대하여 직접 투표하여 그 사안의 가부를 결정하는 직접민주정치의 한 형태이다. 스위스는 연방차원에서 일정한 요건이 갖추어진 경우 안건을 국민투표에 붙이는 국민표결(referendum) 방식을 오래전부터 운용하고 있다. 독일은 바이마르 공화국 시대의 경험을 거울로 삼아 국민표결제를 폐지하였으나, 지방의 기초 단위에서는 주민발의와 주민결정에 의한 주민표결제도가 보장되어 있다. 한국에서는 국회에서 의결된 헌법개정안과 대통령이 필요하다고 인정하는 국가의 중요정책(외교·국방·통일 기타 국가안위에 관한 중요정책)이 국민투표에 붙여진다. 또한 지방자치단체의 주요 결정사항에 관한 주민의 직접참여를 보장하기 위하여 2004년 주민투표제가 도입되어 시행되고 있다.

주민투표법에 의하면 지방자치단체의 장은 주민 또는 지방의회의 청구에 의하거나 직권에 의하여 주민투표를 실시할 수 있다.

국민발의(initiative)는 일정 수의 유권자의 찬성으로 국민이 직접 법률개정안이나 헌법개정안 등을 국가에 제출하는 제도이다. 흔히 반(半)직접민주주의(half-direct democracy)를 실시하고 있다는 평가를 받는 스위스에서는 연방법의 개정에 관해서는 최소 5만 명의 유권자 그리고 연방헌법의 개정에 관해서는 최소 10만 명의 유권자가 공동으로 발의하면 국가는 이를 국민투표에 붙여야 한다. 한국에서는 법률이나 헌법의 개정을 위한 국민발의는 존재하지 않는다.

국민소환(recall)은 유권자가 선거에 의해 선출된 공직자를 임기만료 전에 투표를 실시하여 그 직위에서 물러나게 하는 제도이다. 한국에서는 전국차원의 선출직 공직자에 대한 국민소환제는 실시되지 않고 있다. 그러나 주민소환법이 제정되어 2007년 7월 1일부터 선출직 지방공직자(지방자치단체장과 지방의회의원)를 대상으로 한 주민소환제가 시행되고 있다. 해당 지역주민의 주민소환투표 청구와 주민소환투표 실시를 거쳐 주민소환이 결정된다.

위에서 기술한 바와 같이, 국민발의와 국민투표는 현대 대의민주제 국가에서 채택되고 있다. 직접민주주의 성격을 갖는 이 제도는 대의정치의 모순과 미비점을 보충하고 국민의 정치의식을 높인다는 긍정적 평가를 받는다. 반면에 이 제도는 지배자의 교묘한 조작기술에 의하여 왜곡되기 쉽고, 지배자에게 막강한 권력을 제공할 수 있으며, 중우정치(衆愚政治)의 위험에 빠질 수 있다는 부정적인 평가를 받기도 한다.

3. 전자민주주의

(1) 출현배경

현대 민주주의는 대의민주주의다. 그런데 대의민주주의는 매우 실용적인 정치형태이나 「국민의 지배」라는 민주주의가 갖는 본래의 의미를 실현하기에는 근본적인 한계를 안고 있는 제도이다. 예컨대 국민이 정치에 참여하는 가장 중요한 수단이 선거인데 선거는 자주 개최되는 것이 아니며 또한 단기간에 이루어진다.

그리고 선거에 의해 선출된 대표는 선거인의 지시에 따라 움직이는 강제적 수임자(受任者)가 아니고, 단지 정해진 임기에 얽매이는 자유적 수임자로서 일찍이 자리를 잡았다.[7] 게다가 대표들은 자신을 뽑아 준 주권자의 이익보다는 자신의 이익을 더 중요시 여기거나, 전문성, 안목 등의 부족으로 국민과 국가의 이익을 효과적으로 대변하지 못하고, 도덕성의 결여로 부정과 부패를 일삼는 경우가 적지 않았다. 그 결과 한편으로 대의정치에 대한 국민들의 회의(懷疑)가 고조되었으며, 다른 한편으로 다수가 정치적 의사결정과정에 자발적으로 참여하고 영향을 미치려는 참여 민주주의가 부각되었다.

그동안 대의민주주의가 갖는 한계를 사람들은 실감했지만 이를 대체할 만한 대안이나 보완할 묘책을 찾지 못했다. 그러나 20세기 말 정보통신기술과 이에 따른 뉴미디어의 발달로 사정은 크게 달라졌다. 사이버공간(cyberspace)은 실제로 존재하는 물리적 공간이 아니라 가상세계(假想世界)이다. 컴퓨터와 네트워크로 형성되는 사이버공간은 인터넷상에 남겨지는 흔적의 세계라고 할 수 있다. 사람들은 정보화 사회에서 누구에게나 열려 있는 이 사이버공간을 통하여 저렴한 비용으로 정보와 의사를 교환하고 동조자를 규합할 수 있게 되었다.

결론적으로 말해서, 지난 세기 말 일반 국민의 정치참여욕구 상승은 대화형 상호작용이 가능한 뉴미디어의 획기적인 발달과 결합하여 대의민주주의의 대안으로 전자민주주의(electronic democracy)를 출현시켰다. 21세기에 들어와 전자민주주의는 전 세계적인 현상으로 발전했으며, 한국도 예외는 아니었다.

(2) 내용 및 장단점

1) 내 용

대의민주주의(간접민주주의)의 한계를 보완하기 위한 대안으로 등장한 전자민주주의는 시민이 인터넷을 기반으로 한 전자매체를 이용해 정치과정에 직접 참여하는 정보사회의 민주주의라고 정의할 수 있다.[8] 전자매체를 통한 일반 시민의

---

7) 대한민국 헌법은 "국회의원은 국가이익을 우선하여 양심에 따라 직무를 행한다"라고 규정하고 있다. 독일 헌법은 "전 국민의 대표자인 의원들은 위임이나 지시에 구속되지 않고, 오직 양심에 따른다"라고 좀 더 구체적으로 명시하고 있다.
8) 김재영 외, 『새로운 정치학의 이해』(삼우사, 2000), p.369.

정치참여는 두 가지 형태로 나누어 생각해 볼 수 있다.

첫 번째 참여형태는 사람들이 다양한 전자매체를 통해 서로 정보를 교환하고 토론을 벌이며 동조자를 규합하는 것이다. 더 나아가 이들은 정부, 정치인, 사회조직 등과 직접 소통하며 정치에 영향을 미친다.

두 번째 참여 형태는 종이투표가 아닌 전자투표(electronic voting)를 통하여 공직자를 선출하거나 정책을 결정하는 것이다. e-투표라고도 일컫는 전자투표는 투표소에 설치된 전자투표기를 이용하는 방식과 PC, 휴대폰, PDA 등을 이용한 인터넷 투표 방식을 포괄한다.

흔히 사용되는 전자투표 방식은 터치스크린 방식이다. 터치스크린 투표는 전자투표기에 의해 투표소에서 실시되는 오프라인 전자투표로 투표비밀이 보장되고 음성과 문자 안내로 편리하다. 미국은 처음으로 2004년 대통령 선거 때 터치스크린 방식의 전자투표를 실시하였고, 현재 다른 여러 나라도 공직선거에서 이를 시행하고 있거나 시행할 예정으로 있다.

인터넷 투표는 직접 투표소를 방문하여 투표하는 터치스크린 방식보다 진일보한 전자투표방식이다. 인터넷 투표는 전산방식 투표기에 의하지 아니하고 선거인이 가정이나 직장 등에서 인터넷에 접속하여 실시하는 온라인 투표를 지칭한다. 그런데 온라인투표시스템은 투표율 상승과 비용 및 시간 절약이라는 측면에서 획기적이지만, 해킹위험이 있고 비밀투표가 보장되지 않아, 이를 공직선거에 도입하는 것은 아직 시기상조라는 의견이 지배적이다. 현재 전국 단위의 공직선거에 인터넷 투표를 도입한 국가는 세계에서 에스토니아가 유일하다. 하지만 세계 여러 도시나 지방에서 주민들이 인터넷을 통해 자신들의 문제를 결정하는 온라인 투표는 눈에 띄게 증가하고 있다.

2) 장단점
아래에서는 전자민주주의가 안고 있는 장점과 단점이 무엇인지 간략히 소개해 보도록 하겠다.

◆ 장 점
① 전자매체를 통한 직접민주주의는 대의민주주의보다 민주주의의 기본원리인 국민주권원리에 더 충실하다.

② 대중의 정치참여가 활성화됨으로써 현대 민주주의의 문제점인 정치적 무관심이 해소될 수 있다. 그리고 투표율의 제고가 기대된다.

③ 절차와 합의를 무시하는 행정부의 관료화, 엘리트 의식에 사로잡힌 정치권의 오만 등 현대 민주주의가 안고 있는 문제점을 시정할 수 있다.

④ 기존의 미디어와 달리 인터넷 접속을 통하여 쌍방 간 정보가 조작되지 않고 직접 교환된다.

⑤ 일반 국민이 정치에 참여하는 과정에서 드는 시간, 비용 그리고 노력이 크게 절약된다.

◆ 단 점

① 직접민주주의의 당위성에도 불구하고 현대사회에서 발생하는 복잡하고 전문적인 수많은 문제를 대중의 의사에 맡기는 것이 옳고, 또한 가능한가라는 의문이 여전히 남는다.

② 전자민주주의는 전자매체의 독점 또는 정치적 이용으로 대중선동과 중우정치를 초래할 수 있다. 또한 전자정치는 일반대중에게 힘을 실어줄 수 있지만 「다수에 의한 독재」를 불러올 수 있다.

③ 정치적 의사소통이 합리성과 이성에 기초한 책임 있는 대화와 토론으로 이어지지 못하고 세련되지 못한 감정의 분출에 그치는 경향이 있다. 그리고 정보의 출처 및 진위가 명확하지 않고, 그 결과에 대한 책임을 묻기가 어렵다. 더욱이 정보가 자신의 의도와는 무관하게 노출되어 사생활이 침해되고, 사이버 폭력으로 인권이 유린될 수 있다.

④ 컴퓨터 보급 및 통신망 구축이 보편화되지 않으면 민주주의의 기본원리의 하나인 평등원칙이 침해된다.

⑤ 인터넷 투표의 경우 대리투표 가능성과 해킹을 통한 투표결과조작 및 선거정보 유출가능성이 있다. 또한 누가 어떻게 투표했는지 기록에 남기 때문에 비밀선거원칙이 훼손될 수 있다.

(3) 전 망

소위 전자적 시민사회(사이버공간의 시민사회)는 시간과 공간의 구속을 넘어서고 수직적 지배를 거부하는 쌍방향 의사소통을 활성화시킨다. 미래의 정보사회에

서 인터넷의 발달과 참여민주주의에 대한 인식의 강화로 전자정치는 대의정치의
자리를 서서히 잠식해 나갈 것으로 보인다. 그렇다고 장차 대의민주주의가 사라지
고 전자식 직접민주주의가 실현될 것이라고 전망하는 것은 무리다.[9] 물론 전자민
주주의가 현재 실행되고 있는 대의민주주의의 문제점을 해결하고 보완하는 중요
한 수단으로 계속 발전할 것임은 의문의 여지가 없다.

4. 자유민주주의 체제

　「이데올로기의 종언」에 관한 논의는 처음 1950년대 서방 세계에서 시작한 이
후 부침(浮沈)을 거듭하였다. 대표적인 학자로는 아롱(Raymond Aron), 벨(Daniel
Bell) 그리고 후쿠야마(Francis Fukuyama)를 들 수 있다. 그중 한명인 후쿠야마는
1989년에 발표한 그의 책『역사의 종언』(The End of History)에서 지난 세기 말 유
럽에서 공산주의의 몰락으로 동서냉전이 종식되었다고 말하면서, 이는 1945년 이
후 전개된 이데올로기 전쟁에서 자유민주주의의 승리를 의미한다고 역설했다.[10]
　물론 이데올로기의 종언(終焉)을 주장하는 학자들의 지적처럼 오늘날 이데올
로기의 대립과 투쟁이 완전히 사라진 것은 아니다. 그리고 모든 사람들이 자유민
주주의를 인정하고 추종하는 것도 아니다. 그렇지만 과거에 비해 자유민주주의가
갖는 '보편성'의 위상이 강화된 것은 분명하다. 그러면 구체적으로 자유민주주의가
추구하는 정치체제는 무엇인가? 다음에 소개하는 요건들이 법적·제도적으로 보
장되고 실제에서도 그렇게 운용되고 있는 경우 참다운 자유민주주의 체제라고 말
할 수 있겠다.

(1) 기본권 보장

　인간의 존엄과 가치를 핵으로 하는 국민의 기본권이 최대한 보장되어야 한

---

9) 미래학자 토플러(Toffler)는 21세기에는 직접적인 국민의 정치참여와 대의제가 결합된
　반(半)직접민주주의(semi-direct democracy)가 실현될 것이고, 또한 그렇게 되어야 한다
　고 주장했다. 이에 관해서는 앨빈 토플러(이규행 감역), 『제3의 물결』(한국경제신문사,
　1989), pp.517~522 참조.
10) F. Fukuyama(함종빈 역), 『역사의 종언』(대영문화사, 1992), pp.23~77.

다. 기본권은 그 성격에 따라 다음과 같이 구별된다.

- 국가의 권력에 대한 방어개념으로서 자유: 주거 불침해 자유, 통신비밀의
  자유, 자유이전, 법 앞의 평등 등
- 정치적 기본권: 언론·출판·집회·결사의 자유, 선거권·피선거권(참정권) 등
- 정신적 기본권: 양심의 자유, 종교의 자유 등
- 사회적 기본권: 인간다운 생활을 할 권리, 근로의 권리, 교육을 받을 권리 등
- 경제적 기본권: 재산권의 보장, 상행위의 자유, 계약의 자유, 상속권 등

(2) 대의제도

특별 사안에 대한 국민투표 등 직접민주주의적인 통치수단을 예외적으로 채택할 수는 있지만,[11] 자유민주주의를 추구하는 거의 모든 국가들은 대의제도(代議制度)를 기본으로 삼고 있다. 이들 국가들은 국민에 의해 선출된 의회나 대통령과 같은 국가기관으로 하여금 독자적인 판단 아래 국가의 법과 정책을 결정하고 집행하게 한다. 앞으로 전자민주주의가 발달할지라도 지금과 같은 대의민주주의의 큰 틀은 유지될 것으로 전망된다.

(3) 법치국가

역사적으로 볼 때, 법치국가 원리는 산업화와 시민계급의 경제적·정치적 성장과 더불어 발달했으며, 이는 봉건적 절대주의의 전횡에 종지부를 찍었다. 한마디로 말해서 법치국가 원리는 사람에 의한 지배가 아닌 법에 의한 지배를 말한다. 좀 더 구체적으로 말해서 법치국가에서는 기본권이 보장되고, 법의 평등(특권배제)이 실현되며, 법을 통한 제반 행위가 예측 가능하고, 권력분립이 이루어져야 한다.

현대적 의미의 법치국가는 단지 정해진 법에 따라 움직이는 형식적 법치주의를 넘어서 실질적 법치주의를 지향한다. 법과 정의가 결합된 실질적 법치주의는 자유, 평등, 그리고 사유재산의 보호를 특징으로 한다.[12]

---

11) 한국은 외교·국방·통일 기타 국가안위에 관한 중요정책에 대한 임의적 국민투표제도와 헌법개정안에 대한 필수적 국민투표제도를 채택하고 있다.

(4) 정당의 자유경쟁 보장

정당은 국민과 국가를 잇는 교량적 역할을 한다. 서로 다른 이념과 세계관, 그리고 정책을 가진 정당들이 자유경쟁을 할 경우 국민이 선택할 수 있는 폭이 넓어진다. 따라서 모든 정당의 생성과 활동이 보장되어야 한다. 그런데 상호 경쟁하는 정당들은 서로의 존재의미를 인정하는 상대주의에 입각하여야 한다. 상대를 인정하지 않는 정당은 자유민주주의의 근간을 해치기 때문에 그 존립이 거부될 수 있다.

(5) 자유선거

선거는 대의정치를 실현하기 위한 불가피한 수단이다. 자유민주주의에서는 선거의 4대 원칙(보통선거, 평등선거, 직접선거, 비밀선거)이 준수되어야 한다. 자유선거에서는 복수의 후보자가 경쟁하는 것이 원칙이다. 따라서 선거권뿐만 아니라 피선거권이 보장되어야 한다. 유권자의 자유의사를 해치는 금권선거, 관권선거 등 각종 불공정 선거는 자유선거 원칙에 위배된다.

(6) 다수결 원칙

민주주의 체제에서 모든 구성원의 동의를 얻는 경우 정당성은 극대화된다. 그러나 전원이 합의하는 만장일치제의 유지는 현실적으로 불가능하다. 만약 전원합의가 필수적이라면 결정이 지체되거나 불가능하게 되어 공동체(국가)는 지탱할 수 없게 된다. 따라서 다수의 의견이 관철되는 다수결 원칙은 민주사회에서 보편화되었다. 다수에 의한 결정은 그 방식에 따라 가중다수결(예: 2/3 찬성), 절대다수결(과반수), 상대다수결(비교다수결)로 구분된다.

소선거구 다수대표제를 채택한 영국에서는 20세기 후반기 내내 한 차례 선거(1974)를 제외하고 모든 총선에서 보수당과 노동당 중 어느 한 당이 과반 의석을 차지하여 단독내각을 구성하였다. 이와 대조적으로 비례대표제를 채택한 스위스에서는 1959년 이후 줄곧 4개 정당(자민당, 기독민주국민당, 사민당, 스위스국민당)

---

12) Weinacht/Kempf/Merz(eds.), *Einführung in die Politische Wissenschaft* (Freiburg: Karl Alber, 1977), p.116.

이 연합하여 연방정부를 구성하였다. 레이파트(Arend Lijphart)는 1999년 출간된
저술[13])에서 민주주의를 크게 두 가지 유형으로 분류했다. 그의 분류에 의하면 영
국과 같이 다수당(의회에서 의석이 많은 정당)이 통치하는 형태는 「다수제 민주주
의」(majoritarian democracy)에 속하고, 스위스와 같이 여러 정당이 합의하여 통치
하는 형태는 「합의제 민주주의」(consensus democracy)에 속한다.

(7) 권력분립

국가의 권력은 입법, 행정, 사법으로 나뉘어 각각 독립된 기관을 형성한다.
이로써 이들 기관은 상호 견제와 균형(checks and balances)을 이루게 되어 국가
권력의 집중과 남용을 막을 수 있다. 형식적으로 삼권이 분립되어 있을지라도, 의
회가 행정부의 들러리 역할을 한다든지, 사법부의 독립이 실질적으로 확보되지 않
은 경우, 진정한 자유민주주라 할 수 없다.

현대 자유민주주의는 수평적 권력분립(입법, 행정, 사법) 외에 수직적 권력분
립(중앙과 지방)을 요구하는 것이 일반적인 추세다. 미국이나 독일과 같은 나라는
연방제를 실시하여 권력의 분산을 꾀하고 있고, 한국이나 일본과 같은 나라는 지
방자치제도를 채택하여 지방분권화를 모색하고 있다.

(8) 자유언론

현대 민주주의 사회에서 언론은 제4의 권력이라 불릴 정도로 그 역할이 지대
하다. 언론은 사실 보도 외에 권력을 통제하고 여론을 형성하여 정책결정에 영향
을 미친다. 권력에 종속되지 않은 자유언론이 건재한 경우 민주주의는 살아 있다
고 말할 수 있다.

(9) 자유결사

각종 이익단체 및 시민단체와 같은 사회조직의 생성과 활동이 보장되어야 한
다. 이들 조직은 국민의 정치적 의사를 형성하고 표출시킨다. 그리고 국가의 정책

---

13) Arend Lijphart, *Patterns of Democracy: Government Forms & Performance in Thirty-six
Countries*(New Haven: Yale University Press, 1999).

결정기관은 이들을 통해 국민이 무엇을 원하는지 진정으로 알 수 있다. 최근에 제5의 권력으로 일컬어지고 있는 시민단체의 활동과 역할은 세인의 주목을 받고 있다.

(10) 정당성 확보

민주주의는 적법성(legality)과 더불어 정당성(legitimacy)을 요구한다. 적법성이 법에 합당한가를 묻는 형식적인 요건이라면 정당성은 권력에 대한 국민의 내적인 확신을 묻는 실질적인 요건이라고 볼 수 있다.[14] 민주주의는 동의와 신뢰를 바탕으로 하고 있다. 이러한 동의와 신뢰가 충족되었을 때 권력(정부)은 정당성을 확보했다고 말할 수 있다.

■ II. 전체주의와 그 체제

1. 전체주의의 개념과 적용

1920년대 전반기 이탈리아에서 자유주의, 민주주의, 그리고 가톨릭을 신봉하는 사람들이 파시즘 체제에 반대하는 글을 언론에 게재하면서 그 특징을 표현하는 개념으로 전체주의(totalitarianism)라는 용어를 처음으로 사용했다. 당시 이탈리아의 자유당 당수 아멘돌라(G. Amendola)는 무솔리니(Mussolini)가 이끈 파시스트의 정치를 "지금까지 전래된 정치의 모든 기반을 뒤엎는 경악스러운 현상"이라고 혹평했다.[15]

전체주의는 국가(특히 민족국가)나 사회라는 전체를 위하여 부분인 개인과 단체의 희생을 당연시하고 이들의 종속과 복종을 요구하는 이데올로기이다. 전체주의는 부분에 대한 전체의 우선권과 우월성을 강조하여 개인의 이익보다는 전체의 이익을 전면에 내세우며, 집권자의 지도력을 찬양하고, 선전과 조작으로 개인의

---

14) Bernd Guggenberger, "Legalität und Legitimität," in Wolfgang W. Mickel(ed.), *Handlexikon zur Politikwissenschaft* (Regensburg: Ehrenwirth, 1983), p.267.

15) Siegfried Jenkner, "Totalitalismus," in Wolfgang W. Mickel(ed.), *Handlexikon zur Politikwissenschaft* (Regensburg: Ehrenwirth, 1983), p.522.

자유를 억압하며 통제하는 체제이념이다. 전체주의는 개인과 사회의 전반에 걸친 정치화를 통해 절대적인 권력을 추구한다는 점에서 독재정치(autocracy)나 권위주의(authoritarianism)와 구별된다.

원래 이탈리아의 파시스트에서 유래한 전체주의 개념은 그 후 히틀러(Hitler) 치하의 독일과 스탈린(Stalin) 치하의 소련과 같은 강압적인 독재정권(dictatorship)을 묘사하는 것으로 확장되었다.

얼마 동안 전체주의는 단지 이탈리아의 파시즘(Fascism)과 독일의 나치즘(Nazism)과 같은 우익의 정치현상으로 이해되었다. 예를 들면, 마르크스주의자들은 전체주의는 경제적 과두체제가 그것의 위치, 경제력, 재산, 그리고 이윤을 계속 유지하고 보존하기 위하여 민주주의를 저버리는 자본주의의 최후 단계를 나타내는 것이라고 주장했다.16) 그런데 1950년대 프리드리히(Friedrich)와 브레진스키(Brzezinski)가 공동으로 파시스트 국가들과 공산주의 국가들을 비교연구하게 되면서 우익의 정치현상은 물론이고 공산주의를 추구하는 좌익의 정치현상도 전체주의로 받아들여지기 시작했다. 그러나 이들 두 학자가 전체주의 개념을 공산주의에 적용한 것은 동서냉전 시대에 반소·반공을 위한 투쟁개념으로 이용되었으며, 또한 파시즘과 공산주의의 차이점을 모호하게 만들었다는 비판을 면치 못했다.17)

2. 파시즘과 나치즘

파시즘(Fascism)이라는 말은 이탈리아어의 파쇼(fascio)에서 유래하며, 파쇼는 결속을 의미한다. 1919년 무솔리니는 「이탈리아 전투 파쇼」(Fascio Italiani di Combattimento)를 조직했으며, 1929년 이를 파시스트당으로 개명했다. 이 과정에서 파시즘은 체제이념을 대표하는 용어로 자리를 잡았다.

히틀러는 1919년 나치당의 전신인 독일노동당(DAP)에 가입하여 정치활동을 시작했다. 이 당은 반(反)자본주의, 반(反)의회주의, 반(反)공산주의, 반(反)유태주의를 표방하는 극우정당이었다. 독일노동당은 1920년 민족사회주의독일노동당

---

16) R. C. 매크리디스(이은호/이신일 역), 『현대정치사상』(박영사, 1993), p.102.

17) Andrew Heywood, *Key Concepts in Politics* (New York: St. Martin's Press, 2000), pp.184~185.

(NSDAP)으로 이름을 바꾸었으며, 1921년부터는 히틀러가 실질적으로 이 당을 이끌어 갔다.[18] 나치즘(Nazism)이라는 용어는 이 당이 표방한 민족사회주의(National-sozialismus)에서 유래한다.

　　우익 전체주의에 속하는 무솔리니의 파시즘과 히틀러의 나치즘은 현대에 나타난 새로운 형태의 독재주의이다. 학문에서나 일상생활에서 파시즘과 나치즘은 구별되어 사용되기도 하나, 파시즘으로 통일되어 사용되기도 한다. 이탈리아의 파시즘은 국가에 대한 존경과 충성에 대하여 의문을 갖지 않는 극단적인 국가주의(statism)에 기초한 반면에, 독일의 나치즘은 독일국민의 우수성과 세계지배의 운명을 믿는 인종주의(racialism)에 기반을 둔다. 그러나 이들 두 이데올로기는 지향하는 목적과 사용하는 수단이 유사할 뿐만 아니고 출현 배경도 흡사하기 때문에 흔히 동일하게 취급받는다.

　　18세기 이후 자본주의가 발달하면서 누적되기 시작한 근대사회의 위기적 상황이 제1차 세계대전(1914~1918)과 대공황으로 극명하게 드러났다. 즉, 국가 간 대립과 전쟁위기 상존, 증대되는 실업과 경제공황, 국내정치의 불안정, 기존 정치권의 부패와 무능, 사회적 · 정치적 집단 간의 반목과 충돌 등이 바로 그것이다.[19] 이와 같은 대내외적인 위기로 말미암아 초래된 일반 대중의 심리적인 혼란(불안, 공포, 실의, 무력감)과 극도의 불만을 발판으로 이탈리아의 파시즘과 독일의 나치즘은 각기 새로운 지도자를 중심으로 방대한 반체제적인 정치적 역량을 축적하게 되었다.[20]

　　아래에서는 이탈리아와 독일에서 파시즘과 나치즘이 출현하게 된 배경과 관련하여 매크리디스가 제시한 일곱 가지 요소를 소개하겠다.[21]

---

① 제1차 대전의 결과로 인한 상대적 가치 박탈감.
② 비교적 늦게 민족통일을 이룩하여 민족주의가 강했음.
③ 인플레이션, 실업 및 경제공황.

---

18) 김영탁, 『독일통일과 동독재건과정』(한울아카데미, 1997), p.44.
19) 이범준/신승권(1996), pp.297~298.
20) 이극찬, 『정치학』(법문사, 1996), pp.563~564.
21) Roy C. Macridis, *Contemporary Political Ideologies : Movements and Regimes*, 4th edition(Boston: Scott, Foresman and Company, 1989), pp.195~196.

④ 중하위층, 또는 중산층의 신분상실과 그들의 지위 약화에 대한 두려움.
⑤ 강력한 공산주의와 혁명운동에 대한 두려움.
⑥ 전후 국제질서와 그 해결에 대한 반작용.
⑦ 민주적 정치제도의 정통성 결여.

제2차 세계대전(1939~1945)에서 이탈리아와 독일이 패망함으로써 무솔리니의 파시스트당과 히틀러의 나치당은 지구상에서 사라졌다.[22] 그러나 그 후 유럽에서 파시스트와 유사한 극우 정당은 여러 곳에서 출현하여 활동했고, 또한 지금도 곳곳에서 목격되고 있다.[23] 네오파시즘(Neo-fascism)이라 총칭(總稱)되는 이 이데올로기적 흐름은 카리스마적인 지도력, 전체주의, 극단적 인종주의와는 거리를 두고 있다고 스스로 주장한다. 그럼에도 불구하고 네오파시즘이 이민유입에 반대하는 캠페인을 벌이며, 인종주의에 기초한 민족주의와 연결되어 있고, 세계화와 초국가주의에 반대하는 점 등을 고려할 때 과거 파시즘과 일맥상통(一脈相通)하는 것은 사실이다.

3. 전체주의 체제

파시즘(나치즘 포함)과 공산주의는 선(線) 모양의 정치적 스펙트럼에서 각기 극우와 극좌에 위치하고 있는 본질적으로 상이한 정치 이데올로기이다. 그러나 양자는 체제적 특성에 있어서 전체주의적 성격을 공유하고 있기에 전자는 우익전체주의, 그리고 후자는 좌익 전체주의라고 불린다.

---

22) 이탈리아는 1943년 9월, 독일은 1945년 5월 연합군에 항복하였다.
23) 독일의 극우당인 「공화주의자」는 1989년 베를린 주 의회선거에서 유효표의 7.5%를 획득해 세인을 놀라게 했다. 2000년 오스트리아에서는 보수성향의 보수당과 친나치 성향의 자유당이 유럽연합(EU)의 경고에도 불구하고 연정을 구성했다. 2010년 스웨덴 총선에서 극우 스웨덴민주당은 의회 진출 저지선인 4%를 넘는 5.8%의 득표율을 확보해 사상 처음 원내 진출이라는 이변을 보였다. 그 외에 프랑스(국민전선), 스위스(국민당), 이탈리아(북부동맹), 네덜란드(자유당) 등 여러 나라에서 극우정당들이 활약하고 있다.

(1) 파시즘과 공산주의의 이데올로기적 상이점

근본적으로 파시즘과 공산주의는 상이한 이데올로기이다. 이를 간략히 정리하면 아래와 같다.

1) 파시즘은 국가와 민족을 절대시하며 이를 영원한 존재로 본다.[24] 그러나 마르크스-레닌주의에 의하면 국가는 노동자 계급과 노동자 정당이 사회발전을 이룩하기 위해 사용하는 수단에 불과하다.[25] 마르크스의 미래사관에 의하면 자본주의에서 사회주의를 거쳐 공산주의 단계에 이르게 되면 국가는 소용이 없어진다. 그리고 마르크스주의에 있어서 민족주의는 그렇게 중요하지 않다.

2) 공산주의에 있어서 독재는 임시적인 것이며, 개인의 절대적 자유를 실현하는 데 앞서 있는 하나의 역사적 단계이다. 즉, 소수에 대한 다수의 독재로서 프롤레타리아 독재는 국가의 소멸을 위한 예비단계일 뿐이다. 그러나 이탈리아와 독일의 우익 전체주의 운동은 다수에 대한 소수의 지배를 영원한 것으로 간주하며, 재능과 통찰력을 지닌 '과오'를 모르는 엘리트 지도자가 계속 지배하는 것을 당연하게 여긴다.[26]

3) 사회주의 운동은 노동자, 농민, 그리고 혜택을 받지 못한 자를 위한다는 명분 아래 나타났다. 우익 전체주의 운동은 비록 초기에는 노동자, 농민, 빈민들의 지지를 획득하기 위한 약속과 호소를 하였으나, 일반적으로 이들에 반대되는 방향으로 나아갔다.[27] 파시즘은 자본주의와 공산주의 이데올로기의 대안으로 협동조합국가 이론을 주장했다. 이 이론은 노사 간에 협동조합을 조직하여 국가의 조정과 통제를 받는 제도를 실현하는 것을 골자로 한다.[28]

---

24) 이범준/신승권(1996), pp.298~300.

25) Gert-Joachim Glaeßner, "Partei und Staat in der DDR," in Landeszentrale für politische Bildung Baden-Württemberg(ed.), *DDR*(Stuttgart: Kohlhammer, 1983), p.78.

26) R. C. 매크리디스(1993), pp.103~104.

27) R. C. 매크리디스(1993), p.104.

28) 이범준/신승권(1996), p.300.

(2) 파시즘과 공산주의의 체제적 공통점

이미 언급한 바와 같이 프리드리히와 브레진스키는 공동연구를 통하여 파시즘과 공산주의의 공통점을 밝혔다. 이들이 제시한 모형은 엄밀한 의미에서 스탈린(소련)의 테러체제 및 무솔리니(이탈리아)와 히틀러(독일)의 독재체제에 한정되어 적용된다는 비판을 받는다.29) 예컨대 제2차 세계대전 이후 유럽에서 활동한 극우정당이나 과거 고르바초프 치하의 사회주의 체제에 적용시키는 것은 무리라는 말이다. 여하간 1950년대와 1960년대에 이들이 행한 연구결과는 한편으로 파시즘과 공산주의를 싸잡아 전체주의라는 범주에 집어넣었고, 다른 한편으로 세계를 전체주의 국가와 자유민주주의 국가로 구분시키는 척도를 제공했다는 점에서 대단한 호응을 얻었다.

아래에서는 프리드리히와 브레진스키가 제시한 파시스트와 공산주의 지배가 공통적으로 갖고 있는 체제적 특성 여섯 가지를 살펴보겠다.30)

1) 공식적인 이데올로기(official ideology)

전체주의 체제는 사회의 모든 사람들이 최소한 수동적으로나마 따라야 하는 인간생활의 전반에 걸쳐 적용되는 공식적인 이데올로기를 추구한다. 전체주의 체제는 자신이 추구하는 이데올로기가 인류의 가장 이상적인 최종상태에 도달하기 위하여 온갖 정력을 기울이는 이데올로기라고 자평한다.

2) 단일대중정당(single mass party)

전체주의 체제는 대중을 동원하는 소수 엘리트 중심의 일당체제이다. 조직상 정당은 엄격한 규율과 서열을 중시한다. 정당은 국가행정기관보다 위에 있거나 이와 밀접하게 연결되어 있다. 특히 공산주의국가에서 선거는 찬반투표의 성격을 갖는다. 인민은 공산당에 의해 정해진 개별후보나 후보명부에 투표한다.

---

29) Beyme/Czempiel/Kielmansegg/Schmoock, *Politikwissenschaft*, Band I(Stuttgart: Kohlhammer, 1987), pp.159~160.

30) Carl J. Friedrich/Zbigniew K. Brzezinski, *Totalitarian Dictatorship and Autocracy* (Cambridge/Mass.: Harvard University Press, 1956), pp.9~11.

3) 테러체제(terroristic system)

정당이나 국가의 보안요원과 비밀경찰의 통제하에 체제가 유지된다. 이들이 행하는 테러는 과학적 심리학을 체계적으로 이용한다. 테러의 효과는 체제반대 세력의 육체뿐만 아니라 정신에까지 미친다. 고문, 징역, 사형, 강제노역 등은 전체주의 체제에서 널리 사용되는 테러수단이다.

4) 대중매체의 독점적 통제(monopolistic control over mass media)

정당과 국가가 신문, 라디오, 텔레비전, 영화 등과 같은 대중매체를 독점하여 통제한다. 매스컴의 독점적 통제로 체제를 위한 상징을 조작하고, 국민의 획일적인 사고형성을 도모하며, 국민에게 세뇌작용을 시킨다. 이러한 독점적 통제는 새로운 기술의 이용으로 더욱 완벽해진다. 일반적으로 대중매체 외에 노동조합이나 청년조직과 같은 사회조직도 당과 국가에 의해 조직되고 통제를 받는다.

5) 무기독점(weapon monopoly)

국가가 무기를 독점하는 현상은 현대국가의 일반적인 현상이다. 그런데 전체주의 체제에서 정당과 국가는 일체의 무기를 더욱 완벽하게 독점한다. 더욱이 전체주의에서는 군의 정치화가 이루어지고, 민주주의체제와 달리 당이 군을 감시하고 통제한다.

6) 경제의 중앙집권적 통제(central control of economy)

전체주의 체제에서는 국가가 관료적 행정기구를 통하여 경제의 전 분야를 계획하고 통제하며 인도한다. 공산주의와 달리 파시즘은 사유재산을 인정하고 이윤획득을 보장하였으나 체제에 맞게 경제를 통제한 것은 사실이다.

▪ Ⅲ. 권위주의 체제

권위주의(authoritarianism)는 공동체 구성원들의 동의와는 상관없이 정치적 규칙이 사회에 강요되는 「위로부터」의 통치에 대한 믿음을 말하거나 또는 그러한 통치형태를 일컫는다. 따라서 권위주의는 「밑으로부터」 발생한 정당성을 갖춘 권위(authority)라는 개념과는 구별된다.[31]

권위주의 체제는 왕조적 절대주의, 전통적 독재체제, 군사정부 등 다양한 통치형태를 포괄하는 개념이다. 그리고 권위주의는 종종 공산주의(예: 북한 김일성의 인민독재), 또는 자본주의(예: 남한 박정희의 개발독재)와 연결되어 이데올로기적으로 좌우익을 형성하기도 한다.

흔히 권위주의 체제는 자유민주주의 체제와 전체주의 체제 사이의 중간에 존재하는 통치형태로 인식된다. 권위주의 체제는 정치적 자유를 억누르고 반대세력을 압박하며 정치적 다원주의를 경시한다는 점에서 자유민주주의 체제와 구별된다. 그러나 단일정당제를 고집하지 않으며, 어느 정도 다원주의를 용인하고, 특정 이데올로기를 사회의 모든 부분에 철저하게 침투시키려고 하지는 않는다는 점에서 전체주의 체제와는 다르다.

권위주의는 명령과 복종에 의존하고 있다. 하지만 민주주의 및 전체주의와 비교할 때 권위주의가 추구하는 정치원리 또는 이데올로기적 가치는 뚜렷하지 않다. 더욱이 권위주의 체제가 보여 준 정치적·이념적인 다양한 모습을 고려할 때 더욱 그러하다. 예를 들면 프랑코-스페인의 독재정치는 전통적인 엘리트세력을 보호하고 대중을 비정치화시키려는 「낡은」 권위주의 체제였다. 반면에 「새로운」 권위주의 체제는 경제개발과 정치적 동원을 특징으로 한 개발독재 형태로 제3세계에서 출현했다. 개도국에서의 권위주의 체제는 개인적인 지도력과 민족주의가 결합한 보나파티즘(Bonapartism) 형태의 포퓰리즘(populism)으로 나타나기도 했으며, 가난한 민중에 기반을 두고 경제적·사회적 발전을 약속한 페론주의(Peronism) 형태의 독재정치로 나타나기도 했다.

독재(dictatorship)는 한 사람에게 절대적인 권력이 주어진 통치형태이다. 오늘날 많은 사람들은 권위주의와 독재를 동의어로 여긴다. 그리고 권위주의는 민주주의의 반대개념으로 이해되며, 권위주의 체제는 모든 비민주적 형태의 정부를 지칭하는 데 사용된다.[32] 그렇다고 자유민주주의 사회에서 권위주의적 요소가 전혀 발견되지 않는다고 단정하는 것은 무리다. 예컨대 1950년대 미국에서 보여 준 극단적 반공(反共) 운동인 매카시즘(McCarthyism)과 1980년대 영국에서 나타난 대처이즘(Thatcherism)은 대표적인 권위주의적 포퓰리즘이다.

---

31) Andrew Heywood(2000), p.158.
32) 오스틴 래니(1994), pp.175~177.

참고문헌

김영탁, 『독일통일과 동독재건과정』, 한울아카데미, 1997.

김재영 외, 『새로운 정치학의 이해』, 삼우사, 2000.

이극찬 편, 『민주주의』, 종로서적, 1987.

이극찬, 『정치학』, 법문사, 1996.

이범준/신승권, 『정치학』, 박영사, 1996.

앨빈 토플러(이규행 감역), 『제3의 물결』, 한국경제신문사, 1989.

오스틴 래니(권만학 외 역), 『현대 정치학』, 을유문화사, 1994.

F. Fukuyama(함종빈 역), 『역사의 종언』, 대영문화사, 1992.

R. C. 매크리디스(이은호/이신일 역), 『현대정치사상』, 박영사, 1993.

Alemann, Ulrich von, "Demokratie," in Mickel, Wolfgang W.(ed.), *Handlexikon zur Politikwissenschaft*, Regensburg: Ehrenwirth, 1983.

Beyme/Czempiel/Kielmansegg/Schmoock, *Politikwissenschaft*, Band I, Stuttgart: Kohlhammer, 1987.

Burnheim, J., *Is Democracy Possible?*, Cambridge: Polity Press, 1985.

Cohen, J./Rogers, J., *On Democracy*, New York: Penguin, 1983.

Crozier, Michel/Huntington, Samuel P./Watanuki Joji, *The Crisis of Democracy*, New York: New York University Press, 1975.

Döhn, Lothar, "Liberalismus," in Neumann, Franz(ed.), *Politische Theorien und Ideologien*, Baden-Baden: Signal Verlag, 1977.

Friedrich, Carl J./Brzezinski, Zbigniew K., *Totalitarian Dictatorship and Autocracy*, Cambridge/Mass.: Harvard University Press, 1956.

Glaeßner, Gert-Joachim, "Partei und Staat in der DDR," in Landeszentrale für politische Bildung Baden-Württemberg(ed.), *DDR*, Stuttgart: Kohlhammer, 1983.

Guggenberger, Bernd, "Legalität und Legitimität," in Mickel, Wolfgang W.(ed.), *Handlexikon zur Politikwissenschaft*, Regensburg: Ehrenwirth, 1983.

Held, David, *Models of Democracy*, Stanford: Stanford University Press, 1987.

Heywood, Andrew, *Key Concepts in Politics,* New York: St. Martin's Press, 2000.

Jacobsohn, John A., *An Introduction to Political Science,* Belmont: Wadsworth Publishing Co., 1998.

Jenkner, Siegfried, "Totalitalismus," in Mickel, Wolfgang W.(ed.), *Handlexikon zur Politikwissenschaft*, Regensburg: Ehrenwirth, 1983.

Levitas, R.(ed.), *The Ideology of the New Right*, Cambridge: Polity Press, 1986.

Lijphart, Arend, *Patterns of Democracy: Government Forms & Performance in Thirty-six Countries,* New Haven: Yale University Press, 1999.

Macridis, Roy C., *Contemporary Political Ideologies: Movements and Regimes*, 4th edition, Boston: Scott, Foresman and Company, 1989.

Weinacht/Kempf/Merz(eds.), *Einführung in die Politische Wissenschaft*, Freiburg: Karl Alber, 1977.

Zeuner, Bodo, "Das Parteiensystem in der Großen Koalition(1966-1969)," in Staritz, Dietrich(ed.), *Das Parteiensystem der Bundesrepublik*, Opladen: UTB, 1980.

제6장

정치권력과 정치적 리더십

 Ⅰ. 정치권력

1. 권력의 개념과 특성

사람들이 모여 사는 사회에는 어디서나 갈등과 분쟁이 있기 마련이고, 이의 공적인 해결은 권력(power)에 의하여 이루어지는 것이 보통이다. 이러한 현상은 정치세계에서 더욱 뚜렷하다. 권력은 모든 정치현상에 직·간접적으로 관련되어 있으며 권력과 무관한 정치는 상상할 수 없다. 예를 들면 권력은 자원분배, 국가간의 상호작용, 평화와 전쟁, 개인과 단체의 이익추구 등 거의 모든 정치현상에 영향을 미친다. 권력은 경제학에서 화폐나 물리학에서 에너지가 차지하는 위상 못지않게 정치학에서 중요한 개념이다.

일반적으로 개인이나 단체는 합법적으로 가장 강력하고 많은 권력을 지닌 국가를 통해 정치에 영향을 미치려 한다. 따라서 국가는 정치의 중심을 형성한다. 물론 국가가 권력을 독점하는 것은 아니다. 정치과정에서 개인, 단체, 시장, 국가 등 다양한 정치행위자들이 권력의 분배에 영향을 미치거나 이를 공유하려는 경쟁현상이 발생한다.

정치학 연구에 있어서 권력은 거의 모든 문제에 연관되어 있지만, 이를 개념적으로 정의하기란 쉽지 않다. 권력(power)이라는 용어는 어떤 다른 것에 영향을 미치는 능력을 의미하는 라틴어 potere에서 유래한다. 한마디로 정치권력은 특정한 목적을 달성하기 위하여 결과에 영향을 미치는 정치적 능력, 또는 다른 정치행위자(예: 정치가, 이익단체, 정당, 국가기관)에게 영향을 미쳐 권력행사자의 의도대로 행동하게 하는 정치적 능력이라고 정의할 수 있다. 위 문장의 첫 번째 문단에서 지적한 것은 권력행사자의 목적을 위해 다른 정치행위자에게 권력을 행사할 수도 있고 그렇지 않을 수도 있는 경우인 반면에, 두 번째 문단에서 지적한 것은 반드시 다른 정치행위자에게 권력을 행사하는 경우이다.[1]

권력은 아래와 같은 특성을 갖고 있다. 이들 특성은 위에서 언급한 권력에 대한 개념을 좀 더 명확하게 하는 데 도움을 줄 것이다.

① 권력이라는 개념은 의지(volition, will, choice)의 행사를 포함한다. 즉, 특정한 목적을 달성하기 위해 결과에 영향을 미치거나 다른 정치행위자에게 강제력을 행사한다는 것은 권력행사자의 의지가 개입되었다는 것을 뜻한다.

② 권력은 상대방의 본래 의지를 변경시킨다는 것을 포함하는 개념이다.

③ 권력은 잠재적(latent)이거나, 명시적(manifest)이다. 대개의 경우 권력은 명시적인 행위를 수반한다. 그런데 핵무기 보유가 전쟁억지력을 갖듯이 잠재적 권력의 보유는 행위를 수반하지 않더라도 특정한 결과를 얻거나 상대방의 의지를 변경시키는 효과를 발휘한다. 물론 잠재적 권력은 언제든지 명시적 권력으로 둔갑할 수 있기에 핵무기 보유는 상대방에게 선제공격을 유도하는 역효과를 가져올 수도 있다.

④ 권력이 명시적으로 발동할 경우 힘, 설득, 조작, 교환 등 여러 형태의 권력수단들이 혼합하여 함께 사용되는 것이 일반적인 현상이다.

권력과 관련하여 권위 또는 영향력이라는 용어가 자주 사용된다. 그런데 이

---

1) Ellen Grigsby, *Analyzing Politics* (Belmont: Wadsworth, 1999), p.39.

들 용어들은 엄밀한 의미에서 서로 구별된다. 권력이 다른 것에 영향을 미치는 능력을 의미한다면, 권위(authority)는 영향을 미치게 할 수 있는 위상을 뜻한다. 달리 말해서 권력은 의지를 관철할 수 있는 힘의 차이로 나타난 반면에, 권위는 가치의 차이로 나타난다. 권력이 상대방의 행위를 통제하고 복종시키며 상벌을 가하는 힘(예: 군사력, 경찰력, 경제력)에 바탕을 둔 물리적 강제력이라면, 영향력(influence)은 제재를 위한 강압적인 위협을 가하지 않고 도덕성, 종교적 신앙, 개인적 명성, 학력, 가문과 같은 요소로 상대방의 행동에 변화를 주는 심리적 강제력이다.

2. 권력의 목표와 수단

(1) 목   표

사람이나 조직은 권력을 통해 자신의 의지를 관철시키려 한다. 구체적으로 권력은 다음과 같은 세 가지 형태의 목표를 추구한다.

1) 결   정

한마디로 말해서 권력은 결정능력이라고 표현할 수 있다. 권력은 서로 밀고 당기는 물리적·기술적 작용을 통하여 상대방의 의사결정에 영향을 미쳐 결정하게 만든다.

공산주의와 파시즘과 같은 일원주의 사회와 비교할 때 여러 정치 행위자들이 공존하는 다원민주주의 사회에서는 결정에 영향을 미치는 권력경쟁의 양상은 비교적 투명하며 복잡하게 전개된다.

2) 결정반대

권력은 결정능력을 의미하면서 동시에 기존의 결정을 막거나 번복시키는 반(反)결정 능력을 뜻한다. 정치현실에서 기존의 결정을 관철시키려는 권력과 이에 반대하는 권력이 충돌한다. 물론 이러한 충돌은 제3의 가능성을 찾기도 한다. 여기서 말하는 결정은 이슈, 제안, 정책과 같은 구체적인 문제뿐만 아니고 체제와 같은 원칙적인 문제를 포괄하는 개념이다.

3) 사상의 통제와 주입

권력은 상대방이 생각하고 원하며 믿는 것을 통제하거나 자신의 생각이나 사상을 상대방에 주입(注入)시키려 한다. 또한 사회에 통용되는 문화를 통제하고 심리를 압박하며 이데올로기적 충격을 가한다.[2] 이런 현상은 특히 공산주의나 파시즘을 추구하는 전체주의 체제에서 볼 수 있다.

(2) 수   단

목표를 달성하기 위해 권력이 사용하는 수단은 여러 상이한 형태로 나타난다.[3] 일반적으로 수단들은 혼합하여 함께 사용된다.

1) 힘

일반적으로 힘(force)은 권력의 물리적 수단으로 이해된다. 예를 들면 어떤 사람이나 조직이 다른 사람이나 조직에 대해 제지, 습격, 암살, 테러 등 여타 물리적 행동을 통하여 자신의 목적을 달성하려는 경우 물리적 힘의 사용에 해당된다. 힘은 수출금지, 봉쇄, 보이콧 등과 같은 비폭력적 자원의 사용은 물론이고 혁명, 반란, 전쟁 등과 같은 폭력의 사용을 포함한다. 강압적으로 법정이나 투표함에의 접근을 막거나 노동운동에 대항하여 직장을 폐쇄하는 경우도 힘의 사용에 속한다. 또한 직접 육체에 물리적 폭력을 가하지는 않고 위압감을 주거나 공포 분위기를 조성하여 소기의 목적을 달성하려는 심리적 폭력도 넓은 의미에서 힘의 사용에 포함된다.[4]

많은 사람들은 힘의 사용에 대해 윤리적 문제를 제기한다. 그러나 어떤 사람들은 힘의 사용을 정의를 실현하기 위한 최후의 수단으로 여긴다. 심지어 전쟁까지도 평화를 획득하기 위한 불가피한 수단으로 정당화시킨다. 흑인 해방운동 지도자 킹(Martin Luther King) 목사는 일정한 조건이 충족된 경우 힘의 사용은 정당성을 갖는다고 본다.[5]

---

2) S. Lukes, *Power: A Radical View* (London: Macmillan, 1974).
3) Ellen Grigsby(1999), pp.40~53.
4) 예컨대 독일의 히틀러 정권은 투표장 부근에 질서유지라는 이유로 완장을 찬 친위대원들을 배치하여 투표자들에게 심리적 공포를 느끼게 함으로써 나치당에 찬성표를 던지게 했다.
5) 킹 목사는 다음과 같은 조건이 충족되면 힘의 사용은 정당성을 갖는다고 본다. 첫째, 힘은

2) 설 득

설득(persuasion)은 권력을 사용하는 사람이 자신의 의도와 원함을 상대방이 알도록 하는 권력의 비물리적 수단이다. 설득은 폭력을 피하고 상대방을 이해시켜 결과를 얻어 내는 이상적인 지배방법이라고 말할 수 있겠다.

설득이 성공하려면 권력 사용자는 상대방에게 권력의 행위능력뿐만 아니라 행위의 의도를 알게 하여야 한다. 다른 수단들과 마찬가지로 설득은 실패할 수 있다. 그러나 설득이 일단 성공하면 효과는 크며 지속적이다. 로비활동, 연설, 대화, 편지, 성명서 등이 설득의 방법에 속한다. 질서, 법, 정책 등에 호소하는 것도 한 방법이다.

사람들은 설득의 방법을 ① 이성에 호소하여 동의를 구하는 합리적 설득, ② 전통 및 관습에 의한 설득, ③ 신화, 영웅, 국가제창 등 상징을 통한 설득, ④ 세금인하, 훈장수여 등 보상을 통한 설득으로 나누어 설명하기도 한다.

3) 조 작

조작(manipulation)은 권력을 행사하는 사람이 상대방에 대하여 권력행사에 동기를 부여한 목적과 의도를 숨기는 비물리적 수단이다. 설득과 마찬가지로 조작은 비물리적 수단이나 권력추구자의 동기와 의사가 위장되고 은폐된 방식으로 권력이 행사된다는 점에서 설득과 구별된다.

조작이 성공된 경우 대체적으로 상대자는 권력이 행사되었다는 것을 의식하지 못한다. 예컨대 선거에 앞서 정권이 권력을 유지하기 위하여 교묘한 방법으로 투표자들이 의식하지 못하게 여론을 조작하는 경우가 이에 해당된다. 조작은 은폐의 속성을 지니고 있기에 쉽게 밝혀지지 않는다.

일찍이 메리엄(Charles E. Merriam)은 눈에 보이지 않는 정치권력의 상징조작 (symbol manipulation)에 관해 언급했다. 그는 피지배층의 지지와 추종을 이끌어 내기 위해서 지배자가 적극적으로 피지배자의 감성, 또는 이성에 호소하는 상징조작의 형태를 미란다(miranda)와 크레덴다(credenda)로 구분하여 설명했다. 간단히 말해서 지배자가 일반 대중의 동조와 충성을 유도하기 위해 감정이나 정서 등 비

비폭력적이어야 한다. 둘째, 인종분리와 인종차별에 관한 당국과의 대화와 협상이 실패한 경우 힘은 사용되어야 한다. 셋째, 힘의 사용은 정당한 동기에 근거하여야 한다. 넷째, 힘의 사용은 법 전체의 변경이 아닌 인종차별에 관련된 법의 변경에 한정되어야 한다.

합리적 인간심리에 호소하는 일체화의 상징이 미란다이며, 인간의 이성에 호소하
는 합리화의 상징이 크레덴다이다.6)

4) 교 환

교환(exchange)은 쌍방이 협상을 통하여 서로 항목을 주고받음으로써 이익을
교환하는 방법이다. 한쪽은 다른 쪽에게 만족할 만한 인센티브를 제공함으로써 권
력을 행사하고 다른 쪽은 인센티브를 제공받아 원하는 목표를 달성한다. 예를 들
면 여야가 서로 교환하여 상대방이 선호하는 비경쟁적 정책을 지지해 줌으로써
상생정치를 모색하거나, 두 국회의원이 교차적으로 서로 상대방이 선호하는 비경
쟁적 법안에 찬성표를 던져 이익을 교환하는 경우가 이 방식에 속한다. 정부가 특
정 지역에 혐오시설을 설치하기 위하여 인센티브를 제공하는 경우는 합법적이나,
특정 법안을 통과시키기 위해 의원에게 몰래 뇌물을 제공하는 것은 비합법적이다.

3. 국가권력과 정당성

권력의 추구는 인간의 기본적인 목표라는 가정에 입각하여 정치에 접근하는
것이 권력정치(power politics)의 요체(要諦)이다. 권력정치 개념은 현실주의(realism)
와 연결되어 있으며, 인간은 끊임없이 권력을 향해 질주한다는 주장을 한 홉스
(Thomas Hobbes, 1588~1679)에게로 거슬러 올라간다. 권력정치 이론은 정치세계
는 서로 이해를 달리하는 행위자들이 투쟁과 경쟁을 벌이는 투기장(鬪技場)과 다
름이 없다는 인식에서 출발한다.

현실주의적 권력정치 이론에 의하면 국내차원에서 전개되는 개인들과 단체들
의 이익투쟁은 최고 권력으로서 국가권력의 존재를 정당화시킨다. 그런데 국내질
서와 달리 세계질서는 국제사회에서 전개되는 국가들의 이익경쟁 때문에 불안정

---

6) Charles E. Merriam, *Political Power* (Glencoe: The Free Press, 1950), pp. 102~136. 메
리엄은 미란다 상징조작방식으로 다음과 같은 예를 든다: 1) 각종 기념일의 설정 2) 기념
건물의 건립 3) 특정 음악과 노래의 장려 4) 예술적 디자인의 제작 5) 일화와 역사의 미
화 또는 왜곡 6) 대중적 시위 7) 집단의식. 또한 그는 크레덴다 상징조작방식으로 다음과
같은 예를 든다: 1) 정치권력은 하느님이나 신으로부터 유래 2) 정치권력은 전문적인 지
도력의 훌륭한 표현 3) 정치권력은 다수의 의지표현.

하며, 이를 관리할 세계정부는 이 세상에 존재하지 않는다. 단지 국제평화는 국가 간 힘의 균형(balance of power)을 통해 이룩될 수 있다는 것이 이 이론의 기본인 식이다.

이미 오래전부터 국가 또는 정부의 역할을 강조하는 권력정치 이론은 도전을 받아 왔다. 즉, 현대 다원주의사회에서 사회조직(이익단체, 시민단체, 대중매체 등) 의 정치적 영향력은 증대되었으며 시장은 국가의 역할을 잠식해 왔다. 더욱이 신자유주의의 영향으로 국가의 영역은 더욱 줄어들었다. 국제정치에서도 UN과 WTO 등 국제기구의 발달로 국가의 역할은 축소되었으며 세계화와 정보화의 영향으로 고전적인 국경의 개념은 크게 변했다. 그럼에도 불구하고 국내정치에서나 국제사회에서 여전히 국가권력이 중심적 역할을 수행하고 있음은 사실이다.

현대사회에서 국가가 권력을 독점하는 것은 아니지만 국가권력이 총체적 권력의 중심에 서 있음은 분명하다. 따라서 국가권력의 정당성에 관한 문제는 여전히 정치학자들의 주목을 받기에 충분하다. 정당성은 현존하는 국가권력에 피치자인 국민이 동의하고 신뢰를 보내는 것을 의미한다.

이미 20세기 초반 독일의 사회학자 베버(Max Weber, 1864~1920)는 정치권력의 정당한 지배형태를 합법적 지배, 전통적 지배, 카리스마적 지배 등 세 가지 유형으로 분류했다. 합법적 지배(legale Herrschaft)는 정치적 지배를 성립시킨 성문화된 질서와 법규의 합법성에 대한 믿음에 근거한 지배유형을 뜻하며, 전통적 지배(traditionale Herrschaft)는 여전히 유효한 전통의 신성함과 이에 기초한 정치적 권위에 대한 일상적 믿음에 근거한 지배유형을 의미하고, 카리스마적 지배 (charismatische Herrschaft)는 어떤 특정한 사람의 신성함, 영웅적 능력 또는 모범적 인품, 그리고 이에 의해 창조된 정치권력에 대한 열렬한 헌신에 근거한 지배유형을 가리킨다.[7)]

위에서 언급한 세 가지 지배형태는 베버가 살던 시대에는 일반적으로 용인된 정당한 지배형태라고 짐작할 수 있겠다. 그러나 우리가 살고 있는 현대 자유민주주의 사회에 이들을 그대로 적용시킨다는 것은 무리라고 생각한다. 그 이유는 다음과 같다: 첫째, 봉건영주나 절대군주가 권력을 행사하는 전통적 지배와 초인적 자질을 갖춘 지도자가 권력을 행사하는 카리스마적 지배는 본질적으로 자유민주

---

7) Max Weber, *Wirtschaft und Gesellschaft*, 5. Aufl.(Tübingen: Mohr, 1985), pp.122~148.

주의와는 거리가 멀다는 것이다. 둘째, 법에 바탕을 둔 합법적 지배는 자유민주주의 체제에서 필수적이나 그것만으로는 충분하지 못하다는 것이다. 왜냐하면 진정한 의미의 민주주의 체제는 법에 합당한가를 묻는 합법성(legality)과 더불어 권력에 대한 국민의 동의와 신뢰를 묻는 정당성(legitimacy)을 요구하기 때문이다. 예컨대 합법을 가장하여 무력으로 정권을 장악한 군사권력, 선거에 의해 선출되었으나 권력을 남용한 독재정권, 부정부패를 일삼는 타락한 정부 등 국민의 진정한 동의와 신뢰를 받지 못한 정치권력은 정당성을 갖는다고 볼 수 없겠다.

II. 정치적 리더십

1. 리더십의 개념

인간의 삶은 현실적으로 다양한 조직 속에서 전개된다. 그리고 어느 조직에서나 구성원들 간의 협력을 이끌어 내고 이들을 바람직한 방향으로 인도하며 업무를 조정하는 리더(leader)가 존재하기 마련이다. 즉, 리더십 문제는 국가기구나 공식조직에서뿐만 아니고 자생적인 비공식 조직에서도 나타난다. 따라서 리더십(leadership)은 정치학, 행정학, 사회학, 경영학 등 여러 학문분야에서 다루어지고 있다. 그중 정치학은 국가를 이끌어 가는 정치지도자와 정치집단을 주된 관심대상으로 삼는 것이 특징이다.

일반적으로 사람들은 정치적 리더십이란 개념을 지도자(리더)의 정치권력과 정치적 위상, 지도력, 영향과 통솔 또는 정치기술 등이 복합적으로 작용하는 의미를 갖는 것으로 이해한다.

헤이우드(A. Heywood)는 아래와 같이 지도자의 행동양식, 개인적 특성 그리고 정치적 가치라는 세 가지 측면에서 리더십 개념을 파악한다.[8]

(1) 행동양식: 리더십은 구성원이나 집단이 원하는 목표를 달성시키기 위하여 개인이나 조직에 영향력을 행사하는 지도자의 행동양식으로 이해된다.

---

8) Andrew Heywood, *Key Concepts in Politics* (New York: St. Martin's Press, 2000), p.136.

(2) 개인적 특성: 리더십은 사람이나 조직에 영향력을 행사할 수 있게 만드는 지도자 자신의 개인적 특성으로 이해된다. 이런 의미에서 리더십은 지도자의 카리스마, 매력 또는 개인적 힘과 다름없다.

(3) 정치적 가치: 리더십은 도덕적 권위 또는 이데올로기적 통찰력을 통하여 다른 사람들을 인도하고 감화시키는 지도자의 가치적 동원능력으로 이해된다.

지도자는 홀로 존재할 수 없으며 리더십은 조직구성원들의 동의가 있어야 추진력을 발휘한다. 이와 같은 이유에서 단지 지도자를 중심으로 리더십 개념을 설명한 헤이우드와 달리, 로크(E. A. Locke)는 다음과 같이 지도자와 추종자의 양면성을 고려하여 개념을 파악한다.9)

(1) 리더십은 관계의 개념이다: 리더십은 진공상태에서 존재하는 것이 아니라 구성원들과의 관계 속에서 형성되는 역동적인 현상이다. 그러므로 효과적인 리더십을 발휘하기 위해서 지도자는 구성원들과의 원활한 의사소통을 유지하고 그들을 이해해야 한다.

(2) 리더십은 과정의 개념이다: 리더십은 부여된 지위를 가지고 그에 요구되는 것만을 수행하는 활동 이상의 어떤 것이다. 따라서 리더십은 구성원들과 지속적으로 상호작용하면서 자연스럽게 형성되어야 하며, 지도자와 추종자 간의 관계는 어떤 틀에 얽매이지 않은 동태적인 역학관계가 되어야 한다.

(3) 리더십은 다른 사람들의 행동을 이끄는 것이다: 지도자는 다양한 방법으로 구성원들이 바람직한 행동을 하도록 이끌어야 한다. 지도자는 단지 다른 사람들에게 영향을 미치는 데 그치지 않고, 이들을 어떤 공동의 목표로 이끌고 갈 수 있어야 한다. 그러기 위해서 지도자는 먼저 비전을 제시하고 목표를 설정해야 한다.

2. 리더십에 관한 찬반논쟁

원래 리더십이라는 개념은 지도자는 지식이 해박하며 대중을 이끌고 반면에 대중은 우매하며 인도되는 위계적인 비민주적 정치문화에 뿌리를 박고 있다. 이와

---

9) E. A. Locke and Associates, *The Essence of Leadership* (New York: McMillan, 1991), 박종주, 『현대사회와 리더십』(원광대학교 출판국, 2003), pp.52~54에서 재인용.

같이 사회를 지도자와 추종자로 구분하는 정치적 리더십 문제는 시대에 뒤진 이슈인 것처럼 보인다. 그러나 현대 민주주의는 지도자에게 책임을 지우고 경우에 따라서 지도자를 제거할 수 있는 제도적 기제(mechanism)를 마련함으로써 리더십을 배격하는 고전적 민주주의 이론에 수정을 가했다. 더구나 현대에 들어와 사회가 복잡하게 분화되고 전문화되면서 사람들은 정치 지도자의 개인적 비전을 높이 사게 되고, 특히 선거에서 정책 못지않게 지도자의 개인적 특성을 중요시 여김으로써, 리더십 문제는 오히려 활력을 찾게 되었다.

그렇다고 정치적 리더십에 관한 찬반논쟁이 끝난 건 아니다. 논쟁은 이데올로기와 연관되어 끊임없이 전개되어 왔다. 인간의 불평등을 믿으며 대중에 대해 부정적인 견해를 갖는 정치적 스펙트럼상의 우파는 리더십을 옹호하는 경향을 보여 왔다. 가장 극단적인 형태는 대중을 이끄는 단 한 명의 최고 지도자를 신봉하는 극우파인 파시스트의 지도자 원리에 투영되어 나타났다. 리더십 옹호자들이 말하는 리더십이 갖는 순기능은 다음과 같다.[10]

① 리더십은 사람들을 감동시키고 이들을 동원하는 기능을 한다.

② 리더십은 구성원들의 통합을 촉진시키며 이들이 동일한 방향으로 나가게 하는 기능을 한다.

③ 리더십은 책임과 역할의 위계(位階)를 형성함으로써 조직을 강화시키는 기능을 한다.

이와 대조적으로 자유주의자들과 사회주의자들은 리더십을 평등과 정의를 위협하는 근본적인 요소로 간주하고 지도자를 반드시 신뢰하지는 말라고 경고하여 왔다. 물론 그렇다고 이와 같은 입장이 일관성 있게 유지되는 것은 아니었다. 예컨대 레닌(Vladimir I. Lenin, 1870~1924)은 노동자들의 전위대로서 공산당의 역할을 강조함으로써 리더십 체계를 확립했으며, 또한 지난 세기 동유럽의 현실 사회주의에서 정치적 리더십의 필요성은 강조되었다. 일반적으로 리더십 비판자들이 주장하는 리더십의 위험요소는 아래와 같다.[11]

① 리더십은 정치권력을 집중시킨다. 그리고 집중된 정치권력은 부패와 독재로 전락할 수 있다.

---

10) Andrew Heywood (2000), p.137.
11) Andrew Heywood (2000), pp.137~138.

② 리더십은 아첨과 복종을 야기한다. 그리고 아첨과 복종은 국민들이 스스로의 삶을 꾸려나가는 데 있어서 필요한 책임성을 저하시킨다.

③ 리더십은 「밑으로부터 위로」보다는 「위로부터 아래로」 흐르는 의사전달 방식을 강조하기에 민주주의의 특징인 토론과 논의의 폭을 좁게 만든다.

3. 리더십의 유형

정치학에서 정치적 리더십의 유형에 관한 논의는 퍽 다양하게 전개되어 왔다. 다음에서는 추종자들이 지도자를 따르는 이유, 지도자의 정치적 성향 그리고 정치체제의 특징 등을 기준으로 분류한 리더십의 유형들을 살펴보겠다.

(1) 추종자들이 지도자를 따르는 이유를 기준으로 한 분류[12]

1) 강압적 리더십
추종자들이 두려움 때문에 지도자를 따르는 경우이다. 만일 지도자의 말대로 하지 않을 경우 자신들에게 무슨 일이 일어날지 모른다는 두려움으로 인하여 지도자를 따르는 것이다.

2) 실리적 리더십
추종자들이 혜택이나 이익을 얻기 위해 지도자를 따르는 경우이다. 추종자들은 지도자가 그들을 위해 어떤 일을 할 수 있고 또한 할 것이라는 믿음을 가지고 그를 따르는 것이다.

3) 원칙중심의 리더십
추종자들이 원칙중심의 지도자를 신뢰하고, 또한 그가 내세우는 대의명분이 옳다고 믿기에 따르는 경우이다. 추종자들이 지도자를 따르는 동력은 지도자를 믿고, 또한 그가 이룩하고자 하는 바를 신봉하는 데서 발생한다.

---

12) 스티븐 코비(김경섭 외 옮김), 『원칙중심의 리더십』(김영사, 2001), pp.153~155.

(2) 지도자의 성향을 기준으로 한 분류[13]

1) 권위형

권위형은 주어진 업무를 성취시키는 데 역점을 두고 구성원들에게 지시 또는 명령하는 지도유형이다.

2) 민주형

민주형은 구성원들의 심리적 만족을 유도하고 이들의 참여와 자율성을 강조하는 지도유형이다.

3) 방임형

방임형은 구성원들의 자유행동을 극단적으로 허용하는 지도유형이다. 이 경우 지도자는 명목상으로만 존재할 뿐 실질적으로는 지도자가 없는 것이나 마찬가지이다.

(3) 정치체제의 특징을 기준으로 한 분류[14]

1) 민주주의적 리더십

민주주의적 리더십에 있어서 리더십은 주로 일정한 투표절차를 통해 형성된다. 지도자는 자유선거에 의해 선출되며, 정치과정에서 구성원들로부터 비판과 평가를 받고, 임기제에 따라 계속하여 교체된다. 민주주의적 리더십은 분권화된 권력에 기초하며 토론, 타협 그리고 투표에 의한 결정을 중요시 여긴다. 또한 지도자는 법과 제도의 틀 속에서 권능을 발휘하는 것이 일반적이다.

2) 전체주의적 리더십

전체주의적 리더십은 민주주의적 리더십과는 대조적인 것으로 이탈리아의 파시즘과 독일의 나치즘의 경우에서 그 전형을 찾아볼 수 있다. 자유민주주의가 다

---

13) R., Tannenbaum, *Leadership and Organization* (New York: McGraw-Hill, 1961), 박종주(2003), pp.59~60에서 재인용.

14) 이극찬, 『정치학』(법문사, 1993), pp.290~293.

원주의에 근거하고 있다면 전체주의는 일원주의에 기초한다. 전체주의 체제에서 지도자는 대중매체의 독점적 통제를 통하여 상징을 조작하고 대중을 선동하며 이데올로기적으로 국민을 세뇌시킨다. 전체주의적 사회에서 지도자는 피지배자의 위에 존재하는 전혀 다른 차원의 특권적 존재(superman)로 인식된다.

3) 권위주의적 리더십

권위주의 체제에서 지도자는 국민의 정치적 자유를 억누르고 언론을 통제하며 반대세력을 억압한다. 얼핏 보기엔 권위주의적 리더십은 전체주의적 리더십과 같은 것처럼 보인다. 그러나 전체주의적 리더십과 달리 권위주의적 리더십은 어느 정도 정치적·사회적 다원성을 용인하며 국민에게 지도체제의 이념을 철저하게 주입시키려 하지는 않는다.

4) 관료주의적 리더십

관료주의적 리더십은 사회가 관료화되고 조직화됨에 따라 나타나게 되는 리더십으로서 주로 임명된 집행부의 공직자들에 의해 행해진다. 또 다른 기준에서 리더십은 창조적 리더십과 대표적 리더십으로 구분된다. 창조적 리더십은 새로이 가치를 창조하는 유형인 데 반하여, 대표적 리더십은 사회에 존재하는 가치를 그대로 대표하는 유형이다. 창의성이 결여되고 경직된 사고를 지닌 관료주의적 리더십은 대표적 리더십에 가까운 유형이라고 볼 수 있다.

4. 지도자의 자질

예로부터 정치 지도자가 갖추어야 할 자질에 관한 논의는 계속되어 왔다. 그러나 시대적 상황과 정치적 조건에 따라 지도자형이 달라질 수 있기 때문에, 모든 경우에 적합한 일반적 자질을 제시한다는 것은 매우 어려운 일이다.

고대 중국의 공자(B.C. 551~479)는 통치자가 마땅히 해야 할 왕도(王道)의 실현과 덕치(德治)를 강조했다. 맹자(B.C. 371~289)는 물리적·강제적 힘에 의한 패도정치(覇道政治)를 배격하고 도덕적·감화적 힘에 의한 왕도정치를 역설했다.[15]

---

15) 풍우란(정인재 역), 『중국철학사』(형설출판사, 1994), pp.63~65, 102~106.

고대 그리스의 플라톤(Platon, B.C. 427~347)은 철인정치를 주장했다. 그러나 근세 초 이탈리아의 마키아벨리(Niccolo Machiavelli, 1469~1527)는 군주는 용맹한 사자 와 계략에 능한 여우의 성질을 동시에 갖추어야 한다고 말했다.

현대에 들어와서도 여러 학자들이 각자 나름대로 정치 지도자의 자질에 관해 의견을 피력하였다. 그중 베버(Max Weber)는 ① 열정, ②책임감, ③판단력 등을 지도자의 자질로 내세웠다.[16] 메리엄(Charles E. Merriam)은 지도자의 자질로 ① 주위에서 전개되는 사태들을 자각할 수 있는 고도의 사회적 감수성, ② 많은 사람 들과 직접 접촉할 수 있는 고도의 친근성, ③ 집단교섭 능력, ④ 극적인 표현능력, ⑤ 정책, 이데올로기, 계획 등을 창안해낼 수 있는 능력, ⑥ 고도의 용기 등을 꼽 았다.[17] 코비(Stephen R. Covey)는 지도자가 명예와 권력을 증대시키기 위해 지켜 야 할 원칙으로 ① 설득, ② 인내, ③ 온화함, ④ 배움의 자세, ⑤ 수용, ⑥ 친절 함, ⑦ 열린 마음, ⑧ 진심어린 충고, ⑨ 일관성, ⑩ 성실성 등을 열거했다.[18]

지도자의 바람직한 자질에 관한 논의는 지도자 개인의 소질과 능력은 물론이 고 주어진 환경과 조건을 고려하여 이루어져야 할 것이다. 우리는 오늘날 한국사 회가 요구하는 정치 지도자의 자질을 다음과 같이 정리해 볼 수 있겠다.

① 지도자는 정치적 이슈와 문제의 본질을 파악하는 통찰력과 판단력을 가져 야 한다. 더 나아가 이를 바탕으로 바람직한 비전, 뚜렷한 목표 그리고 올바른 정 책을 제시할 수 있는 능력이 있어야 한다.

② 지도자는 계층적, 이념적, 지역적, 세대적, 집단적 갈등이 증폭되어 국가발전 에 장애가 되지 않도록 국민통합을 이룩하려는 의지와 능력을 가져야 한다.

③ 지도자는 국민, 국가 또는 시대가 요구하는 과업과 정책을 결정하는 결단 력과 이를 실행에 옮길 수 있는 추진력을 갖추어야 한다.

④ 지도자는 열린 마음으로 정파를 떠나 국민의 의견을 수렴하는 민주적 사 고를 지녀야 하며, 타의 모범이 되는 도덕성을 겸비해야 한다.

---

16) Weber(박봉식 역), 『직업으로서의 정치』(박영사, 1960), p.61.

17) Charles E. Merriam, *Systematic Politics* (Chicago: The University of Chicago Press, 1945), pp.109~111.

18) 스티븐 코비(2001), pp.161~163.

참고문헌

박종주, 『현대사회와 리더십』, 원광대학교 출판국, 2003.

스티븐 코비(김경섭 외 옮김), 『원칙중심의 리더십』, 김영사, 2001.

이극찬, 『정치학』, 법문사, 1993.

풍우란(정인재 역), 『중국철학사』, 형설출판사, 1994.

Weber(박봉식 역), 『직업으로서의 정치』, 박영사, 1960.

Grigsby, Ellen, *Analyzing Politics,* Belmont: Wadsworth, 1999.

Heywood, Andrew, *Key Concepts in Politics,* New York: St. Martin's Press, 2000.

Locke, E. A. and Associates, *The Essence of Leadership,* New York: McMillan, 1991.

Lukes, S., *Power: A Radical View,* London: Macmillan, 1974.

Merriam, Charles E., *Systematic Politics,* Chicago: The University of Chicago Press, 1945.

Merriam, Charles E., *Political Power,* Glencoe: The Free Press, 1950.

Tannenbaum, R., *Leadership and Organization,* New York: McGraw-Hill, 1961.

Weber, Max, *Wirtschaft und Gesellschaft*, 5. Aufl., Tübingen: Mohr, 1985.

제 7 장

국가와 정부

■ I. 국가에 관한 일반적 논의

1. 국가의 개념과 특징

국가(state)에 대한 개념정의는 시대와 장소, 그리고 학자에 따라 다양하다. 그러나 간단히 표현해서 국가는 일정한 지역적 경계 내에서 주권적 지배권을 형성하고 굳건한 제도와 기구들을 통하여 권력을 행사하는 정치적 결사(結社)라고 정의할 수 있겠다.[1] 우리는 위의 정의를 법적인 측면과 구조적·기능적 측면으로 구분하여 해부할 수 있다. 즉, 국가는 법적인 측면에서 특정 지역에 한정된 주권을 가진 자주적 독립체이며, 구조적·기능적 측면에서 정치적 결정을 하고 이를

---

1) Andrew Heywood, *Key Concepts in Politics* (New York: St. Martin's Press, 2000), p.39.

수행하며 또한 법과 규칙을 제정하고 이를 실행하는 조직화된 제도적 장치이다.[2]

　　국가는 아래와 같은 특징을 가지고 있다. 이들 특징은 국가가 무엇인가를 좀 더 자세히 설명해 준다.

　　① 국가는 주권을 행사한다. 즉, 국가는 대내적으로 모든 사람과 집단의 위에 존재하고 최고의 정치권력을 행사한다.

　　② 국가는 지역적 결사이다. 즉, 국가는 지리적으로 한정된 영역에서 지배권을 행사하며 국제정치에서 자주적 독립체로 취급받는다.

　　③ 시민사회의 사적 기관과는 대조적으로 국가기관은 공적 기구이다. 국가기관은 공공(公共)을 위한 결정을 행하고 이를 실행에 옮기며 공적 자금으로 운용된다.

　　④ 국가는 사회전반의 이익을 대변하기에 국가의 결정은 전체 국민을 구속하는 정당성을 갖는 것으로 인정받는다.

　　⑤ 국가는 공공의 질서를 유지하기 위해 법을 준수케 하고 위반자를 처벌하는 강제적 공권력을 독점한다.

　　⑥ 이익단체와 같은 사회조직과 달리 국가의 경우 사람은 자신의 의지와 상관없이 출생과 더불어 그의 소속(즉, 국적)이 결정되며, 누구에게나 하나의 국적이 허용되는 것이 일반적이다.

2. 국가의 구성요소

　　우리가 살고 있는 지구상에는 크고 작은 많은 국가들이 존재한다. 현재 유엔 (UN)에 가입한 국가 수는 193개국에 이른다. 그중에는 남태평양에 위치한 섬나라 투발루와 같이 인구가 고작 1만여 명에 불과한 조그마한 나라가 있는 반면에 중국과 같이 무려 13억이 넘는 인구를 가진 큰 나라도 있다. 그런데 모든 국가는 인구, 면적, 경제력, 군사력 등과 같은 국력과는 상관없이 국민, 영토, 주권, 정부라는 4가지 요소로 구성되어 있다는 점에서 공통적이다.

---

2) James N. Danziger, *Understanding the Political World* (New York: Longman, 2001), pp. 102~103.

(1) 국   민

법적으로 말해서 국민(people)은 한 국가의 통치권하에 있고 그 국가의 국적을 가진 사람이라 할 수 있다. 일정한 지역에 사는 사람들이 비록 인종, 종교, 언어 등이 서로 다를지라도 이들은 하나의 국가를 형성할 수 있다. 고전적 민족주의에 의하면 민족국가(nation-state)는 가장 이상적인 통치단위이다. 민족국가는 민족과 시민권이 겹치는 정치 공동체이다. 그러나 실제에서 이 세상 어느 곳에서도 완전한 형태의 민족국가는 존재하지 않는다. 모든 국가는 정도의 차이가 있겠지만 인종적, 문화적으로 혼합되어 있다. 예를 들면 미국은 전형적인 다민족 국가이며, 스위스에는 4개의 공용어(독일어, 불어, 이탈리아어, 로망슈어)가 사용되고 있다. 심지어 단일민족 국가임을 자부해 온 한국에도 적지 않은 외래 민족이 귀화하여 살고 있다.

(2) 영   토

모든 국가는 크든 작든 간에 다른 국가와 구분되는 일정한 영토(territory)를 가지고 있다. 영토는 국가의 통치권이 배타적으로 행사되는 자연적 공간이다. 영토의 개념 속에는 육지뿐만 아니라 영해와 영공도 포함된다. 일반적으로 개별 국가의 헌법은 영토 불가양도의 조항과 국경에 관한 구체적인 조항을 두고 있다. 물론 과거부터 지금까지 세계 곳곳에서 영토침범 또는 영토분쟁은 끊임없이 이어왔다. 예컨대 1940년 프랑스는 독일군의 침입으로 영토가 유린되었으며, 이라크와 이란의 국경분쟁은 마침내 1980년 양국을 전쟁으로 몰아넣었다.

(3) 주   권

주권(sovereignty)은 대내적 최고성과 대외적 독립성이라는 두 가지 성질을 가지고 있다. 즉, 국가는 영토 내에 존재하는 어떤 개인이나 집단보다 우월한 권력을 지니고 있으며 동시에 국가 밖의 어떤 국가나 조직으로부터 제약을 받지 않는 독립적인 지위를 갖고 있다는 뜻이다. 달리 표현해서 국가는 대내적으로 절대적인 권위와 통치력을 발휘하며, 대외적으로 다른 주권 국가들과 동등한 지위를 갖고 있음을 의미한다. 물론 최근에 들어와 내적으로 시민사회의 권력이 강화되고 외적으로 국제사회가 좁아지게 되면서 주권이 갖는 전통적인 의미가 약화되고 있음은 부인할 수 없다.

(4) 정   부

국가는 정부(government)라는 통치기구를 가지고 있다. 정부는 대내적으로 국가를 통치할 권위를 부여받은 공적 기관이며 대외적으로 국가를 대표하기에 국가와 정부는 종종 혼용(混用)된다. 하지만 엄밀한 의미에서 국가와 정부는 구별된다. 국가는 정부보다 폭넓은 개념이다. 즉, 국가는 공적 영역에 있는 모든 기관은 물론이고 공동체에 속한 모든 조직과 구성원을 포함한다. 정부는 국가의 일부분이며 국가의 권위를 작동시키는 수단이다. 정부는 국가의 두뇌라 할 수 있다. 또 다른 차원에서 국가와 정부는 구별된다. 즉, 국가는 영구적인 조직체인 데 반하여, 정부는 수시로 교체될 수 있는 잠정적인 존재이다.

정부의 핵심 역할은 법을 제정하고 실행에 옮기며 해석하는 것이다. 달리 표현해서 정부는 입법(legislation), 행정(execution), 사법(adjudication)을 포괄하는 개념이다. 그러나 흔히 정부는 집행을 전담하는 행정부(executive/administration)에 한정된 개념으로 사용된다.

3. 국가의 기원에 관한 학설

국가의 기원에 관한 학설은 역사적 기록에 의존하는 것이 아니라 그랬을 것이라는 역사사회학적 가정에 입각한다. 따라서 역사적 적실성(適實性)은 결여되어 있다. 대체적으로 국가에 관한 제 학설은 특정 집단이나 체제를 정당화시키기 위해 고안되었다고 말할 수 있다. 특히 신권설, 가부장권설, 사회계약설, 계급착취설 등은 이데올로기적인 성격을 강하게 띠고 있다.

국가의 기원에 관한 제 학설은 국가가 발생하게 된 원인 또는 과정을 설명하는 데 초점을 맞추고 있다. 그런데 이들 중 일부는 국가의 기원을 설명하면서 동시에 국가의 필요성을 강조한다. 사회계약설이 대표적인 예이다. 국가의 필요성을 역설하는 이론은 국가를 불필요하며 사악한 것으로 규정하는 무정부주의와 맞선다.

(1) 자연발생설(natural theory)

고대 그리스 사람들은 국가를 인간과 불가분의 관계로 이해했다. 즉, 인간은 사회적 동물이기 때문에 자연스럽게 공동체를 형성했으며, 공동체의 공식조직이 국가라는 것이다. 아리스토텔레스(Aristoteles)는 인간은 정치적 동물이며 오로지 국가를 통해서만이 자신을 실현할 수 있다고 보았다. 국가는 인위적인 창조물이 아니고 자연발생적이며 선한 생활을 지향한다는 아리스토텔레스의 생각은 19세기 영국의 이상주의학파에 의해 재발견되었다.

(2) 실력설(force theory)

실력설은 집단과 집단 간의 투쟁의 결과 우세한 집단이 열세한 집단을 무력으로 굴복시키고 정복한 데서 국가의 기원을 찾는다. 따라서 이 설은 정복설(conquest theory)이라고도 불린다. 실력설을 주장하는 대부분의 학자들은 종족을 투쟁의 단위로 설정했으며 인종적 우월감이나 경제적 이익을 투쟁의 동기로 보았다.

(3) 가부장권설(patriarchal theory)

가부장권설은 국가의 기원을 가족에서 찾는다. 즉, 가장의 지배권이 발달하여 군주권이 되었으며, 가족이 진화 내지 확대되어 국가가 성립되었다는 것이다. 예컨대 메인(Henry Maine)은 가족을 사회의 초기 형태로 보았으며, 가족이 모여 씨족을 형성하고 씨족이 모여 부족을 이루고 부족이 결합하여 국가가 성립되었다고 말한다.

(4) 신권설(divine right theory)

신권설(神權說)은 신의설(神意說) 또는 왕권신수설(王權神授說)이라고도 불린다. 중세 유럽에서 통치자들은 교황 이외에 군주의 지배도 신의 의사 내지 권능에 기인한다고 믿었다. 다시 말해서 군주의 세속에 대한 지배도 신의 뜻이라고 주장했다.

중세에 신권설은 군주의 권력이 직접 군주에게 주어졌느냐 아니면 로마 교황을 통하여 간접적으로 부여되었느냐에 따라 두 견해로 갈라졌다. 그러다가 근세에 들어와 신권설은 왕권을 정당화시키고 절대화시키는 논리로 강화되었다. 즉, 왕권은 직접 신으로부터 부여받았을 뿐만 아니고 왕은 직접 신과 통한다고 보았다. 따라서 군주는 여타 사람들이 갖지 못한 특권을 소유한다고 주장했다.[3]

중국의 공자(孔子)는 하늘의 뜻에 의해 국가(즉, 왕조)가 창조되었으며, 치자는 천명을 받은 자(즉, 天子)로서 하늘의 뜻을 실천한다는 천명사상(天命思想)을 내세웠다. 왕권의 기원을 절대자(신 또는 하늘)에서 찾았다는 점에서 근세 서양의 신권설은 공자의 천명사상과 그 맥을 같이한다고 말할 수 있겠다.

(5) 사회계약설(social contract theory)

17~18세기 시민사회의 성장과 합리주의 사상의 발전에 따라 자연법적 입장에서 국가의 성립을 설명하려는 사회계약설이 나타났다. 사회계약설은 국가 이전의 자연상태를 가정한다. 그리고 인간은 상호 간의 동의와 계약에 의해 자신들의 필요에 의해서 자연상태에서 벗어나 국가를 성립시켰다고 본다. 사회계약설을 주장한 대표적인 사상가로는 홉스(Thomas Hobbes), 로크(John Locke) 그리고 루소(Jean-Jacques Rousseau)를 들 수 있다.

(6) 계급착취설(class exploitation theory)

계급착취설은 마르크스(Karl Marx)와 엥겔스(Friedrich Engels)의 이론에 기초한다. 엥겔스는 혈연적인 원시 공동체 속에서 분업으로 인하여 빈부의 차가 발생하면서 계급들이 나타났고, 계급 간 대립이 심화되면서 부르주아 계급이 착취·지배하는 국가가 발생하였다고 주장했다. 마르크스주의자들은 국가를 지배계급이 피지배계급을 억압하고 착취하는 수단으로 묘사했으며, 계급 간 불평등한 힘의 역학이 작용하는 체제에서 안정을 유지시켜 나가는 것이 국가의 역할이었다고 보았다.

---

3) John A. Jacobsohn, *An Introduction to Political Science* (Belmont: Wadsworth Publishing Co. 1998), p.63.

4. 국가의 종류

국가는 국가의 역할, 사회와의 관계 또는 이데올로기적 특징에 따라 여러 종류로 구분된다.

(1) 최소국가(minimal state)

자본주의적 시장경제체제에서 국가와 시장 간의 관계설정은 매우 중요하다. 18세기 애덤 스미스(Adam Smith)와 같은 초기 자유주의자들이 주창한 야경국가(night watchman state)에 뿌리를 두고 있는 최소국가는 신자유주의자들에 의해 옹호된 국가종류이다. 최소국가는 시장의 자율성을 강조하고 시장에 대한 국가의 개입은 최소화되어야 한다는 원칙에 입각한다. 같은 맥락에서 최소국가는 시민들이 최고라고 생각하는 바대로 행동할 수 있게끔 평화와 사회질서를 유지하는 보호적 기능에 만족한다.

(2) 발전국가(developmental state)

국가의 적극적인 개입에 의해 경제발전이 가능하다고 보는 것이 발전국가이다. 발전국가는 과거 일본과 같은 자본주의적 선진국은 물론이고 한국, 홍콩, 대만, 싱가포르 등 소위 「아시아의 4마리 용」에서 볼 수 있었던 국가종류이다. 발전국가는 대기업과의 밀접한 관계 속에서 작동하며 국가경쟁력 제고와 국가번영을 위한 전략을 수립하는 데 총력을 기울인다. 자율성을 확보한 국가가 경제발전을 주도한다는 의미에서 발전국가는 국가발전자본주의(state development capitalism)라 불리어지기도 한다. 발전국가는 경제발전 정도에 따라 구별되는 선진국(developed country) 또는 개도국(developing country)과는 다른 개념이다.

(3) 다원국가(pluralistic state)

국가와 사회의 관계에 대한 기본인식과 제도의 차이에서 다원국가는 일원국가와 구별된다. 다원국가(다원민주주의국가)는 자유주의에 바탕을 두고 있다. 다원국가론은 정치를 국가행위와 동일시하는 일원론적 국가론을 비판하면서 국가와 사회를 종속관계로 보지 않고 상대적인 관계로 인식한다. 즉, 다원국가에서는 정치행위자로서 국가의 독점적 지위를 인정하지 않으며, 단지 국가행위를 사회현상의 일부분으로 본다. 거버넌스(governance)는 다원국가에서 사회의 다양한 행위자들이 국가의 결정체계에 영향을 미쳐 국가와 사회가 공통된 문제를 함께 풀어 나가는 과정 또는 현상을 표현하는 개념이다.

(4) 사회민주국가(social-democratic state)

사회민주국가는 경제성장 촉진, 완전고용 유지, 가난극복, 사회적 보상의 공정한 분배 등을 실현하기 위하여 폭넓게 국민의 경제적·사회적 생활영역에 개입한다. 사회민주주의자들은 자본주의적 시장경제의 효율성과 사회주의의 도덕성(평등, 정의 등)을 조화시키려 하며, 자본주의의 폐지가 아닌 이의 개혁을 목표로 한다. 이들은 의회제도의 틀 속에서 사회개혁을 위한 투쟁을 지향한다.

(5) 집산국가(collectivized state)

집산국가는 정통파 공산주의 국가에서 볼 수 있는 국가종류이다. 집산국가는 사영기업을 폐지하고 공동 소유제를 실현하며 중앙에 집중된 계획경제를 실행한다. 사회민주국가와 달리 집산국가는 자본주의의 개혁보다는 혁명을 선호한다.

(6) 전체주의국가(totalitarian state)

전체주의국가는 독일의 히틀러 체제와 소련의 스탈린 체제에서 볼 수 있는 국가종류이다. 전체주의 국가는 대중을 동원하는 소수 엘리트 중심의 일당체제를 특징으로 하며, 감시와 테러, 이데올로기 조작과 대중매체의 독점 등을 통하여 국민의 사회생활 전반을 통제한다.

■ II. 국가형태

국가는 그 형태에 따라 단일국가, 연방국가, 국가연합 등으로 구별된다. 통치권이 중앙정부에 집중된 국가를 단일국가(unitary state)라 말한다. 중앙정부가 의회에서 제정된 법에 의하여 지방정부의 권한을 부여하거나 박탈할 수 있으며, 지방정부에 대해 통제와 감독권을 행사하는 국가형태가 바로 단일국가이다.

연방국가(federal state)에서는 연방을 구성하는 2개 이상의 주(지방국가)들이 연방국가구성의 단위체를 이루며, 이들 주는 광범위한 자주적인 조직과 권한을 가진다. 연방정부(중앙정부)가 국제법상 완전한 행위능력을 갖되, 극히 제한된 범위 내에서 주들에게도 국제법상의 능력이 인정된다.

국가연합(confederation)은 2개 이상의 국가가 조약을 통해 맺은 일종의 국가결합 형태이다. 국가연합에서 연합을 구성하는 회원국들은 각기 독자적으로 일체의 외교권을 행사함이 원칙이나 조약에 규정된 범위 내에서는 공동행동을 취한다.

1. 단일국가

이 세상에 존재하는 국가들 대부분은 단일국가(unitary state)이다.[4] 단일국가의 형태를 갖추고 있는 국가는 지방자치제를 인정하는 지방분권적인 국가와 중앙정부의 통제와 감독이 엄격한 중앙집권적인 국가로 구분된다. 물론 이들 두 제도 사이에 여러 형태와 내용을 갖고 있는 제도들이 존재하고 있음은 사실이다. 1982년 「지방자치단체의 권리와 자유에 관한 법」(소위 제1차 지방분권법)이 공포되기 이전의 프랑스와 1995년 단체장 및 지방의원의 동시선거로 지방자치제가 본격적으로 시작되기 이전의 한국이 지방자치제를 인정하지 않고 중앙집권적인 제도를 채택한 대표적인 경우이다.

프랑스와 한국과 같이 중앙집권적인 단일국가가 지방자치제를 실시함으로써 지방분권화로 발전하는 것은 자유민주주의 체제의 일반적인 추세라고 말할 수 있다. 그런데 각 나라마다 지방자치제도는 자치단체의 계층구조, 기관구성 형태, 중앙과 지방 간의 관계, 재정제도 등 여러 면에서 상이한 모습을 띠고 있다.

아래에서는 우선 지방자치제를 실시하고 있는 영국과 프랑스 등에서 어떻게

---

4) 2019년 현재 193개 UN회원국 중 무려 165개국이 단일국가이다. 예컨대 한국, 중국, 일본, 영국, 프랑스, 이탈리아 등이 이에 속한다. 이에 관해서는 "Unitary state," https://en.wikipedia.org (2019년 5월 22일 검색) 참조.

중앙과 지방의 관계가 설정되어 있는지 알아보겠다. 이어서 이들 국가에 비해 지방자치단체의 자치권이 비교적 크게 제약을 받고 있는 한국의 지방자치제도를 행정통제 면에서 간략히 비교·설명해 보겠다.

(1) 지방자치제 비교

1) 영 국

영국에서 지방(즉, 지방자치단체)에 대한 중앙(즉, 국가)의 통제는 입법통제와 사법통제가 중심이 되고 있으며 행정통제는 상대적으로 미약하다. 이를 좀 더 구체적으로 설명하면 다음과 같다[5]:

첫째, 지방자치단체에 대한 중앙의 통제 중에서 입법통제가 가장 강력하다. 즉, 지방자치단체의 권한과 책무는 법률에 의해서만 부여된다.

둘째, 행정통제를 살펴보면 중앙정부는 법률에 근거하여 공중위생, 주택, 도시계획, 경찰, 교육 등에 관한 일반적인 지휘권을 가지고 있다. 또한 시민들의 청구가 있으면 법률에 근거하여 해당 지방자치단체의 결정을 취소하는 소(訴)를 법원에 제기할 수 있다.

셋째, 지방자치단체에 대한 재정통제로는 보조금에 의한 통제, 회계감사, 기채(起債)의 승인 등을 들 수 있다.

넷째, 사법재판소는 지방자치단체의 월권행위를 취소·정지시키거나 법의 집행 및 준수를 명할 수 있다(직무이행명령).

다섯째, 지방의회의 의결을 거쳐 확정된 지방자치단체의 예산은 중앙정부의 승인을 필요로 하지 않는다. 그리고 지방의회가 의결한 내용은 중앙정부에 의해 취소·정지되지 않는다. 지방의회가 지방법(한국의 조례에 해당됨)을 제정함에 있어서 관계 장관의 승인을 얻어야 하는 경우가 있지만 이는 지방정부를 통제·감독하기 위한 수단이 아니라 "훌륭한 지방정치와 행정을 보장하기 위한 최소한도의 기준"을 유지하려는 데 그 목적이 있다고 할 수 있다.

---

5) 정세욱, "각국(영국·독일·프랑스·일본)의 지방자치 실태비교",『국책연구』, 통권 제35호(민주자유당 국책자문위원회, 1995), pp. 36~37.

2) 프랑스

1982년 프랑스 사회당의 미테랑 정권에서 제정된 지방분권법은 그간 200년 넘게 지속되어 온 중앙집권적 체제를 지방분권적 체제로 전환시켰다. 영국보다도 더 철저한 지방자치제로 탈바꿈시킨 이 법의 골자는 다음과 같다[6]:

첫째, 지방자치단체의 의결내용, 명령 또는 처분은 중앙정부의 사전검토, 사전승인 또는 인가를 필요로 하지 않는다.

둘째, 지방자치단체는 결정한 모든 사항을 일정한 기간 내에 도(département)나 권역자치단체(région)의 국가대표에게 통보하게 되어 있다. 그러나 국가대표는 자치단체가 결정한 내용의 전부 또는 일부가 법률에 위반된다고 판단되더라도 이를 취소 또는 정지할 수 없으며, 단지 행정재판소에 제소할 수 있을 뿐이다.

셋째, 중앙의 관계부처 장관은 지방자치단체가 법에 위반되는 예산을 의결한 경우 직접 시정명령을 내릴 수 없으며, 단지 이를 교정해 주도록 그 지역에 있는 레종회계감사원에 요청할 수 있을 뿐이다.

넷째, 1982년에 제정된 지방분권법으로 인하여 지방자치단체에 대한 중앙정부의 기술적 지도는 대폭 감소되었다.

영국과 프랑스에서 자치사무는 물론 국가의 위임사무라 할지라도 일단 지방자치단체에게 맡겨 처리 또는 집행하게 한 이상 설령 그 관리·집행이 위법하다고 판단되더라도 중앙정부가 이를 자의적으로 취소·정지시킬 수 없다. 다만 중앙정부는 그 시정을 요구하거나 관할 재판소에 소를 제기할 수 있다. 간단히 말해서 지방에 대한 중앙의 행정통제는 필요한 최소한도 내에서 비권력적 방법으로 행사된다는 것이다.

3) 한 국

한국의 중앙정부는 지방정부에 대하여 비교적 강력한 지도·감독권을 보유한다. 중앙부처는 관련 업무에 관하여 지방정부의 사무 전반에 관해 개입할 수 있다. 지방정부의 권한 내에 속하는 사무라 할지라도 중앙정부가 개입할 수 있는 법적 근거로 중앙의 우월적 권한이 인정되고 있다. 지방자치단체가 수행하는 국가의 위임사무에 관하여 중앙이 지도와 감독을 하는 것은 물론이다.[7]

6) 정세욱(1995), pp.37~38.

　　한국에서 중앙부처의 주무장관은 광역자치단체에 대하여, 광역자치단체장은 기초자치단체에 대하여, 자치단체장의 사무에 관한 명령이나 처분이 법령에 위반되거나 현저히 부당하여 공익을 해한다고 인정될 때에는 기간을 정하여 서면으로 시정을 명하고, 그 기간 내에 이행하지 않을 때에는 이를 취소하거나 정지할 수 있다. 이 경우 자치사무에 관한 명령이나 처분에 있어서는 법령에 위반한 것에 한한다.

(2) 단일국가의 장단점

　　연방국가나 국가연합에 비하여 단일국가에서는 상대적으로 권력이 중앙에 집중되어 있어 중앙정부는 강력하게 국정을 수행할 수 있고, 국가위기와 같은 새로운 환경에 용이하게 대처할 수 있다. 그리고 단일국가제도는 국가전체에 통용되는 일률적인 법과 정책의 적용으로 사회혼란을 방지할 수 있으며, 조직의 중복에서 기인하는 행정·재정·시간상의 낭비를 막을 수 있다는 장점을 가지고 있다. 그러나 이 제도는 권력의 중앙 집중으로 권위적인 정부를 출현시킬 수 있으며, 다양한 이해관계(인종, 언어, 종교, 지역 등)로 얽힌 국민의 통합을 위해서는 적합하지 않다는 지적을 받는다.[8]

2. 연방국가

　　국가연합에서는 소속 국가들이 국제법상 주체인 데 반하여 연방국가(federal state)에서는 연방 자체가 국제법상 주체이다. 국가연합은 소속 국가 간에 체결된 조약에 존립의 근거를 갖지만, 연방국가의 존립은 연방헌법에 근거한다. 연방국가에서는 연방헌법이나 그것에 입각한 법률 또는 헌법관례에 따라 연방과 지방 간의 정치권력이 분할된다. 대체적으로 연방제는 역사, 지리, 인종, 민족, 종교, 언어 등 여러 요인으로 균열된 사회를 통합하여 하나의 국가를 형성하거나 방대한 영토를 유지하기 위한 방편으로 고안된 제도이다.

　　지구상에는 적지 않은 국가들이 연방국가 형태를 갖추고 있다.[9] 이들 국가에

---

7) 정정목, 『지방자치원론』(법문사, 1996), p.271.

8) 이범준/신승권, 『정치학』(박영사, 1996), pp.157~158.

서 지방을 가리키는 용어는 상이하나 의미는 비슷하다. 미국은 연방을 구성하는 지방의 단위체를 주(State)라 하고, 옛 소련은 공화국(Republic)이라 불렀으며, 독일은 란트(Land)라 하고, 스위스는 칸톤(Canton)이라 칭하고 있다. 연방 국가들 가운데 스위스는 500년이 넘게 연방제의 틀을 유지하여 오고 있으나, 1922년에 결성된 소련연방(USSR)은 1991년 말 붕괴되어 단명하였다.

연방국가에서 국방, 외교, 화폐주조 등 전국적인 주요 분야는 중앙정부(연방정부)의 권한에 속하고, 반면에 교육, 보건, 가족법, 기타 지역적인 문제는 지방정부(주정부)의 권한에 속하는 것이 일반적이다.[10] 그러면 다음에서는 미국과 독일을 예로 들어 좀 더 자세히 연방제를 파악해 보도록 하겠다.

(1) 연방과 주(지방)의 권한배분

1) 미   국

미국의 연방정부는 주정부로부터 양도받은 다음 세 가지 형태의 권한(delegated powers)을 갖는다.[11]

첫째, 연방정부는 헌법이 구체적으로 명시하여 열거한 「표현된 권한」(expressed powers)을 갖는다. 이에는 과세 및 지출권, 기채권, 조폐권, 위조지폐처벌권, 특허인정권, 관세부과권, 전쟁선포권, 조약체결권, 주정부 간이나 외국과의 통상규제권 등이 포함된다. 「표현된 권한」의 대부분은 연방정부에만 인정된 배타적 권한이다.

둘째, 연방정부는 헌법에 명시적으로 열거되어 있지는 않지만 「표현된 권한」으로부터 당연히 유추될 수 있는 「함축된 권한」(implied powers)을 갖는다. 대부분의 「함축된 권한」은 연방대법원의 법해석에 의해 주어진다. 예컨대 식당, 극장, 또는 호텔투숙에 있어서 인종차별을 금지하는 권한이 이에 해당된다.

---

9) 오늘날 연방제를 채택하고 있는 나라로는 미국, 러시아, 캐나다, 멕시코, 베네수엘라, 아르헨티나, 브라질, 독일, 스위스, 오스트리아, 말레이시아, 나이지리아, 인도 등을 들 수 있다. 소련, 유고슬라비아, 체코슬로바키아 등 사회주의 이념을 원동력으로 하여 성립된 연방국가들은 1990년대 전반기 붕괴되었다.

10) 이범준/신승권(1996), p.158.

11) 유재원, "미국의 연방제도와 정부간 관계," 서정갑 외 『미국정치의 과정과 정책』(나남출판, 1994), pp.290~291.

셋째, 헌법에 명백히 규정되어 있지는 않지만 연방정부가 미국을 대표하기 위하여 필요한 「고유권한」(inherent powers)이다. 외교승인권, 입국규제권, 외국인 추방권, 영토획득권 등이 그 예이다.

미국의 주정부는 헌법에 의해 연방정부에 위임된 권한과 주정부에 금지된 권한을 제외한 모든 권한을 갖는다.12) 이는 주정부에 「유보된 권한」(reserved powers)이라고 칭하여지고 있다.

2) 독   일

독일의 연방헌법(기본법)에 의하면 연방(Bund)과 주(Länder)의 입법영역은 다음 두 가지 차원으로 구분된다.13)

첫째, 배타적으로 연방이 법을 제정할 수 있는 영역이 있다. 예를 들면 외교와 방위, 국적, 통화, 도량(度量)과 시간확정, 관세와 통상, 국경수비, 철도, 우편, 항공, 통계 등이 연방 고유의 입법사항이다. 기본법은 연방에게 입법권이 부여되지 않은 경우 주가 입법권을 갖는다고 명시하고 있다. 그러나 연방은 대부분의 영역에서 입법권을 보유하고 있다. 따라서 주가 보유한 배타적 입법권한은 비교적 적다. 전통적인 주의 입법영역은 문화분야이다. 이에는 학교, 예술과 학문, 언론, 방송, TV에 관한 사항이 속한다. 이 외에 주헌법 제정권, 경찰권, 지방자치권 등이 주의 권한에 속한다. 2006년 기본법 개정으로 환경법과 공공 서비스법의 일부를 포함한 수 개의 입법영역이 주 의회로 이양되었다.

둘째, 연방과 주가 경쟁적으로 입법을 할 수 있는 영역이 있다. 경쟁적인 입법영역에서 연방이 특별히 법적으로 자신의 입법권을 주장하지 않는 한, 그리고 균등한 삶의 조건형성 또는 국가의 법적 · 경제적 통일성을 유지하기 위해서 연방법이 필요할 경우 외에는 주가 입법권을 행사한다.

독일은 대부분의 영역에서 연방이 입법권을 보유하고 있다는 점에서 중앙집권

---

12) 유재원(1994), p.291.

13) Rudolf Hrbek, "Föderalismus," in Rudolf Hrbek(ed.), *Bundesrepublik Deutschland 1949~1989* (Tübingen: Universität Tübingen, 1989), p. 30; Ursula Männle, "Grundlagen und Gestaltungsmöglichkeiten des Föderalismus in Deutschland," *Aus Politik und Zeitgeschichte*, Bonn, B 24/1997, p.5.

적이지만, 연방법의 실행과 행정은 소수 몇 분야를 제외하고 주의 업무영역에 속한다는 점에서 탈중앙집권적이다.

(2) 상원의 구성방법과 권한

거의 모든 연방국가들이 그러하듯이 미국과 독일의 의회는 전체 국민을 대표하는 하원과 주를 대표하는 상원으로 구성되어 있다. 그러나 이들 두 국가에서 주를 대표하는 상원의 구성방법과 권한은 크게 다르다.

1) 미   국

미국은 50개 주로 구성되어 있다. 각 주는 인구나 면적과는 무관하게 두 명씩 직접선거로 상원의원을 선출하며, 이렇게 선출된 총 100명이 상원을 구성한다. 각 주에서 선출된 상원의원들은 법적으로 자신이 속한 주의 지시에 구속되는 것은 아니다.

미국의 상·하 양원은 모두 법률안 제출권을 갖고 있으나, 예외적으로 하원만이 세입관련 법안을 입안할 수 있는 권한을 가지고 있다. 그렇지만 세입관련 법안을 포함하여 모든 법안이 하원과 상원 모두에서 통과되어야만 법률이 되기 때문에 양원은 입법권에서 거의 동등한 권한을 갖는다고 말할 수 있겠다.

전쟁선포, 군대소집 등 국가의 중요한 문제에 있어서 상하원은 권한을 공유한다. 그런데 특별히 상원은 외국과 체결한 조약을 승인할 권한과, 대통령이 행한 주요 인사(예: 연방판사, 대사, 각료)의 임명에 대한 동의권을 갖는다.

2) 독   일

통일 전 서독은 11개 주로 구성되어 있었으나, 통일 독일은 구 동독지역을 포함하여 총 16개 주를 포괄하고 있다. 미국과 달리 독일의 상원은 각 주정부에서 파견된 대표들로 구성되어 있다. 주들은 인구의 다소에 따라 각 주에 할당된 3표 내지 6표의 표결권수를 그들의 대표를 통해 상원에서 행사한다. 현재 상원의 총 표결권수는 69표이다(참조: 〈표 7-1〉).

〈표 7-1〉 독일 상원의 각 주 표결권수(총 69표)

주 명	표결권수	주 명	표결권수
Nordrhein-Westfalen	6	Sachsen-Anhalt	4
Bayern	6	Brandenburg	4
Baden-Württemberg	6	Schleswig-Holstein	4
Niedersachsen	6	Thüringen	4
Hessen	5	Mecklenburg-Vorpommern	3
Sachsen	4	Hamburg	3
Rheinland-Pfalz	4	Saarland	3
Berlin	4	Bremen	3

각 주 대표들은 상원의 의결 시 개인의 자유의사에 따라 표를 던지는 것이 아니고, 소속 주정부의 위임이나 지시에 따른다. 그리고 각 주는 그 주가 보유한 표결권수를 일괄적(통일적)으로 행사하여야 하며, 출석한 대표자만이 표결권수에 포함된다.

독일에서 법률안은 연방정부(Bundesregierung), 연방하원(Bundestag) 자체, 또는 연방상원(Bundesrat)에 의해 연방하원에 제출된다.[14] 모든 법률안은 하원의 의결을 거쳐 상원에 이송되는데, 상원은 법률안의 종류에 따라 동의 또는 이의라는 절차를 통해 입법행위에 참여한다. 동의절차란 주의 이익과 관련된 법안은 하원의 의결을 거친 후 반드시 상원의 동의를 받아야 하는 것을 말한다.[15] 달리 말해서 상원은 절대다수결 방식에 따라 해당 법안의 수용을 거부할 수 있다. 동의를 요하지 않는 모든 법안에 있어서 상원은 하원의 결정에 이의를 제기할 수 있으나, 하원은 절대다수결에 따라 상원이 제기한 이의를 거절할 수 있다. 즉, 이의절차의 경우 하원이 상원을 누르고 자신의 의사를 관철시킬 수 있다는 것이다. 결론적으로 말해서, 독일의 상원은 하원이 차지하는 위치에 미치지 못한다. 의회에서 차지하는 비중을 비교해 볼 때, 독일의 상원은 영국의 상원보다는 그 위상이 높으나 미국의 상원보다는 낮다.

---

14) 실제에 있어서 대부분의 법률안은 정부에 의해 제출된다. 상원이 법률안을 제출하는 경우는 극히 드물며, 약 1/4 정도는 하원이 제출한다.
15) 상원의 동의를 필요로 하는 법안의 종류는 구체적으로 연방헌법에 열거되어 있다. 예를 들면 행정권능, 재정과 조세, 연방과 주의 공동업무, 지역경계 변경 등에 관한 법안이 이에 해당된다.

(3) 연방국가의 장단점

단일국가제에 비하여 연방제에서는 중앙과 지방 간의 수직적 권력분립이 좀 더 뚜렷하여 중앙의 권력남용을 방지할 수 있다. 또한, 연방제는 다양한 이익을 대변함으로써 균열사회를 바탕으로 한 국가의 정체성(identity)을 효과적으로 유지할 수 있다는 장점을 가지고 있다. 그러나 연방제에서는 권력의 분화로 인하여 국가체계가 복잡하고 비능률적이며 갈등이 야기될 수 있다. 그리고 연방제는 국가가 위기에 처했을 때 신속하고 적절하게 대응하기 어렵다는 단점을 지니고 있다.

3. 국가연합

2개 이상의 국가가 조약에 의하여 결합하고, 조약에 규정된 범위에서 공동기관이 국가와 같은 기능을 행사하는 형태가 국가연합(confederation)이다. 국가연합에서는 각 구성국들이 국제법상 국가이며 국가연합 자체는 국가로서 인정되지 않는다. 각 구성국들은 연합에 위임한 권한을 제외하고는 대외적, 그리고 대내적으로 원칙상 독립성을 지닌다. 구성국들은 저마다 제3국과 조약을 체결하거나 외교사절을 교환할 자격을 인정받고는 있으나, 선전(宣戰)과 강화(講和)는 연합에 맡겨지는 것이 보통이다.

국가연합은 근대에 주로 연방형태의 통일국가를 형성하는 과정에서 나타났다. 이미 국가형성이 거의 종결된 현대에는 극히 보기 드문 형태이다.

(1) 근 대

주권을 보유한 구성국들의 느슨한 결합체가 국가연합이다. 역사적으로 살펴볼 때, 국가연합제는 미국, 독일, 스위스 등이 연방제를 채택하기 이전에 경험한 제도이다.

1) 미 국
미국은 1776년 영국에 대하여 독립을 선언했다. 그리고 독립전쟁에 참가한

13개 국가는 1781년 연합규약(the Articles of Confederation)을 비준함으로써 국가연합을 성립시켰다. 이 규약은 1788년에 비준된 미국 연방헌법에 의해 대체되었다. 1781년과 1788년 사이에 작동한 국가연합에서는 중앙의 행정부나 사법부가 존재하지 않았으며, 단지 허약한 중앙의 입법부만이 존재했다.[16]

2) 독   일

독일에서는 1815년 비엔나회의의 결정에 따라 오스트리아, 프로이센, 바이에른, 작센 등 39개 국가로 구성된 독일연방(Der Deutsche Bund)이 창설되었다. 회원국들은 독자성을 그대로 유지하면서 회원국 전체에 관한 문제를 처리하기 위하여 프랑크푸르트에 연방회의를 설립했다. 엄밀한 의미에서 독일연방(1815~1867)은 연방제도가 아닌 국가연합의 형태를 유지했다고 보는 것이 옳겠다.

1866년 슐레스비히-홀스타인 문제로 프로이센과 오스트리아 간에 전쟁이 발발했으며, 이 전쟁이 프로이센의 승리로 끝남으로써 오스트리아는 독일에 대한 지배권을 상실했다. 다음 해인 1867년 비스마르크의 주도하에 북부 독일의 21개 국가로 구성된 북독일연방(Der Norddeutsche Bund)이 탄생하였다.[17] 1870년 개시된 프랑스와의 전쟁에서 프로이센은 승리하였다. 그 결과 1871년 북독일연방은 해체되었고, 대신에 남·북의 독일국가들을 포괄한 통일국가로서 독일제국이 창설되었다. 프로이센 국왕은 통일독일의 황제로 등극했으며, 프로이센은 연방형태의 독일제국에서 우월한 지위를 누렸다.

(2) 현   대

위에서 언급한 국가연합과 동일한 개념이라고 볼 수는 없으나 이에 가까운 제도를 현대에서도 찾아볼 수 있다. 즉, 1990년 서독과 동독이 통일이 되기 직전 국가조약으로 성사시킨 「통화·경제·사회연합」(Währungs-, Wirtschafts- und Sozialunion)과 1993년 유럽공동체(EC)가 발전하여 출범한 유럽연합(EU)이 바로 그것이다.

---

16) Ellen Grigsby, *Analyzing Politics* (Belmont: Wadsworth, 1999), p.56.
17) 북독일연방에는 오스트리아 등 남부에 위치한 국가들이 참여하지 않았다. 북독일연방의 구성국들은 자치권을 보유했으나 외교·국방에 관한 문제는 프로이센 국왕이 장악했다.

1) 독   일

1989년 11월 9일 분단의 상징인 베를린 장벽이 무너지고, 동독에서의 시위는 체제개혁운동의 차원을 뛰어넘어 통일운동으로 전환되자, 같은 달 28일 서독의 콜 (Helmut Kohl) 수상은 독일과 유럽의 분단을 극복하기 위한 「10개 항의 프로그램」 을 제의했다. 이 프로그램에서 콜은 연방제를 목표로 독일 내의 두 국가 사이에 국가연합 구조를 발전시켜 나가자고 제안하였다. 이는 서독이 처음으로 통일독일 의 국가형태에 관한 문제를 공식적으로 제기한 셈이었다.

콜 수상이 제의한 프로그램에 대하여 미국, 영국, 프랑스 등 서방 전승국들은 통일이 현하(現下)의 문제가 아니라며 달갑지 않다는 반응을 보였고, 소련은 이 프 로그램을 거부했다.[18] 그러나 얼마 지나지 않아 서방 전승국들은 콜이 제시한 통 일의 출발점인 두 개의 자주 국가들로 구성된 국가연합에 관한 안에 동의했다. 왜 냐하면 이들 국가들은 서로 협력하면서 결합된, 그러나 점진적이며 장기간에 걸쳐 통일을 추구하는 영토상 지속적으로 분단된 독일을 원했기 때문이었다.[19]

1990년 7월 1일 동서독 간에 「통화·경제·사회연합에 관한 조약」이 발효하 였다. 이 국가조약으로 전(全) 독일이 하나의 화폐지역으로 통합되었으며, 동서독 간에 인적·물적 이동이 완전히 자유화되었다.[20] 이 조약으로 독일이 국가법상 통일이 된 것은 아니나, 실제에서 동독이 서독에 편입된 거나 다름없었다. 그럼에 도 불구하고 동독이 공식적으로 외교와 방위에서 주권을 유지하고 있었기에 「통 화·경제·사회연합」은 일종의 국가연합이라고 볼 수 있겠다.

독일은 1990년 10월 3일 서독 헌법(기본법) 제23조에 의거 동독이 서독에 편 입하는 형식으로 재통일을 이룩했다. 통일독일의 국가명은 서독의 국가명인 독일 연방공화국을 그대로 유지하고 있다. 통일 전 서독과 마찬가지로 현 독일도 연방 제를 채택하고 있다.

---

18) Insel Verlag(ed.), *Der Vertrag zur deutschen Einheit* (Frankfurt, 1990), p.207.

19) Volker Rittberger, "Wie friedensverträglich ist ein geeintes Deutschland," in Landes-zentrale für politische Bildung Baden-Württemberg(ed.), (*Wieder-*)*Vereinigungsprozeß in Deutschland* (Stuttgart: Kohlhammer, 1990), p.114.

20) Eckhard Jesse, "Der innenpolitische Weg zur deutschen Einheit," in Eckhard Jesse/Armin Mitter(eds.), *Die Gestaltung der deutschen Einheit* (Bonn: Bouvier, 1992), pp.129~130.

2) 유럽연합(EU)

1950년대 창설된 유럽공동체(EC)는 1993년 새로운 단계인 유럽연합(EU)으로 발전하였다. EU는 정부간적(intergovernmental) 요소와 더불어 초국가적(supra-national) 요소를 동시에 포함하고 있다. 즉, EU는 주권을 지키고자 하는 개별 회원국들의 집합체인 정부간적 기구이면서, 동시에 다른 국제기구와 달리 이들의 주권 일부를 넘겨받아 고유한 권한을 행사하는 초국가적 기구이기도 하다. 유럽통합은 개별국가들이 국가주권이라는 특권을 점차적으로 공동체에 이양하는 세계 역사상 전례가 없는 실험이라 할 수 있다.

EU를 운영하는 핵심적인 기구들을 그 특성에 따라 분류하면, 유럽이사회(정상회담)와 각료이사회는 비상설적 정부간적 협력기구이며, 집행위원회, 유럽의회, 사법기관은 원칙적으로 개별 회원국들로부터 독립된 초국가적 상설기구이다. 2009년 발효한 리스본조약으로 유럽이사회 상임의장과 외교안보정책고위대표가 신설됨으로써 EU는 더욱 탄탄한 조직을 갖추게 되었다. 유럽이사회 상임의장은 회원국 정상들의 대표자로서 2년 6개월 임기로 1회 연임이 가능하다. 외교안보정책고위대표는 5년 임기로 외교정책 결정의 대표이면서 집행의 수장이다.

그동안 1950년대 체결된 기본조약(파리조약, 로마조약)을 개정하고 보완하는 새로운 조약들이 연이어 체결되면서 EU의 통치권이 미치는 정책분야는 확장되었으며, 또한 분야에 따라 EU의 권능은 강화되었다. 이들 정책분야는 상품, 서비스, 노동력, 자본 등의 자유왕래가 보장된 단일시장에서부터 배타적으로 EU의 관할권에 놓인 공동통화(euro)는 물론이고 산업, 운송, 에너지, 환경, 소비자보호 등 상당한 정도로 EU의 규제권능이 발휘되는 영역을 두루 포함하게 되었다. 그리고 EU의 정책규제권한은 쉥겐협정(1985)에 따른 국경철폐, 1999년 활동을 개시한 유로폴을 통한 역내안전 확보, 1993년 발효한 마스트리히트조약(EU조약)으로 도입된 공동외교안보정책(CFSP) 등으로 전통적으로 국가주권의 핵심영역에 속한 곳까지 깊숙이 침투하게 되었다. 더 나아가 EU는 리스본조약으로 새로운 명칭을 얻은 공동안보방위정책(CSDP)을 통하여 공동방위안보를 위해서도 노력하고 있다. 위에서 언급한 대부분의 정책분야에서 공동체법은 국가법보다 상위에 있다.

지금까지 체결된 어떤 조약에도 EU가 지향하는 최종적인 목표로 연방이 명시되어 있지는 않다. 그러나 유럽통합이 개시되면서 지금까지 통합이 지향하는 목표로서 연방에 관한 논의는 끊이지 않고 있다. 국가형태라는 관점에서 볼 때, 오늘날 EU의 모습은 미국이나 독일과 같은 연방국가에는 못 미치나, UN과 같은 정부간적 국제기구나 국가들의 단순한 결합체인 국가연합 이상임에는 분명하다.

■ III. 정부형태

좁은 의미에서 정부는 집행을 담당하는 행정부에 한정된 개념으로 사용되지만, 넓은 의미에서 정부는 입법부, 행정부, 사법부를 포괄하는 개념이다. 정부형태(form of government)는 국가권력의 조직과 구조의 형태를 말하며, 주로 입법부와 행정부의 관계로 특징지어진다. 흔히 사람들은 정부형태를 권력구조(power structure)라 일컫는다.

정부형태에 있어서 미국식 대통령중심제와 영국식 의원내각제는 현대 정부형태의 본류를 형성한다. 대통령중심제(presidential system of government)는 정부의 조직인 입법부와 행정부 간 권력분립을 원칙으로 하며, 행정권은 의회와는 무관하게 선출된 그리고 의회에 대해 직접적으로 책임을 지지 않는 대통령에게 속한다. 반면에 의원내각제(parliamentary system of government)는 의회에 의해 선출되고 의회에 책임을 지는 내각을 중심으로 국정이 운영되는 정부형태로서 입법부와 행정부의 융합이 그 특징이다. 이들 정부형태의 변형으로는 무엇보다도 프랑스의 혼합형과 스위스의 합의제를 들 수 있다. 북한과 같은 사회주의 국가의 정부형태는 자유민주주의 국가와 구별되는 또 다른 특징을 보여 준다.

1. 대통령중심제

(1) 특   징

대통령중심제는 18세기 말 영국으로부터 독립한 미국에서 창시되어 발전하여 왔다. 삼권분립제도가 비교적 엄격히 지켜지고 있는 정부형태가 대통령중심제이다. 미국의 정부형태가 대통령중심제의 원형이며, 미국의 영향권에 있는 남미의 여러 나라와 한국 등에서 이 제도가 실행되고 있다. 다음에서는 우선 미국의 제도를 중심으로 대통령중심제의 특징을 살펴보고, 이어서 한국의 경우를 알아보겠다.

① 의원내각제와 달리 대통령중심제에서 대통령은 국민으로부터 직접 선출된다. 한국의 경우가 대표적인 예이다. 1830년대 이후 미국의 대통령은 형식적으로 선거인단에 의하여 간접적으로 선출되고 있으나, 각 주에서 유효표의 다수를 얻은 후보가 그 주에 할당된 선거인단을 독점하므로 실제에서 국민이 직접 뽑는 것이나 다름없다.[21] 대통령은 국민으로부터 직접 선출되기에 대통령중심제에서 대통령은 의원내각제와 달리 의회가 아닌 국민에게 책임을 진다.

② 대통령중심제에서는 전체 행정권이 대통령 한 사람에게 집중되어 있다. 그리고 대통령은 국가원수이면서 동시에 행정부의 수반이다. 이는 기능이 분화되어 있는 의원내각제와 다른 점이다. 예를 들면 의원내각제를 채택한 독일의 경우 대통령이 국가원수이며, 수상은 행정부의 수장이다.

③ 대통령중심제에서 행정부는 단지 대통령으로 구성되어 있다고 표현해도 과언이 아니다. 정식적으로는(즉, 헌법상) 미국에서 내각제도는 존재하지 않는다. 미국에서 이른바 내각의 각료는 대통령의 조언자에 불과하며, 내각의 결정은 대통령에 대한 단순한 조언에 불과하다. 각료는 오직 대통령에 대해서만 책임을 지며, 의회에 대해서는 연대책임을 지지 않는다. 미국에서는 각 부서를 이끄는 각료를 Minister라 부르지 않고 Secretary라 부른다. 예를 들면, 국무장관은 「the Secretary of State」이다.

④ 대통령중심제에서 의회의 구성원(즉, 의원)은 대통령이나 대통령의 영향권에 있는 자리를 겸할 수 없는 것이 일반적이다. 다시 말해서 의원은 대통령직은 물론이고 장관직을 맡을 수 없다는 것이다. 이 원칙은 국민의 대표(즉, 의원)가 행정부의 다른 공직을 맡음으로 인하여 대통령에게 종속되는 것을 막고, 더 나아가 겸직으로 인한 부패를 방지하는 데 그 취지가 있다.

그러나 의원내각제에서 의회의 의원이 정부의 수장(즉, 수상)과 각료가 되는 것은 일반적이다. 독일의 경우 의회(연방하원)가 수상을 선출하며, 의원이 정부의 각료직을 맡을 경우 의원직은 그대로 유지된다. 독일에서 의원이 아닌 각료는 극

---

21) Hans J. Kleinsteuber, *Die USA: Politik, Wirtschaft, Gesellschaft* (Hamburg: Hoffmann und Campe, 1984), p.89.

히 드물다. 일본에서는 각료의 반절 이상이 의회(중의원)에 소속되어야 한다.

⑤ 권력분립원칙에 따라 대통령중심제에서 행정부는 법안의 발의권을 갖고 있지 않다. 그래서 행정부는 여당 의원들을 통해서 법안을 의회에 제출한다. 역시 권력분립원칙에 입각하여 대통령은 의회의 불신임을 받지도 않고, 의회를 해산할 수도 없다.

⑥ 대통령중심제는 입법부와 행정부 간 권력분립을 원칙으로 한다. 하지만 의회에 대한 견제수단으로 대통령은 의회에서 가결된 법률안에 대하여 거부권을 행사할 수 있으며,[22] 반대로 의회는 대통령을 탄핵할 수 있는 권한을 갖는다.

미국의 경우 대통령이 거부한 법안을 상하 양원이 모두 2/3 이상으로 다시 의결하면 그 법안은 대통령의 서명 없이도 법률로서 효력을 발생한다. 한국의 경우 대통령이 거부권을 행사한 법률안을 국회가 재적의원 과반수의 출석과 출석의원 2/3 이상의 찬성으로 다시 의결을 하면 그 법률안은 법률로서 확정된다.

의회는 대통령을 불신임결의로 소환할 수는 없으나 대통령이 헌법이나 법률을 위반한 경우 그에 대한 탄핵(impeachment)을 의결할 수 있다. 미국의 하원은 대통령을 공식적으로 기소할 수 있는 권리를 갖고 있으며, 상원은 탄핵의 재판을 담당한다. 2019년 12월 도널드 트럼프(Donald Trump) 대통령의 이른바 '우크라이나 스캔들' 관련 탄핵소추안(권련남용 탄핵안, 의회방해 탄핵안)이 미국 하원을 통과했다. 이로써 트럼프 대통령은 1868년 앤드루 존슨(Andrew Johnson), 1998년 빌 클린턴(Bill Clinton) 대통령에 이어 하원의 탄핵을 받은 세 번째 미국 대통령이란 불명예를 안게 됐다. 하지만 이들 모두 상원에서 탄핵안이 부결돼 실제 탄핵되진 않았다.

미국에서는 모든 탄핵결정권이 의회에 있지만 한국에서는 탄핵소추권은 국회에, 그리고 탄핵결정권은 헌법재판소로 분산되어 있다. 2004년 선거법 위반 등으로 헌정 사상 처음으로 노무현 대통령에 대한 탄핵소추안이 국회에서 가결되었다. 그러나 헌법재판소는 "선거법 등을 위반했지만 파면할 정도의 중대한 법 위반으로 볼 수 없다"며 탄핵심판 청구를 기각했다. 2016년 12월 국회는 헌법에 위배되는

---

22) 근대 입헌군주 시대에는 군주가 법률을 재가하지 않으면 법률은 성립되지 않았지만, 현대 대통령의 거부권은 의회에 대해 재의(再議)를 요구하는 권리에 불과하다. 그래서 군주의 거부권은 절대적 거부권(absolute veto power)이라 하고, 대통령의 거부권은 연기적 거부권(suspensive veto power)이라 한다.

범죄의혹(비선실세 의혹, 대기업 뇌물 의혹 등)을 사유로 박근혜 대통령에 대한 탄핵안을 가결하였다. 2017년 3월 헌법재판소는 재판관 전원일치로 「대통령 박근혜 탄핵소추안」을 인용하여 박 대통령은 대통령직에서 파면되었다.

한국은 1960년에 개정된 헌법에 의하여 의원내각제를 실시하였으나, 그 수명이 9개월에 그치고 말았다. 한국은 이 시기(1960~1961)를 제외하고 정부수립 이후 지금까지 여러 형태의 대통령중심제를 경험했다. 현재 운용되고 있는 정부형태는 1987년에 개정된 헌법에 기초하고 있다. 대통령의 선출방식(직선)과 권한, 그리고 행정부와 입법부 간의 관계 등 주요 사항에서 현 정부형태는 대통령중심제의 골격을 갖추고 있다. 그러나 한국의 대통령중심제는 다음과 같은 면에서 의원내각제의 요소를 부분적으로 수용하고 있다.

첫째, 국무총리는 국회의 동의를 얻어 대통령이 임명한다.

둘째, 국회는 국무총리 또는 국무위원의 해임을 대통령에게 건의할 수 있다.

셋째, 국회의원이 국무위원(국무총리 및 장관)을 겸할 수 있다.

넷째, 국회나 그 위원회의 요구가 있을 때 국무총리, 국무위원, 또는 정부위원은 출석·답변해야 한다.

다섯째, 국회의원뿐만 아니라 정부도 법률안을 제출할 수 있다.

(2) 장단점

1) 장   점

첫째, 대통령이 의회의 불신임결의를 받지 않기 때문에 임기가 보장된다. 따라서 대통령은 주어진 임기 동안 소신껏 정책을 수립하고 이를 집행할 수 있다. 특히 이 제도는 국가의 위기를 관리하는 데 있어서 효율적이다.

둘째, 의회의 다수당 횡포를 방지할 수 있으며, 정국의 안정을 유지할 수 있다.

셋째, 행정부와 입법부 간에 권력이 비교적 엄격히 분리되어 있어 민주주의 원칙인 권력분립에 좀 더 충실하다.

2) 단   점

첫째, 대통령이 직접 국민으로부터 선출되고 권한이 비대하며 임기가 보장되기에 독재의 가능성이 있다. 이러한 가능성은 남미 등 정치적 후진국에서 신대통령제(neopresidentialism)로 나타났다. 특히 대통령중심제에서 국민이 국가의 결정에 직접 참여하는 국민투표제적 민주주의(plebiscitary democracy)는 독재체제를 강화하는 데 악용되기도 한다.

둘째, 행정부와 입법부가 마찰을 일으킬 경우 이를 원만하게 해결하기 위한 제도적 장치가 없다. 특히 대통령이 소속하고 있는 정당이 의회에서 다수 의석을 차지하지 못할 때 국정수행은 곤란을 받게 된다.[23]

행정부를 맡고 있는 여당이 의회에서 소수인 경우 여소야대(與小野大)라 한다. 미국의 정치문화에서는 교섭단체 규율이 강하지 않기 때문에 여소야대가 크게 문제시되고 있지는 않다.[24] 그러나 여야가 정치적으로 극한 대립을 보이는 한국의 경우 여소야대는 국정수행의 큰 걸림돌이 된다.

셋째, 대통령이 실정을 하거나 정치상황이 변하더라도 대통령을 바꾸지 못하고 그의 임기가 끝날 때까지 기다려야 한다. 다시 말해서 임기 중에는 대통령에게 정치적 책임을 물을 수 없다.

2. 의원내각제

(1) 발 달

대통령중심제와 대비되는 의원내각제는 흔히 내각책임제라고도 불린다. 의원내각제라는 개념은 의원들이 내각의 수반인 수상을 선출하고 직접 내각의 구성원이 된다는 점을 강조하고 있으며, 내각책임제라는 개념은 내각이 의회에 책임을 진다는 점을 부각시키고 있다.

이미 중세 말기부터 영국과 프랑스 등에서 의회가 존재하였으나 이는 군주의 자문기관에 불과했다. 그러다가 근대적 의미의 의회는 영국에서 청교도혁명(1640~1660)과 명예혁명(1688)을 거치면서 헌법상 독립기관인 입법기관으로 자리를 잡았다. 그리고 영국에서 발달한 의회제도는 유럽의 여러 나라로 보급되었다.

---

23) 이범준/신승권, 『정치학』(박영사, 1996), p.146.
24) Hans J. Kleinsteuber(1984), pp.90~91.

1714년 스튜어트왕조가 단절되자 왕위계승법에 의하여 독일 하노버가(家)의 조지 1세가 영국의 국왕으로 즉위하였다. 이 노왕(老王)은 영어를 모르고 국정에 어두워 각의(閣議)에 출석하지 않고 정치의 주요 결정을 대신들에게 방임하였다. 이러한 상황에서 국왕을 대신하여 각의를 주재하고 다른 대신들에 대하여 우월한 지위를 가진 대신, 즉 수상이 출현하게 되었다.

1721년 재무대신으로 입각하여 실권을 장악한 월포울(R. Walpole)은 점차 국왕(조지 1세)의 권위에서 벗어나 의회의 다수파에 의존하게 되었다. 1727년에 즉위한 조지 2세도 선왕과 같이 정무와 거리를 두었다. 21년간 국정을 장악해 온 월포울은 1742년 왕의 신임이 있었음에도 불구하고 의회의 신임을 잃어 사직하는 선례(先例)를 남겼다. 이와 같은 과정에서 "국왕은 군림하나 통치하지 아니한다"는 원칙이 정착되고 의회의 다수파를 배경으로 하는 내각정치가 뿌리를 내리기 시작했다.[25]

의원내각제는 영국에서 발달하여 다른 나라에 전파되었다. 그러나 권력의 기능적 배분현상은 나라마다 다소 다른 모습으로 발전했다. 즉, 의원내각제는 ① 의회의 권한이 우월한 19세기 영국과 프랑스 제3·4공화국의 고전적 의회주의 모델인 의회중심제(assembly government), ② 내각의 권한이 강한 20세기 영국형 내각책임제(cabinet government), ③ 수상의 권한이 강한 20세기 후반기 독일형 수상중심제(chancellor government) 등으로 나타났다.[26]

정치적 조건과 환경이 변하고 국가의 업무가 증대하면서 수상의 권한이 강화된 것은 일반적인 현상이다. 이러한 현상은 내각책임제의 전형인 영국에서도 목격되었다. 즉, 수상이 "동료중의 제1인자"(primus inter pares)의 위치에 머무르지 않고 내각의 우두머리로서 지도적인 역할을 수행했다.

1949년 건국된 독일(서독)에서 수상의 권한은 막강했다. 이는 독일 헌법(기본법)에 기초하지만,[27] 정치실제에서 더욱 그렇게 발전한 것도 사실이다. 독일에서 수상을 중심으로 한 행정권 우위라는 현상은 수상민주주의(Kanzlerdemokratie)라는 개념으로 대변되었다. 독일에서 수상민주주의가 출현하게 된 배경으로 다음과

---

25) 김성희, 『구미정치사』(박영사, 1992), p.70.
26) 이범준/신승권(1996), p.129.
27) Kurt Sontheimer, *Grundzüge des politischen Systems der Bundesrepublik Deutschland* (München: Piper, 1980), pp.172~173.

같은 사항들을 들 수 있다.

① 아데나워(Konrad Adenauer) 수상이나 콜(Helmut Kohl) 수상과 같은 개인적인 카리스마의 역할이다.

② 수상은 무한정 연임이 가능하다.

③ 수직적 권력분립구조를 갖고 있는 연방국가에서 약화되기 쉬운 수상의 권한을 강화시킬 필요성이 있었다.

④ 분단, 통일 등 독일의 특수상황이 수상의 권한확대를 요구했다.

⑤ 정치의 실제에서 대통령은 정치행위를 자제하였다.

(2) 특   징

① 국민이 선거를 통해 의회를 선출하고 의회가 내각의 우두머리인 수상을 뽑는 것이 보통이다. 의회의 다수당이 지원하는 후보가 수상으로 선출되며, 선출된 수상이 각료를 임명하고 면직시킨다. 하나의 정당이 의회에서 다수를 차지하여 내각을 구성한 경우 단독내각이라 하며, 여러 정당이 연합하여 내각을 구성한 경우 연립내각이라 한다.

② 의원내각제는 대개의 경우 권력의 이원적 구조를 가지고 있다. 다시 말해서 국가원수와 행정부의 수장이 분리되어 있다. 예를 들면 영국, 일본, 독일의 경우 각기 왕, 천황, 대통령이 국가를 대표한다. 그러나 이들 국가원수는 상징적인 존재에 불과하며,[28] 수상이 실질적인 정치권력을 행사하고 이에 대한 책임을 진다.

③ 의원내각제는 입법부로서의 의회를 국정의 최고기관으로 삼는 정치체제의 산물이다. 의회는 법률을 제정하며, 기타 국정의 주요 사항을 심의하고, 내각(행정부)의 행정을 감독한다. 내각이 실정(失政)을 한 경우뿐만 아니고 원내 다수세력의 변화 등 여러 정치적인 이유로 의회는 내각에 대해서 불신임을 결의할 수 있다. 만일 불신임이 결의되면 내각은 연대책임을 지고 물러나야 한다. 반면에 내각은

---

28) 예를 들면 독일의 대통령은 국가를 대표한다. 대통령은 외국과 조약을 체결하며, 대사에게 신임장을 수여하고 영접한다. 그러나 대통령이 외국과 맺은 조약은 의회의 동의가 필요하며, 행정협정은 관계 부서의 서명을 요한다. 법안에 대한 대통령의 서명은 단지 절차적인 의미를 갖는 데 불과하다. 그리고 대통령이 마련한 행정문서는 관련 장관의 부서(副署)가 필요하다.

의회를 해산할 권한을 갖는다. 내각의 의회해산권은 의회의 불신임결의권에 대한 응전(應戰)을 의미할 뿐만 아니라, 국민에게 총선거를 요구하여 정부의 신임을 묻는 수단으로서의 의미를 갖는다. 불신임결의권과 의회해산권은 입법부와 행정부를 상호 견제하게 만든다.

④ 의원내각제에서 수상은 당연히 의원 중에서 선출되며, 각료도 보통 의회에서 충원된다. 내각은 의회에 법안을 제출할 권한을 가지며, 의회에 출석하여 의원들의 질의에 답변할 의무를 지닌다. 이런 의미에서 입법부와 행정부는 융합하고 있다. 입법부와 행정부가 융합하고 있는 의원내각제에서는 대통령중심제와는 달리 의회뿐만 아니고 행정부도 법안 제출권을 갖는다. 행정부가 의회보다 전문지식과 정보 면에서 앞서고 있기에 행정부가 제안한 법률안 수가 의회가 직접 마련하여 제안한 수보다 많은 것이 일반적인 추세다.

⑤ 이미 지적한 바와 같이 미국의 대통령중심제에서는 헌법상 내각제도는 존재하지 않으며, 법적으로 대통령은 각료들의 모임인 이른바 내각의 결정에 구속받지 않는다. 그런데 의원내각제에서의 수상은 대통령중심제에서의 대통령과 같은 지위를 갖지는 않는다. 좀 더 자세히 설명하면 수상은 정부의 우두머리로서 각료를 임명하고 면직시키며 내각을 이끄는 지도적인 역할을 한다. 그러나 모든 각료는 소관업무를 독자적으로 자기 책임하에 수행하며, 각료들 사이에서 발생한 이견이나 주요 문제는 내각에서 토의되고 결정되는 것이 보통이다.

(3) 장단점

1) 장　점

첫째, 행정부(내각)가 실정을 하거나 부패하고 무능한 경우 의회가 행정부에 대해 불신임을 결의할 수 있기 때문에 책임정치가 이루어진다.

둘째, 불신임결의나 의회출석 요구로 의회가 행정부를 견제할 수 있기 때문에 독재가 방지된다.

셋째, 의회와 행정부가 융합하고 있기 때문에 주요 국정을 신속하고 능률적으로 처리할 수 있다.

넷째, 단독내각이든 연립내각이든 간에 의회의 다수세력이 내각을 구성하기에 대통령중심제에서와 같은 여소야대 현상이 발생하지 않는다.

2) 단   점

첫째, 여러 정당들이 난립한 경우 정국이 불안정하다. 예를 들면 프랑스 제4
공화국(1946~1958)의 경우 12년 동안에 무려 25번 정권이 교체되었으며, 이탈리아
에서는 1945년과 1996년 사이에 52번 정권이 바뀌었다.[29]

물론 다당체제(多黨體制)라고 해서 반드시 정국이 불안한 것은 아니다. 예컨
대 독일(서독)에서는 1957년 총선을 제외하고 한 번도 어느 일당이 의회(연방하원)
에서 과반수 의석을 차지하지 못했다. 이런 상황은 1990년 통일 이후에도 지속되
었다. 그럼에도 독일에서 연립내각의 수명은 비교적 길어 정치적 안정을 유지하였
다.[30] 독일이 이와 같이 정치적 안정을 유지한 것은 그 나라의 정치문화에 기인하
기도 하지만, 「건설적 불신임투표」(konstruktives Mißtrauensvotum)라는 제도의 역
할도 적지 않다. 「건설적 불신임투표」에 의하면 의회가 다수의 찬성으로 후임수
상을 선출한 후 대통령에게 재직하고 있는 수상의 해임을 요청함으로써 불신임은
성립된다. 이 제도는 야당이 어떠한 확고한 대안이 없이 정부에 반대하여 정치적
위기를 초래하는 것을 방지하는 데 그 취지가 있다.[31]

둘째, 의원내각제는 입법부와 행정부가 융합하고 있는 것이 특징이다. 그런데
단일정당이 의회와 내각을 독점하고 두 국가기관이 상호 견제를 하지 않는 경우
정당독재가 나타날 수 있다.

셋째, 직업공무원제가 확립되어 있지 않은 상태에서 내각교체가 빈번하게 발
생하면 행정공백이 야기되고 국가정책이 일관성 있게 추진될 수 없다.

---

29) Andrew Heywood (2000), p.174.

30) 예를 들면 독일의 사민당과 자민당은 1969년에 연립내각을 구성하여 1982년까지 이를
유지했다. 그 후 기민당/기사당/자민당에 의해 성립된 연립내각은 1998년까지 지속되었
다.

31) 독일에서 지금까지 「건설적 불신임투표」 제도를 이용하여 수상을 교체시키려는 시도는
두 번 있었다. 한 번은 1972년 야당인 기민당/기사당이 의회(연방하원)에서 브란트 수상
(사민당)에 대한 불신임을 결의하고 기민당 소속의 바르젤을 후임 수상으로 선출하려 했
으나 필요한 표수를 얻지 못하여 실패했다. 이와는 달리 1982년 실업문제 등 경제문제와
관련하여 연립정권에서 탈퇴한 자민당이 야당인 기민당/기사당과 연합하여 시도한 슈미
트 수상(사민당)에 대한 불신임안은 콜(기민당)을 차기 수상으로 선출함으로써 성공했다.

3. 혼합형 정부형태

1958년에 출범한 현 프랑스 제5공화국의 정부형태를 한마디로 정의한다는 것은 어려운 일이다. 왜냐하면 헌법의 내용이 신축적일 뿐만 아니라, 헌법의 적용도 정치구도에 따라 영향을 받아 왔기 때문이다.[32]

프랑스의 권력구조는 단순한 대통령제도 아니고 의원내각제도 아닌 혼합형 이원집정부제라 하기도 하고, 반(半)대통령제 또는 준(準)대통령제라고도 한다.[33] 국민으로부터 직접 선출된 대통령은 의회(하원)를 해산할 권한을 갖고 있으나 의회에 대하여 직접 책임을 지지 않기 때문에 강력한 대통령제라고 말할 수 있다. 그러나 다른 한편으로 의회의 다수파가 수상이 이끄는 내각을 장악하기 때문에 대통령의 권한은 제한된다. 그리고 의회의 다수세력에 의존한 내각은 의회에 대해 국정의 책임을 지기 때문에 내각책임제라고도 볼 수 있다.[34]

프랑스의 민주주의가 뿌리를 내린 제3공화국(1870~1940)과 제4공화국(1946~1958)은 의회중심의 내각책임제로 운용되었다. 그런데 제3·4공화국 시기에 정당의 난립과 이합집산으로 정국은 불안정했고, 정부는 무기력했으며, 정치는 비능률적이었다. 그래서 이에 대한 반발로 강력하고 일할 수 있는 정부를 구현하기 위해 1958년 제5공화국 헌법이 제정되었다.

드골(De Gaulle)이 선거인단에 의해 제5공화국의 초대 대통령으로 선출되었다. 그런데 1962년 헌법의 개정으로 대통령 직선제가 도입되었다. 새로운 선출방식은 2차 결선투표제이다. 즉, 1차 투표에서 과반수를 얻은 후보자가 없으면 가장 많은 표를 얻은 1, 2위 후보자끼리 2차 투표를 실시하여 절대다수를 획득한 자가 선출되는 방식이다. 수상임명권은 대통령의 헌법상 권한이지만 실제에는 의회 다수세력 출신의 인사를 수상으로 임명하는 것이 관례로 되어 있다.[35]

---

32) Udo Kempf, "Frankreichs Regierungssystem," in Landeszentrale für politische Bildung Baden-Württemberg(ed.), *Frankreich* (Stuttgart: Kohlhammer, 1989), pp.105~139.

33) 석철진, "프랑스의 권력구조," 국제평화전략연구원(편), 『한국의 권력구조논쟁』(풀빛, 1997), p.320.

34) 의회는 절대다수결로 내각(행정부)에 대한 불신임결의권을 행사할 수 있으나 한 회기에 일회만이 허용된다.

35) 헌법 제8조에 의하면 대통령은 의회의 간섭을 받지 않고 수상을 임명하게 되어 있다. 그러나 제49조는 정부가 의회에 제출한 정책프로그램을 의회가 찬동하지 않으면 내각은 불

　　제5공화국 정부형태는 대통령중심제와 같이 방대한 대통령의 권한을 인정하면서도 내각(행정부)이 의회에 책임을 지기 때문에 대통령중심제와 의원내각제의 혼합형이라고 말할 수 있다.[36] 이러한 혼합형 이원집정부제는 서로 다른 정치세력에 기반을 둔 대통령과 수상이 공존하는 동거체제(cohabitation)에서 그 특성이 더욱 뚜렷이 드러난다.

　　1958년 이후 프랑스 헌정사에는 제헌 당시 예상치 못했던 좌우 동거체제(동거정부)가 몇 차례 출현했다(1986~1988, 1993~1995, 1997~2002). 이미 최초의 동거체제에서 대통령과 수상의 권한배분이 쟁점화되었다. 그 결과 국방과 외교에 대한 외치(外治)는 대통령이, 경제 등 내치(內治)의 국정운영은 수상이 총괄하는 이원적 집행권 행사의 관례가 만들어졌다.[37]

　　동거체제는 대통령중심제와 의원내각제의 혼합적인 제5공화국의 헌정구조가 빚어낸 산물이다. 정국안정을 위해 마련된 1958년의 헌법은 동거체제로 인하여 본연의 기능을 발휘하지 못하고 오히려 정국불안과 정치의 비효율성을 초래한다는 비판을 받았다. 그러나 프랑스 국민은 하나의 정치세력이 대통령직과 수상직을 독점하여 병폐를 낳으면 선거를 통해 동거정부를 만들고, 반대로 동거정부가 불협화음을 내어 정국이 불안정하게 되면 역시 선거를 통해 단일정부를 만들어 정치의 균형을 잡아나가는 슬기를 발휘하였다. 대통령의 임기는 하원의원의 임기(5년)와 달리 7년이었다. 그래서 총선은 대통령의 간접적 중간평가라는 성격을 띠었다.

　　프랑스 제5공화국에서 대통령 임기는 아일랜드와 함께 7년으로 유럽에서 가장 길었다. 미테랑 대통령이 2차례 14년간 중임하면서 장기집권에 따른 폐해가 드러났으며 현대 민주주의에 역행한다는 지적이 끊이지 않았다. 또한 대통령 임기와 의원 임기의 차이로 좌우동거체제의 발생가능성이 큰 것도 문제점으로 지적되었다. 결국 2000년에 실시된 국민투표로 대통령의 임기는 7년에서 5년으로 줄어들었다. 그리고 단축된 대통령 임기는 2002년 대통령 선거에 처음으로 적용되었다. 역시 같은 해 하원을 구성하는 총선이 실시되었다.[38] 이처럼 대통령의 임기

　　신임을 당하게 된다고 규정하고 있다. 그래서 대통령은 의회의 다수세력을 고려하여 수상을 임명하지 않을 수 없다.

36) 이범준/신승권(1996), p.151.

37) 석철진(1997), p.309.

38) 2002년 5월에 실시된 대선 결선투표에서 자크 시라크 대통령이 국민전선(FN)의 장마리 르펜 후보를 물리치고 재선에 성공했다. 그리고 같은 해 6월에 실시된 총선에서 자크 시

와 의원의 임기가 맞물리게 하는 헌법의 개정으로 동거정부의 성립 가능성은 낮아졌다.

4. 합의제 정부형태

스위스는 여러 면에서 사회가 균열(龜裂)된 대표적인 국가이다. 넓이 4.1만㎢에 인구 약 860만 명이 살고 있는 작은 나라인 스위스에는 언어적·종교적·문화적으로 상이한 집단들이 하나의 정치체계 속에서 함께 생활하고 있다.[39)]

정치, 종교, 지역, 인종, 언어 등 중층적으로 균열된 사회로부터 발생하는 긴장과 갈등을 해결하는 방법으로 일반적인 자유민주주의적 기제(mechanism)가 반드시 적합한 것은 아니었다. 달리 말해서 여러 그룹으로 분열된 사회를 무조건 민주주의 원칙인 다수의 지배에 맡기는 것은 통합을 저해하는 결과를 초래할 뿐이었다. 그래서 스위스 사람들은 「통합 속의 다양성」을 유지하기 위하여 그들 특유의 정부형태를 발전시켰다. 즉, 스위스는 대통령중심제도 아니고 의회중심제도 아닌 집단지도제(collegial government)를 채택하고 있다. 다양한 정치세력의 합의(consensus)를 바탕으로 운용되는 집단지도제는 국민투표제적 민주주의와 연결되어 상호 보완하고 있다.

무려 500년이 넘게 스위스는 주(州)를 의미하는 칸톤(Canton)의 동맹에 기초한 연방제를 유지하여 왔다. 내적인 균열, 그리고 전쟁과 다름없는 내부갈등에도 불구하고 스위스 사람들은 주변 강대국들과의 경계를 분명히 하여 전체 스위스를 포괄하는 자아의식을 발전시켜 보존하여 왔다. 이는 여러 칸톤에 분산되어 살고 있는 소수의 권리가 국민주권이라는 이름 아래 전체 다수로부터 압도될 수 없도록 제도화한 것에 힘입은 바가 크다.

라크 대통령을 중심으로 한 중도우파 연합이 하원 의석 577석 중 399석을 차지해 상원과 하원을 모두 장악했다.

39) 1938년 이후 스위스는 4개의 언어를 공용어로 인정하고 있다. 전체 인구에서 차지하는 언어의 비중을 보면 다음과 같다: 독일어(72.5%), 프랑스어(21.0%), 이탈리아어(4.3%), 로망슈어(0.6%). 과거 스위스는 신구교가 치열하게 대립하여 싸움을 한 아픈 경험을 가지고 있다. 현재 가톨릭은 인구의 41.8%, 개신교는 35.3% 그리고 이슬람교는 4.3%를 차지하고 있다.

스위스의 헌법체계는 미국과 비슷한 수직적 권력분립을 원칙으로 한다. 의회는 동등한 입법권을 소유한 상하 양원으로 구성된다. 상원(Council of States)은 26개 칸톤을 대표하는 46명의 의원으로 구성되며,[40] 하원(National Council)은 칸톤의 인구수를 반영하여 선출된, 그러나 전체 국민을 대표하는 200명의 의원으로 구성된다.

그런데 미국과 달리 스위스의 연방정부에 해당되는 연방평의회(Federal Council)는 합의기관이다. 7명으로 구성된 집단지도제의 성격을 띤 연방정부의 각료들은 양원 합동회의에서 선출된다. 하지만 각료들이 의회에서 선출될지라도 영국과 같은 내각책임제와 달리 의회에 책임을 지지 않는다. 이들 각료의 임기는 4년으로 보장된다. 스위스에는 국민으로부터 직접 선출된 대통령이 존재하지 않는다. 연방평의회 의장은 연방 각료 중에서 호선되며, 의장은 임기 1년으로 연방대통령을 겸한다.

권력행사에 관하여 헌법에 명시된 공식적인 형태 못지않게 중요한 것은 비공식적인 협약이다. 비공식적 협약에 따라 총 7명의 각료 중 두 명은 프랑스어 사용 칸톤과 이탈리아어 사용 칸톤에서 번갈아 나오고, 나머지 5명은 독일어 사용 칸톤에서 나왔다.[41] 더욱 특이한 점은 한동안(1959~2003) 비교적 큰 4개의 정당(자민당, 기독민주국민당, 사민당, 스위스국민당)이 각료 수를 일정 비율(2:2:2:1)로 나누어 차지하였다는 사실이다. 연방정부에 참여한 이들 정부정당(government parties)은 하원에서 슈퍼다수(supermajority)를 형성했다. 2003년 이후 정당구도의 변화에 따라 연방정부를 구성한 정부정당과 그 비율은 약간 달라졌다. 예컨대 2011년 성립된 연방정부는 자민당 2명, 사민당 2명, 기독민주국민당 1명, 스위스국민당 1명, 보수민주당 1명 등 총 7명으로 구성되었다.[42] 2019년에 들어선 연방정부는 사민당 2명, 자민당 2명, 스위스국민당 2명, 기독민주국민당 1명으로 이루어졌다.[43] 일정한 비율에 따라 각료수가 배분되는 비율민주주의 원칙은 연방정부인 연방평

---

40) 스위스는 20개의 완전한 주와 6개의 반주(半州)로 구성되어 있다. 상원에서 완전한 주는 각각 2석을 차지하며, 반주는 각각 1석을 차지한다.

41) Kurt L. Shell, "Westliche Demokratien," in Beyme/Czempiel/Kielmansegg/Schmoock (eds.), *Politikwissenschaft*, Band I(Stuttgart: Kohlhammer, 1987), p.133.

42) 2011년 당시 5개 정부정당은 하원 총 의석의 83.5%(167석/200석)를 차지해 슈퍼다수를 형성했다. 하원에는 모두 11개 정당이 진출했다.

43) "Bundesrat," https://de.wikipedia.org (2019년 8월 19일 검색).

의회에 한정된 것은 아니다. 고위 행정직, 군대직책, 재판소의 자리배분에는 지역과 언어가 고려된다.

연방주의, 권력분점, 그리고 비율민주주의는 결정체계에서 협상과 타협을 불가피하게 만든다. 이들 세 원리는 소수의 이익을 방어하는 수단이다. 하지만 조화와 일치를 강조하는 이 제도(concordance system)는 협상이 지체되고 거부그룹에 의하여 결정이 저지되는 것을 감수해야 한다.

스위스의 결정체계에서 일반화된 협상과 타협은 불가피하게도 여러 상이한 집단들의 대표자들에 의해 행하여지기 때문에 기초민주주의와 거리가 멀다는 비판을 받는다. 이와 같은 엘리트 중심의 합의민주주의(concordance democracy)가 갖는 문제점을 보완하기 위하여 스위스는 국민투표제 민주주의(plebiscitary democracy)를 병행하여 실시하고 있다. 이른바 스위스의 제한적 직접민주주의가 채택하고 있는 국민표결방식은 다음과 같다.

첫째, 최소 5만 명의 유권자 또는 8개 칸톤의 국민발의로 연방 법률의 개정안이 국민투표에 붙여진다(임의적 국민표결).

둘째, 연방헌법의 개정은 반드시 국민투표를 거쳐야 한다(필수적 국민표결). 헌법 개정을 위한 국민투표의 전제 조건으로 의회가 발의하거나 아니면 국민이 발의(최소 10만 명의 유권자)해야 한다.[44)

스위스의 일부 기초단위 지방단체에서는 현재에도 고대 그리스의 아테네에서와 같이 주민들이 한데 모여 손을 들어 결정하는 직접민주주의 방식이 실행되고 있다.

5. 사회주의 정부형태

사회주의 국가에서는 공산당이 국가를 이끈다고 표현해도 과언이 아니다. 예를 들면, 북한은 헌법에 "조선민주주의인민공화국은 조선로동당의 령도밑에 모든 활동을 진행한다"(2012년 개정헌법 제11조)고 명시함으로써 당이 국가를 지배하고

---

44) Leonhard Neidhart, "Die Schweizer Konkordanzdemokratie," in Landeszentrale für politische Bildung Baden-Württemberg(ed.), *Die Schweiz* (Stuttgart: Kohlhammer, 1988), pp.144~151.

있음을 확실히 했다. 일반적으로 사회주의 국가에서는 공산당이 인민회의의 정치적 의사형성 및 결정과정을 지시·통제하며, 공산당의 결정은 법제정의 기초를 이루고 모든 국가기관의 행위를 구속하는 「공산당 지배원칙」이 우선한다.

공산당은 노동자 계급의 전위대로서 혁명의 핵심적인 역할을 수행하며, 혁명 이후에는 국가기관의 도움을 받아 최종 단계인 공산주의를 달성하기 위해 프롤레타리아 독재를 실현한다. 마르크스-레닌주의의 국가론에 의하면 국가는 노동자 계급과 노동자 정당(즉, 공산당)이 혁명과업을 완수하기 위해 사용하는 수단이다.[45] 국가는 혁명계급인 노동자계급의 지배하에 사회주의를 실현하고 계급이 없는 사회의 형성을 위해 노력한다.

레닌(Vladimir I. Lenin)과 스탈린(Joseph V. Stalin) 등에 의해 강조되었던 공산당 우위의 원칙이 사회주의 국가에서 계속적으로 유효했으나, 정치현실에서 변화를 경험한 것도 사실이었다. 이미 1970년대에 동유럽의 사회주의 국가에서는 당과 국가, 그리고 당과 사회 간의 관계에 뚜렷한 변화가 나타나기 시작했다. 사회의 분화, 관료조직의 복잡화, 그리고 전문성을 요하는 국가 업무의 증폭으로 집권 공산당이 모든 국가기관과 사회분야를 더 이상 혼자 직접 지도할 수 없게 되었다. 이런 가운데 국가는 점차 수단으로서의 역할에서 벗어나 독자성을 지닌 조직체로 변모해 갔다.[46]

사회주의 국가의 권력구조가 보여 주고 있는 또 하나의 특징은 당의 최고 지도층이 정부의 요직을 겸직하여 정권을 주도한다는 사실이다. 이러한 「교차겸직」(交叉兼職)은 중국, 북한, 구(舊)동독 등 거의 모든 사회주의 국가에서 찾아볼 수 있는 현상이다. 예컨대, 1994년 북한의 최고 지도자 김일성 사망 후 일정 기간 권력공백기를 거쳐 그의 아들 김정일은 1997년 먼저 조선로동당 총비서직을 승계하였다. 다음 해 그는 국가최고의 직책으로 격상된 국방위원장에 추대됨으로써 정치권력의 1인자임을 내외에 과시했다. 2011년 말 김정일이 죽자 그의 아들 김정은은 2012년 당 제1비서(黨),[47] 국방위원회 제1위원장(政),[48] 당 중앙군사위원회 위

---

45) Gert-Joachim Glaeßner, "Partei und Staat in der DDR," in Landeszentrale für politische Bildung Baden-Württemberg(ed.), *DDR* (Stuttgart: Kohlhammer, 1983), p.78.

46) Gert-Joachim Glaeßner, "Sozialistische Systeme: Die DDR," in Beyme/Czempiel/ Kielmansegg/Schmoock(eds.), *Politikwissenschaft*, Band I(Stuttgart: Kohlhammer, 1987), pp.198~199.

47) 2016년 5월 개최된 제7차 조선로동당 대회에서 김정은 당 제1비서는 당 위원장으로 추

원장(軍)에 추대됨으로써 당·정·군을 모두 장악했다.

　　중국도 교차겸직의 좋은 예이다. 2002년 장쩌민(江澤民)으로부터 중국공산당 총서기직을 물려받은 후진타오(胡錦濤)는 2003년 국가주석직 그리고 2004년 군 통수권을 가진 중앙군사위 주석직까지 승계함으로써 당·정·군의 최고직책을 모두 손에 넣었다. 후진타오의 뒤를 이은 시진핑(習近平)은 2012년 당 총서기와 당 중앙군사위 주석이 되고 다음 해 국가주석 자리를 차지함으로써 명실상부한 최고 지도자가 되었다.

　　흔히 사회주의 국가는「공산당 일당체제」라 불린다. 여기서 말하는 일당체제는 사회주의 국가에 공산당 외에 다른 정당이 존재하지 않는다는 것을 의미하는 것은 아니다. 북한에는 조선로동당 이외에 조선사회민주당과 천도교청우당과 같은 정당들이 있다. 그러나 이들 정당은 조선로동당의 정강·정책에 전적으로 동의하는 우당(友黨)이다. 중국에는 중국공산당이 지도하는 애국통일전선 속에 각종 당파로서 국민당혁명위원회, 중국민주동맹, 중국민주건국회, 중국농공민주당, 타이완민주자치동맹 등 총 8개의 민주당파가 명맥을 유지하고 있다. 옛 동독에는 소위 블록정당들(기민당, 자민당, 국가민주당, 민주농민당)이 집권 공산당인 사회주의 통일당(SED)이 지도하는 국민전선에 융합되어 있어 실제에서 야당의 역할이 배제되었다. 이와 같이 사회주의 국가는 형식적으로 자유민주주의 체제와 같이 복수정당제를 표방하나 실제로는 일당체제나 다름없다.

　　사회주의 국가에서는 레닌에 의해 공산당의 조직 원리로 터전을 잡은「민주집중제」(민주주의 중앙집권제)가 채택되어 실행된다. 여기서 민주라는 개념은 공식적으로 당의 모든 지도부는 선거에 의해 밑에서 위로 선출된다는 것을 의미하며, 집중이라는 개념은 상위기관의 모든 결정은 하위기관을 절대적으로 구속하고 모순이 없이 실행된다는 것을 뜻한다. 원칙적으로 당의 조직 원리인「민주집중제」는 국가기관과 사회조직에도 적용된다.

대되었다.

48) 2016년 6월 개최된 최고인민회의 13기 4차 회의에서 김정은 국방위원회 제1위원장은 신설된 국무위원회의 위원장(국무위원장)으로 추대되었다.

📝 참고문헌

김성희, 『구미정치사』, 박영사, 1992.

석철진, "프랑스의 권력구조," 국제평화전략연구원(편), 『한국의 권력구조논쟁』, 풀빛, 1997.

유재원, "미국의 연방제도와 정부간 관계," 서정갑 외 『미국정치의 과정과 정책』, 나남출판, 1994.

이범준/신승권, 『정치학』, 박영사, 1996.

정세욱, "각국(영국·독일·프랑스·일본)의 지방자치 실태비교," 『국책연구』, 통권 제35호, 민주자유당 국책자문위원회, 1995.

정정목, 『지방자치원론』, 법문사, 1996.

Carnoy, M., *The State and Political Theory*, Princeton: Princeton University Press, 1984.

Carter, Gwendolen M./Herz, John H., *Government and Politics in the Twentieth Century*, New York: Praeger Publishers, 1997.

Danziger, James N., *Understanding the Political World,* New York: Longman, 2001.

Glaeßner, Gert-Joachim, "Partei und Staat in der DDR," in Landeszentrale für politische Bildung Baden-Württemberg(ed.), *DDR*, Stuttgart: Kohlhammer, 1983.

Glaeßner, Gert-Joachim, "Sozialistische Systeme: Die DDR," in Beyme/Czempiel/ Kielmansegg/ Schmoock(eds.), *Politikwissenschaft*, Band I, Stuttgart: Kohl- hammer, 1987.

Grigsby, Ellen, *Analyzing Politics,* Belmont: Wadsworth, 1999.

Held, D./Pollitt, C.(eds.), *New Forms of Democracy*, London: Sage, 1986.

Heywood, Andrew, *Key Concepts in Politics,* New York: St. Martin's Press, 2000.

Hrbek, Rudolf, "Föderalismus," in Hrbek, Rudolf(ed.), *Bundesrepublik Deutschland 1949-1989*, Tübingen: Universität Tübingen, 1989.

Insel Verlag(ed.), *Der Vertrag zur deutschen Einheit*, Frankfurt, 1990.

Jacobsohn, John A., *An Introduction to Political Science,* Belmont: Wadsworth Publishing Co. 1998.

Jesse, Eckhard, "Der innenpolitische Weg zur deutschen Einheit," in Jesse, Eckhard/Mitter, Armin(eds.), *Die Gestaltung der deutschen Einheit*, Bonn: Bouvier, 1992.

Kempf, Udo, "Frankreichs Regierungssystem," in Landeszentrale für politische Bildung

Baden-Württemberg(ed.), *Frankreich*, Stuttgart: Kohlhammer, 1989.

Kleinsteuber, Hans J., *Die USA: Politik, Wirtschaft, Gesellschaft*, Hamburg: Hoffmann und Campe, 1984.

Männle, Ursula, "Grundlagen und Gestaltungsmöglichkeiten des Föderalismus in Deutschland," *Aus Politik und Zeitgeschichte*, Bonn, B 24, 1997.

Neidhart, Leonhard, "Die Schweizer Konkordanzdemokratie," in Landeszentrale für politische Bildung Baden-Württemberg(ed.), *Die Schweiz*, Stuttgart: Kohlhammer, 1988.

Perez-Diaz, M., *State, Bureaucracy and Civil Society*, London: Macmillan, 1978.

Poggi, G., *The Development of the Modern State*, London: Hutchinson, 1978.

Rittberger, Volker, "Wie friedensverträglich ist ein geeintes Deutschland," in Landeszentrale für politische Bildung Baden-Württemberg(ed.), *(Wieder-) Vereinigungsprozeß in Deutschland*, Stuttgart: Kohlhammer, 1990.

Shell, Kurt L., "Westliche Demokratien," in Beyme/Czempiel/Kielmansegg/Schmoock (eds.), *Politikwissenschaft*, Band I, Stuttgart: Kohlhammer, 1987.

Sontheimer, Kurt, *Grundzüge des politischen Systems der Bundesrepublik Deutsch- land*, München: Piper, 1980.

Zimmerman, Joseph, *Contemporary American Federalism: The Growth of National Power*, New York: Praeger, 1992.

"Unitary state," https://en.wikipedia.org (2019년 5월 22일 검색).

"Bundesrat," https://de.wikipedia.org (2019년 8월 19일).

제8장

선거와 선거제도

📑 I. 선거의 의미와 자유선거

1. 선거의 의미

대의민주주의(representative democracy)는 국민이 선거를 통해서 대표자를 선출하고, 선출된 대표자가 국민을 대표하여 정치를 담당하는 정치형태이다. 따라서 선거(election)는 대의민주주의를 실현하기 위해 필수적인 수단이라 할 수 있다. 간접민주주의라고도 불리는 대의민주주의는 근대 이후 거의 모든 국가에서 보편화된 민주주의 방식이다.

선거는 선거인이 일정한 절차에 따라 특정인을 대표자로 결정하는 방법이다. 선거는 모든 사회집단에서 실시되는 대표자 선출방법이다. 그런데 일반적으로 정치나 정치학에서 논의되는 선거는 국민이 투표로 특정한 정치적 공직자를 선출하는 방법을 의미한다.

현대 대의민주주의에서 국민이 정치에 참여하는 방법은 퍽 다양하다. 국민은 정당, 이익단체, 시민단체 등에 가입하여 정치에 직접 참여하거나 이에 영향을 미치고, 시위운동에 가담하거나 언론 및 전자매체를 통해 정치적 의사를 표현하며, 정치가에 대한 후원이나 국가기관에 대한 진정을 통해 정치참여를 시도한다. 그런데 국민은 특히 선거를 통해서 대표를 선출하고 또한 그로 하여금 정책과 법안을 결정하게 하기에 선거는 민주주의에서 가장 기본적이고 중요한 정치참여의 수단이라 할 수 있다.

선거는 국민이 정치에 참여하는 가장 중요한 수단이면서 동시에 주권행사의 구체적인 방법으로서 그 의미를 갖는다. 그리고 선거는 단지 대표기관을 구성하는 단순한 기술(技術)로서가 아니고, 민주적 절차로서 이해된다.

2. 자유선거

자유선거는 자유민주주의 체제가 준수해야 할 주요원칙의 하나이다. 자유선거 원칙이 지켜지지 않으면 선거가 갖는 본래의 의미는 크게 감소하며, 또한 체제의 정당성은 훼손된다. 아래와 같은 요건들이 충족되어야 진정한 의미에서 자유선거라 할 수 있겠다.

(1) 선거 4대원칙의 준수

현대 민주국가에서 지켜야 할 선거의 기본원칙은 보통선거, 평등선거, 직접선거, 비밀선거 등 네 가지이다. 한국의 헌법도 국회의원선거나 대통령선거에서 이 원칙에 따르도록 규정하고 있다.

① 보통선거(universal suffrage): 보통선거제는 정신병자, 범죄자 등 특별한 사람을 제외하고 일정한 연령 이상의 모든 국민에게 투표권이 부여되는 제도이다. 보통선거제의 상대개념인 제한선거제는 교육, 재산, 신분, 종교, 인종, 성별 등 일정한 조건에 의해 투표권을 제한하는 제도이다.

역사적으로 살펴볼 때, 선거제도는 제한선거를 거쳐 보통선거로 발전하였다. 19세기 유럽에서 재산과 교육을 기준으로 한 제한선거가 일반적이었으며, 20세기에 들어와 보통선거가 실시되기 시작했다. 유럽에서 여성이 선거권을 보유하게 된 시기는 대략 1920년대 무렵이다. 예컨대 영국에서 재산에 의한 제한선거는 1918년에 철폐되었으며, 여성에게는 1928년에 선거권이 부여되었다. 보통선거 원칙이 세계적으로 확립된 것은 제2차 세계대전 후의 일이다. 한국은 1948년 제헌헌법에서 보통선거를 채택했다.

전후(戰後) 보통선거제가 세계적으로 보편화되었음에도 불구하고 일부 이슬람 국가는 최근에 들어와서야 여성에게 선거권을 부여했다. 예컨대 쿠웨이트는 2006년 총선에서 처음으로 여성의 투표권을 인정했다. 사우디아라비아에는 국민이 직접 선출한 의원들로 구성된 의회가 없기에 지방선거는 유일한 참정권 행사 무대이다. 사우디아라비아 여성들은 2015년 실시된 지방선거에서 처음으로 선거권을 행사하였다.

② 평등선거(equal suffrage): 평등선거제는 모든 투표자가 동등한 가치의 투표권을 갖는 제도, 즉 1인 1표제를 의미한다. 평등선거제에 대립하는 개념인 차등선거제(또는, 불평등선거제)는 교육, 재산, 직업 등의 척도에 의해 투표자의 투표권에 가치의 차등을 주는 제도이다. 예를 들면 과거 독일의 프로이센제국에서는 투표자의 세금납부실적에 따라 세 등급으로 분류하여 투표권에 차등을 주는 선거제도가 실행되었다.

③ 직접선거(direct vote): 직접선거제는 선거권자가 중간 선거인을 선정하지 않고 직접 대표자를 선출하는 제도이다. 직접선거제의 대응개념인 간접선거제는 국민이 선거인단을 선출하면 선거인단이 의회의 의원이나 대통령을 선출하는 제도이다. 직접선거는 간접선거와 달리 국민의 의사에 직결되어 있다는 점에서 좀 더 민주적인 제도라 할 수 있다.

일반국민의 대표자 선정능력에 대한 불신에서 비롯한 간접선거제는 과거 유럽의 여러 나라에서 채택된 바 있으나 오늘날 더 이상 사용되지 않고 있다. 한국의 유신체제에서 통일주체국민회의가 대통령을 선출한 것은 간접선거의 한 예이다. 미국의 대통령 선거는 선거인단에 의해 간접적으로 선출하는 형식을 취하고 있으나, 선거인단이 누구를 대통령으로 선출할 것인가가 미리 정해져 있어서 실제로는 직접선거와 다를 바 없다.[1)]

④ 비밀선거(secret vote): 비밀선거는 공개선거에 대립되는 말로 선거인이 어느 후보자를 선출하는지 알 수 없게 하는 것이다. 공개선거는 선거인의 투표내용을 알 수 있게 하는 것으로 거수(擧手), 기립(起立), 호명(呼名), 기명(記名) 등에 의한 방법이 있다. 공개선거는 투표의 책임을 명백히 한다는 뜻에서 일부 국가에서 채택되기도 하지만, 대부분의 현대 민주국가는 비밀선거를 보장하고 있다.

이상의 4가지 원칙 이외에 투표의 자유를 선거의 원칙으로 삼는 경우도 있다. 대부분의 나라들은 투표권의 행사에 대한 자유를 인정하고 있다. 그런데 벨기에, 룩셈부르크, 그리스, 브라질 등 일부 국가들은 투표권 행사를 국민의 의무로 간주하고 정당한 이유가 없는 기권에 대해서는 벌금부과, 기권자 명단공개 등 법적 제재를 가하고 있다.[2)] 그러나 투표권 행사를 강제하는 것은 기권방지의 효과는 있으나 선거의 본래 취지에는 어긋난다는 지적이 더 설득력을 갖는다. 왜냐하면 정치가 유권자의 관심을 끌지 못하거나 실망을 준 경우 또는 유권자가 원하는 후보가 없는 경우, 기권행위도 정치적 의사표현의 한 방법으로서 의미가 있기 때문이다.

(2) 후보를 낼 수 있는 권리와 복수후보

모든 국민은 자유롭게 정당을 설립하여 운영할 수 있고 후보를 낼 수 있는

---

1) 미국의 대통령 선거는 각 주별로 대선후보에 주민들이 투표를 실시해 해당 주별 지지후보를 결정한 뒤, 해당 주의 선거인단이 그 결과를 토대로 다시 투표하는 제도이다. 부언하면, 각 주 유권자의 유효투표를 한 표라도 더 획득한 후보가 각 주에 할당된 선거인단 전원을 확보하게 되며(이른바 '승자독식'방식), 이들 선거인단이 모여서 투표하는 대통령 선거는 사실상 형식적인 행위에 불과하다. 이 선거제도로 인하여 2016년 대선에서 힐러리 클린턴 민주당 후보는 국민 총 투표수에서 도널드 트럼프 공화당 후보보다 앞섰으나 선거인단 수에서 뒤져 고배를 마셨다.

2) 1993년 유럽연합(EU)이 출범한 후 첫 번째 실시된 1994년 유럽선거(유럽의회선거)의 평균 투표율은 56.5%로 저조했다. 그런데 투표가 의무적인 벨기에(90.3%), 룩셈부르크 (86.6%), 그리스(71.2%)에서는 투표율이 상대적으로 높았다. 이에 관해서는 Rudolf Hrbek, "Das neue Europäische Parlament," *integration*, Bonn, 3/1994, p.159 참조.

권리를 가진다. 또한 유권자는 한 공직에 최소한 두 후보자를 선택의 대상으로 가져야 한다. 다시 말해서 정당에게는 후보를 낼 수 있는 자유가 보장되어야 하며, 유권자에게는 복수후보가 제시되어야 한다는 것이다.

선출직이나 공직에서 여성의 낮은 대표성을 극복하기 위하여 여성할당제를 실시하는 나라가 점차 늘고 있다. 그런데 실질적인 남녀평등을 실현하기 위하여 일부 국가에서 적용하고 있는 정당공천에 있어서의 여성할당의무제는 정당이 후보를 내는 권리와 유권자가 후보를 선택하는 권리를 제한하기에 위헌의 소지가 없지 않다. 그래서 프랑스는 1999년 헌법을 개정하여 선출직과 공직에 남녀 평등한 진출을 용이하게 하는 제도적 기반을 마련하였다. 한국의 경우 2004년 개정된 정당법에 의하여 정당은 비례대표 전국선거구 국회의원 후보자 중 50% 이상을 여성으로 추천하도록 의무화하였으며, 지역구 총수의 30% 이상을 여성후보로 공천한 정당에게는 보조금을 추가로 지급하도록 하였다. 독일은 국가법으로 여성할당제를 의무화하지는 않고 있으며, 각 정당이 내규로 정당비례대표의 일부를 여성에게 할당하고 있다.

(3) 알릴 수 있는 자유와 공정한 선거

모든 후보자들과 지지자들에게 후보자의 이름과 경력, 그리고 공약을 알릴 수 있는 충분한 자유가 주어져야 한다. 그리고 유권자의 자유의사를 해치는 금권선거, 관권선거 등 각종 불공정 선거는 자유선거 원칙에 위배된다.

(4) 자유 투표, 정확한 개표 그리고 정직한 결과공개

유권자들은 어떠한 방해나 보복의 두려움이 없이 투표장에 가서 자유스럽게 투표를 할 수 있어야 한다. 그리고 개표는 정확하게 이루어져야 하며, 그 결과는 정직하게 공개되어야 한다.

■ II. 선거의 기능

「선출하는 행위」를 뜻하는 선거는 본질적으로 유권자가 최소한 두 명 이상의 후보자 가운데 원하는 사람을 자유롭게 선택하는 것을 말한다. 즉, 진정한 의미의 선거에서는 「선택의 가능성」과 「선거의 자유」가 보장되어야 한다는 것이다. 그러나 정치현실에서 이러한 선거의 개념이 반드시 적용되고 있는 것은 아니다. 그래서 선거는 이들 두 가지 척도를 기준으로 경쟁적 선거, 비(非)경쟁적 선거, 반(半)경쟁적 선거 등 세 유형으로 구분된다.[3] 크게 보아 자유민주주의 체제는 경쟁적 선거, 사회주의 체제는 비경쟁적 선거, 그리고 권위주의 체제는 반경쟁적 선거에 가깝다고 말할 수 있다. 선거의 기능은 이들 세 유형에서 반드시 동일하게 나타나는 것은 아니다.

1. 자유민주주의 체제

자유민주주의 체제의 경쟁적 선거에서 선거의 기능은 사회적 조건에 따라 차이가 난다. 즉, 다원적이고 이질적인 복합적 사회구조에서 선거는 상이한 여러 이질적 사회·문화집단의 정치적 대표성을 실현시켜 주거나, 다수형성을 통해서 사회분열을 정치적으로 극복하는 기능을 한다. 그러나 동질적인 요소로 구성된 일원적 사회구조에서 선거는 우선적으로 정권획득을 목적으로 하는 정당 간의 경쟁을 유도하는 기능을 수행한다.[4] 그 외에도 선거는 평화적 정권교체, 국민통합, 정치엘리트 충원, 정치의식 고양 등 다양한 기능을 수행한다.

2. 사회주의 체제

자유민주주의 체제에서 정치적 권력의 정당성은 무엇보다도 선거에서 나온

---

3) Dieter Nohlen, "Wahlen und Wahlsysteme," in Wolfgang W. Mickel(ed.), *Handlexikon zur Politikwissenschaft* (Regensburg: Ehrenwirth, 1983), pp.553~554.

4) Dieter Nohlen, *Wahlrecht und Parteiensystem* (Opladen: Leske, 1990), pp.24~26.

다. 예를 들면 의원내각제에서 국민은 선거를 통해 의회를 구성하고 또한 의회는 수상을 선출하며, 대통령제에서 국민은 직접 대통령을 선출한다. 그러나 사회주의 체제의 비경쟁적 선거는 자유민주주의의 경쟁적 선거가 갖는 이러한 정당성 확보 기능과는 거리가 멀다. 그럼에도 사회주의 국가의 비경쟁적 선거는 권력행사를 위한 수단으로써 사회주의의 지속적인 발전을 위해 나름대로 다음과 같은 기능을 발휘한다.[5]

- 모든 사회세력을 동원시키는 기능
- 공산주의 정책의 기준을 분명하게 밝히는 기능
- 국민의 정치적·도덕적 통일성을 공고히 하는 기능
- 최대의 투표율과 찬성률을 통해 노동자와 공산당의 단결을 확인하는 기능

3. 권위주의 체제

반경쟁적 선거를 특징으로 갖는 권위주의 체제에서 선거로 인해 기존의 권력 관계가 변할 가능성은 상당히 희박하다. 그럼에도 권력자는 선거를 통해 자신이 보유하고 있는 권력의 정당성을 확보하려고 한다. 그리고 선거는 대외적으로 체제를 선전하는 효과를 발휘하며, 대내적으로 어느 정도 정치구도의 긴장완화를 가져다 줄 수 있다. 더 나아가 선거는 권력자에게 정치적 반대세력을 노출시키는 기회를 제공하며, 경우에 따라서 권력자는 이를 권력을 재편성하는 계기로 삼는다. 이러한 맥락에서 권위주의 체제에서 선거는 체제를 안정시키는 수단으로 이용된다고 말할 수 있다.[6]

---

5) Dieter Nohlen(1990), pp.26~27.
6) Dieter Nohlen(1990), p.27.

Ⅲ. 선거제도의 유형

1. 선거구에 의한 구분

선거구는 대표를 선출하는 지역적 단위이다. 미국은 전형적인 대통령중심제 국가이다. 그런데 이미 언급한 바와 같이 미국의 대통령은 외형상 각 주에 할당된 선거인단에 의한 간접선거에 의해 선출된다. 그러나 대통령중심제를 채택하고 있는 국가들 가운데 미국을 제외한 거의 모든 국가에서 대통령은 전국을 하나의 단위로 하여 국민으로부터 직접 선출된다. 이러한 직선제 대통령선거와 관련하여 특별히 선거구를 논할 필요는 없겠다. 그래서 선거구제도에 관한 논의는 무엇보다도 의회를 선출하기 위한 지역적 단위를 설정하는 데 그 의미가 있다.

의회(국회, 하원)는 전 국민의 대표기관이기에 이를 선출하기 위한 선거구는 인구비례에 따라 획정하는 것이 바람직하다. 그런데 지역구에서 선출된 의원들이 실제로 지역을 대표하는 현실도 무시할 수 없기에 선거구 획정 시 지역적인 행정단위의 분포도 고려의 대상이 된다. 특히 도시와 농촌과 같이 인구밀도의 차가 심한 경우 국민대표성과 더불어 지역대표성이 고려될 필요가 있다. 그러나 선거구의 인구편차가 너무 심한 경우 평등의 원칙에 위배된다. 한국의 헌법재판소는 2014년 국회의원 선거구별 인구편차를 규정한 공직선거법 조항에 헌법불일치 결정을 내리고 편차를 기존 3대 1에서 2대 1 이하로 바꾸라고 결정했다.

(1) 소선거구제

소선거구제는 한 선거구에서 1명의 대표자를 선출하는 제도를 말한다. 전국을 여러 개의 선거구로 구분하므로 선거구는 비교적 작다. 소선거구제는 1구 1인제이기에 이 제도에서 대표의 당선결정방식은 소수대표제나 비례대표제는 불가능하고 오로지 다수대표제만이 가능하다.

1) 장　점
첫째, 소선거구제에서는 작은 정당(소수당)보다는 큰 정당(다수당)의 후보가 당선될 가능성이 상대적으로 높다. 따라서 의회의석의 다수를 차지하는 정당(즉, 다수당/多數黨)이 출현하여 정국이 안정될 수 있으며, 양당체제가 구축될 수 있다.

둘째, 선거구가 작기 때문에 후보자와 유권자 간의 접촉이 가능하며, 유권자는 후보자의 인물과 식견을 잘 파악하여 투표할 수가 있다.

셋째, 선거구가 협소하기에 선거비용이 적게 들어 금권선거의 위험이 적으며, 선거관리가 용이하여 부정선거 방지에 효율적이다.

넷째, 1명의 후보자만을 선출하므로 같은 정당 후보끼리 대립하는 경우가 발생하지 않는다.

다섯째, 유권자의 정치적 관심과 책임감이 상대적으로 커서 투표율이 높아질 수 있다. 그 외에 투표결과의 집계가 용이하고 보궐선거나 재선거의 실시가 편리하다는 장점을 가지고 있다.

2) 단 점

첫째, 1구 1인제이기에 1명의 당선자 이외의 표는 모두 사표(死票)가 된다. 다시 말해서 사표가 대량으로 발생한다.

둘째, 큰 정당에게 유리하고 작은 정당에게 불리한 제도이며, 사회의 다양한 이익을 정확하게 대표할 수 없다는 단점을 가진다.

셋째, 선거구가 작기 때문에 지방의 명망가에게는 유리하고 전국적인 큰 인물에게는 불리하여 의원의 질적 저하가 초래될 수 있다.

넷째, 의원은 작은 구역에서 선출되기에 지방차원의 이해에 좌우되어 지역대표로 전락하기 쉽다.

다섯째, 이미 지역에 뿌리를 내린 현직 의원의 재선이 용이하기 때문에 신진인사의 진출이 어렵다.

여섯째, 선거구가 작기 때문에 당리당략에 의한 선거구 설정(소위 게리맨더링) 가능성이 비교적 크다.

(2) 대선거구제

원칙적으로 대선거구제는 1선거구에서 2인 이상의 대표를 선출하는 제도를 말한다. 그러나 1선거구에서 2~5인을 선출하는 경우에는 이를 특별히 중선거구제라 하여 대선거구제와 구별하기도 한다. 대선거구제에서 유권자가 투표하는 방식으로는 의원의 정수만큼 투표하는 연기투표제(連記投票制)와 의원정수와 관계없이 한 표만을 투표하는 단기투표제(單記投票制)가 있다. 그리고 당선자결정방식인 다수대표제, 소수대표제, 비례대표제 모두 대선구제에 적용될 수 있다.[7]

1) 장　점

첫째, 1선거구에서 여러 명의 대표를 선출하므로 사표가 감소된다. 더욱이 비례대표제를 채택하면 사표가 최소화된다. 그리고 의회에서 의석이 적은 정당(소수당)과 새로운 정당의 진출이 용이하다.

둘째, 인물선택의 범위가 넓기 때문에 유능한 전국적 인물의 당선이 쉽다.

셋째, 선거구가 광범위하여 막대한 선거자금이 소요되므로 금권선거를 시도하지 않을 수도 있다.

넷째, 정당명부식 비례대표제를 채택할 경우 정당정치가 확립될 수 있다.

다섯째, 게리맨더링(gerrymandering)과 같은 불공정한 선거구 획정이 비교적 힘들다.

2) 단　점

첫째, 군소정당이 난립하고 다수당 출현이 어렵게 될 수 있다. 이로 인해 정국의 불안정이 야기될 수 있다.

둘째, 선거구의 규모가 커서 금권선거를 시도하지 않을 수도 있으나 그렇지 않는 경우 더 많은 선거비용이 소요된다.

셋째, 각 당은 몇 명을 후보자로 내세워야 할지 어려움을 겪게 된다.

넷째, 대선거구제에서 큰 정당이 복수의 후보를 내세우는 것은 너무나 당연하다. 이 경우 후보들은 동일정당에 속하면서도 상호 경쟁을 해야 하기 때문에 정당 내의 질서가 문란해질 수 있으며, 심한 경우 파벌형성을 조장할 수 있다. 이러한 부작용은 단기투표제를 실시하는 경우 더욱 심하게 나타난다.

다섯째, 재선거나 보궐선거의 실시가 용이하지 않다.

---

7) 성낙인, 『선거법론』(법문사, 1998), pp.52~53.

(3) 중선거구제

앞에서 언급한 바와 같이 1선거구에서 2~5인을 선출하는 경우 중선거구제라 부르며, 중선거구제는 넓은 의미에서 대선거구제에 속한다. 중선거구제는 소선거구제와 대선거구제가 적합하지 않다고 판단될 때 채택하는 두 제도의 중간에 속하는 제도라 할 수 있겠다. 이와 같은 중선거구제의 장단점은 1선거구에서 적은 수의 대표를 선출할수록 소선거구제의 장단점에 가까워지며, 반대의 경우 대선거구제의 장단점에 가까워진다.

2. 당선결정방식에 의한 구분

(1) 다수대표제

다수대표제(多數代表制)는 민주주의의 기본원리인 다수결원칙에 입각하여 선거구에서 총 유효표의 다수를 획득한 후보자가 의원으로 당선되는 제도이다. 이 제도는 소수당보다는 다수당에게 유리한 당선자 결정방식으로서 의회에서 강력한 다수파가 형성되는 것을 목적으로 한다.

다수대표제(majoritarian system) 선출방식에는 투표방법에 따라 소선거구 단기투표제(單記投票制)와 대선거구 연기투표제(連記投票制)가 있다. 소선거구 단기투표제는 무엇을 다수로 할 것이냐에 따라 상대적 다수대표제(비교다수대표제)와 절대적 다수대표제(과반수제)로 구분된다. 상대적 다수대표제는 유효투표의 과반수가 아니더라도 후보자 가운데 최다득표자가 당선되는 제도이다. 의원정수와 같은 수의 후보자를 연기하는 방식인 대선거구 연기투표제에서는 한 표라도 더 많이 득표한 의원정수의 후보자 전원이 당선된다.

(2) 소수대표제

소수대표제(少數代表制)는 소수파에게도 어느 정도 대표자를 낼 수 있는 기회를 제공하기 위해 고안된 당선결정제도이다. 이 제도에서는 소수파에게도 득표수에 따라 의석이 배정되므로 소선거구제와는 관계가 없다.

대선거구제를 전제로 한 소수대표제에는 누적투표제, 제한연기투표제, 단기투표제 등이 있다. 누적투표제(累積投票制)는 유권자가 의원정수와 동수의 후보자의 이름을 기표할 수 있다는 점에서 연기투표제와 같지만, 같은 후보자를 되풀이하여 기표할 수 있다는 점에서는 연기투표제와 다르다. 제한연기투표제(制限連記投票制)는 한 선거구에서 의원정수 미만의 후보자의 이름을 연기(連記)하는 투표방식이다. 단기투표제는 한 선거구에서 여러 명의 대표를 선출하나 유권자는 1명의 후보자에게만 투표할 수 있으며, 상대적 다수결에 의해 득표수에 따라 후보자가 당선되는 방식이다.

(3) 비례대표제

비례대표제(比例代表制)는 유효투표에서 차지하는 각 정당의 비율에 따라 의석이 배분되는 제도이다. 이 제도는 각 정당의 실제 세력분포에 따라 당선자를 결정하는 방식이기에 다수파와 소수파 모두에게 공평한 제도이나, 소수파에게도 득표율에 따라 의석이 배분되므로 일종의 소수대표제라고 말할 수도 있다. 그런데 어디까지나 정당득표율에 따라 당선자를 결정하는 특이한 방식이라는 점에서 별개의 제도로 취급되고 있다.

유럽에서 널리 실시되고 있는 비례대표제(proportional system)는 그 종류가 수없이 많다. 이 제도가 가지고 있는 장단점을 살펴보면 다음과 같다[8]:

1) 장　점
첫째, 소수당에게도 당선의 기회를 주어 다수당의 횡포를 막을 수 있다.

둘째, 정당득표율에 따라 의석이 배분되므로 사표가 적다.

셋째, 개인본위가 아니라 정당본위의 선거가 실시된다. 다시 말해서 현대 민주정치를 뒷받침하는 주요 요소의 하나인 정당정치의 실현에 부합된다.

넷째, 개인중심이 아닌 정당중심으로 선거전이 진행되어 비교적 선거비용이 적게 들고, 공명선거가 이루어질 수 있다.

---

8) 이극찬, 『정치학』(법문사, 1996), pp.433~434 ; 이범준/신승권, 『정치학』(박영사, 1996), pp.213~214.

2) 단   점

첫째, 소당분립(小黨分立) 현상이 초래되어 정국의 안정을 해칠 위험이 있다.

둘째, 투표방법과 당선결정 절차가 복잡하다.

셋째, 당선자가 국민대표가 아닌 정당대표의 성격을 지닐 수 있다. 그리고 유권자와 당선자 간의 친밀감이 떨어질 수 있다.

넷째, 정당후보자의 순위를 결정하는 데 영향력을 발휘할 수 있는 정당간부에로의 권력집중 현상이 초래될 수 있다.

■ IV. 선거제도의 실례

선거제도(electoral system)는 단지 대표를 선출하는 기술(技術)로서 의미를 갖는 것이 아니다. 선거제도는 정당의 득표와 의석분포에 영향을 미칠 뿐만 아니라, 여야 세력관계 등 정치적 구도를 변화시킨다. 또한 선거제도는 유권자의 투표행태에 직접·간접적으로 영향을 끼친다.

듀베르제(Maurice Duverger)는 선거제도가 정당체제에 미치는 영향을 체계적으로 정리하여 하나의 이론적 명제를 제시했다. 이 명제에 의하면 단순다수대표제는 양당체제의 형성에 기여하고, 비례대표제는 다당체제의 형성에 기여한다는 것이다.[9] 그러나 사르토리(Giovanni Sartori)는 단순다수대표제가 이미 형성되어 있는 양당제가 유지되도록 돕기는 하나, 듀베르제가 제시한 바와 같이 양당제를 창출하는 경향이 있다고 단정할 수는 없다고 말한다. 그리고 사르토리에 의하면 비례대표제가 사회세력을 정확히 반영할 수 있고 새로운 정당의 출현이나 기존 정당의 분열을 덜 방해하지만 정당수의 증가를 초래하는 요인이라고 볼 수는 없다는 것이다.[10]

듀베르제의 명제는 일반화된 이론이 아니다. 그럼에도 우리는 여러 국가에서 정도의 차이는 있지만 선거제도가 정당체제에 영향을 미치고 있음을 어렵지 않게

---

9) Maurice Duverger, *Political Parties*, tr. by Barbara and Robert North(Cambridge: University Press, 1978), pp.206~280.

10) Giovanni Sartori, "Influences of Electoral System," in B. Grofman/A. Lijhart(eds.), *Electoral Laws and Their Political Consequences*(New York: Agathon Press, 1986), pp.43~67.

관찰할 수 있다. 한 국가의 정당체제는 근본적으로 그 국가의 정치적·사회적·문화적·역사적 요인에 의해 좌우되지만, 선거제도 역시 정당체제에 영향을 미치는 주요 요소임에는 틀림없다.

아래에서는 학계나 언론에서 흔히 거론되는 몇몇 대표적인 선거제도를 골라 소개하고자 한다. 여기에서 이들 선거제도가 각 정당체제에 미치는 영향을 함께 검토해 보도록 하겠다.

1. 소선거구제(영국)

영국, 미국, 캐나다 등에서 실행되고 있는 하원의 선거제도는 소선거구제이면서 상대적 다수대표제이다. 다시 말해서 각 지역구에서 유효표의 최대 득표자 1명이 의원으로 선출된다. 다만 프랑스 하원(국민회의)의 선거제도는 소선거구제이지만 2회 다수대표제를 채택하고 있다. 즉, 1차 투표에서 유권자의 1/4 이상을 득표하고 유효투표의 과반수를 획득한 후보자가 당선되나, 1차 투표 시 당선자가 없을 경우 1차 투표에서 12.5% 이상을 득표한 자만의 참여로 2차 투표를 실시하여 상대다수로 당선자를 결정한다.

영국의 정치는 1인 1구 소선거구제에서 선출된 하원을 중심으로 행해지고 있다. 영국은 전통적으로 소선거구 다수대표제를 채택하고 있는 대표적인 국가이다. 각 선거구에서 총 유효표의 과반수를 득표하지 못하더라도 최다 득표를 한 후보가 당선되는 이 선거제도는 소수당 후보보다 다수당 후보에게 유리하여 양당체제를 구축하는 데 효과적이었다. 그렇지만 이 제도는 사실상 제3정당(소수정당/군소정당)의 원내 진입을 제한하였으며,[11] 정당의 득표율과 의석점유율 간 차이를 초래하는 역기능을 가져왔다.

과대대표(over-represented)는 득표율(유권자 지지율)보다 의석비율(의석 점유율)이 높은 현상을 말하며, 반대로 과소대표(under-represented)는 득표율보다 의석비율이 낮은 현상을 말한다. 대체적으로 역대 하원선거(총선)에서 양대 정당인 보수당과 노동당은 과대대표 되었고 제3당인 자유민주당은 과소대표 되었다. 예컨

---

11) 한규선, "영국 의원내각제와 합의정치," 박호성 외, 『한국의 권력구조 논쟁 II』(풀빛, 2000), pp.199~200.

대, 2010년 하원선거에서 보수당은 유효 투표의 36.1%를 획득했지만 의석수에서
는 47.1%를 차지했으며, 노동당은 유효 투표에서 29.0%를 획득했지만 의석의
39.8%를 차지했다. 반면에 소수당인 자유민주당은 득표율 23.0%를 기록했지만
의석수에서는 8.8%를 점하는 데 그쳤다.[12]

원래 영국 총선은 5년 주기로 실시된다. 그런데 2019년 12월 브렉시트(영국의
EU 탈퇴)에 관한 논쟁의 촉발로 영국에서 조기 총선이 실시되었다. 이 선거에서
존슨(Boris Johnson) 총리의 보수당이 과반 의석을 확보해 재집권을 확정함으로써
브렉시트 추진은 탄력을 받게 되었다.

2019년 총선은 영국의 정당사에 여러 시사점을 던져 준 선거로 기록된다. 첫
째, 정당의 득표율과 의석점유율 간 차이의 문제이다. 이 선거에서 보수당은 1987
년 이래 하원에서 최대 다수를 확보한 반면에, 노동당은 1935년 이래 최소 의석을
기록했다. 이는 이들 양대 정당의 득표율과 의석점유율에 반영되어 나타났다. 즉,
보수당은 43.6%라는 득표율을 기록했으나 의석수에서는 무려 56.2%를 차지해 크
게 과대 대표되었다. 이와 대조적으로 노동당은 득표율 32.1%를 기록했는데 의석
수에서는 이보다 적은 31.1%를 차지해 약간 과소 대표된 결과를 맞았다. 소수당
에서도 희비는 엇갈렸다. 즉, 스코틀랜드국민당(SNP)은 득표율 3.9%를 보였으나
의석점유율에서는 7.4%를 기록했다. 이와 반대로 자유민주당은 11.6%라는 득표
율을 달성했으나 의석점유율에서는 1.7%를 차지하는 데 그쳤다(참조: 〈표 8-1〉).

〈표 8-1〉 영국의 총선(하원선거) 결과(2019년)

정 당	의석수 (의석점유율)	득표율
보 수 당	365 (56.2%)	43.6%
노 동 당	202 (31.1%)	32.1%
스코틀랜드국민당	48 (7.4%)	3.9%
자유민주당	11 (1.7%)	11.6%
민주연합당	8 (1.2%)	0.8%
기 타	16 (2.4%)	8.0%
계	650 (100%)	100%

* 출처: "2019 UK general election," https://en.wikipedia.org (2019년 12월 20일 검색).

---

12) http://cms2.onnurity.com (2011년 3월 2일 검색).

둘째, 정당체제에 관한 문제이다. 전통적으로 영국은 보수당과 노동당이 서로 정권을 교체하는 양당체제이다. 영국 총선에서 전후(戰後) 처음으로 1974년 어느 정당도 과반 의석을 차지하지 못한 헝의회(Hung Parliament)가 발생했다. 그런데 1974년 이후 헝의회 현상이 상당 기간 일어나지 않다가 2010년과 2017년 총선에서 다시 발생했다. 2010년 선거 후 보수당은 자유민주당과 연정을 구성했으며, 2017년 선거 후 보수당은 민주연합당(DUP)의 지지를 얻어 소수정부를 출범시켰다. 이처럼 영국의 양당체제는 도전을 받았다. 2019년 총선에서 보수당은 과반 의석을 획득해 영국의 양당체제는 복원되었으나 이 체제가 중단 없이 지속될지는 두고 볼 일이다.

셋째, 소수당 간 위상 변화이다. 전통적으로 자유민주당은 양대 정당에 이어 의석수에서 제3위를 차지하는 정당(원내 제3당)으로 자리매김을 해 왔다. 그런데 2014년 스코틀랜드의 분리·독립에 관한 주민투표를 주도한바 있는 SNP는 2015년 총선에서 스코틀랜드 지역에 배정된 59석 중 56석을 차지해 오랫동안 영국 하원에서 제3당의 위치를 유지해 온 자유민주당을 제쳤다. 2017년 총선에서 35석을 획득한 SNP는 2019년 총선에서 48석을 얻었다. 이로써 SNP는 의석점유율 면에서 2015년 이래 연속 자유민주당에 앞서게 되어 두 소수당 간 위상변화를 실감케 했다.

2. 중선거구제(과거 일본)

제2차 세계대전 전에 이미 일본은 소선거구제와 중선거구제를 경험했다. 그런데 전후(戰後) 1945년 12월 선거법 개정으로 일본은 중의원(하원)의 경우 대선거구 연기제(連記制)를 도입했다. 그러나 최초의 선거 결과 사회당 등 진보세력이 예상외로 약진(躍進)하자 보수진영은 위기의식을 느꼈다. 이는 결국 1947년 3월 중선거구제로의 복귀라는 여야 간의 합의로 귀결되었다. 후보자 이름을 1명만 기재하는 중선거구 단기제(單記制)를 골자로 한 이 제도는 1994년 1월 정치개혁의 일환으로 새로운 선거제도(소선거구·비례대표 병립제)가 채택될 때까지 유지되었다.

각 선거구의 정수가 원칙적으로 3~5명이었던 일본의 중선거구제는 후보자 득표순으로 정수에 속한 후보가 당선되었다는 점에서 다수당에 유리했지만 정수가

여러 명이었기에 소수당의 진출도 가능하게 한 제도이었다. 또한 이 제도는 소선
거제보다 사표를 줄일 수 있었으며, 당내 경쟁을 촉진시켰다는 긍정적인 측면을
보였다. 그러나 일본의 중선거구제는 동일 정당(특히 자민당)의 복수 후보자 간 경
쟁(즉, 당내 경쟁)이 정당 간 경쟁보다 치열한 경우가 종종 발생해 당내 파벌의 형
성 및 지방 정당조직의 약체화를 초래했다.[13] 또한 이 제도는 선거비용이 많이 들
었고, 정·관·업의 유착을 불러왔으며, 군소 정당의 난립을 가져왔다는 비판을
받았다.

3. 소선거구 · 비례대표 병립제(현재 일본)

혼합형 선거제도는 서로 다른 종류의 선거제도가 혼합(混合)된 경우이다. 소
선거구 다수대표제와 정당명부식 비례대표제가 혼합된 것, 즉 소선거구 · 비례대표
병립제가 혼합형 선거제도의 전형(典型)이다. 과거 한국은 소선거구제와 전국합산
전국명부 비례대표제가 혼합된 선거제도를 채택한 바 있으며(2004~2016), 현재
일본은 소선거구제와 권역합산 권역명부 비례대표제가 혼합된 선거제도를 채택하
고 있다. 이들 혼합형 선거제도는 어느 한 제도를 선택하는 것이 어려웠기 때문에
택한 정치적 타협의 산물이라고 보아야 한다.

일본의 의회는 중의원(하원)과 참의원(상원)으로 구성된 양원제이다. 일본의
의회에서 중의원은 총리선출이나 법률제정에 있어서 참의원보다 우위에 서 있
다.[14] 중의원 선거(총선)에서 일본은 1947년 이래 중선거구제를 운용하여 오다가
1994년 선거법을 개정하여 소선거구제와 정당비례대표제가 혼합된 새로운 제도를
도입했다. 개정 선거법에 의해 실시된 1996년 총선에서 중의원 정수는 500명(소선
거구제 300명, 비례대표제 200명)이었으나, 그 후 몇 차례 축소되었다가, 최근 실시

---

13) 무라마쓰 미치오 외(조규철 외 옮김), 『일본의 정치』(푸른산, 1993), pp.142~143 ; 성낙인
(1998), pp.56~57.

14) 일본의 총리는 중의원과 참의원 합동회의에서 선출되는 것이 원칙이다. 그러나 두 기관
이 의견의 일치를 보지 못하면 중의원이 이를 선출한다. 법안은 기본적으로 중의원과 참
의원 두 기관에서 통과되어야 확정된다. 그러나 중의원을 통과한 법안이 참의원에서 부
결된 경우, 중의원이 이를 재적의원 과반수의 출석과 출석의원 2/3 이상의 찬성으로 가결
하면 이 법안은 확정된다.

<표 8-2> 일본의 총선(중의원선거) 결과(2017년)

정 당	소선거구 의석수	비례대표 의석수	총 의석수	의석 점유율
자민당	218	66	284	61.08%
공명당	8	21	29	6.24%
입헌민주당	18	37	55	11.83%
희망의당	18	32	50	10.75%
일본공산당	1	11	12	2.58%
일본유신회	3	8	11	2.37%
사민당	1	1	2	0.43%
무소속	22	-	22	4.72%
계	289	176	465	100%

* 출처: "Elections in Japan(2017)," https://en.wikipedia.org (2019년 5월 15일 검색).

된 2017년 총선에서는 465명(소선거구제 289명, 비례대표제 176명)으로 다시 축소
되었다.

일본의 현행 중의원 선거제도는 1인 2표제이다. 다시 말해서 유권자는 지역
구(소선거구)에 출마한 후보자에 1표를 던지고, 다른 1표는 11개 권역별로 분리된
정당명부에 투표한다. 일본의 소선거구·비례대표 병립제에서 기본적으로 소선거
구제는 다수당에게 유리하게 작용한 제도이며, 비례대표제는 소수당에게도 의회
진출의 문을 열어 준 제도라 할 수 있겠다.

기본적으로 일본의 총선은 4년마다 실시된다. 그런데 아베 신조 내각의 국난
돌파(북한위협 등) 명분에 따라 중의원이 조기에 해산되어 2017년 10월 총선이 실
시되었다. 2017년 총선에 지역구에서 소선거구 다수대표제로 289명이 선출되었
고, 정당투표에서 비례대표제로 176명이 선출되었다. 선거제도가 정당체제에 미치
는 영향은 이 선거에서도 잘 드러났다. 예컨대 소선거구 선거에서 다수당인 자민
당은 48.2% 득표율을 보였으나 무려 218석을 획득해 의석점유율 75.4%를 기록했
다(즉, 과대 대표됨). 반면에 소수당인 일본공산당은 이 선거에서 9% 득표율을 보
였으나 겨우 1석을 차지해 의석점유율 0.3%를 나타냈다(즉, 과소 대표됨)(참조: <표
8-3>). 그러나 정당득표율에 따라 배분되는 비례대표제에서 일본공산당은 11석을
차지해 그나마 위안을 삼게 되었다. 이번 총선에서 연립여당인 자민당과 공명당

〈표 8-3〉 일본의 총선(중의원선거) 소선거구선거 결과(2017)

정 당	획득의석수	득표율	의석점유율
자민당	218	48.2%	75.4%
공명당	8	1.5%	2.8%
입헌민주당	18	8.8%	6.2%
희망의당	18	20.6%	6.2%
일본유신회	3	3.2%	1.0%
일본공산당	1	9.0%	0.3%
사민당	1	1.2%	0.3%
무소속	22	7.5%	7.8%
계	289	100%	100%

* 출처: "Elections in Japan(2017)," https://en.wikipedia.org (2019년 5월 15일 검색).

은 합하여 총 313석을 차지해 의석점유율 67.32%를 기록함으로써 개헌의석을 확보했다(참조: 〈표 8-2〉).

　　일본의 중의원 선거제도는 석패율제를 포함하고 있는 것이 독특하다. 일본에서는 지역구 출마 후보자가 비례대표 후보자로도 출마할 수 있다. 그리고 비례대표 후보 명부에서 하나의 순위에 여러 후보가 배정될 수 있다. 비례대표 후보 명부에서 순위가 같은 후보들끼리는 소선거구에서 당선자 대비 낙선자의 득표수 비율이 높은 후보자부터 당선이 결정된다. 즉, 소선거구에서 많은 득표를 한 낙선자일수록 비례대표 당선 가능성이 높아지는 것이다.

4. 연동형 비례대표제(독일)

　　독일의 연방의회는 전체 국민을 대표하는 연방하원(Bundestag)과 주(州)를 대표하는 연방상원(Bundesrat)으로 구성되어 있다. 연방하원은 수상을 선출하고 국가예산을 확정하며 입법기관으로서 중추적인 역할을 수행한다.

　　연방하원선거에서 독일의 유권자는 지역구 후보에 한 표를 행사하고, 다른 한 표는 16개 주별로 각 정당이 제시한 후보자명부에 투표한다. 즉, 독일은 소선거구 다수대표제와 비례대표제를 혼합한 선거제도를 채택하고 있다. 그런데 정당명부 투표 결과(즉, 정당득표율)가 각 정당이 전체 의석에서 차지하는 비율을 결정하되, 동시에 지역구 투표에서 각 지역을 대표할 인물이 선출되기에 독일의 선거제도는 「인물중심 비례대표제」(Personalisierte Verhältniswahl)라 불린다. 이러한 독일의 선거제도는 총 의석수가 비례대표 정당득표율에 따라 각 정당에 배분되나, 비례대표 의석수가 지역구 선거 결과에 연동(連動)되어 조정되기에, 「연동형 비례대표제」라 불리어지기도 한다. 현 독일의 「연동형 비례대표제」는 지역구 선거를 포함하고 있다는 점에서 과거 바이마르공화국(1919~1933)에서 채택된 바 있는 순수비례대표제와 구별된다.

현재 독일의 연방하원은 598석(지역구 299석×2)을 기본으로 한다. 독일의 총선(연방하원선거)에서 유권자는 자신에게 주어진 2표 중 1표는 299개 선거구 가운데 자신의 지역구 출마자에게 투표하고 다른 1표는 지지하는 정당에 투표한다. 각 정당은 정당명부제에 의한 투표결과에 따라 의석을 배분받은 뒤 이를 다시 각 주의 득표율에 따라 주별 의석수를 나눈다. 그리고 주에 배분된 의석수에서 지역구 당선자를 뺀 나머지 의석이 후보자명부 순서에 따라 채워진다. 이때 주별로 각 정당에 배분된 의석수보다 지역구 당선자수가 많을 경우 초과의석(Über-hangmandate)이 발생한다. 또한 이렇게 되면 정당득표율과 최종 정당의석배분 비율이 근접하도록 다시 조정되어 보정의석(Ausgleichsmandate)이 부여된다.[15] 이로써 598석을 기본으로 한 연방하원의 최종 의석수는 선거 때마다 달라진다.

선거법상 정당투표에서 유효표의 5% 이상을 획득하거나 지역구에서 3명 이상의 당선자를 배출한 정당만이 의석을 배분받을 수 있다. 독일의 선거제도는 정당투표가 각 정당의 의석수를 결정하기에 표의 등가성이 높고, 소수당의 의회진입이 용이하며, 지역구 투표를 통해 주요 인물이 당선될 수 있다는 장점을 갖고 있다. 또한 비례대표제의 단점인 군소정당의 난립은 5% 봉쇄조항으로 보완하고 있다.

---

15) 보정의석 조항은 2013년 선거법 개정으로 신설되었다. 보정의석은 초과의석을 배분받아 정당의 의석점유율이 득표율보다 높아짐으로써 선거의 비례성이 훼손되는 상황을 보완하기 위해 도입되었다.

〈표 8-4〉 독일의 총선(연방하원선거) 결과(2017)

정 당	소선거구 의석수	비례대표 정당득표율	최종 의석수
기민당	185	26.8%	200
사민당	59	20.5%	153
독일대안당	3	12.6%	94
자민당	0	10.7%	80
좌파당	5	9.2%	69
녹색당	1	8.9%	67
기사당	46	6.2%	46
기 타	0	5.1%	0
계	299	100%	709

출처: "Bundestagswahl 2017," https://de.wikipedia.org (2019년 5월 7일 검색).

기본적으로 독일의 총선은 4년 주기로 실시된다. 최근 실시된 2017년 총선에 무려 42개 정당이 참여했으나, 5% 봉쇄조항을 넘어 의회에 입성한 정당은 기민당, 사민당, 독일대안당(AfD), 자민당, 좌파당, 녹색당, 기사당 등 총 7개 정당에 불과했다. 선거 결과 전체 의석수는 정원보다 111석(초과의석 및 보정의석)이나 많은 709석으로 확정되었다.[16] 이와 같이 2017년 총선 결과 정원 외 추가의석이 대량으로 발생해 연방하원은 독일(독일연방공화국) 의정사에 가장 많은 의석수를 기록하게 되었다.

2017년 총선에서 극우 포퓰리즘 정당인 독일대안당(2013년 창당)은 처음으로 5% 장애물을 넘어 의회진출에 성공했다. 선거제도가 정당체제에 미치는 영향이 얼마나 큰가는 자민당과 기사당의 경우 극명하게 드러났다. 지역구에서 1석도 차지하지 못한 자민당은 정당득표율 10.7%를 기록해 최종적으로 80석을 획득했다. 반면에 오직 바이에른 주(州)에만 후보를 내는 기사당은 지역구에서 46석을 차지했지만 정당득표율 6.2%를 기록해 비례대표의석을 전혀 배분받지 못했다. 이로써

---

16) 2017년 총선에서 각 당이 확보한 추가의석수(초과의석수 및 보정의석수)는 다음과 같다: 기민당 36석, 사민당 22석, 독일대안당 11석, 자민당 15석, 좌파당 10석, 녹색당 10석, 기사당 7석. 1949년부터 적용되어 온 초과의석 제도와 달리 보정의석 제도는 지난 2013년 총선부터 적용되기 시작했다. 2013년 총선 결과 발생한 추가의석은 총 33석이었다.

기사당의 최종 의석수는 지역구에서 차지한 46석에 그쳤다(참조: 〈표 8-4〉). 이념적 스펙트럼에서 중도우파에 속한 기민당/기사당과 중도좌파에 속한 사민당은 2013년 총선에 이어 다시 좌·우 대연정(大聯政)을 구성했다.

5. 준연동형 비례대표제(한국)

2000년 실시된 한국의 제16대 총선(국회의원 선거)에는 소선거구 다수대표제와 전국에서 각 정당의 후보들이 획득한 득표비율에 따라 전국구 의석이 배분되는 비례대표제가 혼합된 소선거구·비례대표 병립제가 적용되었다. 그런데 제16대 총선에 적용된 1인 1표제하에서의 비례대표방식에 대해 헌법재판소는 2001년 위헌 결정을 내렸다. 이에 따라 국회는 2004년 선거법을 개정하여 1인 2표제를 도입했다. 2004년 제17대 총선에서 처음 도입된 1인 2표제에 의한 소선거구 다수대표제와 전국명부 비례대표제가 병립된 선거제도는 2016년 실시된 제20대 총선까지 적용되었다.

우여곡절 끝에 2019년 12월 국회에서 다음 총선에 적용될 선거법 개정안이 통과되었다. 개정 선거법은 지역구 253석, 비례대표 47석 규모인 기존 의석구조를 유지했다. 정당투표에 따른 비례대표 배분은 역시 기존대로 지역구 선거에서 5석 이상을 차지하거나 비례대표 선거에서 3% 이상 지지를 받은 정당을 대상으로 이루어지도록 하였다. 다만, 기존 선거법은 지역구 선거와 상관없이 정당득표율에 따라 비례대표 의석을 배분하도록 했는데 반하여, 개정 선거법은 비례대표 배분을 지역구 선거결과와 연동시켰다. 그런데 독일의 연동제와 달리 한국의 새로운 선거제도는 연동률 50%를 적용했으며, 또한 연동에 따라 발생할 수 있는 초과의석을 방지할 수 있는 방안을 마련하였다. 개정 선거법에 따른 해당 정당의 연동의석수 배분은 아래 〈산식 8-1〉과 같이 이루어진다.

◆ 〈산식 8-1〉 연동배분의석수= 〔(국회의원 정수 · 무소속 · 군소정당[17) 당선인수) × 비례대표 정당득표율 · 지역구 당선인수〕 × 50%

---

17) 여기서 군소정당은 법적 요건(지역구 5석 또는 비례대표 정당득표율 3%)을 충족시키지 못하여 비례대표 의석을 배분받을 수 없는 정당을 말한다.

의원 정수를 정당들이 획득한 비례대표 정당득표율에 따라 배분했을 때, 배분받은 정당들의 의석수보다 지역구 당선자가 적은 정당들에게 비례대표로 의석을 보전해 주는 것이 연동형 비례대표제의 기본 취지이다. 즉, 각 정당은 정당득표율로 정해진 그 당의 총 의석수에서 지역구 당선자수를 빼고 나머지를 비례대표로 가져간다. 이미 설명한 바와 같이 독일식 연동형 비례대표제에서 연방하원 의원 정수는 지역구와 비례대표를 동수로 하여 정해지며, 연동률은 100%이다. 이와 달리 한국식 연동형 비례대표제에서는 전체 의석수에서 차지하는 비례대표 의석수의 비중이 크게 낮으며, 연동률은 50%에 불과하다. 이런 이유에서 한국의 선거제도는 준연동형 비례대표제라 할 수 있다.

개정 선거법에 의하면 제21대 총선에 한하여 비례대표 47석 중 30석은 연동형으로 배분되고, 나머지 17석은 기존 병립형처럼 지역구 선거와 무관하게 정당득표율에 따라 배분된다. 그런데 만약 총선 결과 정당별 연동배분의석수의 합계가 정수 30석에 못 미치면 잔여의석은 정당득표율에 따라 산정하여 배분된다(참조: 〈산식 8-2〉). 만약 정당별 연동배분의석수의 합계가 30석을 초과하면 정수 30석이 되도록 조정된다(참조: 〈산식 8-3〉).

◆ 〈산식 8-2〉 잔여배분의석수 = (30 - 연동배분의석수 합계) × 각 당
비례대표 정당득표율

◆ 〈산식 8-3〉 조정의석수 = (30÷연동배분의석수 합계) × 각 당
연동배분 의석수

2020년 4월 실시된 제21대 총선에 총 41개 정당이 참여했다. 그중 21개 정당이 지역구 선거에 참여했으며, 35개 정당이 비례대표 선거에 참여했다. 양대 정당인 더불어민주당(여당)과 미래통합당(제1야당)은 지역구 선거에만 후보를 내고 비례대표 선거에는 후보를 내지 않았다. 대신 미래통합당은 위성정당인 미래한국당을 창당했으며, 더불어민주당은 더불어시민당이라는 위성정당에 참여했다. 이들이 비례위성정당을 만든 이유는 거대 정당이 지역구와 비례대표 모두 후보자를 추천할 경우 과대대표 문제 해소를 위한 제도 취지에 따라 비례대표에서 의석이 줄어들 수 있다는 데 있었다. 결과적으로 양대 정당이 지역구에 이어 비례대표 의석

〈표 8-5〉 한국의 총선(국회의원선거) 결과(2020년)

정 당	소선거구 의석수	비례대표 의석수 (연동형+병립형)	비례대표 정당득표율	총 의석수
더불어민주당	163	-	-	163
미래통합당	84	-	-	84
정의당	1	5(3+2)	9.67%	6
미래한국당	-	19(12+7)	33.84%	19
더불어시민당	-	17(11+6)	33.35%	17
국민의당	-	3(2+1)	6.79%	3
열린민주당	-	3(2+1)	5.42%	3
기타 정당	0	0	10.93%	0
무소속	5	-	-	5
계	253	47(30+17)	100%	300

도 독차지함으로써 정당에 대한 국민의 지지와 의석배분을 어느 정도 근접하게 하자는 뜻에서 도입된 준연동형 비례대표제의 원래 취지는 크게 훼손되었다.

〈표 8-5〉에서 볼 수 있듯이, 2020년 총선에서 총 7개 정당이 국회에 진출하였다. 그중 3개 정당이 지역구 선거에서 당선자를 배출했으며, 5개 정당이 3% 벽을 넘어 비례대표 의석을 배분받았다. 5명의 무소속 후보도 당선되었다. 원내 제3당인 민생당은 당선자를 단 한 명도 배출하지 못했다(지역구 0석, 정당득표율 2.71%). 더불어민주당과 비례정당 더불어시민당은 합하여 180석의 의석을 확보해 압도적 승리를 거두었다. 미래통합당과 비례정당 미래한국당은 개헌 저지선을 겨우 넘기는 103석을 얻었다. 사상 처음 도입된 준연동형 비례대표제 하에서 최대 수혜가 예상됐던 정의당은 양대 정당의 위성정당 출현으로 기대에 미치지 못하는 성적표를 받았다. 지난 2016년 총선에서 지역구 2석과 비례대표 4석(정당득표율 7.2%)을 합하여 총 6석을 획득한 정의당은 이번 총선에서 지역구 1석과 비례대표 5석(정당득표율 9.67%)을 합하여 동수인 6석을 확보하는 데 그쳤다.

6. 유럽의회선거

유럽의회(EP)를 구성하기 위한 직접선거(유럽의회선거/유럽선거)는 1979년 이후 매 5년마다 실시되어 왔다. 그 이전에 유럽의회의 의원들은 회원국들의 의회에서 임명되어 파견되었다. 유럽의회선거는 유럽시민을 EU의 정책결정체계로 끌어들임으로써 비민주성을 극복하고 유럽의회에 정통성을 부여했다는 점에서 큰 의미를 갖는 것으로 평가된다. 총 751명을 선출한 제9차 유럽의회선거는 2019년 5월 23일부터 26일 사이에 28개 회원국에서 동시에 실시되었다.

유럽의회의 의석수는 국가별로 할당된다. 그러나 교섭단체의 성격을 띤 의회 내 정치그룹(political group)은 정치적·이념적 노선을 같이하는 국가정당들이 창설한 유럽정당에 의해 구성된다. 2019년 임기를 새로이 시작한 유럽의회에는 총 7개의 정치그룹이 형성되어 활동하고 있다(참조: 〈표 12-1〉).

원칙적으로 유럽의회는 인구 규모에 따라 국가별 의석 할당이 주어진다. 그런데 실제에 있어서 국가별 할당 작업은 굉장히 예민하고 복잡한 문제이다. 유럽의회는 유럽시민의 의사를 대변하며 유럽시민은 국적에 관계없이 동등하다는 원칙에 의하면 인구비례로 각국에 의석수가 할당되어야 한다. 하지만 유럽연합(EU)은 독립된 국가들로 구성된 지역기구이기에 국가라는 단위도 존중되어야 한다.[18] 따라서 의석수의 국가별 할당은 인구의 크기라는 유럽시민의 대표성과 국가라는 지역대표성의 이중적 기준에 의해 이루어진다. 그 결과 국가별 인구편차는 심하다. 예컨대 2019년 선거에서 가장 많은 의석수(96석)를 할당받은 독일은 1석당 인구가 858,700명꼴이었으며, 가장 적은 의석수(6석)를 할당받은 국가들(키프로스, 에스토니아, 룩셈부르크, 몰타) 중 하나인 룩셈부르크는 1석당 99,500명꼴이었다.

그동안 유럽의회의 노력에도 불구하고 지금까지 EU 차원에서 단일한 선거제도가 마련되지 못하여 유럽의회선거는 각 회원국이 정한 국내 선거법에 따라 실시된다. 선거는 전 회원국에서 같은 날에 실시되지는 않으며, 선거권과 피선거권은 국가에 따라 상이하다. 줄곧 유럽의회선거는 국내선거에 비해 낮은 투표율을 보여 왔다.

---

18) Reinhold Bocklet, "Europäisches Parlament: Der Streit um die Mandatszahlen," *EGmagazin*, Baden-Baden, Nr. 7/8, 1992, pp.49~50.

■ V. 투표행태

얼마나 많은 사람들이 투표에 참여하며, 또한 이들은 어떻게 투표하는가라는 두 가지 주제는 유권자 투표행태(voting behavior) 연구의 중심을 이룬다. 첫째 주제는 무엇 때문에 유권자가 투표에 참여하고, 그렇지 않으면 기권하는가에 관한 것이며, 둘째 주제는 무엇이 유권자로 하여금 다른 정당이나 후보보다 특정 정당이나 후보를 더 선호하게 하는가에 관한 것이다.[19] 전자가 투표행태의 양(量)에 관한 문제라면, 후자는 질(質)에 관한 문제이다.

흔히 유권자의 투표행태를 결정하는 요인으로 회고적(retrospective) 투표와 전망적(prospective) 투표가 거론된다. 회고적 투표는 정당이나 후보자의 과거 업적과 실적에 대한 평가가 유권자의 투표행태에 있어서 중요하게 작용하는 경우이며, 반면에 전망적 투표는 정당이나 후보에게 거는 미래에 대한 기대가 중요하게 작용하는 경우이다. 물론 두 경우가 분리되지 않고 복합적으로 어우러져 유권자의 투표행태에 영향을 미치는 것이 보통이다.

다음에서는 유권자가 투표권을 행사하는 데 있어서 보여 주는 몇 가지 정향들을 소개해 보겠다. 물론 이들 정향(orientation)이 반드시 상호 배타적으로 투표권 행사에 반영되는 것은 아니다.

1. 정당정향

자유민주주의에서 정당의 생성과 활동은 보장된다. 그리고 정당의 생명은 당원뿐만 아니고 일반 유권자의 지지에 달려 있다. 유권자가 특정 정당을 자신의 분신(分身)과도 같이 생각하여 강한 애착심을 갖고 열렬히 지지하는 것을 정당일체감이라 말한다. 여기서 말하는 정당일체감은 일반 유권자가 갖는 내적 심리상태나 태도에 관한 문제이지, 소속 정당에 대한 당원의 태도에 관한 문제는 아니다. 유권자들이 특정 정당에 대해 갖는 일체감은 그들의 투표권 행사에 영향을 미친다

---

19) 오스틴 래니(권만학 외 역), 『현대 정치학』(을유문화사, 1994), p.289.

(party orientation).

2. 쟁점정향

선거과정에서 각 정당은 주요 문제에 관한 정책적 대안을 제시하여 유권자에게 호소한다. 유권자가 선거과정에서 드러난 정치적 쟁점에 기초하여 투표를 하는 것을 쟁점정향(issue orientation)이라 한다.

선거에서 쟁점투표가 이루어지기 위해서는 다음과 같은 조건이 충족되어야 한다.

첫째, 유권자가 쟁점을 인지하고 있으며, 쟁점에 관한 자신의 의견이 정립되어야 한다.

둘째, 쟁점이 되는 문제가 유권자에게 중요한 의미를 가져야 한다.

셋째, 유권자는 쟁점이 되는 문제에 관한 각 정당의 상이한 정책대안을 인식하고 있어야 한다.

3. 후보정향

유권자들은 후보자가 소속된 정당의 정강이나 정책과는 상관없이 후보자가 갖고 있는 개인적인 자질, 능력, 전문성, 도덕성, 경력, 지도력 등을 고려하여 투표하는 경향을 보인다(candidate orientation). 이념이 중심을 이루는 정당체제보다 인물중심 정당체제에서 후보정향은 더욱 뚜렷이 나타난다.

4. 집단정향

유권자들은 그들이 소속한 사회집단을 의식하여 투표하는 경향을 보인다(group orientation). 현대사회에서 작용하는 집단의식은 퍽 다양하다. 예컨대 혈연, 학연, 지연은 물론이고 계층, 단체, 조직, 또는 직장과 관련된 집단의식이 투표에 영향을 미친다.

📋 참고문헌

무라마쓰 미치오 외(조규철 외 옮김), 『일본의 정치』, 푸른산, 1993.

성낙인, 『선거법론』, 법문사, 1998..

오스틴 래니(권만학 외 역), 『현대 정치학』, 을유문화사, 1994.

이극찬, 『정치학』, 법문사, 1996.

이범준/신승권, 『정치학』, 박영사, 1996.

한규선, "영국 의원내각제와 합의정치," 박호성 외, 『한국의 권력구조 논쟁 II』, 풀빛, 2000.

Dieter Nohlen 저(신두철·김원 역), 『선거법과 정당제도』, 엠-애드, 2004.

Beyme, Klaus von, *Political Parties in Western Democracies*, Aldershot: Gower, 1985.

Bocklet, Reinhold, "Europäisches Parlament: Der Streit um die Mandatszahlen," *EGmagazin*, Baden-Baden, Nr. 7/8, 1992.

Duverger, Maurice, *Political Parties*, tr. by Barbara and Robert North, Cambridge: University Press, 1978..

Hrbek, Rudolf, "Das neue Europäische Parlament," *integration*, Bonn, 3/1994.

Nohlen, Dieter, "Wahlen und Wahlsysteme," in Mickel, Wolfgang W.(ed.), *Handlexikon zur Politikwissenschaft*, Regensburg: Ehrenwirth, 1983.

Nohlen, Dieter, *Wahlrecht und Parteiensystem*, Opladen: Leske, 1990.

Reeve, Andrew/Ware, Alan, *Electoral Systems: A Comparative and Theoretical Introduction*, London: Routledge, 1992.

Sartori, Giovanni, "Influences of Electoral System," in Grofman, B./Lijhart, A.(eds.), *Electoral Laws and Their Political Consequences*, New York: Agathon Press, 1986.

Ware, Alan(ed.), *Political Parties: Electoral Change and Structural Response*, Oxford: Blackwell, 1987.

http://cms2.onnurity.com (2011년 3월 2일 검색).

"Bundestagswahl 2017," https://de.wikipedia.org (2019년 5월 7일 검색).

"Elections in Japan(2017)," https://en.wikipedia.org (2019년 5월 15일 검색).

"2019 UK general election," https://en.wikipedia.org (2019년 12월 20일 검색).

제9장

정치사회

전통적으로 정치학은 국가를 정치의 주된 행위자로 보았으며, 국가의 행위가 바로 정치라고 파악했다. 달리 말해서 정치학은 입법부, 행정부, 사법부와 같은 국가기관을 학문의 주된 관심대상으로 삼았으며, 이들 기관 중심의 과정을 정치과정으로 여겼다. 그런데 20세기에 들어와 사회가 분화되는 과정에 정당이나 이익단체와 같은 사회조직이 생성·발전하여 국가의 정책결정과 집행에 영향력을 행사하게 되면서 이들 사회조직은 정치학의 주목을 받기 시작했다. 즉, 정치학은 기존의 국가기관에 한정하지 않고 이들 사회조직에도 관심을 갖게 되었다는 뜻이다.

일반적으로 현대 정치학에서 말하는 정치과정은 사회의 구성원인 개인이나 집단이 국가의 요직을 차지하기 위하여, 또는 국가의 정책결정이나 집행에 영향력을 행사하기 위하여 상호 작용하는 모든 과정을 의미한다. 이러한 정치과정은 사회와 국가 간의 관계뿐만 아니라, 사회조직 내 또는 사회조직 간의 문제까지도 논의의 대상으로 삼는다.

흔히 사람들은 현대 민주주의를 다원민주주의라 일컫는다. 각종 사회조직의 생성과 활동이 보장된 사회가 다원민주주의 사회다. 과거 전통사회에서 개인은 개별적으로 국가를 상대했지만, 현대 다원사회에서는 강한 힘을 가진 사회조직을 통해 국가를 상대하려 한다. 현대 정치사회에서 강력한 영향력을 발휘하는 사회조직으로는 정당, 이익단체, 대중매체(소위, 제4의 권력), 그리고 시민단체(소위, 제5의 권력)를 꼽을 수 있다. 이들 사회조직은 국가기관에 대한 영향력 행사뿐만 아니라, 특정 쟁점에 관한 집단구성원의 의견방향을 지도하고 제시하는 등 여론형성에도 중요한 역할을 한다.

　　이미 19세기 후반부터 정치사회학자들은 정치의 영역을 사회의 영역으로 확대시켜 정치현상을 보다 경험적이고 체계적으로 분석하려 시도했다. 이들은 정치를 공식적인 법과 제도의 틀에서 벗어나 실제적인 권력관계로 파악하려 했으며, 이러한 권력관계에 영향을 미치는 다양한 사회조직을 연구의 대상에 포함시켰다.[1] 전통적인 국가론에 기반을 둔 정치학이 국가로부터 출발하여 사회를 바라보는 데 반하여, 정치사회학은 사회로부터 출발하여 국가를 바라보는 경향이 있다. 정치사회학은 국가기관의 정책결정 자체(output)보다는 이에 영향을 미치는 사회조직의 의사형성과정(input)에 더 큰 관심을 갖는다.[2]

▪️ Ⅰ. 정 　 당

1. 정당의 개념

(1) 정당의 특징

　　현대 민주주의 체제에서 정당(political party)의 역할은 대단하다. 왜냐하면 정당은 선거에서 핵심적인 역할을 수행하며, 국민의 의사를 국가의 의사로 전환시키고, 정부나 의회와 같은 국가기관의 인사 및 정책 결정에 큰 영향을 미치기 때문이다.

　　이미 오래전인 1770년 버크(Edmund Burke)는 이와 같이 현대 민주정치에서

---

1) 신정현, 『정치학』(법문사, 1993), p.386.
2) Kurt Lenk, *Politische Soziologie* (Stuttgart: Kohlhammer, 1982), pp.11~12.

중요한 역할을 담당하고 있는 정당을 개념적으로 정의하려고 시도했다.[3] 그 이후 정당의 개념은 많은 학자들에 의해 보완되었다. 현대 정치학에서 정당은 다양하게 정의되고 있으나, 그 차이점은 본질에 있다기보다는 표현방법이나 강조의 상이함에 있다.

정당은 정치적·이념적 주의·주장이나 정치적 이해관계를 같이하는 사람들이 국민의 지지를 기반으로 정치권력을 획득하고 유지하는 것을 목표로 삼아 조직한 사회집단이라 정의할 수 있다. 개념상 정당이 갖는 특징을 정리하면 다음과 같다.

1) 정당은 주의·주장이나 정치적 이해관계를 같이하는 사람들이 만든 자발적 사회조직이다.

정당은 공적인 국가기관으로서 조직된 것이 아니라, 사회에 내재하는 정치적 요구를 충족시키기 위하여 자발적으로 생성·발전하는 사회조직이다. 정당의 구성원은 정당이 내세운 이념이나 정책에 관하여 일체성을 공유한다. 대부분의 학자들은 정당이 국가조직이 아니고 사회조직이라는 데 동의한다. 하지만 일부 학자들은 현재 몇몇 국가(예: 한국, 독일)에서 정당에 관한 조항이 헌법에 명기되어 있고 정당에게 국가 보조금이 지급되고 있는 사실을 들어 정당은 국가기관이나 다름없다고 주장하기도 한다.

2) 정당은 선거를 통해 정권을 획득·유지하려 한다.

정당의 일차적인 목표는 국가의 권력을 장악하고 유지하는 데 있다. 공산당처럼 혁명에 의한 정권장악을 당연하게 여기는 정당도 있지만, 자유민주주의체제에서 정당이 권력을 장악하기 위한 합법적인 길은 선거다. 따라서 정당이 대통령이나 의회 선거에서 후보자를 내세우는 것은 자연스러운 현상이다.

3) 정당은 정강정책을 내세운다.

정당은 정치적 또는 이데올로기적인 정강정책을 국민에게 제시하고 이를 실

---

3) 버크는 "정당은 공동의 노력으로 국가이익을 증진시키기 위해 모두가 동의한 원칙에 따라 결속한 사람들의 집합체"라고 정의했다. 이에 관해서는 Georg Brunner, *Vergleichende Regierungslehre*, Band 1(Paderborn: Schöningh, 1979), p.332 참조.

현하기 위해 노력한다. 대체적으로 정강정책은 가치, 현실분석, 그리고 국민의 요구가 복합적으로 작용하여 결정된다. 정당, 즉 'political party'의 'party'라는 말은 원래 라틴어의 'pars'에서 유래하는데 이는 '부분'을 뜻한다. 사회에 상이한 세계관과 이데올로기가 상호 공존하고 이에 기초한 상이한 정강정책을 갖는 복수의 정당이 출현하는 것은 자연스러운 현상이다. 물론 정치적 또는 이데올로기적 신념에서가 아니라 편협한 이기주의적 사고에서 생성된 정당은 진정한 의미의 민주정당이라 할 수 없겠다.

4) 정당은 상당한 정도의 지속성과 견고성을 지닌다.

정당은 일시적이며 한시적인 집단이 아니라, 장기적이고 계속성을 지닌 집단이다. 또한 정당은 정관, 지도부, 하부조직 등 일정한 조직을 갖춘 견고한 집단이다. 국민의 이익을 위해 장기적인 관점에서 조직된 정당은 소수의 편파적인 이익을 위해 일시적으로 조직된 파당, 붕당, 도당과 같은 정치집단과 구별된다.

(2) 정당과 이익단체의 구별

20세기에 들어서기까지 사람들은 정당을 이익단체처럼 자신의 이익을 대변하는 기구로 생각하여 부정적으로 평가했으나, 점차 양자를 구분하게 되면서 이를 긍정적으로 보기 시작했다. 정당은 다음과 같은 점에서 이익단체와 구별된다.

① 정당이 다루는 이슈는 매우 포괄적인 데 반하여 이익단체는 주로 단일 이슈에 초점을 맞춘다. 대체적으로 정당은 여러 계층과 다수의 국민을 우호세력으로 확보하려 노력하고 될수록 많은 사람들의 이익을 대변하려 한다. 이와는 달리 이익단체는 특정집단의 특정이익을 대변한다.

② 정당은 직접 정권을 장악하고 이를 행사하는 데 목표를 두고 있으나, 이익단체는 원칙적으로 권력에 영향력을 행사하는 데 만족한다. 물론 이익단체가 우회적으로 정당을 결성하여 정치권력을 누리는 경우를 간혹 볼 수는 있다.

③ 정당이 선거에서 후보를 내세우는 것은 당연하나, 이익단체가 내세우는 경우는 극히 드물다.

④ 정당은 선거를 통해 국민의 심판을 받는다. 즉, 정치적 책임을 진다. 그러나 이익단체에 대한 정치적 책임을 묻는 제도적 장치는 없다.

2. 정당의 생성에 관한 이론

(1) 제 도 론

제도론은 정당의 생성을 의회제도의 발전과 이에 따른 선거권의 확대에서 찾는다. 유럽에서 시민혁명의 결과로 절대군주의 권력에 대항하여 의회가 성립되고 그 후 점차 의회주의가 확립되어 나아갔다.[4] 의회주의가 발전함에 따라 정치적 또는 이념적으로 의견을 같이하는 세력들에 의해 여러 정당들이 성립되었다. 또한 19세기부터 진행된 선거권의 확대(즉, 재산과 교양을 갖춘 소수 시민계급에게 선거권이 주어진 제한선거에서 보통선거로의 발전)는 정당의 생성과 발달에 큰 영향을 미쳤다.

의회제도의 확립과 선거권의 확대는 정당의 생성과 발달에 함께 영향을 미쳤다. 그런데 이 사안들은 당시 유럽사회에서 양 세력을 형성한 자유주의자들과 사회주의자들 간의 긴장과 갈등 속에서 발전하였다. 예컨대, 자유주의자들은 의회제의 확립을 위해 투쟁하였으나, 사회주의자들과는 달리 본질적으로 선거권의 확대에는 반대하였다. 왜냐하면 선거권의 확대로 새롭게 정치적으로 성장을 하게 된 세력은 원래 원외(院外)에서 기존 체제에 반발한, 그러나 수적으로 증가된 노동자계급의 지지를 받은 사회주의자들이었기 때문이었다.

(2) 위 기 론

위기론은 정당 발생의 기원을 제도의 발달에서 찾지 않고, 역사적 위기상황에서 찾는다. 역사적 위기에 의한 새로운 정당의 출현은 다음 세 종류로 구분될 수 있다.

1) 새로운 국가의 성립

1831년 벨기에가 네덜란드로부터 독립할 때 그러했듯이, 한 국가가 여러 민족국가로 분열되어 새로운 국가들이 생성되는 과정에서 기존의 체제를 정당화시

---

4) 영국에서는 늦어도 1835년 이후 정부는 의회의 신임에 의존하게 되었다.

키는 정당은 약화되었고 반면에 새로운 정당이 생겨났다. 아일랜드의 정당체제는 거의 독립운동의 산물이라고 표현해도 과언이 아니다. 영국으로부터 스코틀랜드의 분리·독립을 주장해 온 스코틀랜드국민당(SNP, 1934년 창당)은 2014년 스코틀랜드독립에 관한 주민투표를 주도했으나 실패했다. 하지만 2015년 영국 총선에서 스코틀랜드 지역에 할당된 총 59석 가운데 무려 56석을 석권해 영국 의회에서 보수당과 노동당에 이어 3번째 큰 정당으로 부상했다.

2) 정통성의 단절

왕조(王朝) 내 정통성 시비로 인한 세력다툼 과정에서 일시적으로 새로운 정당체제가 형성되었다. 예를 들면 1814년 이후 전개된 프랑스의 복고체제에서 자유주의적 왕권주의자와 보수주의적 왕권주의자 간에 갈등이 심화되었으며, 그 결과 정당들이 출현했다.

3) 체제붕괴

새로운 체제를 신봉하는 정당에 의해 구체제(舊體制)의 정당들이 소멸되었다. 예를 들면 유럽의 여러 나라에서 파시즘 체제의 등장(이탈리아 1922, 독일 1933, 오스트리아 1935, 그리스 1967)으로 기존 정당들이 사라졌다. 이들 파시즘 체제는 2차 세계대전의 종결과 같은 외적인 영향(예: 이탈리아, 독일, 오스트리아)이나, 내적인 체제전복(예: 그리스 1974)으로 다시 민주주의 체제로 환원되었다.

(3) 근대화론

근대화론은 근대화의 여러 발전단계에서 사회적 갈등이 발생했고 이러한 사회적 갈등의 결과로 새로운 정당이 생성되었다고 본다. 근대화론에 기초한 아래의 「10개 정당체제 도식」[5]은 유럽의 정당사를 이해하는 데 많은 도움을 준다.

① 19세기 초 자유주의 정당이 구체제(즉, 절대 왕권주의)에 대항하여 출현했다.

② 19세기 전반기 보수주의 정당이 앞서가는 자유주의(즉, 진보적 자유주의)에

---

5) Klaus von Beyme, *Parteien in westlichen Demokratien*(München: Piper, 1984), pp.36~37.

반대하여 나타났다.

③ 19세기 중반 이후 사회주의 정당(즉, 노동자 정당)이 자유주의와 보수주의에 기초한 시민계급 체제에 반발하여 생성되었다.

④ 농민정당이 산업화 체제에 반발하여 출현했다.

⑤ 지역정당이 중앙집권 체제에 대항하여 나타났다.

⑥ 기독교정당이 세속주의에 반발하여 출현했다.

⑦ 1916년 러시아를 선두로 공산당이 사회민주주의(즉, 현실적 사회주의)에 반발하여 나타났다.

⑧ 파시스트 정당이 민주주의 체제에 대항하여 출현했다(예: 이탈리아 1919, 독일 1923, 2차 세계대전 이후 이탈리아와 독일 등에서 재등장한 신파시스트당).

⑨ 소시민 계급의 시위정당(示威政黨)이 관료주의적 복지국가 체제에 반발하여 나타났다(예: 프랑스/UDCA 1955, 덴마크/FRP 1972).

⑩ 1970년대 후반기 서유럽에서 환경정당(녹색당)이 성장사회에 반발하여 생성되었다. 이 정당은 사회운동(즉, 환경운동)에서 출발했다.

2차 세계대전 이후 상당기간 유럽에서는 사회균열 구조에 기초한 새로운 종류의 정당이 출현하지 않아, 기존의 정당체제구도가 유지되는 것처럼 보였다. 같은 맥락에서 립셋과 로칸(Lipset/Rokkan)[6]이 주장한 「정당체제 결빙설」이 무게를 가졌던 것도 사실이다. 그러나 1960년대 이후 새로운 균열구조에 기초한 정당들(예: 극우당, 시위당, 녹색당)이 출현하여 결빙설(結氷說)은 도전을 받았다. 근대화를 사회적 갈등과 결합시킨 근대화론은 앞으로도 새로운 정치적·이데올로기적 정당이 생성될 수 있음을 시사한다.

3. 정당의 기능

선거에 참여하여 정권을 획득하고 유지하는 데 우선적인 목표를 두고 있는

---

6) S. Lipset/S. Rokkan, "Cleavage Structures, Party Systems, and Voter Alignments: An Introduction," in S. Lipset/S. Rokkan(eds.), *Party Systems and Voter Alignments: Cross-National Perspectives* (New York: Free Press, 1967). pp.1~64.

정당은 이 목표와 관련하여 다양한 기능을 수행한다. 정당의 기능은 정치의 전체적인 틀인 정치체계 속에서 파악되어야 한다. 이러한 정당의 기능을 소개하면 다음과 같다.[7]

(1) 매개 기능

정당은 여러 가지 형태로 사회와 국가, 국민과 의회를 연결시키는 매개기능을 한다. 즉, 정당은 국민이 품고 있는 소망과 요구를 파악하여 이를 결정능력이 있는 안으로 만들어 정책결정기관에 전달한다. 그 전에 정당은 수많은 대화, 상의, 의견수렴, 집회, 전당대회 등 길고도 힘든 과정을 거쳐 국민의 상이한 이익을 조절하고 타협점을 마련한다.

매개기능은 밑에서부터 위로뿐만 아니고, 반대 방향으로도 발휘된다. 다시 말해서 정당은 국민의 요구와 이익을 결집하여 정부나 의회에 전달하기도 하지만, 거꾸로 정부나 의회의 입장과 정책을 국민에게 알리기도 한다. 이러한 매개기능은 국민을 정치적으로 뭉치게 하는 통합기능을 수반한다.

(2) 목표설정 기능

정당은 사회나 국가가 나아갈 방향을 제시하는 기능을 갖는다. 정당은 세계관정당과 인물정당으로 구분된다. 세계관정당은 인물정당보다 좀 더 뚜렷이 정치적 · 이념적 목표를 설정하는 경향을 보인다.

(3) 지도자육성 기능

정당이 국민의 의사를 수렴하고 이를 정치에 효과적으로 반영하는 과정에서 유능한 정치가가 육성된다. 이들 정치가는 경우에 따라서 국가의 지도적인 직책을 담당할 수 있는 능력을 갖추게 된다.

정당은 당원에 대한 정치교육과 당원의 정당 활동을 통하여 국민의 정치사회

---

7) Georg Brunner(1979), pp.368-376; Kurt Lenk(1982), pp.88~89.

화에 기여한다. 엘리트 당원은 공개모집과 공정한 승진제도를 통하여 육성될 수 있다. 각종 선거에서의 후보자 공천은 지도자를 선별하는 소중한 절차이다. 공개적이고 민주적인 절차에 의한 후보자 선발은 당내 민주화를 가름하는 중요한 척도다.

(4) 정부조직 기능

정당의 주요 목표는 선거에서 승리하여 정부를 조직하는 일이다. 정부형태는 크게 대통령중심제와 의원내각제로 구별된다. 대통령중심제에서의 대통령은 보통 국민으로부터 직접 선출되나, 의원내각제에서의 수상은 의회에서 선출된다. 의회에서 다수(과반수)를 차지하는 정당의 지도자가 수상으로 선출된다. 만약 어느 일당이 과반수를 확보하지 못하면 여러 정당이 연합하여 연립정부를 구성한다.

(5) 권력통제 기능

정부를 구성하는 여당의 상대 축은 야당이다. 의회에서 과반수보다 훨씬 많은 찬성을 요하는 의안(議案)에서는 야당도 결정에 상당한 영향을 미칠 수 있으나, 보통의 경우는 그러하지 못하다. 따라서 야당의 주요 임무는 여당의 권력을 통제하고 비판하는 데 있다.

야당은 협력적 야당형과 경쟁적 야당형으로 구분된다. 많은 분야에서 여당과 협력할 준비가 되어 있는 야당은 협력적 야당형에 속하며, 일부 사안에서만 정부를 지원하고 대체적으로 정부의 정책 전반에 걸쳐 부정적인 태도를 취하는 야당은 경쟁적 야당형에 속한다.

4. 정당체제의 분류

정당은 주로 정당 자체의 구조나 조직의 특징에 의해 그 유형이 분류된다. 이러한 맥락에서 정당의 유형을 분류한 대표적인 학자로는 베버(Max Weber), 노이만(Sigmund Neumann), 키르히하이머(Otto Kirchheimer)를 들 수 있다. 1910년대 베버는 정당을 명망가정당과 대중정당으로 구별했으며, 1930년대 노이만은 대표자정당과 통합정당으로 구분했고, 1950년대 키리히하이머는 대중민주정당과 전체주의정당으로 구별했다. 또한 정당은 다른 정당의 존재를 인정하고 경쟁선거를 존중하는 합헌적 정당과 기존의 체제와 헌법을 거부하는 혁명적 정당으로 구분되기도 했다.

이와 같이 정당유형이 정당의 구조나 특징에 따라서 분류된 것과는 대조적으로 정당체제는 정당 상호 간의 관계를 중심으로 분류된다. 1950년대 듀베르제(Maurice Duverger)는 정당체제를 정당의 수에 따라 분류했다. 1970년대 사르토리(Giovanni Sartori)는 정당의 수에 따른 분류에 정당의 배치구도 및 경쟁 상태를 결합시켜 종래의 단순한 수적인 분류방식의 미비점을 보완했다.

(1) 정당의 수에 의한 분류

듀베르제는 정당의 수에 따라 정당체제를 일당체제, 양당체제, 다당체제로 구별했다.[8] 그가 분류한 정당체제는 많은 사람들에 의해 보완되어 아직도 학문에 유용하게 활용되고 있다.

1) 일당체제

일당체제(one-party system)는 어느 일당이 한 국가의 정당체제에서 독점적인 지위를 차지한 경우이다. 전체주의 체제는 일당체제이다. 전체주의는 이념에 따라 좌파전체주의와 우파전체주의로 구분된다. 좌파전체주의는 공산주의를 말하며, 우파전체주의는 파시즘과 나치즘을 말한다. 우파전체주의와 달리 좌파전체주의는 대개의 경우 외견상 다당체제의 형태를 띤다. 예를 들면, 북한이나 중국과 같은 사회주의 국가에는 공산당 외에 다른 정당이 존재한다.[9] 하지만 공산당의 우월적인 지위 아래 다른 정당들이 존재하기 때문에 이들 국가의 정당체제는 일당체제

---

8) Maurice Duverger, *Political Parties*, tr. by Barbara and Robert North(Cambridge: Cambridge University Press, 1978), pp.206~280.

9) 북한에는 조선로동당 외에 소위 우당이라 불리는 조선사회민주당과 천도교청우당이 있다. 그리고 중국에는 중국공산당이 지도하는 애국통일전선 속에 각종 당파로서 8개의 민주당파가 명맥을 유지하고 있다.

라 불린다.

2) 양당체제

양당체제(two-party system)는 단독으로 정권을 담당할 수 있는 두 개의 큰 정당이 존재하여 서로 정권을 교체하는 경우이다. 공화당과 민주당이 경쟁하는 미국이 전형적인 양당체제이다. 물론 양당체제라고 해서 반드시 두 개의 정당만이 존재하는 것은 아니다. 과거 영국 의회에서 양대 정당인 보수당과 노동당 외에 소수당인 자유민주당이 제3당으로 활약했으나, 이 나라의 정당체제는 보통 양당체제로 분류되었다. 그런데 2010년 총선 결과 과반 의석을 차지한 정당이 없자 보수당과 자유민주당이 연립정부(2010~2015)를 구성함으로써 양당체제는 일단 막을 내렸다. 지난 20세기 영국의 의회에서 과반 의석을 차지한 정당이 없는 경우(소위 Hung Parliament)는 1929년과 1974년 두 번뿐이었다. 21세기에 들어와 처음으로 2010년 연정을 경험한 영국에서 2015년 총선 결과 보수당이 과반 의석을 차지함으로써 단독정부는 부활하였다.

3) 다당체제

다당체제(multi-party system)는 세 개 이상의 정당이 정권획득을 위해 서로 경합하는 경우이다. 이 체제에서는 어느 일당이 의회에서 다수의석을 차지하기가 어렵다. 따라서 어느 한 정당이 단독으로 내각을 구성하지 못하고 두 개 이상의 정당이 손을 잡아 연립내각을 구성하는 것이 보통이다. 독일이 대표적인 예이다.

(2) 정당의 수와 경쟁성에 의한 분류

사르토리는 전통적인 방법인 수(數)에 의한 분류에 질적(質的)인 요소(즉, 정당의 배치구도 및 경쟁상태)를 결합시켜 새로운 정당체제의 유형을 제시했다. 그는 정당체제를 7가지 형태로 나누고, 이들을 경쟁성에 따라 크게 두 종류(비경쟁적 정당체제와 경쟁적 정당체제)로 구분했다.[10] 다음에서는 사르토리가 제시한 정당체제의 유형을 살펴보겠다.

---

10) Giovanni Sartori, *Parties and Party Systems* (London: Cambridge University Press, 1976), pp.131~243, 282~293.

1) 비경쟁적 정당체제

① 일당체제(one party system): 일당체제에서는 일당 외에 여타 정당이 명시적으로 불법화되거나, 그렇지 않으면 일당이 독점적인 지위를 갖는다. 과거 독일과 이탈리아의 파시스트 체제와 제2차 세계대전 후 공산주의 체제가 이에 속한다.

② 패권적 정당체제(hegemonic party system): 여러 정당이 존재하지만 실제적으로 일당이 완전히 지배하는 체제이다. 독재국가가 이에 해당하며, 흔히 제3세계에서 군사 쿠데타 직후 목격되었다.

2) 경쟁적 정당체제

① 지배적 정당체제(predominant party system): 일당이 우세한 정당체제를 말한다. 야당이 존재하나 제 구실을 못하는 권위주의 체제로서 과거 제3세계 국가의 대부분이 이에 속한다.

② 양당체제(two party system): 두 개의 정당이 정권획득을 위해 경쟁을 하고 그중 한 정당이 정권을 획득하나 다른 정당도 정권을 획득할 것이라는 기대를 가질 수 있는 정당체제를 가리킨다. 공화당과 민주당이 경쟁하는 미국이 전형적인 예이다.

양당체제는 양 세력 정당체제와 구별된다. 프랑스는 다당제이나 선거 시 좌와 우로 나뉘어 대결함으로써 양 세력 정당체제의 형태를 보였다. 1993년 이전의 일본의 정당체제는 집권 자민당과 야당세력이 대결하는 양 세력 구도이었다.

③ 온건한 다당체제(system of moderate pluralism): 여러 이념정당들이 경쟁하나 극좌정당이나 극우정당이 없거나 미약한 체제다. 과거 서독의 정당체제가 이에 속한다.

④ 극단적 다당체제(system of extreme pluralism): 극좌에서 극우에 이르기까지 다양한 이념정당들이 경쟁하는 체제이다. 전통적으로 이탈리아가 이 유형에 속한다. 통일(1990) 후 극우정당(예: 공화주의자)과 극좌정당(예: 민사당)이 활약한 독일도 이 유형으로 분류될 수 있다. 물론 이들 국가에서 극우정당과 극좌정당이 정권을 인수할 가능성은 아주 희박하다.

⑤ 원자화된 정당체제(atomized party system): 여러 군소 정당들이 난립하여 정당체제가 몹시 불안한 경우이다. 흔히 제3세계에서 건국 후 혼란기에 볼 수 있었던 현상이다.

5. 국민정당화와 정당체제

제2차 세계대전 후 서유럽에 복지사회가 실현되는 과정에서 사회적인 긴장이 둔화되고 탈이념화가 진행되었다. 이와 병행하여 비교적 큰 이념정당들이 국민정당(people's party 또는 catch-all-party라 불리어짐)으로 전환하는 경향을 보였다. 이러한 전환은 상이한 계층과 집단의 이익을 통합하여 좀 더 폭넓은 국민 대중을 자기 당에 흡수하려는 목적에서 이루어졌다. 국민정당화는 선거에서 득표를 최대화하기 위하여 원래 지향했던 이데올로기적 요구사항들을 크게 축소시켰다. 물론 그렇다고 국민정당이 일정한 계층적 이익을 대변하는 본래의 정치적 이념성을 본질적으로 망각했다는 의미는 아니다.

국민정당화는 경직된 이데올로기 전선(戰線)이 사라지고 정당이 실용적으로 변모하는 추세와 맥락을 같이했으며, 각 정당들이 내세우는 프로그램을 중앙으로 접근시키는 결과를 초래하였다.

국민정당은 좌우 이데올로기적인 대립으로부터 자유로운 미국에서 먼저 형성되었다. 다시 말해서 미국의 공화당과 민주당은 국민정당화의 효시라고 말할 수 있다. 서유럽에서는 국민정당화의 경향이 제2차 세계대전 후 점차적으로 확산되었다. 여러 세계관정당들 가운데 기독교민주당(예: 독일)이 서유럽에서 맨 먼저 국민정당으로 변모하기 시작했다. 이는 무엇보다도 기독교적인 세계관이 어느 특정한 사회적 계층에 한정되지 않은 사실에 연유한다. 뒤를 이어 영국의 보수당과 노동당, 그리고 독일의 사민당 등이 국민정당으로 모습을 바꾸었다.

영국의 블레어 수상(노동당)과 독일의 슈뢰더 수상(사민당)은 1999년 6월 공동으로 「유럽 제3의 길―새로운 중도」라는 강령을 발표했다. 이는 이들 두 정당이 원래 위치했던 중도 좌에서 중앙으로 이동하여 국민정당으로 거듭나겠다는 의지를 재천명한 것으로 해석된다.

국민정당은 계층을 뛰어넘어 국민 전체를 자기 당을 선택할 수 있는 유권자로 간주한다. 선거에서 최대의 득표를 달성하기 위하여 국민정당은 유권자의 상이한 분위기에 적응한다. 국민정당은 특히 여론조사 결과를 의식한다. 정권을 인수받을 수 있는 다수당이 되기 위하여 국민정당은 문제에 대한 본질적인 논의를 회피하고 장기적인 프로그램을 확정하려 하지 않는 경향을 보이기도 한다.[11]

국민정당화의 모습을 드러낸 서유럽 국가의 정당체제에서는 큰 정당들이 이

넘상 좌우 양끝으로 멀어지는 원심화(遠心化) 현상을 보이지 않고, 반대로 중앙으로 집중하는 구심화(求心化) 현상을 보였다. 이는 극좌세력과 극우세력을 정치무대에서 사라지게 하거나 약화시키는 결과를 초래했다. 국민정당화는 사회 각 계층의 이익을 골고루 반영하는 이념정당 구도를 희석시키는 부정적인 측면을 나타내면서, 동시에 체제의 안정을 가져다주는 긍정적인 측면을 보여 주었다.

6. 정당정치 위기론

이미 언급한 바와 같이 정당은 국민의 의사를 형성하고 결집하여 국가에 전달하고 동시에 국가의 입장과 정책을 국민에게 알리는 순기능을 한다. 그리고 현대 민주주의에서 정당이 정치의 중심에 서 있다는, 또한 그래야 한다는 정당정치(party politics)에 관한 개념은 보편화되었다. 그럼에도 불구하고 정당은 한편으로 사회적 갈등을 조장하고 사회의 단일성을 파괴하며, 다른 한편으로 엘리트 중심적이고 관료적 집단화되었다는 비판을 받아 왔다.

더욱이 20세기 말에는 그동안 제기되었던 이른바 「정당정치 위기」를 실증하는 현상들이 구체적으로 드러났다. 예를 들어 정당을 구성하는 당원의 수가 점차 줄어들었을 뿐만 아니라 당원들이 갖는 사명감과 결속력도 크게 감소하는 추세를 보였다. 이와는 대조적으로 하나의 이슈에 집중하는 시위집단이 성장하고 새로운 사회운동의 일환으로 시민단체가 활성화되었다. 이는 무엇보다도 관료화되고 정치기계로 변한 정당들이 시민들의 적극적인 정치적 참여욕구에 부응하지 못했기 때문이었다. 게다가 시민들의 눈에 정당은 권력과 야심에 사로잡힌 부패한 집단으로 보이게 되었다. 물론 이러한 요인들이 정당을 무용(無用)하게 만들고 있다는 주장은 아니다. 하지만 정당의 역할과 위상이 예전 같지 않음은 사실이다.[12]

---

11) Kurt Lenk(1982), pp.104~105.
12) Andrew Heywood, *Key Concepts in Politics* (New York: St. Martin's Press, 2000), p.220.

■ II. 이익단체

1. 이익단체의 개념

현대 대의민주주의에서는 여러 사회조직이 다양한 형태로 국가의 정치적 결정과정에 영향을 미친다. 국민과 국가를 잇는 다리의 역할을 수행하는 사회조직 가운데 이익단체(interest group)는 정당 다음으로 견고한 제도적 기반을 갖고 있다. 진정한 의미의 이익단체는 오직 표현과 결사의 자유가 보장된 자유민주주의 체제에서 볼 수 있다.

산업사회에서 사회적 역할의 분화가 심화되면서 수많은 조직이 출현하기 시작했다. 나약한 존재에 불과한 개인은 사회집단에 가입하여 자신의 이익을 보호하려 했다. 그리고 이해관계가 같은 사람들이 하나의 단체를 조직하면, 이에 대항하여 또 다른 단체가 탄생하였다. 이들 조직은 점차 강도를 더하여 집단이익을 형성하고 조직화를 이룩하여 오늘날의 이익단체와 같은 모습을 갖추어 나갔다.

이익단체는 사회적·직업적으로 이해관계를 공유하는 사람들이 의회나 행정부에 정치적 영향력을 행사하여 특정이익을 실현하고자 조직한 자발적 사회단체이다. 이익단체는 탄탄한 조직력을 갖춘 사람들의 집합체라는 점에서 정당과 거의 유사하나 직접 정권을 장악하거나 행사하려 하지는 않는다는 점에서 그것과 뚜렷이 구별된다. 그리고 이익단체는 정치적인 압력을 가하기 위해 일시적으로 모인 대중집회나 군중대회와도 차이가 나며, 국가의 정치과정에 영향을 미친다는 점에서 단순한 친목단체와도 다르다. 또한, 이익단체는 특정이익을 추구한다는 점에서 공익을 추구하는 시민단체와도 구별된다.

한 사회에서 이해관계를 달리하는 이익집단들은 서로 경쟁하면서 국가의 정치적 결정과정에 영향력을 행사한다. 이들은 단체의 위상을 높이고 설득력을 제고시키기 위하여 국민 대다수의 이익을 대변하는 조직이라고 주장하기도 하며, 경우에 따라서는 일반적인 정치문제에 관해서 의견을 제시하기도 한다. 그럼에도 이익단체의 일차적인 목표는 일반적인 공동이익의 구현에 있는 것이 아니고, 단체가 소속한 부분사회의 특정이익을 실현하는 데 있음은 분명하다.

사람들은 이익단체가 자신의 특정이익을 보호하고 성취하기 위하여 행하는 활동을 흔히 로비활동(lobbying)이라 부르고, 단체를 대변하여 이러한 활동을 전문적으로 행하는 사람을 로비스트(lobbyist)라 한다. 로비(lobby)라는 말은 미국에서 유래하며 19세기로 거슬러 올라간다. 이 용어는 로비스트들이 의원들의 회의 장소에 들어갈 수 없기에 의회의 현관(로비)에 머물면서 의원들을 접촉하고 영향력을 행사한 데서 유래한다. 물론 로비가 갖는 옛날의 이러한 한정된 개념은 오늘날의 현대정치에는 더 이상 맞지 않음은 주지의 사실이다.

이익단체라는 용어와 압력단체(pressure group)라는 용어는 흔히 혼용(混用)된다. 그런데 대체적으로 이익단체라는 용어가 더 널리 사용되고 있는 추세이다. 오늘날 정책이나 법안의 결정기관에 대한 단체의 영향력 행사의 형태가 매우 다양화되어 압력이라는 표현은 완벽하지 못하다.[13] 더구나 압력단체라는 용어는 그 자체 부정적인 의미를 내포하고 있어 사람들은 이의 사용을 꺼려 하는 경향이 있다.

이해관계를 달리하는 이익단체들은 협상을 통하여 상호 이익을 조절함으로써 조화된 모습을 보이기도 한다. 그러나 이들 간에 협상과 양보는 보이지 않고 첨예한 대립과 갈등이 지속되는 집단이기주의도 목격된다. 어떤 나라에서는 국가기관과 이익단체들 간에 협력체제가 마련되어 국가기관은 이해가 상이한 이익단체들을 중재하기도 한다. 이를 신조합주의(neocorporatism)라 한다.

2. 이익단체의 기능

(1) 순기능

1) 영향력행사 기능

이익단체는 특정한 사회집단의 이익을 인지하고 이를 정치적으로 성취하기 위하여 존립한다. 즉, 이익단체의 주요 기능은 자신의 집단이익을 달성하기 위하여 정책이나 법안의 결정권자에 대하여 영향력을 행사하는 데에 있다. 다시 말해서 이익단체는 구성원의 이익을 형성하고, 이를 구체적이며 실제적인 요구로 가다

---

13) Georg Brunner(1979), pp.378~379.

듬은 후에 결정권자에게 전달하여, 원하는 이익이 실현될 수 있도록 한다.

어떤 사회적·직업적 문제에 관한 집단이익은 흔히 분명하지 않고 구성원들에게도 의식적이지 못하다. 따라서 집단이익은 이익단체가 확고한 의사를 외부에 표명할 수 있을 정도로 형태를 갖추어야 한다. 이를 위해 집단이익은 구성원들 간에 충분히 논의되어야 한다.

2) 결정지원 기능

복잡한 현대사회에서 정책이나 법안의 결정기관이 최상의 결정을 내리려면 해당사항에 대하여 될수록 포괄적인 자료와 정보를 획득해야 한다. 그런데 이익단체는 국가의 정책결정권자에게 전문적인 자료와 정보를 제공함으로써 정책결정을 지원하는 역할을 한다. 물론 이익단체가 조작된 자료와 정보를 공급하는 위험도 있다. 그러나 다원주의 사회에서 결정권자는 여러 통로를 통해 입수한 자료와 정보를 비교분석하고, 더 나아가 이익단체와는 무관한 전문가에게 사항판단을 의뢰함으로써 이러한 위험을 최소화시킬 수 있다.

3) 통합기능

이익단체는 구성원들의 이익을 표출하고 결집하여 국가기관에 전달함으로써 통합(integration)의 기능을 수행한다.[14] 물론 모든 이익단체가 통합기능을 수행하는 것은 아니다. 통합기능은 이익단체가 기존의 정치체제를 인정하고 공공복리가 집단이기주의에 우선함을 인정하는 경우에 가능하다. 그렇지 않는 경우, 이익단체의 활동은 공동체의 분해(segregation)를 촉진시킬 수 있다.

4) 결정기능

자유민주주의에서는 국가가 공공업무를 완전히 독점하지는 않는다. 달리 말해서 어느 업무분야에서는 이익단체가 스스로 결정기능을 수행한다. 예컨대 임금 및 노동조건의 형성이 그러하다. 구체적으로 말해서, 임금 및 노동조건의 형성은 원칙적으로 노동조합과 사용자단체 간의 문제이며, 국가는 단지 일반적인 법적 테

---

14) Dennis S. Ippolito/Thomas G. Walker, *Political Parties, Interest Groups, and Public Policy* (New Jersey: Prentice-Hall, 1980), pp.272~273.

두리를 확정하고 불가피한 경우에만 간섭한다. 만약 노사 양측이 전체를 위한 책임의식을 잃고 극단적인 집단이기주의에 사로잡힌다면, 그들에게 주어진 자율적인 결정능력은 제약을 받을 수 있다.

(2) 역기능

위에서 언급한 바와 같이 이익단체는 여러 측면에서 긍정적인 기능을 수행하지만, 다음과 같은 역기능을 한다는 비판을 받기도 한다.
① 이익단체는 정당과 달리 공공성이 결여되어 있으며, 정치적 책임을 지지 않는다.
② 이익단체는 공공의 이익보다는 특정이익을 옹호하고 조장시키는 특성을 갖는다.
③ 이익단체는 정치권력과 야합하여 부정부패를 낳을 수 있다.
④ 집단이기주의가 성행하면 국민통합이 저하된다.

3. 이익단체의 유형

지구상에는 수많은 종류와 형태의 이익단체들이 활동하고 있다. 다음에서는 몇몇 상이한 기준에 따른 이익단체의 유형을 살펴보겠다.[15]

(1) 조직에 따른 분류

① 중앙조직이 절대적인 역할을 수행하는 중앙집권적 이익단체와 권력이 하부조직이나 지부에 분산된 분권적 이익단체가 있다.
② 이익단체의 지역적인 활동범위에 따라 지방차원의 이익단체, 국가차원의 이익단체, 그리고 국경을 뛰어넘어 활동하는 초국적 이익단체가 있다.
③ 전문 직종에 따라 생성된 이익단체와 지역 특성에 따라 생성된 이익단체

---

15) Georg Brunner(1979), pp.379~381.

가 있다.

④ 사법(私法)에 의거 조직된 이익단체와 공법(公法)에 의거 조직된 이익단체
가 있다.

(2) 구성원에 따른 분류

① 자유의사에 따라 가입할 수 있는 이익단체와 강제성을 띤 이익단체가 있다.
② 구성원 수의 크기에 따라 대중적 이익단체와 소규모 이익단체로 구분된다.
③ 가입자격을 가진 사람들 가운데 실제로 얼마나 많은 사람들이 이익단체에
가입했는가(즉, 조직의 대표성)에 따라 구별된다.

(3) 활동분야에 따른 분류

① 경제 및 노동 분야
② 사회분야
③ 문화, 종교, 그리고 여가 분야
④ 공공분야

4. 이익단체의 종류

현대의 다원주의 정치체제에서는 수많은 종류의 이익단체가 조직적인 기반을
구축하고 정치과정에 영향을 미치고 있다. 다음에서는 중요한 역할을 수행하는 이
익단체들을 골라 소개해 보겠다.

(1) 노동조합

역사적으로 볼 때, 노동조합은 가장 중요한 이익단체다. 노동조합은 노동운동
의 산물로서 이미 19세기 후반기 영국과 미국, 그리고 뒤이어 유럽대륙에서 발생
했다. 고도로 산업화된 오늘날에도 노동조합은 막강한 힘을 과시하고 있다.

무엇보다도 노동조합은 다른 이익단체에 비하여 구성원의 수가 월등히 많기에 정치과정에 강력한 영향력을 발휘한다. 얼마나 많은 노동자가 조합에 가입하고 있는가를 나타내는 조직률은 나라마다 크게 다르다.16)

노동조합은 산업노조형(産業勞組型)과 직업노조형(職業勞組型)으로 구분된다. 산업노조형은 산업별로 노조가 조직되어 있기에 한 기업의 노동자는 전부 같은 조합에 속한다. 한 기업에 한 조합이 존재하는 산업노조형은 한 기업에 직종에 따라 여러 조합의 조직이 공존하는 직업노조형보다 조합의 결속력과 행위력을 강화시킨다. 직업노조형은 산업노조형과 대조적으로 노조의 분열을 촉진시키는 경향이 있다.17)

또한 노동조합은 복수노조(複數勞組)와 단일노조(單一勞組)로 구별된다. 프랑스와 이탈리아에는 정치적 노선을 달리하는 여러 노조들이 상호 경쟁하고 있으며(복수노조), 독일에는 하나의 상위조직(DGB)에 여러 산업별 노조들이 결합되어 있다(단일노조). 과거 한국의 노조법은 노조의 조직과 가입의 자유를 보장했으나, 하나의 사업(사업장)에 조직대상을 동일하게 갖는 복수노조의 설립은 금지하였다.18) 그러나 개정 노조법에 따라 2011년 7월 1일부터 사업(사업장) 단위에서 복수노조가 허용되었다.

(2) 경제인연합

노동조합에 이어 큰 이익집단은 경제인연합이다. 역사적으로 볼 때, 경제인연

---

16) 고용노동부에 따르면 한국의 노동조합 조직률은 지난 1989년 19.8%를 정점으로 하락추세를 보였으며, 2010년 최초로 한자리수(9.8%)까지 떨어졌다. 그러다가 2011년 복수노조 허용 등의 영향으로 10%대를 회복하였으며 2012년부터 2014년까지 잇따라 10.3%를 기록했다(참조: 세계일보, 2015년 11월 17일). 영국, 독일, 프랑스, 일본이 20% 대의 노조 조직률을 유지하고 있는 점을 고려할 때 한국의 조직률은 낮은 편이라 할 수 있다.

17) 독일은 여러 개의 산업노조들이 모여 하나의 단일노조(DGB)를 형성하고 있다. 독일의 단일노조는 광범위한 중앙조직을 갖고 있으며 주된 기능은 상호조절작용이다. 반면에 각 산업노조들은 상당한 정도로 자율권을 향유하며 임금협상능력도 가진다. 대부분의 서유럽국가들은 직업노조와 산업노조가 혼합된 체제를 갖고 있다. 스위스는 산업노조의 형태를 강하게 띠고 있으며, 반대로 영국은 직업노조의 성격이 지배적이다.

18) 과거 한국노총과 민주노총이 상호 경쟁하였으나, 이런 이유만으로 복수노조라 말할 수 없다.

합은 노동조합운동에 대한 반응으로 나타났다. 경제인들이 집단이익을 조직화하는 작업은 노조의 결성보다 어려운 일이다. 그 이유는 경제인들의 이익이 노동자들의 이익보다 훨씬 복잡하게 얽혀 있다는 점에서 찾을 수 있다. 경제인들은 사용자로서 공통된 이익을 갖고 있으나, 시장에서는 서로 상충된 이익을 갖는 경쟁자이다. 게다가 기업인들에게 내재하는 자유주의적인 사고에 기반을 둔 개별주의는 집단적인 결합을 저해한다. 그래서 한 국가에 여러 형태의 경제인 단체들이 존재하는 것이 보통이다. 예를 들면 한국에도 경제인 단체가 무려 다섯 개(한국경영자총협회, 중소기업중앙회, 전국경제인연합회, 대한상공회의소, 한국무역협회)나 존재한다.

(3) 농민연합

경제인연합에 이어 농민연합이 영향력이 있는 경제단체로서 활동하고 있다. 이는 산업사회에서도 농업이 국가경제를 위해 중요한 의미를 갖고 있음을 뜻한다. 농민들은 비교적 강한 동질성을 갖고 있기에 집단이익을 쉽게 조직화할 수 있다. 농민연합은 집단이익의 실현을 위해 경우에 따라 노조처럼 전투적인 방법을 사용하기도 한다.

(4) 자 유 업

자유업에는 수많은 종류의 이익단체가 있다(예: 의사회, 약사회, 변호사협회, 건축가협회, 언론인협회, 문학인협회, 예술인협회, 체육인협회). 이들 이익단체는 각기 자신들의 고유한 특정이익을 정치에 반영하고자 노력한다. 이들은 상호 무관하게 국가의 정책결정과정에 영향력을 행사하기도 하지만, 경우에 따라서 집단이기주의로 인해 서로 충돌하기도 한다.

(5) 소비자보호단체

이론적으로 생산자 이익에 비해서 소비자 이익이 덜 중요하지는 않지만, 정치현실에서 소비자의 영향력은 비교가 되지 않을 정도로 약하다. 소비자보호단체의 허약성은 첫째, 소비자이익이 절박하지 않고, 둘째, 소비자가 광범위하며, 셋째, 소비자 간 접촉이 긴밀하지 못하다는 데에 기인한다.

(6) 종교단체

종교단체를 이익단체에 포함시킬 것이냐에 관한 문제는 여전히 학계에서 논란의 대상이 되고 있다. 종교단체는 스스로 인류의 영혼을 구원하는 것을 사명으로 하며, 특정한 집단이익과는 무관하다고 말한다. 그러나 실제에 있어서 종교가 문화교육정책이나 조세정책의 수립 또는 가족법이나 사회법의 입법과정에서 자신의 특정이익을 위해 영향력을 행사하는 것이 종종 목격된다. 어떤 경우에는 종교단체가 자기 종교에 속한 후보자나 자기 종교에 우호적인 후보자의 당선을 위해 은밀히 선거운동을 벌이기도 한다. 이러한 범위에서 종교단체는 이익단체로서 행동한다고 말할 수 있겠다.

5. 영향력행사의 대상 및 방법

이익단체는 정치과정에 영향력을 행사하려 한다. 영향력 행사의 주요 대상은 정책을 결정하는 행정부와 법률을 제정하는 의회이다. 경우에 따라서 이익단체는 국가의 결정기관에 영향력을 발휘할 수 있는 정당을 이용하고 언론과 여론에 호소한다.

영향력 행사의 방법은 그 대상의 특성에 따라 다를 수 있겠으나 대상기관의 구성원은 모두 인간이란 점에서 공통적이다. 보통 로비활동은 전직 의원이나 고위관리, 법률가, 전직 기자 등이 맡는다. 이들은 행정부, 의회, 정당, 또는 언론에서 중요한 위치에 있는 사람들과 긴밀한 접촉을 갖는다. 이러한 접촉은 공식적인 차원에서 이루어질 수도 있지만 비공식적인 통로를 통해 성사되기도 한다. 경우에 따라 회뢰(賄賂)나 위협과 같은 부당한 방법이 사용되기도 하는데, 이는 민주국가에서 예외적인 현상이라고 보아야 한다.

행정부는 이익단체의 주요한 로비대상이다. 왜냐하면 행정부는 기본적인 정책을 스스로 결정할 뿐만 아니라, 의회의 결정을 대부분 사전에 준비하기 때문이

다. 만약 이익단체가 효과적으로 의회의 결정에 영향을 미치려 한다면, 로비활동
은 행정부에서부터 시작되어야 한다. 행정부 자체도 현실적이며 효율적인 정책이
나 법안의 마련을 위해서 이익단체와의 접촉을 원한다. 행정부는 가능하면 관계되
는 모든 이익단체들의 의견을 경청해야 한다.

원래 의회는 이익단체 활동의 가장 중요한 대상이었다. 시간이 지나면서 로
비대상의 중심이 점차 의회에서 행정부로 이동하는 추세를 보여 왔지만, 여전히
주요대상임에는 틀림없다. 영향력 행사의 방법으로는 집단청원, 상임위원회에서의
청취, 의원들과의 비공식적이며 개인적인 접촉, 그리고 이익단체의 대표자나 관련
자를 의회에 당선시키는 것 등이 있다.

정당에 대한 영향력행사 역시 중요하다. 왜냐하면 정당은 의회나 행정부의
뒷면에 존재하는 막강한 정치세력이기 때문이다. 정당에 대한 영향력행사의 특
수한 방법은 재정지원과 선거지원이다. 이익단체는 자금출처를 은폐하기 위하
여 여러 형태의 후원회를 조직하여 정당이나 정당의 주요 인사를 지원한다. 선
거에서 이익단체는 특정 후보의 선거운동을 위하여 단체의 구성원을 동원하기
도 한다.

여론에 대한 영향력 행사는 이익단체에게 중요하면서도 미묘한 일이다. 왜냐
하면 대다수 일반국민은 이익단체가 행하는 특정이익의 떠들썩한 선전을 무조건
달갑게 받아들이지는 않기 때문이다. 이러한 이유로 이익단체가 직접 운영하는 매
체보다는 단체와는 별개인 대중매체를 간접적으로 이용하는 것이 여론호소에 훨
씬 효과적이다. 대중과의 직접적인 접촉방법으로는 현수막 사용, 전단지 배포, 공
공집회 개최, 시위, 인터넷 이용 등이 있다.

일부 국가에서는 의회에 대한 이익단체의 영향력행사를 좀 더 투명하게 하
기 위하여 로비스트들의 등록 및 보고를 의무화하고 있다. 미국은 1946년 연방
로비규제법을 제정한 데 이어 1995년에는 로비관련 모든 법률을 포괄하는 연방
로비공개법을 제정했다. 1972년 독일의 연방하원(Bundestag)은 규칙을 제정해
특정이익을 주장하려는 이익단체는 로비스트를 등록하도록 했다. 등록된 로비스
트는 출입증을 교부받으며, 청취권을 갖는다. 1996년 유럽의회(EP)도 독일과 유
사한 로비스트 규제안을 채택해 시행하고 있다.

■ Ⅲ. 시민단체

1. 시민단체의 개념

1945년 창설된 유엔(UN)은 수많은 국가들로 구성된 국가연합이라 할 수 있다. 그런데 정부는 대외적으로 국가를 대표하는 기관이기에 유엔은 실제에서 정부의 연합이라고 말할 수도 있다. 달리 표현하면, 국제기구의 하나인 유엔은 정부간 기구(IGO)라는 것이다. 그런데 이러한 유엔에 다양한 부속 기구들이 생겨나고, 동시에 국제사회에서 민간단체들이 활발하게 활동을 펼치면서, 유엔기구들은 정부기구가 아닌 민간단체들을 파트너로 여기기 시작했다. 이때 유엔을 구성하고 있는 정부기구와 구별하기 위해 사용된 용어가 NGO(Non Governmental Organization)이다. 즉, NGO는 정부기구가 아니고 비정부기구(즉, 민간단체)라는 뜻이다.[19] 물론 유엔의 설립 이전에도 NGO는 존재하였으나 이 개념이 국제사회에서 공식적으로 정립된 것은 유엔이 창설된 이후라 할 수 있다.

NGO는 단순히 정부기구가 아니라는 점에서 광의적으로는 정당, 이익단체, 언론기관(대중매체), 기업 등을 포괄하지만, 협의적으로는 비정부·비영리 민간단체인 시민단체를 지칭하는 개념으로 사용된다. 한국에서는 1990년대 후반기 언론매체에서 NGO라는 용어가 널리 사용되면서 이 용어는 일반인들에게 익숙하게 되었다. 현재 한국에서 사람들이 사용하는 NGO라는 용어는 시민단체라는 용어와 동의어라고 보면 옳겠다.

시민단체는 정당처럼 공공의 이익(공익)을 추구한다. 그러나 시민단체는 정치적 권력의 획득과 유지를 목표로 삼고 정치적 책임을 지는 정당과 구별된다. 또한, 시민단체는 권력획득과 무관하고 정치적 책임을 지지 않는다는 점에서 이익단체와 유사하나, 특정이익을 추구하는 그것과 차별화된다. 물론 실제에 있어서 과연 무엇이 공익이고, 무엇이 특정이익인가 구별하기 어려운 경우가 없지 않다.

시민단체는 민주사회의 구성원으로서 국가의 정치적 의사결정과정에 자발적이고 적극적으로 참여하고 영향을 미치려는 시민들에 의해 조직된 사회단체이다.

---

19) 김광식, 『한국 NGO』(동명사, 1999), pp.11~12.

여기서 말하는 시민의 원형은 고대 그리스의 도시국가(polis)에서 찾을 수 있다. 당시 도시국가 아테네의 민주정치에서는 여자, 노예, 이방인을 제외한 일정한 연령 이상의 남자만이 정치에 참여할 수 있는 시민으로서의 권리를 부여받았다. 근대에 들어와서는 산업 활동을 통해 재산을 모아 사회적 지위를 얻은 부르주아계급(즉, 시민계급)이 선거권을 가진 시민으로 등장하였다. 그 후 현대사회에서는 재산, 학력, 종교, 성, 지역 등에 따른 차별대우를 하지 않는 보통선거가 일반화되었다. 그런데 현대 대의민주주의에서 시민은 단지 선거에서 대표자를 선출하는 데만 만족하지 않고 공공의 정책결정에 주체적으로 참여하는 사람을 지칭한다. 현대적 의미의 시민사회는 주권자인 국민이 주인의식(즉, 시민의식)을 갖고 정치무대의 객석에 앉아 정치를 구경만 하지 않고 이에 적극적으로 참여하는 사회를 말한다. 그리고 이러한 시민사회를 이끄는 선봉적인 역할을 하는 조직이 바로 시민단체이다.

2. 시민단체의 출현 및 시민운동의 확산 배경

시민단체는 최근 선진국이나 후진국을 막론하고 사회 각 분야에서 활발하게 활동하고 있다. 한국도 예외는 아니다. 1980년대 후반까지 몇 가지 한정된 이슈를 중심으로 시민단체들이 활동했으나, 1990년대 이후 이들의 영역은 다양하게 분화되었다. 경제정의실천시민연합, 환경운동연합, 참여연대, 여성단체연합, YMCA, 흥사단 등 수많은 단체들의 이름이 어느 사이에 우리의 귀에 익숙해졌다. 2000년 4·13 국회의원 선거에서는 총선시민연대 등 시민운동단체가 중심이 되어 건국 후 최초로 낙천 및 낙선운동을 벌여 그 '위력'을 과시하기도 했다.[20]

그러면 아래에서는 먼저 시민단체가 출현하게 된 배경을 간략히 정리하여 제시하고자 한다.

① 민주주의가 발달하면서 적극적으로 정치에 참여하려는 시민의 주인의식이 성장했다. 그 결과 시민은 권력을 '독점'하고 있는 국가기관(특히, 행정부와 의회)을 감시하고 통제하며 비판하는 조직을 형성하게 되었다.

---

20) 시민단체의 낙선운동은 당초 지역감정의 벽을 넘기에 역부족이라는 일부의 예상을 뛰어넘어 상당수 지역에서 국회의원 후보자들의 당락에 직접적인 영향을 미친 것으로 나타났다.

② 사회가 분화되고 복잡하게 되면서 국가가 담당할 수 없는 영역이 증가하였다. 이런 가운데 정부의 행정력이 미치지 못한 부문에서 발생한 문제를 시민 스스로 해결하고 수습하려는 과정에서 시민단체가 출현하였다. 경우에 따라서 시민단체들은 정부가 직접 나서기 힘들거나 꺼리는 일을 떠맡기도 한다.

③ 정부나 기존의 정치세력은 현실에 안주하려는 속성을 지니고 있기에 사회의 새로운 변화와 욕구를 외면하거나 충족시키지 못했다. 따라서 이에 대한 대안세력으로서 시민운동과 시민단체가 나타났다.

시민운동은 특히 1990년대 이후 전 지구촌으로 확산되어 세계적인 현상으로 주목을 받게 되었다. 이는 20세기 말 집중적으로 발생한 다음과 같은 몇 가지 세계사적인 변화에 기초한다.[21]

① 소련과 동유럽에서 사회주의 체제가 붕괴하였다. 사회주의 체제의 몰락으로 이들 지역에서 새로운 정치질서와 민주주의 체제가 등장하면서 시민의 자발적인 정치참여가 촉구되었다. 게다가 전 세계적으로 급진적 사회주의 운동이 퇴조하면서 동시에 생활운동으로서 시민운동이 힘을 받게 되었다.

② 환경위기는 인류 최대의 문제로 등장하였다. 이는 환경문제에 대한 시민사회 내부의 의식변화를 가져왔고 시민운동에 활기를 불어 넣었다. 더욱이 환경문제가 특정 지역이나 국가에 한정된 문제가 아니라 전 지구촌에 관련된 문제로서 인식되면서, 국제환경NGO들의 생성과 발전이 활발해졌다.

③ 소련과 동유럽에서 사회주의 체제가 붕괴된 후 자본주의가 전 세계적으로 확대되면서 세계화 현상이 뚜렷해졌다. 세계화 찬성론자들은 세계화가 인류의 번영과 기술발달을 가져온다고 역설하지만, 반대론자들은 빈부의 양극화를 가속시키고 환경을 파괴하며 평화를 위협한다고 주장한다. 세계화에 반대하는 각국의 NGO들은 국경을 초월한 연대를 통하여 세계화 움직임에 거세게 반발하게 되었다. 오늘날 세계무역기구(WTO) 각료회의나 국제통화기금(IMF) 총회 때 각국의 NGO 활동가들이 한곳에 모여 세계화에 반대하며 시위를 벌이는 일이 예사가 되었다.

④ 그동안 아시아, 아프리카, 남미, 동유럽 등 많은 나라들이 민주화를 겪게

---

21) 박재창 편, 『정부와 NGO』(법문사, 2000), pp.106~108.

되었고, 이 과정에서 이들 나라에 참여민주주의가 뿌리를 내리기 시작했다. 그리고 참여민주주의는 시민운동의 성장으로 이어졌다.

⑤ 인터넷의 급속한 발달 및 보급은 전 세계적으로 시민운동이 확산되는 기반을 마련해 주었다.

3. 시민단체의 종류

시민단체는 이익을 실현하는 방법에 있어서 이익단체와 대동소이하지만 추구하는 이익의 종류는 질적으로 다르다. 즉, 이익단체가 특정이익을 추구한다면, 시민단체는 공익을 추구한다. 여기서 말하는 공익(public interest)은 환경보호 등 좋은 사회를 건설하기 위한 일반적인 노력뿐만 아니라 소수자보호(약자보호), 피해자보호 등 공정한 사회를 이룩하려는 노력을 포괄하는 것으로 해석된다. 이런 맥락에서 시민단체는 다음 세 종류로 구분될 수 있다.

① 환경보호, 공명선거, 핵무기폐기, 부정부패추방, 반독재 등 좋은 사회를 건설하기 위해 노력하는 단체이다. 흔히 사람들이 말하는 시민단체는 이 범주에 속한다.

② 민족적·인종적 또는 종교적·사회적인 소수집단이 소수로서의 불이익을 극복하고자 단체를 조직한 경우이다. 여러 국가들이 지리적으로 인접해 있고 역사적으로 복잡하게 얽혀 있는 유럽에서 흔히 볼 수 있다. 최근 한국에서 조직되어 활동하고 있는 탈북자 모임, 외국인노동자 모임, 결혼이주자 모임 등이 이에 속한다. 여성운동단체, 동성애자단체와 같이 상대적으로 소외를 받고 있는 사회집단이 이를 극복하고자 조직한 단체도 넓은 의미에서 이 범주에 해당된다.

③ 전쟁상해자, 독재정권피해자, 실향민 등 각종 피해자들이 단체를 조직하여 자신들의 공통된 이익을 관철하려는 경우이다. 한국에서도 이 범주에 속한 시민단체를 어렵지 않게 찾아볼 수 있다. 파월장병 고엽제 피해자, 전두환 군부정권에서 당한 삼청교육대 피해자, 수해 또는 국가사업으로 인해 고향을 떠난 실향민 등의 권익보호를 위해 결성된 단체가 바로 그 예이다.

4. 시민단체의 정치참여 방식

시민단체가 자신의 목적을 달성하기 위하여 정치에 참여하는 방식은 퍽 다양하다. 이를 정리하면 다음과 같다.[22]

① 시민단체가 구성원들의 동의하에 단체의 대표적 인물을 직접 정치에 참여케 한다. 또는 유럽의 녹색당(환경정당)처럼 시민운동단체가 직접 정당을 설립하여 현실정치에 뛰어드는 경우도 있다. 대표적인 경우가 1979년 창당된 독일의 녹색당이다.

② 시민단체에서 활동했던 사람이 단체와는 무관하게 개별적으로 정치에 참여하는 방법이다. 즉, 시민운동가 출신이 정치에 참여하는 경우이다.

③ 시민단체는 선거를 통하여 간접적으로 정치에 참여한다. 즉, 시민단체는 각 당의 선거공약을 평가하고 후보초청 토론회 등을 실시하여 단체가 표방하는 주장을 공약으로 내걸게 유도하거나 단체가 지향하는 방향에 적합한 후보를 지지한다.

④ 정부나 의회의 의사결정과정에 시민단체의 대표가 참여하는 경우이다. 최근에 들어와 정책결정 전에 정부가 시민단체의 의사를 타진하는 경우가 자주 목격된다.

⑤ 시민단체가 내세우는 안을 입법에 청원하거나 정당 또는 정치인들로 하여금 법을 제정, 또는 개정하게 하는 운동을 전개한다.

⑥ 시민단체는 정치권에 대한 감시와 평가(예: 의원들의 의정활동)를 통하여 단체가 원하는 방향으로 정치가 이루어지도록 한다.

5. 시민단체와 국가의 관계

(1) 이론적 접근

일원적 국가론은 여러 사회집단에 대한 국가의 통합성과 포괄성을 강조한 나

---

22) 신기현, "한국정치와 NGO의 발전," 『전환기 사회와 NGO』(전북대학교 지방자치연구소 학술회의 논문집), 1999, pp.22~23.

머지 사회를 국가에 흡수시키려는 경향을 보이며, 다원적 국가론은 국가의 독자성과 역사적 특수성을 부인하고 국가는 공동사회 내의 제 집단과 동등한 지위에 있다고 주장한다.[23]

신자유주의적 시각은 국가와 시민사회 간의 관계에 분명한 선을 그으며, 더 나아가 시민사회를 국가가 간여할 수 없는 천부(天賦)의 권리를 향유하는 사적인 영역으로 간주한다. 반면에 신사회운동적 해석은 국가와 시민사회 간의 상호침투 가능성을 전제하며, 국가와 시민사회는 불가분의 관계를 갖는 것으로 이해한다.[24]

국가주의론(statist theory)에 입각한 흐름은 정책결정과 사회변동에 있어서 국가가 수행하는 역할의 중요성을 인식하고 국가의 상대적 자율성을 주장한다. 시민사회론적 시각은 각종 문제와 위기를 관리하는 데 있어서 정부의 역할이 불완전하다고 인식하고 그 대안으로 NGO를 강조한다. 거버넌스(governance)에 기초한 입장은 정부행위자와 비정부행위자들이 복잡한 사회적 문제들을 함께 풀어 나가는 협력적 방식을 역설한다.

(2) 실제적 접근

정치의 실제에 있어서 시민단체와 국가(정부)의 관계를 한마디로 정의하기는 매우 어렵다. 우리는 양자의 관계를 크게 상호협력적인 경우와 상호갈등적인 경우로 나누어 생각해 볼 수 있다.

1) 상호협력적인 관계
― 국가는 시민단체를 통하여 일반 국민과 소통하며 이를 끌어안아 지지기반을 확대한다. 시민단체는 국가로부터 여러 형태의 지원(행정, 재정, 정보 등)을 받아 단체의 발전을 도모한다.

― 시민단체는 국민의 의사를 결집하여 국가기관에게 전달하고 자료와 정보를 제공하여 정책결정을 지원한다. 또한 시민단체는 국가의 손이 미치지 않는 부분에 관심을 가짐으로써 국가의 역할을 보충한다.

---

23) 김우태 외, 『정치학의 이해』(형설출판사, 2000), p.64.
24) 박재창(2000), pp.52~58.

2) 상호갈등적인 관계

시민단체는 국가의 권력을 감시하고 정책을 평가한다. 경우에 따라서 시민단체는 대안을 제시하고 국가와 맞서게 된다. 그 결과 양자 간에 갈등관계가 성립한다. 자유민주주의 체제에서 국가와 사회 간에 갈등이 발생하는 것은 어쩌면 당연한 현상이다. 그러나 갈등이 지속되면 사회적 혼란이 야기되고 국민통합이 저해된다.

일부 시민사회 옹호론자들은 지난 세기 서구사회의 발전이 국가부문이나 시장부문에 의해 주도되었다면, 21세기에는 제3부문인 NGO가 주도할 것이라고 말한다. 21세기에 들어와 한편으로 NGO의 역할이 증대되고 있는 것은 사실이지만, 다른 한편으로 시장은 나날이 확대되고 있으며, 환경, 테러, 조직폭력, 마약 등 급증한 사회적 문제는 국가의 역할을 증대시키고 있는 것도 현실이다. 오늘날 현대사회를 구성하는 권력의 세 축인 「국가-시장-시민사회」 간의 균형발전은 중요한 시대적 과제임이 틀림없다.

■ IV. 정치커뮤니케이션과 대중매체

1. 정치커뮤니케이션의 개념

커뮤니케이션(communication)은 어떤 사람이나 단체가 특정 문제에 대한 자신의 생각을 다른 사람이나 단체에게 알리기 위해 시도하는 과정이다. 일반적으로 커뮤니케이션은 상징(symbol)의 사용을 통해 의미를 전달하는 것을 말한다.[25] 즉, 말이나 글, 화면, 음악, 수학적 기호, 몸짓, 손짓, 얼굴 표정 등 각종 매개수단을 통한 인간의 상징적 상호작용이 다름 아닌 커뮤니케이션이다.

정치커뮤니케이션(political communication)은 정치현상과 커뮤니케이션 현상이 서로 접합된 부분에서 형성된 개념이다. 즉, 정치커뮤니케이션은 인간의 제반

---

25) 오스틴 래니(권만학 외 역), 『현대 정치학』(을유문화사, 1994), pp.213~214.

커뮤니케이션 현상 중에서 정치현상과 관계된 커뮤니케이션 현상만을 포함한다.[26] 넓은 의미에서 정치커뮤니케이션은 정치적 결과를 유발시키는 제반 커뮤니케이션 현상을 의미하지만,[27] 좁은 의미에서는 정치적 문제에 관한 정보, 이념, 그리고 태도 등을 전파하기 위해서 설립된 어느 정도 전문화된 조직들의 활동을 의미한다.[28]

커뮤니케이션 매체는 대면매체와 대중매체로 구분된다. 대면매체(face-to-face-media)는 송신자와 수신자 간에 직접적인 접촉(예: 연설, 회합, 다과회, 기자회견, 편지, 전화)에 의해 정치적 메시지가 전달되는 매체이다. 이와는 달리 대중매체(mass media)는 직접 접촉하지 않는 사람들에게 메시지를 대량으로 전파하는 매체이다.[29] 일반적으로 정치커뮤니케이션은 대중매체에 의한 대중커뮤니케이션(mass communication)을 일컫는다.

2. 정치커뮤니케이션의 요소

정치커뮤니케이션을 구성하는 5가지 주된 요소는 송신자, 메시지, 매체, 수신자, 그리고 반응이다. 송신자는 정치활동과 관계된 인물, 또는 그러한 활동과 관련된 정보, 이데올로기, 태도 등을 전달하는 전문화된 집단이나 기구를 말한다. 현대 민주사회에서 정당, 이익단체, 시민단체 등은 대표적인 조직화된 송신자이다. 이들 사회조직뿐만 아니고 국가기관도 송신자로서 역할을 한다. 최근에 들어와 행정부처들이 사회조직이나 국민을 설득하고 지지를 획득하기 위해 보도 자료를 배포하거나, 이들 부처의 담당자가 신문에 기고하고 라디오나 텔레비전의 프로그램에 나와 대담에 응하는 것이 자주 목격된다. 더 나아가 정부기관은 좀 더 적극적인 방법으로 라디오나 텔레비전 프로그램을 제작하여 방송하기도 한다.

송신자가 원하는 메시지를 매체를 통해 수신자에게 보내는 것으로 커뮤니케이션 과정은 시작된다. 송신자는 자신이 목표로 하는 수신자에게 메시지의 내용을

26) 김기도, 『정치커뮤니케이션 실제』(나남, 1987), p.40.
27) R. Fagen, *Politics & Communication* (Boston: Little Brown, 1966), p.5.
28) 장을병, 『정치적 커뮤니케이션론』(태양문화사, 1978), p.41.
29) 오스틴 래니(1994), p.218.

충분히 전달할 수 있도록 여러 매체를 사용한다. 오늘날과 같이 복잡한 대중사회에서 광범위한 영역에 산재되어 있는 수신자들에게 효과적으로 정치적인 메시지를 전달하려는 목적에서 대면매체보다는 대중매체가 압도적으로 많이 이용된다.

수신자는 송신자가 메시지를 보내 반응을 유발시키는 표적대상이다. 예컨대 선거에서 특정 정치인이나 정당은 송신자가 되며, 유권자는 수신자가 된다. 국가의 정책을 홍보하는 정부기관은 송신자이며, 수신자는 표적에 따라 자국 국민일수도 있고 외국인일수도 있다.

송신자는 메시지를 통해 수신자로부터 여러 가지 호의적인 반응을 유발하려한다. 즉, 송신자는 수신자에게 새로운 문제의식에 대한 동기를 부여하거나(동기부여), 기존의 고정관념에서 벗어나 새로운 사고를 갖도록 한다(사고의 전환). 또는 수신자에게 기존의 신념을 다시 확신시켜 주거나(재확신), 메시지의 실천을 위해 어떤 구체적인 활동을 하도록 한다(실천적 활동).[30] 이들 반응은 수신자의 조건(예: 지적 수준, 생활 정도, 문화수준, 사회계층)에 따라 달리 나타날 수 있기에, 송신자는 메시지의 내용을 결정할 때 이를 고려하는 것이 보통이다. 그리고 송신자는 수신자의 반응을 관찰한 후, 메시지를 수정·보완하여, 이를 다시 매체를 통해 내보내기도 한다.

3. 정치커뮤니케이션의 유형

흔히 정치커뮤니케이션은 정치선전, 정치PR, 정치교육 등 세 유형으로 구분된다. 이들 개념은 각각이 작용하는 영역, 또는 각각이 설정한 송신자와 수신자의 관계에 있어서 어느 정도 차이가 난다. 즉, 선전은 비교적 정치적인 영역에서 작용하는 개념으로, PR은 비교적 사회적인 영역에서 작용하는 개념으로, 그리고 교육은 비교적 문화적인 영역에서 작용하는 개념으로 인식된다. 그런데 이들 개념은 그것이 작용하는 영역에 의해 구분될 수도 있지만, 송신자와 수신자 중 어느 요소에 중점을 두면서 정치커뮤니케이션이 이루어지는가에 의해 구별될 수도 있다. 즉, 송신자의 필요, 목적, 관심, 이익 등이 비교적 중요시되는 것을 정치선전이라

---

30) 오스틴 래니(1994), pp.216~217.

고 한다면, 수신자의 그것들이 비교적 중요시되는 것은 정치교육이고, 송신자와 수신자의 그것들이 비교적 동등하게 중요시되는 것은 정치PR이라 할 수 있겠다.[31]

원래 광고는 경제적인 영역에서 사용된 개념인데, 정치현상 속에서도 광고와 같은 성격을 지니는 요소들이 드러남에 따라 정치광고라는 개념이 구체화되기 시작했다. 기업이 기업이미지와 상품이미지의 창출을 위해 광고를 하듯, 정당이나 정치인도 정치광고에 의해 이미지를 구축하고 유권자로부터 선택받기를 원한다. 정치광고는 정치현상에 관련된 송신자 중심의 설득적 커뮤니케이션이면서도, 그 결과는 수신자의 결정에 전적으로 의존한다. 이런 맥락에서 정치광고는 기업광고나 상품광고와 유사성을 지닌다. 때문에 정치광고는 정치커뮤니케이션의 한 유형을 이루고 있으면서도 정치선전이나 정치PR, 또는 정치교육과는 다소 성격을 달리하는 측면을 지니게 된다.[32]

정치커뮤니케이션은 전달내용의 성향에 따라 보도성향과 사설성향으로 구분된다. 보도성향(reportorial)은 단순히 무엇이 발생했는가에 대한 알려진 사실만을 보도하는 경우이다. 이에 반하여 사설성향(editorial)은 무엇이 발생했는가를 평가·비판하고 미래에 발생할 수 있는 일에 대해서 예견을 하는 경우이다.[33] 정치커뮤니케이션은 둘 중 하나의 성향을 갖기도 하지만 양자의 성향을 동시에 갖기도 한다.

4. 대중커뮤니케이션의 특징

(1) 전통적 대중매체

이미 언급한 바와 같이 일반적으로 정치커뮤니케이션은 대중매체에 의한 대중커뮤니케이션을 말한다. 여러 측면에서 대중커뮤니케이션은 개별적이고 직접적인 커뮤니케이션(inter-personal communication)과는 구별된다. 전통적 대중매체(신

---

31) 김기도(1987), pp.42~44.
32) 김기도(1987), pp.44~45.
33) 오스틴 래니(1994), pp.236~237.

문, 라디오, 텔레비전 등)에 의한 대중커뮤니케이션이 갖는 특징은 다음과 같다.

① 송신자는 기술적으로 발달된 전달확산도구, 즉 대중매체를 이용한다. 이는 커뮤니케이션 과정이 간접적임을 뜻한다.

② 수신자는 원칙적으로 제한이 없다. 달리 말해서 수신자는 이질적이며 지역적으로 확산된 대중이다. 이런 의미에서 커뮤니케이션 과정은 공개적이다.

③ 대중은 익명이다. 즉, 수신자는 송신자에게 알려져 있지 않으며, 수신자 상호 간에도 접촉이 없는 것이 보통이다.

④ 대체적으로 커뮤니케이션은 송신자로부터 수신자인 대중에게 일방적으로 흐른다.

⑤ 생산 및 전달비용이 많이 들기 때문에 대중커뮤니케이션의 매체는 큰 조직을 형성하고 있다(예: 출판사, 신문사, 라디오 · 텔레비전 등 방송시설).

(2) 뉴미디어

인터넷을 기반으로 한 정보통신기술의 발달로 새롭게 등장한 뉴미디어는 다음과 같은 특징을 갖는다.

① 뉴미디어는 일면 대중을 상대하는 대중매체이면서 일면 개별적인 접촉이 가능한 대면매체이기도 하다.

② 뉴미디어를 통한 커뮤니케이션은 전통적 대중커뮤니케이션과 달리 송신자로부터 수신자인 대중에게 일방적으로 정보가 흐르는 일방향이 아닌 서로 정보가 교환되는 쌍방향의 특징을 갖는다.

③ 뉴미디어에서 수신자인 대중은 단지 정보의 소비자에 머무르지 않고 정보를 생산하여 전달하는 생산자의 역할도 담당한다.

5. 대중매체의 종류

정치커뮤니케이션의 수단으로서 대중매체는 사실을 보도하고 평가함으로써 정치사회의 전반에 걸쳐 지대한 영향을 미친다. 대중매체는 특히 여론을 형성하는 데 중추적인 역할을 수행한다.[34] 이러한 대중매체는 대중의 인지가능방법에 따라 다음 4종류로 구분된다.

① 인쇄매체: 신문, 잡지, 홍보용 책자, 각종 전단 등.

② 청각매체: 라디오, 녹음테이프 등.

③ 시청각매체: 텔레비전, 영화, 비디오테이프 등.

④ 뉴미디어: 컴퓨터통신, 이동통신, 디지털 위성방송, 전자신문, 소셜 미디어 등. 고속의 통신망을 통하여 정보가 교환되는 뉴미디어는 기존 여러 가지 매체의 속성이 하나로 통합된 멀티미디어적 성격을 가진다.

위에서 열거한 대중매체의 분류는 인류의 커뮤니케이션 발달사와도 깊은 관련이 있다. 커뮤니케이션 발달사는 4단계로 나누어 볼 수 있다. 제1기는 최초로 정보의 기록, 저장, 전달을 가능하게 하였던 활자미디어 시대라고 할 수 있으며, 제2기는 거리와 시간의 개념을 극복하여 정보전달을 가능하게 했던 전파미디어 시대라고 할 수 있다. 그리고 음성위주의 정보전달에서 벗어나 영상메시지 전달을 가능하게 한 제3기는 영상미디어 시대라고 할 수 있으며, 최근에 등장한 제4기는 뉴미디어 시대라고 할 수 있다.[35]

그러면 다음에서는 지금까지 정치커뮤니케이션의 가장 유력한 도구로 사용되어 온 신문, 라디오, 텔레비전 등 전통적 대중미디어와 새로이 각광을 받고 있는 뉴미디어를 간략히 소개하겠다.

(1) 신   문

신문은 인쇄매체 중 가장 유력한 정치커뮤니케이션의 수단이다. 신문은 이를 읽고 이해할 수 있는 사람들만이 접근 가능하다는 제약성을 지니며, 라디오나 텔레비전에 비해 전달속도가 느리다는 한계성을 갖는다.[36] 하지만 신문은 이들 매체에 비하여 수신자가 시간적 여유를 가지고 이용할 수 있으며, 또한 원하는 수요자 계층에 맞게 메시지를 조작·전달하여 설득효과를 높일 수 있다는 장점을 지

---

34) 대중매체는 항상 순기능만 하는 것은 아니다. 대중매체가 자주성과 객관성을 잃어 편향된 보도를 하거나 지나치게 주관적인 논평을 내게 될 때, 그것은 대중여론을 오도하게 되고 정치권력의 남용을 비판하거나 견제할 수 없게 된다.

35) 최정호 외, 『매스미디어와 사회』(나남출판, 1995), p.367.

36) 김기도(1987), p.60.

니고 있다. 1920년대에 라디오가 등장하고 1940년대 이후 텔레비전이 각광을 받게 되면서 그 비중은 상대적으로 줄어들었으나, 신문은 여전히 커뮤니케이션 체제에서 중요한 위치를 차지하고 있다.

(2) 라 디 오

라디오는 청각에 호소하는 전파매체이다. 라디오의 전파가 미치는 어디에서나 수신자는 메시지를 청취할 수 있기 때문에 전달범위가 매우 넓으며 침투력이 대단히 강하다. 그리고 라디오는 전파의 속도로 메시지를 전달하기 때문에 신문보다 훨씬 빨리 메시지를 수신자에게 전달할 수 있다. 더구나 문자를 해독할 수 없더라도 말귀를 알아들을 수 있는 사람에게 메시지를 전달할 수 있다는 장점을 가진다. 그러나 라디오의 메시지는 순간적으로 지나치기 때문에 이를 포착하기 어렵다는 문제점을 내포하고 있다. 물론 이러한 문제점은 녹음으로 극복될 수는 있다.

(3) 텔레비전

텔레비전은 메시지를 즉각적이며 시청각적으로 전달하는 영상매체로서 1940년대 등장 이후 정치커뮤니케이션에서 가장 각광받는 매체로 군림하여 왔다. 특히 텔레비전은 정치광고의 등장과 확대에 결정적인 기여를 했다. 그리고 이 매체는 정치집단과 정치인의 이미지 형성과 그에 따른 선거인의 정치적 결정에 가장 영향력을 발휘하는 매체가 되었다. 미국에서는 이미 1960년 실시된 대통령 선거에 후보자 간 텔레비전 토론이 선보였다. 그 이후 크고 작은 선거운동 및 정치토론이 텔레비전 매체에 의존하는 양상이 크게 증가하게 되었다. 한국에서는 지난 1992년 제14대 대통령선거에서 최초로 텔레비전을 이용한 정치광고가 이루어졌다. 물론 그 이전에 많은 대선 후보자들이 신문을 정치광고의 수단으로 이용한 바 있다.

텔레비전도 라디오와 같이 메시지가 스쳐 지나가기 때문에 이를 포착하기 어렵다는 단점을 지니고 있으나 녹화로써 이를 극복할 수 있다. 또한 최근에 수신자가 텔레비전을 관람하면서 원하는 정보를 얻을 수 있고, 필요하면 화면을 되돌려 다시 볼 수 있는 쌍방향 시스템이 개발되어 선보였다.

(4) 뉴미디어

1980년대 후반 이후 매체는 인터넷과 컴퓨터 게임 등과 같이 디지털 컴퓨터를 활용하는 방향으로 빠르게 변하였으며, 이 과정에서 아날로그 형태의 전통적인 매체(종이신문, 라디오, TV 등)와 구별하는 개념으로 뉴미디어라는 용어가 사용되기 시작했다.

이미 언급한 바와 같이 전통적 정치커뮤니케이션은 송신자의 메시지가 대중매체를 통해 수신자에게 일방적으로 전달되는 일방향(one-way)의 형태를 보여 왔다. 그런데 컴퓨터통신이나 이동통신과 같은 전자매체는 새로운 형태의 커뮤니케이션을 창출했다. 예컨대 원거리에 분산되어 살고 있는 일반 사람들이 컴퓨터통신망을 통해 선거나 정책결정에 참여할 수 있고, 인터넷 사이트를 이용해 정부나 정당, 또는 개별 정치인과 직접 대화를 나눌 수 있으며, 전자매체가 제공하는 토론장을 통해 서로 의견을 교환할 수 있게 되었다. 이와 같이 송신자와 수신자가 따로 없이 쌍방향(two-way) 상호작용이 가능한 사이버 커뮤니케이션은 커뮤니케이션의 형태에 있어서 새로운 지평을 열었다.

소셜 미디어(Social Media)는 사람들이 정보, 의견, 경험, 관심 등을 서로 교환하고 공유하는 것을 가능하게 하는 온라인 도구 또는 플랫폼을 가리킨다. 이 세상에는 수많은 소셜 미디어가 경쟁하고 있으며, 그중 잘 알려진 것으로는 페이스북, 트위터, 유튜브, 인스타그램 등을 들 수 있다. 소셜 미디어는 불특정 다수와의 의사소통을 이룰 수 있는 소셜네트워크서비스(SNS)이며, 텍스트, 오디오, 비디오, 사진, 이미지 등의 다양한 콘텐츠 형태를 가지고 있다.

참고문헌

김광식, 『한국 NGO』, 동명사, 1999.

김기도, 『정치커뮤니케이션 실제』, 나남, 1987.

김우태 외, 『정치학의 이해』, 형설출판사, 2000.

박재창 편, 『정부와 NGO』, 법문사, 2000.

신기현, "한국정치와 NGO의 발전," 『전환기 사회와 NGO』, 전북대학교 지방자치연구소 학술회의 논문집, 1999.

신정현, 『정치학』, 법문사, 1993.

오스틴 래니(권만학 외 역), 『현대 정치학』, 을유문화사, 1994.

장을병, 『정치적 커뮤니케이션론』, 태양문화사, 1978.

최정호 외, 『매스미디어와 사회』, 나남출판, 1995.

세계일보, 2015년 11월 17일.

Beyme, Klaus von, *Parteien in westlichen Demokratien*, München: Piper, 1984.

Beyme, Klaus von, *Political Parties in Western Democracies*, Aldershot: Gower, 1985.

Brunner, Georg, *Vergleichende Regierungslehre*, Band 1, Paderborn: Schöningh, 1979.

Duverger, Maurice, *Political Parties*, tr. by Barbara and Robert North, Cambridge: Cambridge University Press, 1978.

Fagen, R., *Politics & Communication*, Boston: Little Brown, 1966.

Heywood, Andrew, *Key Concepts in Politics,* New York: St. Martin's Press, 2000.

Ippolito, Dennis S./Walker, Thomas G., *Political Parties, Interest Groups, and Public Policy*, New Jersey: Prentice-Hall, 1980.

Jacobs, Francis(ed.), *Western European Political Parties*, Essex: Longman, 1989.

Lenk, Kurt, *Politische Soziologie*, Stuttgart: Kohlhammer, 1982.

Lipset, S./Rokkan, S., "Cleavage Structures, Party Systems, and Voter Alignments: An Introduction," in Lipset, S./Rokkan, S.(eds.), *Party Systems and Voter Alignments: Cross-National Perspectives*, New York: Free Press, 1967.

Perez-Diaz, M., *State, Bureaucracy and Civil Society*, London: Macmillan, 1978.

Poggi, G., *The Development of the Modern State*, London: Hutchinson, 1978.

Sartori, Giovanni, *Parties and Party Systems*, London: Cambridge University Press, 1976.

Wells, Alan(ed.), *Mass Media and Society*, California: National Press Books, 1972.

Windlesham, Lord, *Communication and Political Power*, London: Jonathan Cape, 1966.

제10장

정치문화

■ I. 정치문화의 개념

    과거 오랫동안 정치학에서 정치문화(political culture)는 정치적 이념, 정치적 여론, 또는 정치적 국민성 등 여러 상이한 용어로 표현되었다. 그러다가 1956년 알몬드(Gabriel A. Almond)가 새로운 학문적 이론형성을 위해 정치문화라는 개념을 도입하면서 이 용어는 구체적으로 정치학에서 자리를 잡게 되었다.[1]

    제2차 세계대전이 종결된 이후 이른바 제3세계의 정치적 후진국들(특히 신생 독립국들)은 서방세계의 자유민주주의 정치제도를 도입하여 적용했으나 대부분 실패로 돌아갔다. 그래서 사람들은 비록 동일한 제도라 할지라도 이것이 서로 다른 사회에 도입되어 실시될 경우 그 사회의 정치문화의 특성에 따라 결과는 달리 나

---

    1) Gabriel A. Almond, "Comparative Political System," *Journal of Politics*, Vol. 18, No. 3(August, 1956), pp.391~409.

타나게 된다는 사실을 깨닫게 되었다. 그리고 이의 연장선에서 정치문화에 관한 연구는 활기를 띠게 되었다.

당시 정치문화에 관한 연구가 활기를 띠게 된 것은 이러한 정치학의 내적인 요인에 기인한 바가 크지만 다음 몇 가지 외적인 요인도 중요하게 작용했다: 첫째, 수학의 도움으로 표본조사와 조사결과의 정제된 분석을 위한 통계처리가 가능하게 되었다. 둘째, 사회심리학이 세분화된, 그리고 증명할 수 있는 설문기술과 측정수단을 제공하였다. 셋째, 컴퓨터기술의 발달로 작업의 시간과 비용이 크게 절약되었다.[2]

정치문화의 개념은 학자들마다 강조하는 측면에 따라 다양하게 정의되고 있다. 알몬드(Gabriel A. Almond)와 버바(Sidney Verba)는 정치문화란 정치정향(political orientation), 즉 정치체계와 이를 구성하는 다양한 부분들에 대한 태도와 정치체계 내에서의 자아의 역할에 대한 태도를 말한다고 정의한다.[3] 파이(Lucian W. Pye)는 정치문화를 정치과정에 질서와 의미를 부여하고, 정치체계 내에서 행동을 좌우하는 기본적인 전제와 규칙을 제공하는 태도, 신념 및 감정의 총체라고 본다.[4] 윤근식은 정치문화는 정치전통, 정치관습, 정치풍토, 정치의식, 정치적 신조, 가치관, 정치적 감정과 같은 것이라고 말한다.[5] 김운태는 정치문화를 민족사회의 역사적 전통과 명맥, 정치적 상징, 국민의 신념과 정열 또는 집단적 이성, 국민의 가치관, 지도자들의 지도양식과 행위규범 등을 특징짓는 것이라고 정의한다.[6]

대체적으로 구미에서는 경험적·실증적 연구를 바탕으로 하는 행태주의적 접근에 비중을 두고 있으며, 한국에서는 전통적 특성과 역사적 맥락이 강조되고 있다. 전자에서는 정치문화를 정치에 대한 구성원들의 정향 및 태도로 좁게 해석한다면, 후자에서는 정치에 영향을 주는 모든 문화적 환경으로 넓게 해석하는 경향

---

2) Dirk Berg-Schlosser, "Politische Kultur," in Wolfgang W. Mickel(ed.), *Handlexikon zur Politikwissenschaft* (Regensburg: Ehrenwirth, 1983), p.385.

3) Gabriel A. Almond/Sidney Verba, *The Civic Culture* (Boston: Little, Brown and Company, 1965), p.12.

4) Lucian W. Pye, Political Culture, in David L. Shils(ed.), *International Encyclopedia of the Social Sciences*, Vol. 12(New York: Macmillan Co. and the Free Press, 1968), p.218.

5) 윤근식, "정치문화," 정인홍 외(편), 『정치학사전』(박영사, 1975), p.1333.

6) 김운태, 『정치학원론』(박영사, 1994), p.251.

을 보인다.[7)]

위에서 살펴본 바와 같이 정치문화에 관한 개념정의는 다양하다. 그럼에도 우리는 정치문화란 일정한 사회적·정치적 단위에서 작용하는 정치와 관련된 개인과 집단의 일반적인 신념, 태도, 가치의 총체라고 정의할 수 있겠다. 여론 (public opinion)이 특별한 이슈나 문제에 대한 사람들의 단순한 반응이라고 한다면, 정치문화는 오래된 전통과 가치로부터 형성된 일종의 문화이다. 이러한 정치문화는 정치체계를 뒷받침하는 사회적 기반의 주요 부분을 형성한다.

■ II. 정치문화의 구성요소

1. 로젠바움의 분류

일정한 정치적 단위에서 생활하고 있는 개인이나 집단이 정치체계에서 지니고 있는 신념, 태도, 가치의 집합을 정치문화라고 정의할 때, 정치체계에서 작용하고 있는 이들 개인이나 집단이 갖고 있는 신념, 태도, 가치가 정향(orientation)하는 대상은 상이하다. 로젠바움(Walter A. Rosenbaum)은 정치문화의 구성요소로서 정향하는 이들 대상을 아래와 같이 분류한다.[8)]

(1) 정치체계 일반에 대한 정향

정치체계 일반에 대한 정향은 정치공동체(국가)에 대한 정향, 체제 및 정치구조에 대한 정향, 그리고 정부에 대한 정향으로 세분화된다. 정치적 공동체, 즉 국가에 대한 정향은 국가에 대한 충성심이나 애국심, 민족적 긍지 등을 말하는 것으

---

7) 전득주, "정치문화와 민주시민교육," 전득주 외, 『정치문화와 민주시민교육』(유풍출판사, 1999), p.29.

8) 이 내용은 로젠바움의 분류와 이를 보완하여 설명한 김재영, 전득주의 글에 의한다. 이에 관해서는 Walter A. Rosenbaum, *Political Culture* (New York: Praeger Pub. Co., 1973), pp.21~29 ; 김재영 외, 『정치문화와 정치사회화』(형설출판사, 1990), pp.9~13 ; 전득주(1999), pp.34~35 참조.

로 개국조상과 신화, 역사적 전통과 관습, 국가적 상징물과 인물 등에 대한 정향을 포함한다. 국가에 대한 정향에서 가장 중요한 사항은 국가적 통합이다.

체제 및 정치구조에 대한 정향은 체제 및 정치구조의 정당성에 대한 믿음이며 소속된 사회의 기본적 정치규범, 상징, 정치구조, 정치엘리트 등을 평가하고 이에 대응하는 태도이다.

정부에 대한 정향은 정부의 정책에 대한 만족도를 말한다. 즉, 산출기능을 하는 정부가 행한 결정에 대해 투입기능을 하는 사회가 반응하는 태도의 일체를 말한다.

(2) 타인에 대한 정향

정치체계에 있어서 타인에 대한 정향은 일종의 시민의식이라 할 수 있는 것으로 다른 사람들과 시민생활을 영위함에 있어서 맺는 인간관계에 대한 생각이라고 볼 수 있다. 즉, 동료시민에 대한 믿음 또는 불신, 국외자에 대한 경계 또는 개방성 등이 이에 속한다. 인간의 상호관계에서 수평적 평등관계가 강조되는가 아니면 수직적 불평등 관계가 강조되는가, 또는 합리성이 중요시되는가 아니면 인정과 의리와 같은 비합리적 요소가 중요시되는가 등도 이에 포함된다.

(3) 자신의 정치적 활동에 대한 정향

자신의 정치적 활동에 대한 정향에는 개인의 정치적 능력, 정치적 효능감, 정치적 의무감 등이 포함된다. 정치적 능력은 투표나 선거와 같은 여러 형태의 정치적 활동에서 자신에게 주어진 정치적 자원을 활용할 수 있는 능력이다. 정치적 효능감은 개개 시민이 정치적 역할을 통하여 정치적·사회적 변화를 가져옴에 있어 자신의 역할에 의미를 부여하는 것을 말한다. 정치적 의무감은 시민이 정치체계 구성원으로서 응당 해야 할 본분에 관한 것을 의미한다.

2. 알몬드와 버바의 분류

알몬드(Gabriel A. Almond)와 버바(Sidney Verba)는 정치문화를 구성하는 요

소로서 다음과 같이 3가지 정치정향을 제시한다.[9] 이들 정향은 복합적이며 서로 관련되어 있다.

(1) 인지적 정향

인지적 정향(cognitive orientation)은 일반국민 개개인이 갖고 있는 정치체계에 대한 지식과 믿음을 의미한다. 다시 말해서 정치체계의 역할 및 역할 담당자, 그리고 정치체계로의 투입과 산출에 대한 지식과 믿음을 뜻한다. 이러한 정치적 인지의 양태는 각 사회, 또는 각 계층에 따라 달리 나타날 수 있다.

(2) 감정적 정향

감정적 정향(affective orientation)이란 정치체계 일반, 즉 정치체계의 역할, 담당자 그리고 업무수행에 대한 느낌을 말한다. 정치체계 전부 또는 일부에 대한 이러한 감정적인 반응은 긍정적으로 나타날 수도 있고 아니면 부정적 또는 중립적으로 나타날 수도 있다.

(3) 평가적 정향

평가적 정향(evaluative orientation)은 정치적 대상에 대한 국민 개개인의 판단과 의견을 의미한다. 평가는 가치기준과 척도를 정보 및 감정과 결합시킴으로써 이루어진다. 평가적 정향은 달리 표현해서 가치의 선호(value preference)라고도 한다.

3. 비어의 분류

정치문화를 구성하는 요소의 또 다른 분류로서 비어(Samuel H. Beer)는 가치, 신조, 정서적 태도를 들고 있다. 가치는 정치 전반에 걸친 좋고 나쁨과 옳고 그름의 판단기준이다. 가치가 선악과 같은 도덕적·규범적 판단에 기초하고 있다면, 신조는 상황에 대한 판단에 기초하고 있다. 그리고 가치가 정치 전반에 대한 선악

---

9) Gabriel A. Almond/Sidney Verba(1965), p.14.

(善惡)의 판단인 데 대하여, 정서적 태도는 그것에 대한 호오(好惡)의 감정이다. 비어는 정치적인 것에 대해 사회구성원이 갖는 이들 세 가지 요소의 총합이 정치문화라고 본다.10)

■ III. 정치문화의 유형

1. 알몬드와 버바의 분류

정치체계 일반, 투입과정, 산출과정, 정치행위자로서 자기(정치적 자기) 등 네 가지 정치대상에 대한 태도 여하에 따라서 정치문화의 성격이 결정된다는 전제(前提)에서 알몬드와 버바는 정치문화를 크게 향리형(parochial), 신민형(subject), 참여형(participant) 등 세 가지 유형으로 분류한다.11) 일반적으로 향리형 정치문화는 전통적 정치체제, 신민형 정치문화는 권위주의 정치체제, 그리고 참여형 정치문화는 민주주의 정치체제와 서로 부합한다고 말할 수 있겠다.

〈표 10-1〉 정치문화의 유형

	정치체계 일반	투입 대상	산출 대상	정치적 자기
향 리 형	0	0	0	0
신 민 형	1	0	1	0
참 여 형	1	1	1	1

* 출처: Almond/Verba, *The Civic Culture* (Boston: Little, Brown & Co., 1965), p.16.

(1) 향리형 정치문화

〈표 10-1〉에서와 같이 네 가지 정치대상에 대한 정향이 모두 제로에 접근하

---

10) Samuel H. Beer, "The Analysis of Political Systems," in Samuel H. Beer/Adam B. Ulam(eds.), *Patterns of Government* (New York: Random House, 1962), pp.32~34.

11) Gabriel A. Almond/Sidney Verba(1965), pp.16~18.

는 경우 향리형(鄕里型) 정치문화라 할 수 있다. 향리형(지방형)은 정치적 전문화가 매우 적게 발달한 전근대적인 전통사회에서 나타나는 정치문화 유형이다. 아프리카의 부족사회와 자치적인 지방공동사회가 이 유형에 속한다.

(2) 신민형 정치문화

정치체계와 산출에 대해서는 민감한 반응을 보이지만, 투입과 자기에 대한 정향이 제로에 접근하는 경우 신민형(臣民型) 정치문화라 할 수 있다(참조: ⟨표 10-1⟩). 이 유형은 정치발전에 있어서 향리형 정치문화와 참여형 정치문화의 중간에 위치해 있다. 과도기적 신민적 사회에서 나타나는 이 정치문화에서 국민은 전문화된 정부의 권위를 인식한다. 즉, 국민은 정부의 권위에 자부심을 갖기도 하고 이를 혐오하기도 하며, 정부의 권위를 정당하다고 판단하기도 하고 그렇지 않다고 판단하기도 한다. 하지만 정부와 국민의 관계는 대체적으로 하향적이며 양자 간 소통은 부족하다.

(3) 참여형 정치문화

시민적 민주사회에서 나타나는 참여형(參與型) 정치문화에서 국민 개개인은 네 가지 모든 정치대상에 대하여 정향하고 있다(참조: ⟨표 10-1⟩). 이 정치문화에서 개별 구성원은 여러 정치적 대상들에 대하여 찬성이나 반대의 정향을 가지는 것은 물론이고 정치과정에서 자기의 정치적 역할을 수행하고 이를 인식한다.

위에서와 같이 정치문화는 이론상 세 가지 유형으로 구분될 수 있지만, 실제에서 한 사회의 정치문화는 이러한 유형들의 혼합으로 구성되어 있는 것이 보통이다. 이러한 맥락에서 알몬드와 버바는 각 유형의 혼합에 따라 정치문화를 향리-신민형(parochial-subject), 신민-참여형(subject-participant), 향리-참여형(parochial-participant) 등 세 가지 유형으로 다시 구분한다.[12]

---

12) Gabriel A. Almond/Sidney Verba(1965), pp. 22~26.

(4) 향리-신민형 정치문화

전근대적 전통사회의 특징인 봉건적 권위의 배타적 요구를 거부하고, 전문화된 중앙정부구조를 가진 보다 복합적인 정치체제에 대한 충성심을 발전시켜 나가는 정치문화 형태가 향리-신민형이다. 역사적으로 볼 때, 대부분의 국가는 지방주의로부터 중앙집권화된 권위체로 이전하는 이와 같은 초기단계를 거친다.

(5) 신민-참여형 정치문화

향리형 정치문화에서 신민형 정치문화로의 이전은 신민형 정치문화에서 참여형 정치문화로의 이전이 진행되도록 영향을 미친다. 파이(Lucian W. Pye)가 지적한 바와 같이, 중앙정부의 규칙을 따르도록 국가적 충성심과 일체감을 고취시키는 일이 신생국에서 가장 우선하는 과제이다. 신민형에서 참여형으로의 이전과정에서 지방자치체들이 살아남아 있다면 이들은 민주적 하부구조의 발달에 기여할 것이다.

(6) 향리-참여형 정치문화

향리-참여형 정치문화에서 많은 신생국들은 시대적 문제점을 안고 있다. 즉, 이들 국가에서 정치문화는 향리적인 성격이 지배적인데, 도입된 구조적 규범은 대체적으로 참여적인 내용을 지니고 있다. 이러한 괴리를 조화시키기 위해서 이들은 참여형 정치문화를 요구한다. 그런데 문제는 전문화된 투입과 산출에 동시에 정향된 정치문화를 발달시키는 것인데, 이는 결코 쉬운 일이 아니다.

2. 카바나의 분류

정치문화는 여론만큼이나 상당히 무정형적(amorphous)이다. 그리고 여론이 공중(公衆)의 여러 부분들의 의견으로 구성되어 있는 것과 마찬가지로 정치문화는 다양한 여러 집단들의 정치성향, 즉 하위정치문화로 구성되어 있다.

정치체계, 관료제, 정당, 이익단체 등 어떤 체계 또는 조직의 소속 인원들이 차지하고 있는 위상과 관련하여 나타나게 되는 문화를 특별히 역할문화(role culture)라 일컫는다. 이러한 역할문화의 맥락에서 카바나(D. Kavanagh)는 경험적 연구를 토대로 하위정치문화를 다음 네 가지 유형으로 구분하여 설명한다.[13]

(1) 엘리트문화와 대중문화

어느 국가에서나 정도의 차이가 있겠지만 엘리트문화와 대중문화 간 차이가 있다. 예컨대 영국이나 미국에서와 같이 자유민주주의의 원리를 이해하며 용인하고 있는 국가에서도 민주주의적 정치문화형태는 주로 정치엘리트, 각 분야의 활동가들, 그리고 여론선도자들에게서 집중적으로 나타났다. 더욱이 실론이나 인도와 같은 국가에서 정치지도자들과 대중 간 정치문화적인 격차는 뚜렷했다. 예들 들어 실론과 인도의 정치지도자들은 일반 사람들과 달리 상당 부분 외국학교에서 교육을 받았고, 외국의 제도와 방식을 채택했으며, 사고방식이 일반 대중보다 대도시 지향적이었고, 외부세계에 대해 개방적이었다.

(2) 세대 간 문화유형

어느 사회에서나 급속한 사회·경제적 변화는 필연코 세대 간에 문화적인 간격을 벌리는 결과를 초래했다. 이러한 변화는 젊은 시민들 사이에서 보다 높은 정치적 참여를 불러일으켰다. 특히 신생국가들의 젊은이들은 어떤 특정한 정치적 신조에 의거한 호소에 민감하게 반응했다. 그 결과 세대 간의 가치관이나 사고방식 면에서 단절이 나타나게 되었다.

(3) 정치엘리트 간 문화유형

정치엘리트 간 문화유형이 상이한 대표적인 경우로 미얀마의 예를 들 수 있다. 미얀마의 행정 관료들은 대부분 영국정부의 지도하에서 식민지공무원으로서 교육을 받았다. 그 영향으로 이들은 정부운영에 있어서 질서가 있고 예측가능한 절차를 요구하는 식의 견해표명과 업무수행으로 정치가들과 갈등을 보였다. 열렬

---

13) D. Kavanagh(정재욱 역), 『정치문화론』(이진, 1989), pp.31~36.

한 반(反)영국적인 국민운동을 통해서 정계에 등장한 미얀마의 정치가들은 보다 감정적이며 이상주의적인 경향이 있었고, 영국과 협력한 행정 관료들을 못마땅하게 여겼다. 이와 같은 현상은 두 집단이 상호 간의 역할에 대해 서로 이해하고 합의에 도달할 수 있는 길을 막았다.

(4) 정당 간 문화유형

각 체제에 따라 정당이 유권자를 일련의 가치체계에 따라 사회화시키거나 통합시키고자 하는 데 두고 있는 강조점은 서로 다르다. 과거 동유럽의 사회주의 국가들이나 아시아·아프리카의 많은 나라에서 정당들은 동원체로서 강력한 이데올로기적 성향을 보였다. 이들 정당은 계급, 인종, 종교, 지역 등에 근거한 하위정치문화들을 국가통합과 국민정체성 확립에 위협이 되는 요소로 간주하였다. 그러나 산업화된 서방국가에서의 정당들은 그들 자신이 표방해 온 이데올로기적 원칙을 유지·고수하기보다는 다양한 집단들의 이익과 문화를 수용하거나 용인하려는 태도를 보였다.

■ IV. 정치문화와 정치사회화

1. 정치문화와 정치사회화의 관계

사람들은 태어난 이후 수많은 1차 집단과 범주 집단들의 구성원이 됨으로써 정치적 태도와 행위의 방식을 학습하게 되는데, 이 학습과정이 정치사회화 (political socialization)이다. 달리 말해서 정치사회화는 정치공동체의 구성원이 사회에서 정치체계 일반, 정치과정, 정치기구와 그 대표 등에 대한 지식과 이와 결부된 감정과 태도를 습득하고 발전시키는 모든 공식적·비공식적 또는 의식적·무의식적 과정이라고 말할 수 있다.

알몬드는 정치사회화를 정치문화로 유도(誘導)하는 과정으로 본다. 즉, 정치사회화의 결과로 정치문화가 형성된다는 것이다.[14] 유사한 관점에서 랭턴(K. Langton)

은 정치사회화는 사람들이 정치적 정향과 행위유형(즉, 정치문화)을 습득하는 과정
이라고 정의한다.[15]

2. 정치사회화에 관한 논의

다음에서는 정치문화를 형성하는 과정으로서 정치사회화와 관련하여 논의되
고 있는 몇 가지 학문적 쟁점을 소개해 보겠다.

첫째, 사람들은 정치사회화에 대한 기본적인 인식에서 차이를 보인다. 즉, 일
부는 정치사회화를 정치체제를 유지하고 국민의 합의를 획득하기 위해 필요한 기
능이라고 보는 반면에, 일부는 이를 지배계급의 통치를 옹호하고 정당화하기 위한
수단으로 본다.[16]

둘째, 대체적으로 사람들은 정치사회화가 체제유지의 기능을 수행하는 것에 동
의한다. 그리고 체제유지(즉, 안정)는 선하고 긍정적인 것이며, 사회화는 개인이나
집단이 기존의 정치체제와 정치문화를 자각하고 그것에 맞추어 나가는 것으로 본다.

그러나 기존의 정치문화를 그대로 후손에게 전승하고 답습하게 하는 것만이
체제의 안정을 가져다주는 것은 아니다. 비교적 안정된 체제일지라도 기존의 정치
문화가 그 체제에서 나타나고 있는 새로운 요구와 조화를 이루고 있지 못한 상황
이면, 긴 안목에서 점차 이를 새로운 환경에 적응시켜 나가야 한다. 예컨대 1917
년 발생한 러시아 혁명에서 볼 수 있는 바와 같이 구시대의 가치관을 답습하는 것
은 새로운 체제의 안정을 위협하는 요소로 작용한다. 그래서 기존의 정치문화를
변화시키기 위한 정치사회화 작업이 필요하다. 서방 선진국의 자유민주주의 정치
제도를 도입하려는 정치 후진국의 경우 이에 상합(相合)하는 정치문화를 창조하는
것이 급선무이다.

결론적으로 말해, 정치사회화의 결과는 전통적인 정치문화를 지속시키는 것

---

14) Gabriel A. Almond, "Introduction: A Functional Approach to Comparative Politics," in
Gabriel A. Almond/James S. Coleman(eds.), *The Politics of the Developing Areas*
(Princeton: Princeton University Press, 1971), pp.27~28.

15) K. Langton, *Political Socialization* (London: Oxford University Press, 1969), p.5.

16) 이범준/신승권, 『정치학』(박영사, 1996), p.353.

으로 나타날 수 있지만, 이를 변화시키거나 창조하는 것으로 나타날 수 있다는 것이다.[17)

셋째, 학습 및 발전과정으로서 정치사회화를 경험적·분석적 방법으로 연구하는 데 있어서 제기되는 중요한 문제는 정치적 기본태도가 언제 형성되며, 또한 각 연령단계마다 나타나는 정치사회화의 결과는 어떠한가에 관한 것이다.[18)

많은 조사연구자들은 젊은이들의 성향으로부터 얻은 조사자료에 의거해서 성인사회의 정치문화(예: 민주주의 이해, 정치적 관용, 정치참여) 및 그 정치체제가 보여줄 장래의 체제운용능력을 추론한다. 그러나 어린 시절과 어른 시절 간에는 많은 다양한 경험과 다른 학습기관들이 관여하고 있으며 또한 사회화는 발달과정이기 때문에, 어린 시절에 보인 성향으로부터 단정적인 해석을 내리는 것은 한계가 있다.[19)

알몬드는 정치사회화를 잠재적(latent)인 것과 현재적(manifest)인 것으로 구분한다. 그에 의하면 아동이 성장함에 따라 잠재적(潛在的)인 정치사회화의 비율은 줄어들고, 반면에 현재적(顯在的)인 정치사회화의 비율은 가속화된다. 즉, 초기의 가족생활에서는 현재적인 정치사회화보다는 잠재적인 정치사회화가 훨씬 중요하다. 그러나 학교생활에서는 잠재적인 것과 현재적인 것이 동시에 진행되는데, 고등교육의 단계로 올라갈수록 후자가 더 중요하게 작용한다. 그 후에도 잠재적인 사회화는 지속되지만, 직업적인 관계, 자발적 집단이나 정당에의 참여, 대중매체나 현실정치와의 접촉 등으로 현재적인 사회화의 중요성은 월등히 커진다.[20) 여기에서 알몬드가 강조하고자 하는 것은 아동기와 청년기를 거쳐 성인기에 이르기까지 인간의 정치사회화는 비록 다른 형태이지만 계속된다는 것이다.

래니는 정치사회화를 초기단계, 유년기, 청년기, 성년기, 노년기 등 다섯 가지 연령단계로 구분한다. 그는 사람, 사회단체, 그리고 국가에 따라서 사회화의 내용과 속도는 많은 차이가 있을지라도, 정치사회화는 인생의 초기부터 시작하여 늙을 때까지 또는 죽을 때까지 계속된다고 말한다.[21) 결론적으로 정치사회화의 계속성이라는 관점에서 알몬드와 래니는 의견을 같이한다.

---

17) D. Kavanagh(1989), pp.45~47.
18) Gisela Behrmann, "Politische Sozialisation," in Wolfgang W. Mickel(ed.), *Handlexikon zur Politikwissenschaft* (Regensburg: Ehrenwirth, 1983), p.411.
19) D. Kavanagh(1989), p.47.
20) Gabriel A. Almond(1971), pp.28~29.
21) 오스틴 래니(권만학 외 역), 『현대 정치학』(을유문화사, 1994), pp.104~108.

3. 정치사회화 기관

이미 지적한 바와 같이 사람들의 정치적 태도와 행동양식은 태어날 때 정해진 것이 아니라 사회생활 속에서 이루어지는 학습의 결과로 나타난다. 이러한 정치적 태도와 행동양식(즉, 정치문화)을 습득하는 과정으로서 정치사회화는 수많은 사회화의 기관으로부터 행해진다. 흔히 학자들은 중요한 사회화기관으로 가정, 학교, 동료집단, 사회조직 등을 꼽는다.[22] 독일은 정치사회화의 일환으로 정치교육 (Politische Bildung)을 강조하는 대표적인 국가이며, 이를 위해 특별한 기관을 설립하여 운용하고 있다.

(1) 가   정

가정은 사람들이 출생 후 처음으로 알게 된 집단이며, 유년기까지 가장 가까운 접촉을 하는 곳이다. 가정은 정치사회화 또는 정치교육을 위해 만들어진 것은 아니지만 개인이 이곳에서 직간접적으로 받은 영향력은 강력하고 또한 지속적이다. 개인의 정치적 성향과 그가 자란 가정환경은 밀접한 연관성을 갖는다.

(2) 학   교

학교는 정치사회화 또는 정치교육을 주된 목적으로 설립된 기관은 아니다. 그렇지만 이곳에서 학생들은 교과과정, 교사의 지도, 학생회 활동, 동료학생들과의 개별적인 접촉, 동아리와 같은 조직을 통한 과외활동 등 여러 통로를 통해 정치문화를 습득한다.

나라에 따라 정도의 차이는 있겠지만, 국가는 학생들에게 국가가 원하는 정치적 태도나 행동양식을 주입시키려 노력한다. 학교는 가장 체계적으로 정치문화를 습득시키는 기관이며, 그 영향력은 매우 크다.

---

22) 이에 관해서는 이범준/신승권(1996), pp.357~363 ; 오스틴 래니(1994), pp.108~114 참조.

(3) 동료집단

사람들은 대부분의 시간을 가족 외에 동료집단의 구성원들 속에서 보낸다. 학교친구, 직장동료, 각종 단체(예: 정당, 이익단체, 시민단체, 종교)의 인원이 이에 해당된다. 동료집단을 통한 정치사회화는 정치학습을 보강해 주는 역할을 한다. 농업사회에서 산업사회로 이동하면서 가정이 차지하는 정치사회화의 기능은 줄어든 반면에 동료집단이 차지하는 기능은 늘어나는 경향을 보인다.

(4) 사회조직

정당, 이익단체, 시민단체 등 사회조직은 구성원들에 대한 정치교육과 이들의 정치적 활동을 통해 정치사회화에 기여한다. 대중매체는 사실보도와 더불어 이를 평가·비판함으로써 대중의 정치문화 형성에 영향을 미친다. 기존의 중요한 대중매체로는 신문, 잡지, 라디오, 영화, 텔레비전 등을 들 수 있다. 최근에는 일방적으로 전달만 하는 이들 미디어와 달리 의견과 정보를 상호 교환할 수 있는 뉴미디어의 역할이 주목을 받고 있다.

(5) 특별기관

한국, 일본, 미국 등 대부분의 국가는 학교교육(특히 사회과목)을 통해 민주시민교육을 실시하고 있다. 그런데 독일의 경우 학교와는 별도로 특별한 기구를 설립하여 시민정치교육에 임하고 있다. 즉, 독일에는 국가적 교육기관으로서 연방에 「연방정치교육센터」(Bundeszentrale für Politische Bildung)가 설치되어 있으며, 각 주에도 이와 유사한 정치교육센터가 있다.

독일의 정치교육은 계획적이고 치밀한 교육을 통해 국민 개개인을 정치적 성인으로 만드는 데 그 목적을 둔다. 정치교육은 공동체 구성원인 개개인을 국가와 사회에서 책임을 인식하고 이에 상응하는 행동을 할 수 있는 민주시민으로 만드는 데 주력한다. 정치교육은 정치사회화와 같은 선상에 놓여 있는 개념이다. 그런데 정치교육은 정치사회화보다 좀 더 계획적이고 적극적이며 의도적인 성격을 띠는 개념이라고 보는 것이 옳겠다.

참고문헌

김운태, 『정치학원론』, 박영사, 1994.

김재영 외, 『정치문화와 정치사회화』, 형설출판사, 1990.

윤근식, "정치문화," 정인홍 외(편), 『정치학사전』, 박영사, 1975.

이범준/신승권, 『정치학』, 박영사, 1996.

전득주, "정치문화와 민주시민교육," 전득주 외, 『정치문화와 민주시민교육』, 유풍출판사, 1999.

오스틴 래니(권만학 외 역), 『현대 정치학』, 을유문화사, 1994.

D. Kavanagh(정재욱 역), 『정치문화론』, 이진, 1989.

Almond, Gabriel A., "Comparative Political System," *Journal of Politics*, Vol. 18, No. 3, August, 1956.

Almond, Gabriel A./Verba, Sidney, *The Civic Culture*, Boston: Little, Brown and Company, 1965.

Almond, Gabriel A., "Introduction: A Functional Approach to Comparative Politics," in Almond, Gabriel A./Coleman, James S.(eds.), *The Politics of the Developing Areas*, Princeton: Princeton University Press, 1971.

Beer, Samuel H., "The Analysis of Political Systems," in Beer, Samuel H./Ulam, Adam B.(eds.), *Patterns of Government*, New York: Random House, 1962.

Behrmann, Gisela, "Politische Sozialisation," in Mickel, Wolfgang W.(ed.), *Handlexikon zur Politikwissenschaft*, Regensburg: Ehrenwirth, 1983.

Berg-Schlosser, Dirk, "Politische Kultur," in Mickel, Wolfgang W.(ed.), *Handlexikon zur Politikwissenschaft*, Regensburg: Ehrenwirth, 1983.

Kavanagh, Dennis, *Political Culture*, London: Macmillan, 1972.

Langton, K., *Political Socialization*, London: Oxford University Press, 1969.

Pateman, C., "Political Culture, Political Structure and Political Change," *British Journal of Political Science*, 1/1971.

Pye, Lucian W., Political Culture, in Shils, David L.(ed.), *International Encyclopedia of the Social Sciences*, Vol. 12, New York: Macmillan Co. and the Free Press, 1968.

Rosenbaum, Walter A., *Political Culture*, New York: Praeger Pub. Co., 1973.

정치발전

■ I. 정치발전연구의 형성배경

제2차 세계대전이 종결된 이후 아시아, 아프리카, 남미 등 세계 도처에서 여러 나라들이 구미 제국주의국가들의 식민지배에서 벗어나 독립을 쟁취하게 되었다. 이들 신생국들은 미국과 소련을 중심으로 세계가 양분된 동서냉전구조를 거부하고 독자적인 세력권을 구축하고자 시도했다.

전후 비동맹운동에 앞장선 세계적 지도자는 인도의 네루 수상이다. 그를 포함하여 여러 신생국의 정치지도자들이 동참한 비동맹운동은 1955년 인도네시아 반둥에서 회의를 개최하고 반식민주의, 민족독립, 평화유지, 상호협력 등을 내용으로 한 「반둥 10원칙」을 채택했다. 그 후 1961년 유고슬라비아의 베오그라드에서 25개국이 참가한 제1차 비동맹정상회의가 개최됨으로써 비동맹운동은 조직화되었다.

전후 제국주의 식민통치에서 벗어나 독립을 쟁취한 신생국들은 새로이 형성된 동서냉전체제라는 세계질서 속에서 어느 한 진영에로의 편입을 강요받았다. 이를 거부하고 독자적인 세력을 형성한 비동맹권은 흔히 제3세계라고 불리었다. 물론 비동맹권과 제3세계라는 두 개념이 완전히 일치한 것은 아니었다.

아시아, 아프리카, 남미에 위치한 국가들을 포괄하는 제3세계라는 개념은 퍽 다의적이다. 이 개념은 선진 자본주의세계(제1세계) 및 소련을 위시한 동유럽 사회주의세계(제2세계)와 경계를 긋는 것으로 사용되었다. 그리고 경제적인 측면에서는 후진국, 저개발국, 또는 개발도상국 등으로 표현되었으며, 정치외교적인 측면에서는 비동맹중립국을 의미했다.

다른 두 국가그룹(선진 자본주의세계, 동유럽 사회주의세계)과 달리 제3세계에 속한 국가들의 통치형태는 일정한 모습을 가지고 있지 않고 각기 상이했다. 이들 국가들은 정치적·이념적 노선에 있어서도 통일되지 않아 자본주의와 사회주의 사이에서 갈팡질팡했다. 그럼에도 이들은 빈곤을 퇴치하고 정치적 불안정을 극복하며 식민지 유산을 말끔히 씻어내야 하는 과제를 안고 있었다는 점에서 공통적이었다.

1960년대에 들어와 대부분의 구(舊)식민지가 독립을 획득함에 따라 식민주의에 반대한 비동맹운동의 의미는 크게 줄어들게 되었다. 그러나 다른 한편으로 종속관계에 기초한 신(新)식민주의에 의해 후진국의 발전이 구조적으로 제약받고 있다는 비판이 제3세계에서 고조되었고, 경제적 자결권이 없이는 진정한 독립이 불가능하다는 인식이 팽배하게 되면서, 경제문제는 비동맹운동의 주요 관심사가 되기 시작했다.[1] 이에 따라 제3세계 국가들은 다양한 방법으로 경제발전을 추구하였고, 이와 병행하여 정치발전(political development)을 모색하게 되었다.

자유진영과 공산진영 간의 동서냉전이 심화되고 있는 와중에 선진국과 개도국 간의 남북갈등이 새로운 이슈로 등장하자 자유진영의 종주국인 미국은 세계경영전략 차원에서 신생국의 정치발전문제에 깊은 관심을 가지지 않을 수 없었다. 이러한 배경에서 신생국의 정치발전문제가 미국의 정책과제로 등장하게 되자 정치발전에 관한 연구는 본격화되기 시작했다.

1950년대와 1960년대에 걸쳐 진행된 정치발전에 관한 연구는 하나의 분과학

---

1) 이동휘, "남남협력과 북한의 외교전략,"『외교』, 제4호(한국외교협회, 1987), p.23.

문으로 태동된 것이었다. 이 연구의 범주, 방법, 규범설정은 미국 비교정치학의 영향을 크게 받았다. 비교정치연구위원회에 속한 학자들(예: Gabriel A. Almond, James S. Coleman, Walt W. Rostow, Edward Shils, Lucian W. Pye, Joseph LaPalombara, Myron Weiner)로 구성된 연구그룹은 풍부한 자금과 인력의 뒷받침을 받아 그 수가 급속히 증가하고 있는 신생국들의 정치체계를 비교·연구하게 되었다.

신생국 정치발전에 관한 연구는 서방세계를 이끄는 미국의 정치적 이해와 결부되었음을 부인할 수 없다. 당시 미국은 아직 국내정치에서 이념적·제도적으로 안착하지 못했고 국제정치 무대에서 어느 편에 설까 기웃거리는 신생국들을 자신이 추구하는 질서에 편입시키려 했다. 그래서 당시 정치발전은 친미적인 안정과 반공적인 저항을 추구하는 것으로 이해되는 측면을 숨길 수 없었다.[2] 이는 발전론의 대표작인 로스토우의 『경제성장의 제 단계』[3]의 부제 "반공산주의 선언"(A Non-Communist Manifesto)에서 잘 드러났다. 이와 같이 이데올로기적 편견에 치우친 미국 학자들이 주도한 정치발전연구는 태생적으로 한계를 갖고 출발하게 되었다.

■ II. 정치발전의 개념

정치발전은 사전(事前)에 정해진 개념도 아니며, 그렇다고 보편적으로 적용될 수 있게 정의하기도 어려운 개념이다. 이 개념은 시간과 공간에 따라 해석을 달리하며, 가치중립적이지 못하여 개인이나 집단의 가치판단에 좌우되고, 자기목적에 부합되게 편의에 따라 적용되기도 한다. 어느 면에서 정치발전은 정치현실을 파악하여 기술하는 개념이기보다는 바람직한 상태를 표방하는 규범적인 개념으로서의 특징을 갖는다.

---

2) Franz Nuscheler, "Einleitung: Entwicklungslinien der politikwissenschaftlichen Dritte Welt-Forschung," in Franz Nuscheler(ed.), *Dritte Welt-Forschung: Entwicklungstheorie und Entwicklungspolitik* (Opladen: Westdeutscher Verlag, 1985), pp.13~14.

3) Walt W. Rostow, *The Stages of Economic Growth* (Cambridge: Cambridge University Press, 1961). 로스토우는 경제발전의 단계를 ① 전통사회, ② 도약을 위한 준비단계, ③ 도약의 단계, ④ 성숙단계, ⑤ 대중소비단계로 구분한다.

1. 파이의 분류와 관점

정치발전개념은 학자에 따라 실로 다양하게 정의되었다. 이미 1960년대 중반 파이(Lucian W. Pye)는 정치발전에 관한 여러 학자들의 개념정의를 다음 10가지 범주로 분류하여 정리했다.[4]

① 경제발전의 정치적 선행조건으로서의 정치발전
② 산업사회의 전형적인 정치로서의 정치발전
③ 정치적 근대화로서의 정치발전
④ 국민국가 운용으로서의 정치발전
⑤ 행정적·법적 발전으로서의 정치발전
⑥ 대중동원과 참여로서의 정치발전
⑦ 민주주의 건설로서의 정치발전
⑧ 안정과 질서가 있는 변화로서의 정치발전
⑨ 동원과 권력으로서의 정치발전
⑩ 다원적인 사회변동과정의 한 측면으로서의 정치발전

파이는 위의 정치발전 개념들이 내포한 공통적인 요소(즉, 발전증후군)로 평등 (equality), 능력(capacity), 분화(differentiation)를 지적했다. 평등은 구체적으로 일반대중의 정치참여 확대, 보편적인 법의 적용, 업적에 의한 충원 등을 내용으로 한다. 능력은 정치체계의 문제해결능력을 의미하며, 분화는 정치구조의 분화와 전문화를 뜻한다. 그는 정치체계가 발전해 갈수록 요구되는 이 세 요소들은 서로 조화되기가 쉽지 않으며, 오히려 상호 긴장관계에 있다고 보았다. 예컨대 평등에 대한 보다 많은 요구는 정치체계의 능력을 해칠 수 있고, 반면에 능력이나 분화의 강조는 평등의 위축을 초래할 수 있다는 것이다.[5] 파이는 세 요소들 가운데 어떤 측면의 발전증후군을 더 중요시 여기느냐와 어떻게 이들의 상충관계를 조정하고 위기를 해결해 나가느냐에 따라서 정치발전의 성격과 방향이 달라진다고 말했다.[6]

---

4) Lucian W. Pye, *Aspects of Political Development* (Boston and Toronto: Little, Brown and Company, 1966), pp.33~45.

5) Lucian W. Pye(1966), pp.45~48.

2. 댄지거의 관점

댄지거(James N. Danziger)는 정치발전이라는 개념을 한마디로 발달된 정치체계(more developed political system)라 정의했으며, 이것이 갖는 핵심적인 특징으로 아래와 같은 사항들을 꼽았다.[7]

① 전통적 기구의 권위약화와 국가중심으로의 권력집중
② 정치조직의 근대적 형태(국가기구와 사회조직의 제도화 등)
③ 정치행위의 근대적 형태(국민의 적극적인 정치참여 등)
④ 정치체계의 확대된 능력(국민의 지지, 조직의 안정성과 효율성 등)

3. 근대화론자들과 종속론자들의 관점 차이

1950년대와 1960년대에 걸쳐 미국에서 활동한 대부분의 학자들은 정치발전과 정치적 근대화를 거의 동일한 개념으로 취급했다. 이들 근대화론자들은 정치발전과 관련하여 제기된 문제들을 파악하여 실제에 있어서 어떻게 나타나는지 연구했다. 그런데 발전의 목표로서 정치발전은 사회적 조건에 따라 달리 나타났다. 예를 들면 새로 탄생한 농업위주의 아프리카 다민족국가들이 지향하는 정치발전과 어느 정도 산업화된 중산층이 두꺼운 남미의 남쪽에 위치한 국가들이 지향하는 정치발전은 그 목표가 달랐다. 이러한 맥락에서 정치발전에 관한 정의가 다양한 것은 제3세계의 상이한 사회적 조건의 결과라고 볼 수도 있다.

근대화론자들은 정치발전을 각자 다양하게 정의했다. 그럼에도 이들은 서구의 산업사회가 경험한 역사적 규범에 따라 제3세계의 정치발전 경로와 단계를 단일화시킬 수 있다는 데 대체적으로 인식을 같이했다. 그러나 이러한 인식은 종속론자들에 의해 이상형으로서의 서구모델이 의문시되면서 크게 흔들렸다. 왜냐하

---

6) Lucian W. Pye(1966), pp.62~67. 일반적으로 사회주의적 발전양식에서는 평등이 중시되고, 자본주의적 발전양식에서는 능력과 분화가 중시된다.

7) James N. Danziger, *Understanding the Political World*(New York: Longman, 2001), p.245.

면 종속론자들은 한편으로 사회적 조건에 맞는 대안모델을 찾게 되었고, 다른 한
편으로 서구의 민주주의 형태보다 다른 정치형태가 정치발전을 이룩하는 데 더
적합하다는 생각을 갖게 되었기 때문이었다.[8]

　　근대화론의 이념성과 한계성에 대한 비판으로 1960년대 중반 종속론이 등장
하였다. 근대화론자들이 정치적 근대화를 발전목표로 설정하고 정치체계의 구조
적인 분화와 기능적인 전문화, 그리고 문화적인 세속화와 합리화를 정치발전의 전
제조건으로 간주한 데 반하여, 종속론자들은 정의, 자율, 평등, 해방 등을 발전목
표로 설정하고 사회전반의 구조적인 변혁을 전제조건으로 간주했다. 특히 종속론
자들은 중심국의 신식민주의 정책과 그로 인한 제3세계의 종속을 정치발전의 주
요한 저해요소로 상정하고 탈종속과 자력갱생(self-reliance)을 정치발전의 선행조
건으로 제시했다. 물론 중심국과의 연결고리 차단을 통한 탈종속과 자력갱생은 도
리어 국가의 패권적 억압정치의 강화를 초래할 수 있었기에 종속론 역시 발전대
안으로서의 한계를 내포하였다.[9]

III. 정치발전이론

　　발전 또는 저발전에 관한 이론(즉, 발전이론)은 수없이 많다. 그런데 일반적으
로 발전이론은 크게 근대화론과 종속론이라는 두 개의 대안적 이론유형으로 구별
된다. 이념적 배경, 상황인식, 접근방법, 해결방안 등 여러 측면에서 대조적인 두
이론유형은 경제발전과 사회발전에 관한 문제뿐만 아니고 정치발전에 관한 문제
와도 관련된다.

---

8) Dieter Nohlen, "Die politischen Systeme der Dritten Welt," in Beyme/Czempiel/
Kielmansegg/Schmoock(eds.), *Politikwissenschaft*, Band I(Stuttgart: Kohlhammer, 1987),
p.206.
9) 김호진, 『한국정치체제론』(박영사, 1994), pp.23~24.

1. 근대화론

　　성장이론이나 사회변동이론과 같은 근대화론은 제3세계의 저발전된 사회는 모방을 통하여 서구 산업국가들의 발달된 사회의 수준으로 끌어올려질 수 있다고 보았다. 같은 맥락에서 정치적 근대화론은 서구의 정치모형을 본보기로 삼았으며, 제3세계 국가들은 모방이라는 과정을 통하여 이를 수용해야 하며 또한 수용할 수 있다는 입장에 섰다.

　　근대화론에서 논의되고 있는 핵심 개념은 전통과 근대이다. 흔히 사람들은 근대적인 것이 아닌 모든 것을 전통적인 것으로 이해한다. 근대화론에 의하면 근대성(modernity)은 서구의 산업사회가 갖는 속성이며, 이는 후진국 사회변동의 본보기로서 작용한다. 또한 외부의 영향에 의한 발전과정에서 전통적인 가치, 태도, 사회구조, 정치제도 등이 전환된다는 것이다. 이와 같이 전통적인 것에서 근대적인 것으로 발전하는 과정을 상정하고 있는 근대화론은 모든 국가의 발전 경로와 단계는 한결같고(uniform), 선형적(unilinear)이라는 기본인식에서 출발한다.[10]

　　이러한 인식에 기초하여 정치발전에 관한 모형을 개발한 대표적인 학자는 오건스키(A.F.K. Organski)다. 오건스키는 『정치발전의 제 단계』[11]에서 정치발전을 아래와 같이 네 단계로 나누어 설명했다. 그는 모든 국가가 반드시 이러한 단계를 거치는 것은 아니지만, 놀랍게도 같은 방향으로 나아가고 있다고 보았다.

① 초기통일의 정치(the politics of primitive unification)
② 산업화의 정치(the politics of industrialization)
③ 국민복지의 정치(the politics of national welfare)
④ 풍요의 정치(the politics of abundance)

---

10) Dieter Nohlen(1987), p.207.
11) A.F.K. Organski, *The Stages of Political Development* (New York: Alfred A. Knopf, 1967).

2. 종속론

미국의 원조와 맞물려 발전이론의 주류를 형성해 온 근대화론은 1960년 중반 종속론의 등장으로 경험적·이론적 도전에 직면하게 되었다. 종속론자들은 제3세계의 저발전이 외부와의 관계에서 연유된다는 데 의견을 같이했다. 이들은 선진국으로부터 자본, 기술, 제도 등의 도입을 통하여 제3세계의 저발전을 극복할 수 있다는 발전론자들의 확산이론(diffusion theory)에 대해 비판을 가했다.

제3세계 국가들이 서방세계의 산업국가들에 대하여 구조적으로 의존되어 있다는 것이 종속론의 핵심을 이루었다. 그런데 이에 접근하는 방법은 학자에 따라 달랐다. 프랑크(Andre G. Frank),[12] 산토스(Theotonio dos Santos)[13] 등은 산업국가들에 의한 개발도상국들의 착취를 강조하였으며, 코르도바(Armando Cordova),[14] 선켈(Osvaldo Sunkel)[15] 등은 개발도상국들이 세계자본주의 체제에 편입됨으로 인하여 형성된 구조적인 이질성을 강조했다.

기존의 발전론자들인 근대화론자들은 발전의 장애요소를 내생적인 것으로 간주했다. 이에 대한 비판으로부터 등장한 종속론은 개별국가의 사회적·경제적·정치적 발전을 연구할 때 국내적 요소뿐만 아니라, 외부세계와의 연계도 동시에 분석해야 한다고 역설했다. 한마디로 말해서 종속론의 이론형성은 제3세계의 저발전 원인은 세계적으로 확산된 자본주의의 결과라는 가정에서 출발했다.

근대화론자들이 기대했던 바와는 달리 제3세계의 도처에서 정치적 불안정과 무질서는 끊이지 않고 반복되었다. 이런 배경에서 일부 국제정치학자들(예: Andre G. Frank, Paul Baran, Enzo Faletto, Johan Galtung, Immanuel Wallerstein, Samir Amin, James Petras)은 마르크스주의로부터 변증법적 과정, 모순 등과 같은 개념을

---

12) Andre G. Frank, *Capitalism and Underdevelopment in Latin America* (New York: Monthly Review Press, 1967).

13) Theotonio dos Santos, "Über die Struktur der Abhängigkeit," in Dieter Senghaas(ed.), *Imperialismus und strukturelle Gewalt* (Frankfurt: Suhrkamp, 1972), pp.243~257.

14) Armando Cordova, *Strukturelle Heterogenität und wirtschaftliches Wachstum* (Frankfurt, 1973).

15) Osvaldo Sunkel, "Transnationale kapitalistische Integration und nationale Desintegration," in Dieter Senghaas(ed.), *Imperialismus und strukturelle Gewalt* (Frankfurt: Suhrkamp, 1972), pp.258~315.

차용하고 착취, 지배, 국제적 종속 등 규범적인 문제에 관심을 갖게 되었다. 이들 종속론자들은 세계자본주의체제를 중심(선진 자본주의 국가들)과 주변(제3세계 국가들)으로 구분하고, 제3세계 국가들의 저발전 원인을 선진 자본주의 국가들에 대한 이들의 종속의 결과로 파악했다.

종속론자들은 어느 국가가 세계자본주의체제의 일원으로 일단 편입되면 중심과 주변 간의 불평등 교환관계에서 발생하는 착취의 구조적 모순으로 인하여 그 국가의 경제활동은 세계체제의 구조적 제약을 받게 된다고 보았다. 그리고 이러한 제약은 경제부분뿐만 아니라 정치부분에까지 파급효과를 미치기 때문에 결국 정치발전마저 제약을 받게 된다는 것이었다. 예를 들면 주변국의 집권 엘리트들은 자국민의 요구보다 중심국의 요구와 압력에 더 민감해지고, 이는 국가권력의 대외 종속과 더불어 민중착취로 이어진다는 것이었다. 이들 종속론자들은 오일쇼크나 기타 이유로 경제침체가 심화되면 종속경제는 파탄의 지경에 이르게 되고, 그러면 민중혁명과 폭동의 개연성은 더욱 고조된다고 덧붙였다. 그리고 이와 같은 위기상황은 독재를 유혹하게 되어 결국 정치발전이 저해된다고 주장했다.[16]

종속에서 탈피하기 위한 방법으로 마르크스적 종속론자들은 자본주의 산업국가들과의 경제관계를 과감히 단절하고, 혁명을 통하여 사회주의를 건설할 것을 주장했다. 예를 들면 프랑크(Andre G. Frank)는 후진국들의 자본주의적 저발전을 사회주의혁명을 통해 극복하자고 말했다. 그는 민중들에게 국내외의 자본가계급에 맞서 투쟁하기 위해 게릴라 전략을 펼칠 것을 권고했다.[17] 이와 차별적으로 온건적·민족주의적 종속론자들은 민족주의적 개혁정치를 통하여 외국자본과 그 영향을 통제함으로써 자립발전을 이룩할 것을 역설했다. 예컨대 생하스(Dieter Senghaas)는 과거 마오쩌뚱(毛澤東) 치하의 중국과 같은 외부와의 완전한 단절이나 혁명에 의한 체제전복은 적절치 않다고 보았다. 대신 그는 후진국들은 선진 자본주의국가들과 각자 필요에 의해 선택적인 협력을 도모함으로써 자기중심적 발전을 도모해야 한다고 강조했다.[18]

---

16) 김호진(1994), pp.210~216.

17) Andre G. Frank(1967).

18) Dieter Senghaas, *Weltwirtschaftsordnung und Entwicklungspolitik: Plädoyer für Dissoziation* (Frankfurt: Surhkamp, 1977).

IV. 경제발전과 민주주의

1. 상관관계론

1950년대 이후 진행된 정치발전에 관한 논의의 초점은 민주주의의 성장에 맞추어졌다. 확산이론에 기초한 근대화시각은 제3세계의 신생국에 민주주의가 뿌리를 내리기 위해서는 서구 국가들이 역사적으로 경험한 바와 같이 사회·경제적 발전이 선행되어야 한다고 보았다. 이 시각에 기초한 발전론자들은 민주주의 발전의 기반을 사회·경제적 발전수준에 연계시킴으로써 정치변수보다 사회·경제적 변수에 우선순위를 부여했다. 정치변수(즉, 안정된 민주주의)를 지배하는 이와 같은 사회·경제변수 결정론은 미국의 중산층민주주의를 이상화했던 립셋(Seymour M. Lipset)과 달(Robert A. Dahl)의 관점에서 특징적으로 나타났다.[19]

립셋은 무엇보다도 정당의 자유경쟁과 자유선거를 민주주의의 구체적인 전제조건으로 보았다. 그는 경험적·분석적 방법으로 경제발전과 민주주의의 상관관계를 입증하려고 시도했다. 그리고 그는 서구의 역사적 경험에 비추어 경제발전의 결과가 민주주의 발전에 미치는 긍정적인 효과를 다음과 같이 제시했다.[20]

① 경제발전을 통한 부의 증대와 교육의 확대는 하류계층의 사회·경제적 환경 및 조건을 완화시키고 향상시킨다.

② 이러한 과정은 하류계층이 극단적 이념을 갖는 것을 차단시키며, 동시에 부르주아 내지 중산층의 가치수준으로 접근하는 것을 가능하게 한다. 더 나아가 점진주의 또는 개량주의를 보편적 규범으로 확립시켜 민주주의에로의 접근을 가능하게 한다.

③ 이러한 결과는 사회계층구조를 피라미드형에서 다이아몬드형으로 변형시키며, 확대된 중산층은 사회체계의 갈등을 완화시키는 완충역할을 수행한다.

④ 증대된 부와 교육, 중산층의 확대 및 점진적 개량주의의 확립 등은 정치과정에서 자발적인 참여조직을 창출하고, 하위체계의 자율성 확대는 집중화된 권력

---

19) 김기우, 『정치발전이론』(박영사, 1992), p.16.

20) Seymour M. Lipset, *Political Man: The Social Bases of Politics* (New York: Doubleday & Company, 1959), pp.51~53, 김기우(1992), p.22에서 재인용.

에 대해 상쇄역할을 수행하며, 종국적으로 이것들은 민주주의 발전에 상승작용을
하게 된다.

립셋과 거의 같은 맥락에서 달은 경제발전과 정치발전의 상관관계를 논하였
다. 특히 달은 높은 수준의 사회·경제적 발전은 패권적 또는 권위주의적인 정권
보다는 다두정치체제(polyarchy) 또는 경쟁적 민주체제를 유지하는 데 유리할 뿐
만 아니라, 또한 필요조건임을 강조했다.[21]
물론 제3세계의 개발도상국들에서 나타난 군부정권의 등장, 정치적 억압, 그
리고 그 파행성은 선형관계(線形關係)를 수용하는 립셋이나 달의 낙관적 시각으로
는 설명하기가 힘들어 이들의 명제는 한계를 드러냈다.[22] 하지만 한국처럼 권위
주의 정권에 의해 경제발전이 이룩되고, 이에 힘입어 결과적으로 민주화 이행이
일어난 경우도 있다.

2. 역상관관계론

1950년대 말 립셋이 제시한 위의 명제와 달리 1960년대 전반기 뢰벤탈
(Richard Löwenthal)은 자유가 많이 주어지면 경제발전의 속도가 감소되고 경제발
전의 가속화는 자유의 희생이라는 대가를 지불하게 된다고 주장했다.[23] 뢰벤탈의
이러한 주장은 서방 선진국의 정치제도를 본보기로 삼아 제3세계 신생국들이 도
입한 의회민주주의 체제에 대신하여 권위주의 체제가 들어선 당시의 시대적 상황
을 반영했다.
1960년대와 1970년대에 뢰벤탈의 명제는 점차 무게를 더하는 것처럼 보였다.
왜냐하면 많은 개발도상국에서 되도록 빠른 시간에 포괄적인 근대화를 이룩하고
민족국가형성을 완성한다는 목표와 명분하에 새로운 권력자(특히 군부)가 폭력으
로 의회민주주의를 말살하고 권좌에 들어서게 되었기 때문이었다. 새로운 권력자

---

21) Robert A. Dahl, *Polyarchy: Participation and Opposition* (New Haven: Yale University
Press, 1971), pp.62~80.
22) 김기우(1992), p.26.
23) Richard Löwenthal, "Staatsfunktion und Staatsform in den Entwicklungsländern," in
Richard Löwenthal(ed.), *Die Demokratie im Wandel der Gesellschaft* (Berlin, 1963),
p.187.

의 눈에 서구식 의회민주주의는 무질서와 부패를 낳아 국가적 과업을 달성하는
데 적절치 않은 것으로 보였다.

　　당시 새로운 지도자가 자신이 차지한 권력의 정당성을 확보하려는 노력은 사
회 일각에서 무비판적으로 받아들여졌다. 그리고 이러한 권위주의적 권력에게 개
발독재라는 '명예'를 안겨 주었다. 제3세계가 안고 있는 문제를 해결하는 데는 강
한 국가, 또는 개발독재를 특징으로 하는 권위주의 체제가 더 적합하다는 논리가
대중에게 먹혀들었다. 1960년대와 1970년대의 한국도 예외는 아니었다. 그러나
1980년대 이후 개발독재(특히 군부독재)는 전 세계적으로 크게 줄어들었다.

V. 개발도상국에서의 군부정권

1. 군부정권의 출현 원인

　　제2차 세계대전이 종결된 이후 민족주의의 물결 속에 아시아, 아프리카, 남미
등에서 많은 신생국들이 탄생하였다. 그리고 얼마 지나지 않아서 개발도상국에 군
부의 정치개입이 유행처럼 번져 나갔다. 예를 들면 1960년대 중반 남미에서는 거
의 모든 나라에서 군부가 정권을 장악했을 정도였다.[24] 이와 같이 군의 정치개입
이 빈발해지자 이에 대한 학자들의 연구와 관심이 높아졌다.

　　개발도상국에서 군부가 정치무대에 출현한 원인에 관한 설명은 다양하다.
그동안 학계에서 제기된 원인들은 크게 근대화론과 종속론의 두 입장으로 정리
될 수 있다. 이미 지적한 바와 같이 개발도상국의 저발전 원인에 관한 논의에
서 대체적으로 근대화론은 내적인 측면에서 그 요인을 찾았으며 종속론은 외
적인 측면에서 그 요인을 찾았다. 이러한 경향은 군부정권의 출현 원인에 관
한 설명에도 적용되었다.

---

24) 군부통치가 최고조에 달했을 때는 남미에서 단지 베네수엘라와 콜롬비아만이 민주정치
　　를 실행하였다.

〈표 11-1〉 군부정권의 출현 원인

	근 대 화 론	종 속 론
경제적 측면	경제발전을 위한 정치적 조건 마련	세계자본주의 체제로의 편입 과정에서 발생
정치적 측면	정치적 기관 형성의 미흡과 국민의 지나친 정치참여에 대한 군부의 반사적 행동	외부의 개입(예: 미국의 CIA)
사회적 측면	국가기관으로서 군부의 관심, 즉 자기이익 실현	부르주아계급의 이익을 대변

* 출처: Dieter Nohlen (1987), p.223.

놀렌(Dieter Nohlen)은 군부정권 출현의 원인에 관한 근대화론자들과 종속론자들의 주장을 〈표 11-1〉과 같이 정리했다. 다음에서는 이를 좀 더 구체적으로 설명해 보겠다.[25)]

(1) 근대화론자들의 주장

1) 경제적 측면

개발도상국은 세계시장과의 연계를 통해 산업화를 이룩하여 경제성장을 달성하려 했다. 군부는 경제발전에 적합한 정치적 조건을 마련하고자 했다. 예컨대 군부는 국내외 자본이 안정적으로 자리잡게 하기 위하여 힘으로 정치적 안정을 도모했다.

2) 정치적 측면

개발도상국에서 경제발전, 기관형성(제도화), 사회동원, 정치참여는 불균형상태에 있었다. 특히 국민의 정치참여 정도는 정치적 기관형성의 정도보다 앞서고 있었다. 이는 군부의 정치개입을 초래했다. 즉, 군부는 앞서 나간 정치참여를 후퇴시키고 경제발전을 촉진시켰다.

---

25) Dieter Nohlen(1987), pp.223~226.

3) 사회적 측면

개발도상국에서 국가기관으로서 군부가 자기이익의 실현을 위하여 권력을 장악했다. 예컨대 군부는 사회적 지위향상, 군사력 증강을 위한 방위비 예산증액, 게릴라 활동에 의해 도전을 받고 있는 물리적 힘의 독점 등을 위해 권력을 차지했다.

(2) 종속론자들의 주장

1) 경제적 측면

개발도상국이 세계자본주의 체제에 편입함으로써 자본주의 발달과 지배체제 형성은 밀접한 관계에 놓이게 되었다. 주변을 이루는 개발도상국과 그 지배계층은 중심을 이루는 산업자본주의의 이익에 맞추어 행동했다. 군부의 출현은 이와 같이 세계자본주의의 기준에 의해 역동적으로 발전하고 있는 과정에서 발생한 당연한 결과이었다.

2) 정치적 측면

종속론자들은 개발도상국에서의 군부정권의 출현은 외세의 직접, 또는 간접적인 개입과 관련되어 있다고 주장했다. 특히 이들은 남미에서의 미국의 개입에 주목했다.

3) 사회적 측면

종속론자들(특히 마르크스주의자들)은 계급갈등의 차원에서 군부정권의 출현을 파악하였으며, 무장한 군부를 부르주아계급의 이익을 대변하는 기관으로 간주했다. 이들은 군부가 위기에 빠져들고 있는 사회적 세력관계를 바로잡기 위하여 정치에 개입했다고 본다.

2. 혁명과 쿠데타

정치변동은 합법적인 선거를 통한 정권교체에서부터, 합법적·점진적 절차를 밟아 기존 체제의 문제점을 고쳐나가는 개혁은 물론이고, 물리적 수단을 동원하여 변동을 유발한 비합법적인 혁명과 쿠데타에 이르기까지 그 양식이 다양하다.

유럽의 근대사는 정치적 격변의 연속이었으며, 이런 맥락에서 혁명(revolution)이라는 용어는 명예혁명(1688)까지만 해도 주기적인 변화(revolve에서 유래)를 의미했다. 그러나 이 용어는 프랑스혁명(1789)을 계기로 구질서의 파괴와 대체를 목적으로 급격하게 발생하고 근본적인 변화를 추구하는 개념으로 자리를 잡았다.[26] 프랑스어인 쿠데타(coup d'Etat)라는 용어는 국가에 기습적으로 일격을 가한다는 뜻으로 나폴레옹 3세가 1851년 폭력으로 의회를 해산하고 이듬해 제위에 오르게 된 사건에서 연유한다.

혁명은 정치체제, 사회구조, 경제체제의 변화 또는 새로운 이데올로기 창출 등을 통하여 기존 질서의 근본적인 변혁을 목적으로 한다는 점에서 단지 최고 정치엘리트의 교체나 정책의 변화를 목적으로 한 쿠데타와 구별된다. 혁명이 체제의 근본적인 변혁을 모색하기에 민중의 광범위한 지지가 필요한 데 반하여, 쿠데타는 소수 세력이 무력을 기반으로 권력을 쟁탈하는 행위이기에 민중의 지지 없이도 성공할 수 있다.

역사상 유명한 혁명의 예로는 명예혁명(1688), 미국혁명(1776), 프랑스혁명(1789), 러시아혁명(1917), 쿠바혁명(1960년대), 이란혁명(1979), 동유럽 민주혁명(1980년대 말) 등이 있다. 역사적으로 잘 알려진 쿠데타의 예로는 무솔리니의 로마 진군에 의한 정권 획득(1922), 히틀러에 의한 나치스의 정권 획득(1933), 페탱의 비시정부 수립(1940), 그리스의 군부쿠데타(1967) 등을 들 수 있다. 특히 제2차 세계대전 후 중남미 여러 나라에서 군부쿠데타가 자주 발생하였으며, 1945~1960년에 무려 30명의 대통령이 교체되는 기록을 남겼다.

전후 근대화되지 못한 발전도상국에서 군은 낙후된 국가를 위기로부터 구한다는 사명감으로 쉽게 쿠데타를 일으켰다. 군부쿠데타 주도세력은 비민주적인 폭력적 권력탈취를 그럴듯한 선전을 통해 군사혁명으로 미화시키기도 하였으며, 기초질서 확립, 부패추방, 근대화 약속 등 후속 조치를 통해 쿠데타를 정당화시키기도 했다.

---

26) Andrew Heywood, *Key Concepts in Politics* (New York: St. Martin's Press, 2000), p.182.

3. 군부정권의 역할에 대한 평가

학자들은 개발도상국에서 군부가 수행한 역할에 관해서 상이한 평가를 내린다. 예를 들면 파이(Lucian W. Pye)는 군대를 근대화의 추진력으로 규정하고 근대화 과정에서 보여 준 그 역할을 높게 평가한다. 반면에 애프터(David E. Apter)는 일단 군부 지도자가 정치적 공직에 취임하면 그는 옛 동료 군인들의 의견을 경시하여 군대를 근대화의 추진수단으로서가 아니라 자기 자신의 권력을 유지하는 수단으로 이용하게 된다고 지적한다.[27]

1961년 군사정변으로 정권을 장악하여 1979년 살해될 때까지 18년간 한국을 통치한 박정희 대통령에 대한 국내의 평가도 엇갈린다. 일부는 5·16을 혁명적 사건으로 보고 박정희를 근대화(경제발전)를 이룩한 인물로 높이 평가한다. 그러나 다른 일부는 5·16을 쿠데타적 사건으로 파악하고 그를 장기간 지속된 군부통치로 한국의 민주주의 발전을 저해·지연시킨 사람으로 혹평한다.

---

27) 이에 관해서는 이극찬, 『정치학』(법문사, 1996), pp.634~636 참조.

참고문헌

김기우, 『정치발전이론』, 박영사, 1992.

김호진, 『한국정치체제론』, 박영사, 1994.

이극찬, 『정치학』, 법문사, 1996.

이동휘, "남남협력과 북한의 외교전략," 『외교』, 제4호, 한국외교협회, 1987.

Cordova, Armando, *Strukturelle Heterogenität und wirtschaftliches Wachstum*, Frankfurt, 1973.

Dahl, Robert A., *Polyarchy: Participation and Opposition*, New Haven: Yale University Press, 1971.

Danziger, James N. *Understanding the Political World,* New York: Longman, 2001.

Frank, Andre G., *Capitalism and Underdevelopment in Latin America*, New York: Monthly Review Press, 1967.

Heimer, Franz W., "Begriffe und Theorien der politischen Entwicklung," in Oberndörfer, Dieter(ed.), *Systemtheorie, Systemanalyse und Entwicklungsländerforschung*, Berlin, 1971.

Heywood, Andrew, *Key Concepts in Politics,* New York: St. Martin's Press, 2000.

Lipset, Seymour M., *Political Man: The Social Bases of Politics*, New York: Doubleday & Company, 1959.

Löwenthal, Richard, "Staatsfunktion und Staatsform in den Entwicklungsländern," in Löwenthal, Richard(ed.), *Die Demokratie im Wandel der Gesellschaft*, Berlin, 1963.

Nohlen, Dieter, "Die politischen Systeme der Dritten Welt," in Beyme/Czempiel/ Kielmansegg/Schmoock(eds.), *Politikwissenschaft*, Band I, Stuttgart: Kohlhammer, 1987.

Nuscheler, Franz, "Einleitung: Entwicklungslinien der politikwissenschaftlichen Dritte Welt-Forschung," in Nuscheler, Franz(ed.), *Dritte Welt-Forschung: Entwicklungstheorie und Entwicklungspolitik*, Opladen: Westdeutscher Verlag, 1985.

Organski, A.F.K., *The Stages of Political Development*, New York: Alfred A. Knopf, 1967.

Pye, Lucian W., *Aspects of Political Development*, Boston and Toronto: Little, Brown and Company, 1966.

Rostow, Walt W., *The Stages of Economic Growth*, Cambridge: Cambridge University Press, 1961.

Santos, Theotonio dos, "Über die Struktur der Abhängigkeit," in Senghaas, Dieter (ed.), *Imperialismus und strukturelle Gewalt*, Frankfurt: Suhrkamp, 1972.

Senghaas, Dieter, *Weltwirtschaftsordnung und Entwicklungspolitik: Plädoyer für Dissoziation*, Frankfurt: Surhkamp, 1977.

Sunkel, Osvaldo, "Transnationale kapitalistische Integration und nationale Desintegration," in Senghaas, Dieter(ed.), *Imperialismus und strukturelle Gewalt*, Frankfurt: Suhrkamp, 1972.

제12장

환경정치

■ I. 환경정치의 대두와 그 배경

　　18세기 산업혁명 이후 환경오염(pollution)은 인구증가(population) 및 빈곤문제(poverty)와 함께 인류가 직면한 세 가지 주요한 문제(3p)로 인식되어 왔다. 인류의 물질문명을 발달시켜 편리하고 풍요로운 삶을 보장하려는 목적에서 이루어진 경제개발(경제발전)은 그 자체 목표이면서 인구증가와 빈곤문제를 해결하는 수단으로 여겨졌다. 그러나 불행하게도 경제개발은 환경파괴와 오염이라는 예상치 못한 심각한 부작용을 낳게 되었다.

　　환경문제는 처음 산업사회와 더불어 발생한 것은 아니다. 환경문제는 인류의 문명과 역사를 같이한다. 인간은 살아남기 위해 자연을 이용하여 왔고, 이는 자연의 파괴라는 결과를 초래했다. 그렇지만 환경이 단순히 문제의 차원을 넘어서 위기를 맞이한 것은 산업화 이후 고도로 발달한 기술문명의 탓이다.

독일의 사회학자 울리히 벡(Ulrich Beck)은 현대의 기술문명사회를 「위험사회」 (Risikogesellschaft)로 규정한다. 기술발달과 경제개발로 인한 재앙은 현대사회를 위험에 빠트리고 있다는 것이 그의 주장의 요체이다.[1] 고도기술이 초래한 위험 (예: 유전자 조작, 대량살상무기, 인간복제), 개발의 부산물인 환경오염(예: 유해물질 방출, 방사능, 쓰레기), 생태계 파괴, 미래에 다가올 수 있는 인간의 삶의 터전기반 상실위기 등은 위험사회의 대표적인 현상이다.[2]

제2차 세계대전이 종결된 이후 후진국이나 선진국을 막론하고 거의 모든 나라는 경제성장을 국가적 목표로 추구하게 되었다. 그러면서 1950년대에 들어와 환경문제는 환경위기로 나타나기 시작했다. 1952년 런던 스모그 사건, 1954년 로스앤젤레스 스모그 사건 등 크고 작은 사건은 국제사회에 큰 충격을 주었으며, 이는 사람들로 하여금 환경오염문제를 더 이상 방치할 수 없다는 인식을 갖게 하였다. 기존에 정치는 주로 인간과 인간 사이에서 이루어지는 문제를 다루었는데, 이제 한 걸음 더 나아가 인간과 자연 사이에서 발생하는 문제를 해결해야 하는 또 하나의 과제를 안게 되었다.

현재 인류가 안고 있는 환경문제는 매우 다양하며 또한 심각하다. 대기·수질·토양의 오염, 기후변화, 오존층 파괴, 지구 온난화, 산성비, 동식물 멸종, 자원고갈 등이 그 예이다. 이미 오래전에 환경문제는 특정한 지역에 한정하지 않고 그 영향범위를 넓혀 나갔다. 즉, 환경문제는 지역문제에서 전국적인 문제로, 그리고 국내문제에서 국제적인 문제로 확대되어 갔다.

환경정치(또는 환경정책)라는 용어는 1960년대 초까지 일반에게 알려지지 않았다. 이 용어는 1965년 미국 존슨 행정부가 마련한 「위대한 사회」(Great Society)라는 프로그램과 더불어 처음으로 등장하였으며, 1969년 제정된 「국가환경보호법」 (National Environmental Protection Act)을 통하여 좀 더 구체화되었다.

서독에서는 브란트 수상이 이끈 사민당과 자민당으로 구성된 연립정부가 1971년 환경정책에 관한 프로그램을 처음 발표했다. 이 프로그램은 1972년 스웨덴의 스톡홀름에서 선포된 유엔의 「인간환경선언」을 준비하기 위한 사전작업의

---

1) Ulrich Beck, *Risikogesellschaft*: *Auf dem Weg in eine andere Moderne* (Frankfurt: Suhrkamp, 1986).

2) Joschka Fischer, "Die Krise der Umweltpolitik," in Ulrich Beck(ed.), *Politik in der Risikogesellschaft* (Frankfurt: Suhrkamp, 1991), p.312.

성격을 띠었다.[3] 「인간환경선언」은 유엔이 1960년대 중반 이후 논의해 온 환경이라는 주제에 관하여 국제적 합의를 이끌어 낸 첫 결과물이었다. 환경에 대한 인권선언에 비유되고 있는 이 선언은 국제사회에 환경문제의 중요성을 인식시킨 획기적인 계기가 되었다.

1950년대 세계를 놀라게 한 일련의 스모그재앙의 충격을 받아 이미 1950년대와 1960년대에 유럽의 몇 나라는 공기위생에 관한 법적 조치를 취한 바 있다(예: 영국 1956, 프랑스 1961, 이탈리아 1966). 그러나 이들 나라가 적극적인 환경개념에 입각하여 정책을 가다듬은 것은 1970년대 초에 이르러서이다.

1960년대 한국은 가난과 실업으로부터 탈피하기 위하여 경제개발을 국가정책의 최우선 과제로 삼았다. 그래서 당시 한국에서 환경문제는 단지 위생적인 차원에서 고려되었을 뿐이었다. 그러나 1970년대에 들어와 급격한 산업화와 도시화의 물결 속에서 공기와 강물이 오염되고 자연환경이 크게 훼손되면서 환경문제가 대두되기 시작했다. 그 결과 1977년 환경보전법이 제정되었으며, 이를 계기로 일반국민의 환경에 대한 인식이 새로워지고 경제개발 일변도의 국가정책 기조 속에서 환경정책이 나름대로 자리를 잡아 나갔다.[4]

1960년대 말 이후 구미에서 환경에 대한 일반 사람들의 의식이 획기적인 변화를 겪기 시작했다. 1970년대에는 환경오염을 야기하는 대단위 사업에 반대하는 시민단체들의 항의운동과 이를 이슈화한 언론의 노력으로 환경이라는 용어는 사람들에게 익숙해졌다. 이러한 상황에서 정당들은 나름대로 환경에 관한 프로그램을 작성하여 일반 국민에게 선보이게 되었으며, 특히 선거전에서 자신들의 지지도를 높이기 위해 이를 유권자에게 널리 알렸다. 그리고 각종 여론조사에서 환경의 중요성은 커져만 갔다. 이와 같이 환경문제가 정치의 중요한 이슈로 등장하게 되면서 환경정치(environmental politics)는 자신의 영역을 구축해 나갔으며, 환경정책은 국가의 정책순위에서 점차 중요성을 더하게 되었다.

---

3) Peter Knoepfel, "Umweltpolitik," in Wolfgang W. Mickel(ed.), *Handlexikon zur Politikwissenschaft* (Regensburg: Ehrenwirth, 1983), p.525.

4) 1980년에 들어와 환경청이 발족되고 헌법에 환경권이 천명되는 등 환경에 대한 국가의 의지가 더욱 구체화되었다. 1989년 6월 5일에는 「세계환경의 날」을 맞이하여 환경보전에 대한 통치권자의 강력한 정책의지를 담은 대통령의 메시지가 발표되었다. 그리고 환경청은 환경처를 거쳐 환경부(1994)로 격상되어 오늘에 이르게 되었다.

■ II. 환경정치연구의 과제

　　환경(environment)은 좁게는 우리가 생활하고 있는 가까운 주변을 의미하며, 넓게는 지구 또는 우주를 포함한다. 〈그림 12-1〉에서와 같이 환경정책기본법은 환경을 자연환경과 생활환경으로 분류하고 있다. 자연환경은 지표, 지하, 해양 및 지상의 모든 생물과 이것들을 둘러싸고 있는 비생물적인 것을 포함하며 생활환경은 대기, 물, 폐기물, 소음, 진동, 악취 등 일상생활과 관계되는 환경을 말한다.

〈그림 12-1〉 환경정책기본법에 의한 환경의 분류

　　〈그림 12-1〉에서 볼 수 있는 바와 같이, 환경이라는 개념은 매우 포괄적이다. 그리고 환경문제는 상호 작용하는 여러 변수들에 의해 발생하므로 문제해결은 매우 복잡하다. 자본주의사회에서 수요와 공급에 따라 가격이 결정되듯이, 자유민주주의에서 사회적 문제는 이해당사자들 간에 해결되는 것이 원칙이다. 그러나 환경문제에 있어서 관련 당사자들(예: 오염유발자와 피해자) 간의 문제해결은 쉽지 않다.

　　환경문제에 있어서 사회적 이해관계가 복잡하게 얽혀 있고 사회적 갈등이 첨예하게 대립하기에, 환경정치연구는 단지 환경정책의 제도화 연구에 만족해서는 안 된다. 사회적 이해관계가 어떤 상태에 놓여 있는지 파악하고 이해당사자들이 정책결정과정에 미치는 영향력을 분석하는 것이 중요하다. 이와 함께 국가의 정책

결정구조와 정책실행수단에 관한 연구가 병행되어야 한다.

환경정책은 산업국가에서 1970년대 하나의 정책분야로 제도화되기 시작하여 그 후 계속 발전하였다. 이 과정에서 학문으로서 환경학이 자리를 잡아 나갔다. 새로운 학문분야로서 환경학에는 다양한 학문들이 관여하고 있다. 자연과학은 환경문제에 관한 사실판단, 인과관계, 그리고 발전전망 등에 관심을 갖는 반면, 사회과학은 환경정책(environmental policy), 환경법(environmental law), 환경관리(environmental management) 등 세 요소가 어떻게 상호 작용하여 환경보호가 효과적으로 작동되는가에 관심을 기울인다.

정치학의 부분학문으로서 환경정치연구는 무엇보다도 환경정책과 그와 관련된 정치현상의 분석을 주된 연구과제로 삼고 있다. 아래에서는 이들 과제를 좀 더 구체적으로 살펴보겠다.5)

① 환경문제의 의제설정(agenda setting), 의사형성, 행정행위, 그리고 정책적 조치의 작용에 이르기까지 진행된 제반 과정을 분석하고 평가한다.

② 환경문제와 관련된 국가와 사회의 행위자들(예: 정부, 원인제공자, 피해자, 환경단체)을 파악하고 이들의 대립구도, 연계망, 이해관계, 그리고 힘의 원천 등을 알아낸다. 지방분권화와 더불어 지방자치단체도 행위자로서 중요시되고 있다. 「우리 지역은 안 돼」라는 혐오시설에 대한 님비현상(NIMBY: Not In My Back Yard)과 「제발 우리 지역으로」라는 인기시설에 대한 핌피현상(PIMFY: Please In My Front Yard)으로 지역이기주의가 팽배하게 되면서 더욱 그러하다.

③ 환경정책의 내용 및 이를 수행하기 위한 수단과 전략을 분석한다.

④ 환경문제와 관련된 행위자들의 행동에 영향을 미치는 정치적, 경제적, 사회적 조건들을 파악한다.

⑤ 환경문제와 관련된 행위자들의 정치화 능력, 정치적 비중 등을 분석하고 문제해결의 난이도를 평가한다.

⑥ 환경정치의 국제적 차원, 즉 환경문제에 관한 국제기구 및 제도, 환경보호에 관한 국제적 합의, 환경문제의 세계적 확산과 그 의미, 그리고 국경을 초월하여 협력하는 비정부기구(NGO)의 활동 등을 분석한다.

---

5) Martin Jänicke, *Lern- und Arbeitsbuch Umweltpolitik : Politik, Recht und Management des Umweltschutzes in Staat und Unternehmen* (Bonn: Dietz, 1999), pp.14~18.

III. 환경정치의 이론적 쟁점

1. 환경문제를 바라보는 시각

환경문제에 관한 모든 논의의 배후에 발전주의와 환경주의라는 서로 대립하는 두 시각이 자리를 잡고 있음을 발견하기란 그리 어렵지 않다. 이는 환경에 관한 국내정치에서뿐만 아니라 국제정치에서도 그러하다.

발전주의는 환경에 대한 전통적 인식체계를 대변하는 것으로서 경제성장과 복지향상을 중심 가치로 받아들이며, 기본적으로 일반 사회체계에서 환경요소를 별로 중요시 여기지 않는 시각이다. 이 시각은 인류의 역사가 한계를 극복하는 과정으로 진행되어 왔음을 근거로 삼아, 현재 우리가 당면하고 있는 환경문제도 과학과 기술의 발전을 통하여 해결할 수 있다는 낙관적 견해를 표명한다. 즉, 과학과 기술의 진보는 중·단기적으로 자원소비와 폐기물 축적 및 방출을 감소시킬수 있을 뿐만 아니라, 장기적으로 인류가 아직 발견하지 못한 자원의 개발을 가능하게 한다는 것이다. 이와 관련하여 무한한 태양에너지와 해양자원, 극단적으로는 우주개발의 가능성을 대안으로 제시하기도 한다. 이러한 논리는 결국 과학과 기술의 발전을 보장할 수 있는 시장경제체제의 역할과 경제성장의 필요성에 대한 강조로 이어진다.[6]

환경주의는 오늘날 인류가 겪고 있는 환경위기는 생태학적 지식 없이 과학기술을 앞세우고 경제발전만을 중시한 결과라는 인식에서 출발한다. 특히 자본주의의 존립 근거인 자연에 대한 지배, 기술, 대량생산, 소비 등의 요인들과 산업중심주의적 활동이 전 지구적 생존의 위기를 몰고 왔다고 믿는다. 이와 같은 현상은 생산력 우선 정책을 수행하는 마르크스주의적 사회주의에게도 마찬가지로 적용된다고 본다.[7] 환경주의는 이러한 환경위기를 극복하기 위해서는 대량생산 및 풍요로운 소비의 증대와 직결되어 온 경제성장과 복지개념이 지양되고, 그 대신 삶의 질적 향상이 더욱 중요한 가치로 인식되어야 한다고 주장한다.

대부분의 환경주의자들은 단순히 현재 나타나고 있는 환경오염의 심각성뿐만

---

6) 김학성, "지구환경문제와 국제정치경제," 한독정치학회 발표논문, 1998, p.6.
7) 신덕룡, 『환경위기와 생태학적 상상력』(실천문학사, 1999), pp.42~43.

아니라 근본적으로 미래에 예상되는 전 지구적 환경파괴에 대한 위기적 상황에 대해 경고한다. 특히 이들은 현재 삶의 공간, 자원공급원, 폐기물저장소로서 기능을 하고 있는 지구환경은 인구, 자원소비, 폐기물 배출의 기하급수적 증가로 말미암아 머지않아 한계에 도달할 것이기 때문에 그 대책이 시급하다고 역설한다.8)

2. 환경보호에 관한 국가개입 문제

경우에 따라 환경보호는 엄청난 비용을 요구하며 노동자들의 일자리를 위협하기에, 환경정치과정에서 환경보호자들과 기업 간에 심각한 갈등이 발생하는 것은 예사이다. 자본주의사회에서 이해 당사자들이 이와 같은 문제를 해결하는 것이 이상적이지만 그렇지 않은 경우 국가의 개입이 불가피하다. 대체적으로 환경정책은 국가의 개입이 필요한 것으로 인정받고 있는 정책분야에 속한다. 그동안 진행된 환경정치 발전과정에서 환경보호를 위한 국가개입에 정당성을 부여하거나 이를 설명하려는 논리는 그 위치를 다져 왔다. 다음에서는 이에 관해 좀 더 자세히 논해 보고자 한다.9)

첫째, 환경보호를 위해 국가가 시장에 개입해야 한다는 주장은 이미 오래전에 경제적 논리로 무장되었다. 예컨대 시장은 시장의 참여자인 생산자와 소비자가 환경보호에 충분한 주의를 기울이도록 유도할 수 있는 형편에 있지 못하다. 생산자는 생산으로부터 높은 이윤을 얻으려 하고 소비자는 제품의 소비로부터 편익을 도모하지만, 이들은 자신들의 활동으로 인하여 야기된 환경비용을 자신들의 비용계산에 집어넣지 않으려 한다. 결과적으로 이와 같은 비용기피 현상은 환경에 부담을 주는 부정적인 요인을 초래하기에 국가가 시장에 개입해야 한다는 것이다.

둘째, 자원의 소비가 증가할수록 미래 세대를 위한 자원은 줄어들고, 이는 결국 원자재비용을 상승시킨다. 그리고 훼손된 환경을 되찾기 위해서는 엄청난 비용

8) Riely Dunlap, "The Nature and Causes of Environmental Problems: A Social-Ecological Perspective," in Korean Sociological Association(ed.), *Environment and Development* (Seoul: Seoul Press, 1994), p.56.

9) Jochen Hucke, "Die Umweltpolitik," in Beyme/Czempiel/Kielmansegg/Schmoock(eds.), *Politikwissenschaft*, Band II (Stuttgart: Kohlhammer, 1987), pp.253~256.

이 소요된다. 자원고갈과 환경훼손으로 인한 비용은 장기적으로 모든 생산자와 소
비자가 부담해야 하지만, 단기적으로 이들은 이러한 사실을 경제활동에서 고려하
지 않는다. 즉, 생산과 소비로 인해 발생한 이와 같은 부정적인 요인은 경제 전체
의 비용증가를 가져오기에 국가가 개입해야 한다는 것이다.

셋째, 국가가 환경문제에 관여해야 한다는 또 다른 주장은 환경오염 유발자
와 이에 영향을 받는 사람들 간의 특수한 관계에서 그 논거를 찾고 있다. 예를 들
면 환경오염 유발자가 오염의 원인을 개선하기 위해 적절한 조치를 취하려면 스
스로 비용을 부담해야 한다. 그런데 이러한 조치로부터 혜택을 받는 자는 원인제
공의 영향권에 있는 모든 사람들이다. 달리 말해서 환경보호를 위한 비용은 개별
적인 데 반하여 그 혜택의 수혜는 집합적이기에, 환경오염 유발자는 문제해결을
위해 필요한 비용을 최소화시키려 한다는 것이다.

넷째, 국가개입에 정당성을 부여하려는 정치적 논리는 무엇보다도 환경보호
를 위한 국가개입은 역사적으로 첨예화된 자본주의 경제체계의 위기에서 비롯된
필연적인 결과라는 것을 증명하려고 한다. 같은 맥락에서 국가는 산업화로 인해
악화된 자본이용조건들을 유지시키기 위해 시장에 개입해야 한다고 말한다.

3. 환경정책 수단

환경보호를 위하여 국가가 환경정책상 채택하고 있는 주요 수단 중의 하나는
사전대비원칙이다. 이 원칙은 환경훼손이 발생하지 않게 하거나, 또는 발생의 정
도를 줄이기 위해 사전에 대비하는 것이 환경정책상 합목적적이며 경제적으로 비
용을 절감한다는 생각에 근거한다.[10] 국가가 환경오염물질의 배출을 통제하려는
경우, 배출원천의 구조를 변경시켜 배출을 근본적으로 차단시킬 수도 있으며, 일
정한 기준(예: 환경기준, 배출기준)을 설정하여 배출을 스스로 제한하게 할 수도 있
다. 현재 대부분의 산업국가에서는 후자의 전략이 널리 사용되고 있으며, 이를 위
해 세분화된 환경측정체계가 정비되고 있다.

환경기준(environmental standard)은 일반적으로 그 지역 환경에 요구되는 일

---

10) Jochen Hucke(1987), p.276.

정한 조건을 전제로 이를 위하여 유지될 것이 요청되는 기준이다. 서울지역의 대기, 수질, 소음, 진동 등에 관한 환경기준이 한 예이다. 배출기준(emission standard)은 수질, 대기 등 오염물질을 개별 배출시설에서 배출할 수 있는 허용한계기준을 말한다.

환경정책을 수행하는 데 적용되고 있는 또 다른 수단은 유발자부담원칙이다. 이는 환경오염을 유발한 자에게 오염의 방지를 위한 조치에 필요한 비용을 부담하게 하고 오염으로 인해 발생한 피해를 보상하게 하는 원칙이다.[11] 그런데 국가나 피해자가 특정한 오염배출로 인하여 피해가 발생하였음을 증명해야 하는데, 이를 증명할 직접적인 인과관계를 규명한다는 것은 결코 쉬운 일이 아니다.

실제에 있어서 유발자부담원칙이 관철될 수 없는 경우가 종종 발생한다. 누가 환경오염 유발자인가를 증명할 수 없거나, 유발자가 셀 수 없이 많은 경우 유발자부담원칙은 공공부담원칙으로 대체된다. 정책수단으로서 공공부담원칙은 환경오염 유발자가 비용을 부담하는 것이 아니라, 공적 예산으로 환경보호조치를 취하는 경우이다. 특히 토양오염과 수질오염에 있어서 이러한 경우가 자주 발생한다.

4. 남북문제

지구환경파괴의 원인과 책임 그리고 대처방안에 대한 남북(貧國과 富國)의 시각차는 국제정치의 새로운 문제로 등장했다. 선진산업국은 개도국 전반에서 볼 수 있는 낮은 환경의식, 환경규제의 미비, 산업기술의 비효율성, 인구의 폭발적 증대 등을 지구환경문제 해결의 주된 걸림돌로 간주한다. 또한 선진산업국은 지구환경보존을 위해 특히 환경오염 유발산업에 대한 규제를 강화하려 한다. 이에 반해서 개도국은 지구환경파괴와 자원고갈은 산업화의 축적된 결과이며 환경문제는 궁극적으로 선진국의 책임이라고 본다. 개도국은 현재에도 선진국들이 지구자원의 대부분을 소비하고 있음을 지적하면서 선진국은 과도한 에너지·자원의 소비를 줄이고 개도국의 환경오염 감소 노력을 기술적·재정적으로 지원해야 한다는 입장

---

11) Peter Knoepfel(1983), pp.525~526.

이다. 또한 개도국은 엄격한 환경규제는 개도국의 발전을 저해하고 이로 인해 선진국과의 격차는 영속화된다고 주장한다.

무려 7년 반에 걸친 어려운 고비를 넘기고 우루과이라운드(UR) 협상이 1994년 4월 모로코의 마라케시에서 공식적으로 종결되었다. 그리고 같은 해 6월 파리에서 개최된 OECD(경제협력개발기구) 각료이사회는 ① 노동기준, ② 경쟁정책, ③ 투자원칙, ④ 환경 등 4개 항목을 차기 라운드(뉴라운드)의 과제로 검토하기로 결정했다.

소위 뉴라운드의 일부를 구성하고 있는 그린라운드(Green Round)는 미국, EU 등 선진국들이 WTO 체제하에서 다자간 협상을 통해 환경과 무역에 관한 새로운 국제규범을 마련하여 일정한 환경기준에 미달되는 개도국의 생산품에 대하여 무역규제조치를 취하려는 움직임을 포괄하는 의미로 사용된다. 그린라운드(GR)는 지구환경보호를 목적으로 하지만 선진국과 개도국의 이해가 엇갈려 남북 갈등의 주요 요인으로 작용한다.

5. 지속가능한 발전

1980년대 초 등장한 「지속가능한 발전」(sustainable development)이라는 개념은 1987년 「환경과 발전에 관한 세계위원회」(WCED)가 마련한 보고서에 공식적으로 제시됨으로써 그 위치를 다지는 계기를 맞았다. 그 후 이 개념은 국제환경정치의 방향을 제시하는 것으로 확실히 자리매김 했으며, 오늘날 일반 사람들의 입에도 자주 오르내리는 용어가 되었다. 「지속가능한 발전」이란 경제성장을 계속하면서도 오염문제를 해결한다는 것으로 경제성장을 중시하는 개도국의 입장과 환경보전을 중시하는 선진국의 입장이 절충된 결과이다.

「지속가능한 발전」이라는 개념은 매우 다의적(多義的)이며, 또한 자의적(恣意的)으로 해석이 가능하다는 논란의 여지가 있다.[12] 그럼에도 불구하고 일종의 환경사상(green thinking)인 이 개념이 인간과 자연에게 주는 의미는 매우 크다. 이 개념이 내포한 사상적 아이디어는 다음과 같다.[13]

---

12) 김판석/사득환, "지속가능한 발전에 대한 이해와 개념정립," 『한국정치학회보』, 32집 4호(한국정치학회, 1998), pp.71~88.

① 환경보호: 환경오염 및 훼손의 감소와 비인간세계의 보호.

② 환경과 경제의 통합: 정책의 계획과 실행에 있어서 경제발전과 환경보호의 통합(조화).

③ 미래세대에 대한 배려: 현재의 행위가 미래세대에 가져다 줄 영향에 대한 심각한 숙고와 배려.

④ 공평성 확립: 현세대에 살고 있는 사람들의 기본적인 욕구충족과 자원이용에 있어서 현세대와 미래세대의 공평성 확립.

⑤ 삶의 질: 단지 경제성장과 번영만으로 충족될 수 없는 삶의 질 향상과 웰빙에 대한 새로운 인식 필요.

⑥ 참여: 환경정책결정과정에 사회의 모든 행위자들이 참여하는 제도화 마련.

■ IV. 녹색정당의 출현과 초국적 협력

1. 녹색정당의 출현

1970년대 서유럽의 여러 나라에서 환경에 관심을 갖는 여러 종류의 시민단체들이 수없이 생겨났다. 이들 단체는 제약을 받지 않는 지속적인 경제성장이 가능하고 또한 이를 바람직하다고 생각하는 기존의 '보편적' 사고에 의문을 제기하고, 자원고갈과 환경파괴, 그리고 기술발전의 결과(특히 핵무기)에 대하여 커다란 두려움을 가졌다는 점에서 공통적이었다. 환경에 관한 시민운동단체들이 우후죽순처럼 생겨났던 당시 서유럽은 가치의 전환기를 맞고 있었다. 즉, 사람들은 산업사회의 전형적인 기준가치인 실적, 소비, 성장 등에 점차 회의를 느끼게 되었고, 또한 이를 거부하게 되었다. 반면에 이들은 이들 전통적인 가치에 대신하여 후기 물질적 가치인 삶의 질을 강조하게 되었다. 이러한 가치적 전환이 환경운동(environmental

---

13) M. Jacobs, "Sustainable Development as a Contested Concept," in A. Dobson(ed.), *Fairness and Futurity: Essays on Environmental Sustainability and Social Justice* (Oxford: Oxford University Press, 1999), pp. 26~27.

movement)의 사상적 기반을 이루었다.

이들 환경운동에 관여한 사람들은 기존의 정당들이 심각한 환경문제를 해결할 마음의 준비가 되어 있지도 않고, 또한 그럴 능력도 없다고 생각했다. 그래서 이들은 환경정당인 녹색정당(green party)을 결성하였다.

겨우 1970년대에 출현하기 시작한 녹색정당(녹색당)은 현재 세계 도처에 퍼져 있다. 가장 활발하게 활동하고 있는 지역은 유럽이다. 이 외에 미국, 캐나다, 뉴질랜드는 물론이고 아프리카와 남미 등에서도 활약하고 있다. 한국의 경우 환경과 관련된 정당의 모습이 선거철에 눈에 띄기는 하나, 아직 주목을 받을 만한 득표력을 과시하지는 못하는 형편이다.

초기 유럽의 녹색당들은 의회의 밖에 존재하는 저항정당(protest party)의 성격을 띠었다. 그 후 녹색당들은 이를 포기하고 기존의 정당들과 의회 진출을 위해 경쟁했다. 그리고 그중 상당 부분은 의회진입에 성공했으며, 독일 등 몇몇 국가에서는 다른 정당과 연합하여 연립내각을 구성하는 성과를 보여줬다.

독일의 녹색당(Die Grünen)은 유럽의 녹색당들 가운데 가장 먼저 생겨난 정당도 아니고,[14] 가장 먼저 의회에 진출한 정당도 아니나, 가장 먼저 다른 정당과 연합하여 중앙정부를 구성한 정당이다. 독일의 녹색당은 세계 녹색정치운동의 이념적 논쟁을 주도한 정당으로 인정받는다.

1979년 결성된 독일의 녹색당은 결성 직후 몇몇 주 선거에서 5% 장애물을 극복하고 주 의회(Landtag)에 진출하였다. 그리고 1983년 실시된 총선거에서 역시 5% 장벽을 넘어 연방의회(Bundestag)에 진입하는 데 성공했다. 그 후 당 본래의 정체성을 훼손한다는 이유로 연립정권에의 참여에 반대한 근본주의 세력과 이를 지지한 현실주의 세력 간에 노선대립이 전개되었다. 그러나 이러한 노선대립은 1998년 총선을 치르고 나서 녹색당이 사민당(SPD)과 연합하여 연방차원에서 연립정부(소위 赤綠聯政)를 구성함으로써 일단락되었다.[15]

---

14) 1973년 설립된 영국의 환경당이 유럽 최초의 녹색정당으로 기록된다.
15) 독일의 녹색당은 요시카 피셔 외무장관을 비롯해 환경장관과 보건장관을 연립내각에 포진시켰다.

2. 녹색정당의 초국적 협력

제2차 세계대전이 끝난 후 유럽을 통합하고자 하는 움직임과 더불어 정치적 이념을 같이하는 유럽 각국의 정당들은 국경을 넘어 서로 의견을 교환하고 협력을 모색하기 시작했다. 얼마 지나지 않아 1940년대 후반기와 1950년대에 자유주의자, 사회민주주의자 그리고 기독교민주주의자들은 각기 초국적(transnational) 협력체인 정당군(政黨群)을 형성하였다.

최초로 1979년 실시될 유럽의회선거(유럽선거)를 앞두고 유럽에서 가장 큰 세 정당군(사회민주주의자, 기독교민주주의자, 자유주의자)은 각각 느슨한 형태의 정당연합을 결성하였다. 즉, 정치적 이념을 같이하는 국가차원의 정당들이 유럽공동체(EC) 차원에서 정당연합을 형성하게 된 것이었다. 이들 정당연합은 향후 실시될 직접선거에서 소속 국가정당들 간 의견을 조정하고 협력하여 선거전을 치르고, 또한 EC의 결정체계에서 보다 큰 영향력을 발휘하고자 결성되었다.

1980년대 말부터 EC에서 EU로의 발전이 회원국들 간에 활발하게 논의되면서 이들 세 정당연합은 새로운 환경에 적응하기 위하여 변화를 모색하기 시작했다. 1991년 말 EU조약이 마스트리히트 정상회담에서 합의된 후 이들은 구체적으로 새로운 변신을 시도했다. 그 결과 사회민주주의 정당연합과 자유주의 정당연합은 명칭을 연합(Confederation 또는 Federation)에서 정당(Party)으로 바꾸었다. 기독교민주주의 정당연합은 원래부터 「유럽민중당」(EPP: European People's Party)이라는 명칭을 사용하여 왔다. 이들 세 정당군은 새로 제정한 정관에서 유럽정당이 되려는 의지를 강력히 표명했다.[16]

이미 언급한 바와 같이 1970년대 이후 유럽의 여러 나라에서 녹색정당들이 속속 탄생하게 되었다. 이들 정당은 1983년 유럽차원에서 국경을 초월하여 협력하는 초국적 조직체인 「유럽녹색조정」(European Green Coordination)을 성립시켰

---

16) Thomas Jansen, "Zur Entwicklung eines europäischen Parteiensystems," *integration*, Bonn, 3/1995, pp.157~165. 기존의 세 정당연합이 '정당'으로 명칭을 변경하여 변화를 시도했지만, 여느 국가정당과는 구별된다. 이들 유럽정당은 정관과 조직을 가지고 있으며, 유럽의회에서 교섭단체를 구성하고 있다. 하지만 유럽정당에서 도출한 합의는 회원정당들에 대하여 구속력이 없고 조직의 응집력도 여느 국가정당에 크게 못 미친다. 더구나 유럽선거에서 유럽정당은 직접 후보를 선발하지 못하고 있으며, 공동의 선거전략과 선거운동도 조직적으로 실행하지 못하고 있다.

다. 이어서 1993년 유럽의 각국 녹색당들은 「유럽녹색조정」을 「유럽녹색당연합」
(EFGP: European Federation of Green Parties)으로 발전시켰다.

2003년 EU는 유럽차원의 정당을 육성하기 위한 목적에서 유럽정당에 관한
법규를 제정하였다. 이를 계기로 유럽정당을 설립하려는 움직임은 다시 활기를 띠
게 되었다. 이런 가운데 환경주의를 표방한 35개 국가정당들은 2004년 「유럽녹색
당연합」을 기반으로 「유럽녹색당」(European Green Party)을 탄생시켰다. 2018년
11월 기준 EU가 공인(公認)한 유럽정당 수는 「유럽녹색당」을 포함하여 10개에 달
했다.[17] 공인된 유럽정당은 EU로부터 재정지원을 받는다.

유럽의회에는 교섭단체의 성격을 갖는 여러 개의 정치그룹이 구성되어 활동
하고 있다. 하나의 정치그룹(political group)을 형성하기 위해서는 25명 이상의 의
원이 필요하며, 이들은 적어도 전체 회원국의 1/4에 분포되어 있어야 한다. 유럽
정당들은 단독으로, 또는 뜻을 같이하는 다른 유럽정당과 손잡고 유럽의회에서 정
치그룹을 구성하고 있다.

〈표 12-1〉 유럽의회의 정치그룹 분포 현황(2019)

정치그룹 명칭(이념적 성향)	의원수
1. EPP: Group of the European People's Party(Christian democrats)	182
2. S&D: Group of the Progressive Alliance of Socialists and Democrats (Social democrats)	154
3. RE: Renew Europe Group(Social liberals and conservative liberals)	108
4. Greens/EFA: Group of the Greens-European Free Alliance (Greens and regionalists)	74
5. ID: Identity and Democracy Group(Right-wing populists and nationalists)	73
6. ECR: European Conservatives and Reformists Group (National conservatives and sovereignists)	62
7. GUE/NGL: Confederal Group of the European United Left-Nordic Green Left(Democratic socialists and communists)	41
# NI: Non-attached Members	57
계	751

* 출처: "2019 European Parliament election," https://en.wikipedia.org
(2019년 7월 22일 검색)

---

17) "European political party," https://en.wikipedia.org (2019년 7월 3일 검색).

2019년 실시된 제9차 유럽의회선거 후 새로운 임기(5년)를 시작한 유럽의회에는 총 7개의 정치그룹이 구성되었으며, 어느 그룹에도 속하지 않은 무소속 의원들도 다수 존재했다. 「유럽녹색당」은 지역자치주의를 강조하는 「유럽자유동맹」(European Free Alliance)과 연합하여 하나의 정치그룹을 형성했다. 이 그룹은 유럽의회에서 총 751석 가운데 74석을 차지했으며, 이로써 의석수에 있어서 기독교민주주의자그룹, 사회민주주의자그룹, 자유주의자그룹에 이어 4번째 순위에 놓이게 되었다(참조: 〈표 12-1〉).

V. 국제환경정치

1. 환경문제의 국제적 성격

체르노빌 원전사고, 북해 오염, 중국 황사, 오존층 파괴, 지구온난화, 산성비 등에서 볼 수 있듯이, 환경문제는 국가차원에 머물지 않고 국제적인 성격을 띠고 있다. 공기나 물과 같은 전 지구적 공공재(public goods)의 오염은 국가의 경계를 초월하고 있으며, 후진국으로의 유해폐기물 이전은 완전한 해결방법이 될 수 없다. 몇 개의 국가를 가로지르는 강의 오염과 수자원 관리, 또는 일정한 지역의 대기오염 문제 등은 관련 지역의 국가 간 협상을 통하여 해결될 수 있다. 그러나 오존층 파괴, 해양오염, 지구온난화, 생물다양성의 멸실, 또는 유해폐기물의 국제적 이동 등과 같은 문제는 전 지구적 차원의 협력과 대책을 필요로 한다.

2. 국제환경정치의 차원

환경정치는 그 특성으로 인하여 날로 국제화되어 가고 있으며, 이와 함께 환경외교(environmental diplomacy)의 중요성은 커지고 있다. 환경에 관한 국제정치는 다음과 같이 여러 차원에서 이루어지고 있다.

① 유엔: 국제기구 중 세계기구인 유엔과 그 부속 기구가 행하는 환경정치이

다. 유엔은 1972년부터 매 10년마다 지구환경문제를 주제로 정상회의를 개최하여 왔다. 게다가 유엔에 부속된 기구들이 환경문제를 다룬다. 예컨대 유엔총회의 결정(1972)에 따라 1973년 창설된 「유엔환경계획」(UNEP: United Nations Environment Program)과 1992년 유엔경제사회이사회 직속으로 설치된 「지속발전위원회」(CSD: Commission on Sustainable Development)가 바로 그것이다.

② 다른 국제기구: 국제기구 설립 당시 목적사업은 아니었지만 세월이 지나면서 환경문제를 사업에 편입시킨 경우이다. 무엇보다도 경제협력개발기구(OECD)와 세계은행(WB)의 활동이 돋보인다. OECD가 1970년대 이후 행한 조치와 건의의 상당 부분은 환경보호에 관한 것이었다. 1980년대 말 이후 세계은행은 수많은 제3세계 국가들과 동유럽 국가들에게 차관을 제공하는 전제조건으로 국가적 차원의 환경계획을 요구했다.[18]

③ 역내 다자간 환경협력: 일정한 지역 내 국가들의 환경협력이다. 예컨대 EU의 환경실천계획, 북해환경장관회의, 동북아 다자간 환경협력 등이 이에 속한다.

④ 국제환경NGO: 그동안 국제환경문제에 관심을 갖는 국제환경NGO의 수는 급속도로 증가하였다. 이들 NGO는 국제환경레짐에서 나름대로 중요한 역할을 수행한다. 대표적인 국제환경단체로는 「그린피스」(Greenpeace), 「지구의 벗」(Friends of the Earth), 「세계자연기금」(WWF), 「열대우림동맹」(Rainforest Alliance)을 들 수 있다.

위에서 살펴본 바와 같이 국제환경정치는 여러 차원의 행위자들에 의해 실행되고 있다. 물론 이들 행위자들은 독립적으로 활동하기도 하지만 서로 연계하여 협력하기도 한다. 아래에서는 이들 가운데 세계기구인 유엔의 환경활동과 지역기구인 EU의 환경정책에 관해 좀 더 구체적으로 살펴보겠다.

3. 유엔의 환경활동

국제환경정치의 전개과정에서 무엇보다도 유엔의 활동이 돋보인다. 유엔은 1972년 스톡홀름회의를 시작으로 1982년 나이로비회의, 1992년 리우회의, 2002년

---

18) Martin Jänicke(1999), p.142.

요하네스버그회의, 2012년 리우회의와 같이 매 10년마다 지구환경문제를 주제로 하는 지구정상회의(earth summit)를 개최하여 왔다.

이미 언급한 바와 같이 1972년 스톡홀름회의에서는 「인간환경선언」이 선포되었으며, 이 회의에서 합의된 사항을 바탕으로 1973년 「유엔환경계획」(UNEP)이 마련되었다. 1982년 나이로비회의에서는 지난 10년간의 각 회원국의 환경보존노력에 대한 평가와 함께 「세계자연헌장」이 채택되었다. 1983년에 구성된 「환경과 발전에 관한 세계위원회」(WCED)는 4년간의 연구 끝에 1987년 「우리들의 미래」라는 보고서를 제출하였다. 이 보고서에서 처음으로 「지속가능한 발전」(sustainable development)이라는 개념이 제시되었다.

1992년 리우회의에서는 「리우환경선언」이 선포되었고, 지구온난화방지를 위한 「기후변화협약」과 생물다양성 보존을 위한 「생물다양성협약」이 채택되었으며, 21세기 지구인의 행동강령인 「의제 21」(Agenda 21)이 마련되었다. 그리고 지구환경문제에 대한 구체적인 집행기구로서 유엔 경제사회이사회 직속으로 「지속가능발전위원회」(CSD)를 설치할 것을 결정했다.

2002년 요하네스버그회의는 빈곤퇴치와 환경보호를 위한 국제사회의 공동대책을 담은 이행계획을 마련하였다. 20년 만에 다시 리우에서 개최된 2012년 지구정상회의(Rio+20)는 「우리가 원하는 미래」라는 문서를 세상에 내놓았으며, 지속가능한 발전이 국제사회의 핵심가치임을 재확인했다.

1992년 리우회의에서 채택된 유엔기후변화협약은 1994년 발효하였다. 이후 당사국들은 협약의 구체적인 이행방안을 논의하기 시작했으며, 그 결과 1997년 일본 교토에 모여 「교토의정서」(Kyoto Protocol)를 채택할 수 있었다. 의정서에 따른 의무이행 대상국은 미국 등 총 38개 선진국들이었으며, 이들은 2008년부터 2012년까지 이산화탄소(CO_2) 등 6가지 온실가스 배출량을 1990년 수준보다 평균 5.2% 감축하기로 했다. 의정서는 의무이행 당사국의 감축 이행 시 신축성을 허용하기 위하여 배출권거래, 공동이행, 청정개발체제 등의 제도를 도입했다. 한국은 개발도상국으로 분류되어 온실가스 감축 의무는 없었으며, 대신 공통의무인 온실가스 국가통계 작성 및 보고의무를 갖게 되었다. 교토의정서는 발효조건으로 55개국 이상의 비준과 함께 비준 선진국들의 배출량이 1990년 기준 55% 이상일 것을 명시했다. 그런데 당시 감축의무국 가운데 최대 온실가스 배출국인 미국과 러시아가 비준하지 않아 최대 걸림돌로 작용했는데, 2004년 말 러시아가 전격적으로 비준함으로써 의정서는 발효의 요건을 갖추게 되었다. 이로써 의정서는 미국이 불참한 가운데 2005년 2월 공식 발효되었다.

매년 개최된 유엔기후변화협약 당사국총회(UNFCCC)[19]에서 2012년 종료되는 교토의정서를 대체할 새로운 협정이 논의되었으나 총회는 당사국 간 의견 차로 합의점을 찾기 어려웠다. 마침내 2012년 카타르 도하에서 열린 당사국총회(18차)는 새 협정을 마련하지는 못했지만, 2013~2020년을 「교토의정서」 2차 공약기간으로 정하는 데 성공했다. 그러나 2차 공약기간에도 선진국만이 온실가스 감축의무를 지게 됨으로써 중국, 인도 등 개도국은 여전히 의무에서 제외되었다. 또한 미국이 처음부터 불참했으며, 1차에 참여한 캐나다가 탈퇴를 선언하고 일본, 러시아, 뉴질랜드 등이 2차에 불참을 선언함으로써 기후변화협약은 사실상 유명무실해졌다.

2014년 리마(페루) 당사국총회는 2020년 이후 적용할 신기후체제를 출범시키기로 결정함으로써 새로운 돌파구를 마련했다. 드디어 2015년 파리에서 개최된 제21차 당사국총회에서 교토의정서를 대신해 2020년부터 신기후체제를 끌고 가게 될 「파리협정」(Paris Agreement)이 채택되었다(2016년 11월 발효됨). 교토의정서가 선진국에만 온실가스 감축의무를 부과했던 것과 달리 파리협정은 개도국을 포함한 195개 당사국 모두 감축에 참여한다는 것이 가장 큰 특징이다. 회원국들은 지구 평균온도 상승 폭을 산업화 이전 대비 $2°c$ 이하로 유지하고, 더 나아가 상승폭을 $1.5°c$ 이하로 제한하기 위해 노력하기로 합의했다. 국가별 온실가스 감축량은 각국이 제출한 목표치를 그대로 인정하되 5년마다 이행상황 보고를 의무화하고 이를 점검하기 위해 국제사회의 공동시스템을 도입하기로 했다. 다만 2019년 11월 트럼프(Donald Trump) 행정부가 유엔에 미국의 파리협정 탈퇴를 공식적으로 통보하여 국제사회는 협정의 추진동력이 크게 저하되지는 않을까 우려한다.

4. EU의 환경정책

1957년 체결된 유럽경제공동체(EEC)에 관한 조약은 환경문제에 관해 언급하지 않고 있다. 그러나 유럽공동체(EC)는 유엔과 유럽 각국에서 환경문제의 중요성

---

19) UNFCCC: United Nations Framework Convention on Climate Change.

이 강조되자, 1972년 파리 정상회담에서 처음으로 환경보호를 공동목표로 정하고 환경정책의 기본원칙을 담은 공동선언을 채택함으로써 환경정책을 공식화했다.

1987년 발효한 단일유럽의정서(SEA)에서 환경이 EC의 업무분야로 편입됨으로써 환경보호는 조약상 정책목표의 하나로 인정을 받게 되었다. 1993년 발효한 EU조약(일명 마스트리히트조약)은 "지속적이고 환경에 적합한 성장발전"을 정책목표로 제시함으로써 1987년 유엔이 제시한 「지속가능한 발전」(sustainable development)이라는 국제사회의 핵심가치를 수용했다. 「지속가능한 발전」은 2009년 발효한 리스본조약에서도 EU의 정책목표로서 재확인되었다.

그동안 EU는 새로운 제도의 도입과 입법조치를 통하여 환경보호를 강화하여 왔다. 각 기업의 환경대책에 관한 정보를 일반에 공개한다는 내용의 환경감사제도의 도입, 공해물질 함유제품에 대한 환경세 부과, 환경마크제(Green Label) 실시, 오존층 보호조치 강화, 폐기물 교역조건 강화, 국제환경인증제도 실시, 자동차 배기가스 규제, 건전지 수은함량 규제 등이 그 실례이다. 지금까지 EU는 환경에 관한 각종 규정, 명령, 결정 등을 수없이 행하여 왔다.

EC/EU는 1973년부터 「환경실천계획」(Environmental Action Program)을 수립하여 실행에 옮겨 왔다. 환경실천계획은 환경정책의 기본원칙을 세우고, 입법의 기본 틀을 마련하며, 정책의 우선순위를 설정하는 데 주된 목적이 있다. 제1, 2차 환경실천계획(1973~1976, 1977~1981)은 오염통제와 개선에 초점을 맞추었으며 태동하는 EC 환경정책의 기본원칙을 담았다. 제3, 4차 환경실천계획(1982~1986, 1987~1992)은 환경보호를 위한 예방조치를 중시했으며, 환경정책과 다른 정책들의 통합을 강조했다.[20] 무엇보다도 제5차 환경실천계획(1993~2000)은 1992년에 개최된 리우회의와 1993년에 발효한 EU조약에 발맞추어 「지속가능한 발전」 문제에 많은 관심을 기울였다. 특히 제조업, 에너지산업, 농업, 운송업, 관광업 등 5개 분야에서 환경에 적합한 정책이 수립되도록 하였다.[21]

「환경 2010: 우리의 미래, 우리의 선택」이라는 슬로건을 내걸고 출범한 제6차 환경실천계획(2001~2010)이 내세운 4가지 우선분야의 골자는 다음과 같다.[22]

---

20) James Connelly and Graham Smith, *Politics and the Environment* (London: Routledge, 2003), p.270.

21) Rudolf Strohmeier(ed.), *Die Europäische Union* (Opladen: Westdeutscher Verlag, 1994), pp.299~301.

① 기후변화: 이미 EU는 「교토의정서」에서 2008~2012년 사이에 1990년 수준보다 온실가스 배출량을 8% 줄이기로 했다. 앞으로 EU는 이 의정서를 비준하고 이행하겠다.

② 자연과 생물다양성: 가치가 있는 환경지역을 보존하고 종(種)과 그 서식지를 보호한다.

③ 환경과 건강: 화학물질(특히 살충제)이 초래하는 위험을 막기 위해 EU의 제도를 정밀히 검토한다. 그리고 수질개선을 위해 노력한다.

④ 천연자원과 폐기물: 자원의 재활용을 촉진시키고 폐기물 방지를 고려한 생산정책을 추구한다.

기후변화는 인류가 직면한 가장 심각한 도전 중 하나라는 인식하에 EU 정상들은 2008년 12월 온실가스 배출량을 감축하기 위한 패키지 「20-20-20」을 승인함으로써 환경정책에 있어서 획기적인 계기를 마련했다. 이 패키지는 첫째, 온실가스 배출량을 2020년까지 1990년 대비 적어도 20% 감축하고, 둘째, 에너지 효율성을 높여 전체 에너지 사용량을 2020년까지 20% 줄이며, 셋째, 재생에너지(태양열, 풍력, 바이오 에너지 등) 비중을 2020년까지 20%(당시 9%)로 늘린다는 것을 주된 내용으로 한다. 또한, 정상회의에서 재생에너지 비중을 증가시키기 위한 조치로 2020년까지 자동차, 트럭 등 운반수단이 사용하는 모든 연료의 10%를 바이오 연료, 전기, 수소 등 재생에너지로 대체한다는 계획이 마련되었다.[23]

2010년 EU 집행위원회는 향후 10년간 유지할 경제발전전략인 「유럽 2020」(Europe 2020)을 제시했다. 이 전략에서 위에서 언급한 「20-20-20」 패키지의 내용은 재확인되었다.[24]

---

22) James Connelly and Graham Smith(2003), p.284.

23) http://europa.eu/pol/env/index-en.htm (2011년 1월 11일 검색).

24) "Europe 2020," http://ec.europe.eu (2015년 10월 28일 검색).

김판석/사득환, "지속가능한 발전에 대한 이해와 개념정립," 『한국정치학회보』, 32집 4호, 한국정치학회, 1998.

김학성, "지구환경문제와 국제정치경제," 한독정치학회 발표논문, 1998.

신덕룡, 『환경위기와 생태학적 상상력』, 실천문학사, 1999.

Bartelmus, Peter, *Environment, Growth and Development: The Concepts and Strategies of Sustainability*, London: Routledge, 1994.

Beck, Ulrich, *Risikogesellschaft: Auf dem Weg in eine andere Moderne*, Frankfurt: Suhrkamp, 1986.

Connelly, James and Smith, Graham, *Politics and the Environment*, London: Routledge, 2003.

Dietz, Thomas, "Die Europäischen Grünen: Auf dem Weg zu einer europäischen Partei?," *integration*, Bonn, 2/1997.

Dunlap, Riely, "The Nature and Causes of Environmental Problems: A Social-Ecological Perspective," in Korean Sociological Association(ed.), *Environment and Development*, Seoul: Seoul Press, 1994.

Fischer, Joschka, "Die Krise der Umweltpolitik," in Beck, Ulrich(ed.), *Politik in der Risikogesellschaft*, Frankfurt: Suhrkamp, 1991.

Hucke, Jochen, "Die Umweltpolitik," in Beyme/Czempiel/Kielmansegg/Schmoock (eds.), *Politikwissenschaft*, Band II, Stuttgart: Kohlhammer, 1987.

Jacobs, Francis, "Western European Political Groupings," in Jacobs, Francis(ed.), *Western European Political Parties*, Essex: Longman, 1989.

Jacobs, M. "Sustainable Development as a Contested Concept," in Dobson, A.(ed.), *Fairness and Futurity: Essays on Environmental Sustainability and Social Justice*, Oxford: Oxford University Press, 1999.

Jänicke, Martin, *Lern- und Arbeitsbuch Umweltpolitik: Politik, Recht und Management des Umweltschutzes in Staat und Unternehmen*, Bonn: Dietz, 1999.

Jansen, Thomas, "Zur Entwicklung eines europäischen Parteiensystems," *integration*, Bonn, 3/1995.

Knoepfel, Peter, "Umweltpolitik," in Mickel, Wolfgang W.(ed.), *Handlexikon zur Politik-*

wissenschaft, Regensburg: Ehrenwirth, 1983.

Nugent, Neil, *The Government and Politics of the European Union*, Houndmills: Macmillan Distribution, 1994.

Porter, Gareth/Brown, Janet W., *Global Environmental Politics*, Boulder: Westview Press, 1991.

Strohmeier, Rudolf(ed.), *Die Europäische Union*, Opladen: Westdeutscher Verlag, 1994.

Young, Stephen, *The Politics of the Environment*, Manchester: Baseline, 1993.

http://europa.eu/pol/env/index-en.htm (2011년 1월 11일 검색).

"Europe 2020," http://ec.europe.eu (2015년 10월 28일 검색).

"European political party," https://en.wikipedia.org (2019년 7월 3일 검색).

"2019 European Parliament election," https://en.wikipedia.org (2019년 7월 22일 검색).

제13장

국제정치

개념상 엄밀한 의미에서 국제정치(international politics)는 세계정치(world politics), 국제관계(international relations), 국제정세(international affairs), 대외정세 (foreign affairs), 국가 간 정치(politics among nations) 등과 구별이 되지만, 실제에 있어서 거의 비슷한 뜻으로 사용된다. 이들 용어는 서로 다른 의미를 포함하고 있지만, 모두 국가영역 밖에서 일어나는 행위자들 간의 상호작용과 관계를 기반으로 하고 있다는 점에서 공통적이다.

국제정치는 국제사회에서 일어나는 정치현상과 정치행위자들 간에 이루어지는 제반 관계 및 내용의 일체(一切)라 할 수 있다. 여기서 말하는 관계는 국제관계를 의미하며, 내용은 외교정책과 외교를 가리킨다. 외교정책의 영역은 날로 확대되어 작금에는 정치와 안보 분야뿐만 아니라, 경제·통화, 기술, 정보, 문화, 환경 등의 분야까지 포괄한다. 외교정책의 주요 목표로는 안보확립, 경제발전, 영토수호, 체제유지, 평화달성, 문화 확산 등을 들 수 있으며, 이들 목표를 달성하기 위한 수단으로는 외교, 무력수단, 경제적 수단(무역정책과 해외원조), 정보, 선전 등을 들 수 있다. 외교는 설득, 타협, 위협 등의 방법으로 자국의 이익을 최대한 확보하려는 평화적 수단이며, 외교의 실패는 제재 또는 전쟁으로 발전할 수 있다.

I. 국제정치이론

그동안 학계에서 국제정치를 설명하고 분석하는 이론은 다양하게 발전하여 왔다. 다음에서는 여러 이론 가운데 몇 가지 중요한 것들을 골라 간단히 설명해 보고자 한다.

1. 현실주의와 이상주의

(1) 현실주의

현실주의자들은 국제정치의 행위자로서 국가를 중요시 여기며, 국제질서를 갈등지향적인 것으로 인식하고, 국제정치의 핵심사항은 전쟁과 폭력의 사용이라고 본다. 모겐소(H. Morgenthau)와 같은 현실주의자들은 국제사회에서의 국가중심적 갈등기원을 이기적이고 사악한 인간의 본성에서 찾는다. 이에 비하여 왈츠(Kenneth N. Waltz)와 같은 현실주의자들은 이를 국제체제가 가지고 있는 무정부적 구조의 특성에서 찾으며, 국가의 행동을 국가의 속성이 아닌 국제체제 수준에서 설명하려 한다. 이런 점에서 모겐소의 고전적 현실주의와 구별하여 왈츠의 현실주의는 구조적 현실주의, 또는 신현실주의로 지칭된다.

현실주의(realism)는 국제체제를 세계적 권위체가 존재하지 않는 무정부적 상태로 간주하며, 이러한 무정부적 체제에서 자국의 이익을 추구하는 국가들의 상호작용이 국제정치라고 이해한다. 현실주의자들의 시각에 의하면 국가는 국제체제에서 각자가 처한 위치를 고려하여 국익에 대한 정의를 내리고, 또한 이에 따라 행동하는 합리적인 행위자들이다. 이들에게 있어서 일차적인 국익은 생존에 관한 것(즉, 국가안보)이며, 경제, 환경, 인권과 같은 여타 국익은 부차적이다. 현실주의는 국가가 국제정치에서 작용하는 핵심적인 행위자이며, 국가 간 정치관계는 무엇보다도 국가를 대표하는 정부에 의해 이루어진다고 본다.

현실주의와 마찬가지로 신현실주의(neo-realism)는 국가를 무정부적 국제체제에서 공존하는 자기중심적 행위자라고 생각한다. 그렇지만 신현실주의는 생존을 위한 합리적 수단으로써 국제적 협력에 의해 운용되는 국제질서의 잠재성을 인정하며, 국제기구는 국제체제의 무정부적 정도를 완화시키기 위해 존재한다고 믿는다.

현실주의는 국제관계를 권력(힘, power)이라는 개념으로 설명하는 이론체계이다. 현실주의는 한 국가가 다른 국가들과의 관련 속에서 권력을 획득하고 유지할 때 국익은 증대된다고 생각한다. 국력은 군사력과 경제력을 포함하며, 국제정치에서 국력의 행사는 종종 현실정치 또는 권력정치로 묘사된다. 현실주의자들은 국가안보를 국가의 핵심사항으로 간주한다. 신현실주의자들 역시 국가안보를 국가의 핵심사항으로 간주하지만, 전통적 현실주의자들에 비하여 경제문제에 더 많은 관심을 보인다. 이는 경제력이 국력과 안보에 직결된다는 인식에 근거한다.

현실주의자들은 개별국가가 주권을 행사하는 무정부적 상태에서 국제질서는 불가피하게도 국력을 기반으로 수립된다고 인식한다. 이들에 의하면 유엔(UN)과 같은 국제기구는 강대국들의 의지로부터 독립하여 국제규칙을 정하고 실행할 수 있는 능력이 부족하기에 국제정치에서 결정적인 역할을 할 수 없다는 것이다. 이와 같이 현실주의는 국제기구의 한계를 지적하면서 국제관계에서 수행하는 국가의 역할을 강조한다. 또한, 현실주의는 국가가 무정부 상태에 가까운 국제사회에서 살아남기 위해서는 스스로 강력한 힘을 보유하든가 아니면 강대국과 동맹을 맺어야만 한다고 말한다.[1]

현실주의는 국제사회가 본질적으로 무정부적이기 때문에 국제법이나 국제기구의 역할이 효과적으로 작용할 수 없다고 본다. 그래서 이보다는 개별국가의 주권을 존중하는 기반 위에서 국가 간의 세력균형(balance of power)을 유지하는 것이 더 현실적인 평화유지 방책이라고 역설한다.[2] 세력균형이론에 의하면 국제질서에서 세력균형이 형성되면 평화가 유지되고, 세력균형이 깨지면 전쟁이 발생한다.

1) Ellen Grigsby, *Analyzing Politics* (Belmont: Wadsworth, 1999), p.278.
2) 이혁섭, 『한국국제정치론』(일신사, 1990), p.95.

패권안정이론(hegemonic stability theory)은 무정부적인 국제질서는 힘에 의해 안정될 수 있다는 시각을 현실주의와 공유하므로 이 이론은 현실주의 범주에 속한다. 그런데 일반적으로 현실주의가 세력균형 여부에 따라 국제정세의 안정과 불안정을 가름하는 것과는 대조적으로 패권안정이론은 국제질서의 안정과 불안정을 패권국가의 존재유무에서 찾는다. 즉, 패권국가가 존재하면 국제체제가 안정되고, 그렇지 않으면 불안정이 나타난다는 것이다.3)

(2) 이상주의

이상주의(idealism)는 현실주의에 대립되는 이론체계이다. 현실주의와 달리 이상주의는 인간이 마땅히 추구하고 행하여야 할 가치와 규범을 중요시 여기며, 권력은 부차적인 것으로 본다. 이상주의는 본질적으로 자유주의적 이론과 원칙에 의존하고 있기에 사람들은 이를 종종 자유주의적 이상주의(liberal idealism)라 일컫는다.4) 이상주의자들은 자신들의 자유주의적 접근방법을 비현실적(unrealistic)이라고 여기지 않지만 현실주의자들은 이를 이상주의적이라고 생각한다.

현실주의와 마찬가지로 이상주의는 오랜 전통을 지니고 있다. 이상주의는 도덕성, 윤리, 국제법과 같은 규범적 요소와 국제조직이 국가 간 관계를 위한 기초를 형성할 수 있으며, 이들의 역할은 권력에 못지않게 중요하다고 말한다. 이상주의는 원래 인간의 천성은 사악하지 않다는 인식에서 출발하며, 인간은 평화적이고 조화로운 상호작용을 할 수 있는 존재라고 믿는다. 이의 연장선에서 이상주의는 국제사회에서 평화적이고 협력적인 국가 간의 관계 형성은 가능하며, 국가들은 자기이익에 사로잡힌 독립적인 행위자로서가 아니고 공동체의 일원으로서 행위를 할 수 있다고 본다.

실제로 이상주의자들은 국가가 외교정책을 결정할 때 도덕적 원리를 추구해야 한다고 역설하며, 국제관계에서의 상호의존을 중요시 여긴다. 또한 국제기구(정부간 기구)와 비정부기구(NGO)를 통하여 평화와 정의를 촉진시키고 인권을 존중하는 국제적인 노력을 적극 옹호한다. 최근에 들어와 이들은 국가안보(national

---

3) 패권안정이론을 대표하는 학자로는 킨들버거(C. Kindleberger), 크라스너(S. Krasner), 길핀(R. Gilpin), 월포스(W. Wohlforth), 미어스하이머(J. Mearsheimer)를 들 수 있다.
4) Ellen Grigsby(1999), p.274.

security)의 한 요소로서 자유와 인권 그리고 복지를 기본가치로 삼는 인간안보 (human security)를 강조하는 경향을 보인다.

사람들은 국가 간 경제적 상호의존과 국제기구의 중요성에 초점을 맞춘 이상주의의 특별한 유형을 자유주의적 제도주의(liberal institutionalism)라 일컫는다.5) 이와 구별하여 1980년대에 출현하여 현실주의를 새로운 자유주의적 이론으로 비판한 이론체계를 신자유주의적 제도주의, 또는 신자유주의라 부른다. 신자유주의적 제도주의는 국가를 자신의 이익을 추구하는 국제정치의 단일적 행위자(unitary actor)로 간주하는 현실주의의 관점을 수용하면서, 동시에 국제기구의 역할과 국제적 협조에 비관적인 현실주의의 시각을 비판·거부한다.

자유주의자들은 국가와 더불어 기능하는 국제사회에 주목한다. 이들은 유엔과 같은 국제기구들에 의해 형성된 국제정황(國際政況)은 국제체제를 무정부적 구조로 파악하는 현실주의자들의 견해가 완벽하지 못하다는 것을 말해 준다고 강조한다.6) 게임이론은 개인과 마찬가지로 국가도 합리적으로 행동한다는 가정에 근거한다. 게임이론의 일종인 죄수딜레마게임(prisoner's dilemma game)7)에서 현실주의자들과 신자유주의자들의 의견은 갈린다. 현실주의자들은 죄수의 딜레마는 쌍방이 합리적임에도 불구하고 왜 국제관계에서 협력이 이뤄지기 어려운가를 보여 준다고 말한다.8) 반면 신자유주의자들은 죄수딜레마게임을 이용하여 국제사회에서 국가 간 협조가 가능하다는 것을 설명하려 한다.9)

---

5) Ellen Grigsby(1999), p.276.

6) Joseph S. Nye, *Understanding International Conflicts* (New York: Longman, 2003), p.5.

7) 예컨대 공범의 혐의를 받고 있는 두 명의 피의자가 별도의 방에서 따로 조사를 받고 있다고 가정하자. 만일 두 사람이 서로 상대방을 신뢰할 수 있다면 두 사람은 모두 범죄를 부인함으로써 석방될 수도 있다. 그러나 실제로 상대방이 어떻게 나올지 모르기 때문에 심각한 딜레마에 빠지게 된다는 것이다. 만약 상대방의 의향을 전혀 알 수 없는 경우에는 자백을 하는 것이 두 사람의 죄(공범죄)가 드러난 경우 받는 처벌보다 손실을 줄일 수 있겠지만, 이와 같은 선택에 있어서 얻어지는 이득은 분명히 두 사람 모두가 부인함으로써 석방되는 이득보다는 적다는 데 딜레마가 있다.

8) 서창록, 『국제기구』(다산출판사, 2004), pp.18~22.

9) Joshua S. Goldstein, *International Relations* (New York: Longman, 2003), p.118

2. 국제체계이론

구조적·기능적 접근방법에 기반을 두고 있는 체계이론(system theory)은 원래 국내정치를 분석하는 이론으로 발달했다. 그런데 학자들은 이 체계이론을 발전시켜 국제사회에서 일어나는 정치현상을 설명하는 국제체계 모형을 개발했다.

국제체계이론(international system theory)은 국제체계의 여러 상이한 차원에서 작동하는 구조와 기능을 분석한다. 즉, 투입(input), 산출(output), 환류(feedback), 그리고 이에 영향을 미치는 환경(environment) 등의 상호작용을 면밀하게 분석하는 것을 주된 과제로 삼는다. 그동안 진행된 학자들의 연구 결과에 의하면 국제체계는 다양한 구도를 보여 주었다. 카플란(Morton A. Kaplan)은 국제체계를 6개의 유형으로 분류했다: 세력균형체계, 느슨한 양극체계, 공고한 양극체계, 범세계체계, 계층적 국제체계, 무질서의 단위거부 국제체계.10)   그 외에 구도의 특징에 따라 국제체계이론은 행위체계이론(R. Snyder), 커뮤니케이션체계이론(K. W. Deutsch), 갈등체계이론(L. Richardson) 등 여러 부분 이론으로 발전하였다.

3. 세계시장이론

세계시장이론(world market theory)은 마르크스의 정치경제이론에 기반을 두고 있다. 세계시장이론이 개발한 세계시장 모형에 의하면 상품과 자본교환을 포함한 생산관계의 세계화로 광범위한 세계경제체제가 형성되었다는 것이다. 이 이론은 자본주의가 지배하는 세계경제체제는 부국과 빈국 간의 분업, 불평등한 가치이전을 통한 착취, 그리고 제국주의 국가와 다국적 기업의 경제적 침투로 인한 빈국의 소외라는 특별한 형태를 갖게 되었다고 본다. 세계경제체제를 중심부(산업국)와 주변부(저개발국)로 구분하고 주변부에 대한 중심부의 억압과 착취, 그리고 이로 인한 주변부의 종속과 빈곤의 악순환을 주장한 종속이론(dependency theory)은 세계시장이론의 일종이다.

마르크스의 이론에 의존하고 있는 세계시장이론은 이데올로기적인 성격을 띠

---

10) Morton A. Kaplan, *System and Process in International Politics* (New York : Wiley & Sons, 1957); 박광섭, 『현대국제정치의 이해』(대경, 2012), pp.37~39.

고 있다는 점에서 학문적 편협성을 면할 수 없다. 그렇지만 이 이론이 국제사회에서 작동하는 정치와 경제의 상호관계를 연구하는 국제정치경제론의 발전에 기여한 점을 우리는 과소평가할 수 없다.

4. 상호의존이론

위에서 언급한 현실주의, 국제체계이론, 세계시장이론 등 세 이론모형은 나름대로 약점을 지니고 있다. 즉, 국익을 강조하는 현실주의 모형은 기본적으로 국가 간의 관계를 군사적 위협을 특징으로 한 잠재적인 전쟁상태를 내포하고 있는 것으로 간주하고 국제정치현상을 분석한다. 국제체계 모형은 광범위한 경험적 자료를 과연 만족스럽게 구할 수 있고 또한 적절히 분석할 수 있을까라는 의문을 불식시킬 수 없다. 사회경제적인 구조를 분석하는 데 치우친 세계시장 모형은 정치적 다양성을 도외시한다는 지적을 피하기 어렵다. 한편으로 이들 모형의 약점에 대한 반응으로, 다른 한편으로 복잡한 국제정치의 구조와 과정을 적절히 파악해야 한다는 필요성에서 1970년대에 상호의존 모형(R. Keohane/J. Nye)[11]이 개발되었다.

상호의존이론(interdependence theory)은 세계가 이미 인간생활의 많은 분야에서 상호의존적이 되고 있다는 인식에서 출발한다. 이 이론은 정치행위자들과 정치체계들의 상호의존뿐만 아니라, 정치적·경제적·사회적 과정들의 상호연계를 분석한다. 이 이론으로 국제정치 행위자로서 국가의 역할이 상대화되었으며, 외교·안보정책 우위론에 기반을 둔 기존의 대외정책과 근대화나 복지를 강조하는 새로운 국내정책 간 중요성의 차이가 사라졌다. 그동안 상호의존이론은 국제정치 일반을 설명하는 진술을 얻어내는 성과를 거두지는 못했지만, 최소한 국제정치의 복잡성을 분석하는 모형을 제시하는 데는 성공했다는 평가를 받는다.

5. 통합이론

국가 간 통합은 부분인 국가들이 결합하여 전체를 포괄하는 상위의 공동체를

---

11) Robert O. Keohane/Joseph S. Nye, *Power and Interdependence : World Politics in Transition* (Boston : Little, Brown and Company, 1977).

형성해 나가는 것을 의미한다. 통합이론(integration theory)은 1950년대부터 서유럽에서 시작된 유럽통합을 설명하는 이론으로 발전하기 시작했다. 그동안 이 이론은 연방주의, 기능주의, 신기능주의, 정부간주의, 제도주의, 다층적 거버넌스 등여러 부분 이론으로 다양하게 발전하였다.

연방주의(federalism)는 통합이 지향하는 목표로서 정치적 조직체의 하나인연방국가의 형성에 관심을 가진다. 연방주의는 지역통합을 통해 연방을 형성시키려는 이론적인 동력이라 할 수 있다.

기능주의(functionalism)는 점진적이고 자동적으로 통합이 이루어지는 것을 상정한다. 이는 하스(Ernst B. Haas)[12]가 정립한 「파급효과」(spill-over-effect)라는 개념에 잘 나타난다. 즉, 비교적 협력과 연계가 쉬운 어느 경제분야에서 우선적으로 통합을 추진하면 그 효과가 다른 경제분야에 파급되어 결국 경제전반에 걸쳐 통합이 심화되며, 또한 경제적인 통합이 심화되면 그 파급효과로 거의 자동적으로 정치적 통합이 진척된다는 것이다. 신기능주의(neo-functionalism)는 파급효과의 보편성을 인정하지 않고 단지 이를 하나의 가능성으로 파악한다. 대신에 파급효과를 유도하고 촉진시키는 정치가의 역할, 제도화 등을 중요시 여긴다.

기능주의가 국경을 초월하여 교류·협력하는 초국적(transnational) 사회조직의 기능을 강조하는 데 반하여, 정부간주의(intergovernmentalism)는 정부(국가)의 역할이 중요하다고 여긴다. 예컨대 정부는 국가 차원에서는 국민의 이익을 결집시키며, 통합지역 차원에서는 국가 간 이익을 조절하고 공동정책을 수립한다는 것이다.

제도주의(institutionalism)는 기본적으로 제도가 협력을 용이하게 하고 통합을 지속적으로 심화시킨다는 입장에 선다. 특히 합리적 선택 제도주의(rational-choice institutionalism)는 제도를 게임의 공식적인 규칙으로 정의하고, 게임에 임하는 행위자들이 제도에 따라 합리적으로 행동하여 산출된 집합적 결과가 통합이라고 본다.

다층적 거버넌스(multi-level governance)는 유럽통합을 EU의 기구, 회원국들의 중앙정부 및 지방정부, 시민사회 등 제반 행위자와 제도를 포괄하는 통치양식과 정치과정으로 파악한다.

---

12) Ernst B. Haas, *The Uniting of Europe : Political, Social and Economic Forces 1950~1957* (Stanford : Stanford University Press, 1958).

▣ II. 국제정치 행위자

　　고전적 외교시대인 17~19세기 국제정치는 주로 국가라는 행위자(actor)에 의해 이루어졌다. 하지만 20세기에 들어와 국가 간 상호협력을 증진시키기 위한 목적에서 설립된 정부간 기구(IGO)는 국제정치의 일익을 담당하게 되었다. 더욱이 제2차 세계대전 이후에는 공식적 국제기구인 정부간 기구 외에 비정부기구(NGO)가 조직되어 국제사회에서 활약하게 되었다. 국가의 경계를 넘어 관계를 형성하고 협력을 강화하는 국제 비정부기구의 활동과 역할은 세계화시대라 일컫는 오늘날 국제정치에서 주목을 받는다.

　　인터넷 등 정보통신기술의 획기적인 발달, 냉전체제 종식, 인권과 환경에 대한 새로운 인식 등으로 지난 세기 말부터 세계화(globalization)는 가속화되었다. 세계화는 국경을 넘어 활동하는 사회적, 정치적, 경제적 영역을 확장시켰으며, 사람, 기구, 사건 등의 상호 연결과 작용을 심화시켰다.[13] 세계화로 국경이 무너지면서 NGO의 국제적 활동은 활발해졌으며, 국가하위 수준에 위치한 지방의 목소리는 커졌다. 이런 가운데 세계화가 초래한 부작용(국제조직폭력, 국제테러리즘, 국제사이버테러, 마약과 인신매매, 조류독감과 같은 전염병, 환경오염 및 파괴 등의 확산)을 해결하기 위해 국제공조는 절실해졌다.

　　세계화의 심화와 더불어 국경을 넘나드는 국제적 문제들을 해결할 수 있는 주권국가의 행위능력이 상대적으로 감소하면서 등장한 개념이 글로벌 거버넌스(global governance)이다. 글로벌 거버넌스는 국가, 정부간 기구, 비정부기구, 다국적 기업, 전문가 등 제반 행위자들이 수평적 관계 속에서 국경을 초월하여 발생한 문제들을 함께 풀어 나가는 과정 또는 경향을 의미한다.

1. 국　　가

　　국가체계에서 정부가 분배, 규제, 중재 등의 기능이나 권위적 결정을 수행하

---

13) Alan Tidwell and Charles Lerche, "Globalization and Conflict Resolution," *International Journal of Peace Studies*, Spring/Summer 2004, pp.48~49.

는 것과는 달리 국제체계는 이러한 권위와 제도를 갖고 있지 못하다. 그래서 국제
체계는 세계정부(world government)의 권위적 지배체계가 아니며, 국제관계는 단
지 국가 간 관계라고 말할 수 있을 정도로 국가의 역할은 지대하다.14) 다른 행위
자들의 역할이 증대함에 따라 오늘날 국제정치에서 국가가 차지하는 비중은 과거
에 비해 상대적으로 크게 줄어들었으나 여전히 가장 중요한 위치를 점하고 있음
은 분명하다.

    제2차 세계대전 이후 지구상에 많은 신생국들이 출현함으로써 국제사회의 구
성단위로서 국가의 수는 크게 증가했다. 또한 1990년대 전반기 탈냉전과정에서
나타난 민족주의의 분출로 세계는 새로운 국가들이 탄생하는 또 다른 계기를 맞
게 되었다. 1945년 유엔(UN)은 겨우 51개 회원국으로 출범하였으나, 이제 무려
193개나 되는 많은 회원국을 거느리게 되었다. 이 세상에는 유엔에 가입하지 못한
국가들도 상당수 존재한다.

    주권평등 원리에 따라 이론상 모든 국가는 국제사회에서 동등한 권리를 갖
는다. 그러나 실제에 있어서 한 국가가 국제정치에 미치는 영향력은 그 나라의
국력에 좌우되는 것이 현실이다. 국력을 구성하는 요소는 크게 양적인 것과 질
적인 것으로 구분된다. 국력의 양적 요소로는 군사력, 경제력, 영토, 인구, 천연
자원 등을 들 수 있으며, 질적 요소로는 정치체제, 국민성, 도덕성, 정보력, 문화
및 교육수준, 외교수준 등을 들 수 있다.

    과거 냉전시대 미국이 우세한 군사력과 경제력으로 이루어진 하드파워(hard
power, 경성권력)를 기반으로 세계를 지배했지만, 냉전 종식 후 상황이 달라져
국력으로서 소프트파워(soft power, 연성권력)가 중요하다고 나이(Joseph Nye)는
말한다. 소프트파워는 문화, 정치적 가치관(자유와 인권, 민주주의), 외교정책이라
는 자원으로 구성되며, 이들 자원을 바탕으로 강제가 아닌 호소, 설득, 매력으로
상대를 끌어들여 원하는 결과를 얻어 내는 능력을 뜻한다.15) 최근 국제사회에서
는 하드파워와 소프트파워를 효과적으로 결합시켜 활용하는 총체적 국력을 의미
하는 스마트파워(smart power)가 강조되고 있다.

---

14) 이혁섭(1990), p.261.
15) 조지프 S. 나이(홍수원 옮김), 『(외교전문가 조지프 S. 나이의) 소프트파워』(세종연구원,
    2004).

2. 국제기구(정부간 기구)

국제기구는 회원자격에 따라 정부간 기구(IGO: Inter-Governmental Organization)와 비정부기구(NGO: Non-Governmental Organization)로 구분된다. 그러나 사람들이 통상적으로 말하는 국제기구는 국가를 대표하는 정부가 주된 행위자로서 역할을 수행하는 전자(前者)를 일컫는다.

정부들의 모임인 국제기구(international organization)는 조직과 활동의 지리적 범위에 따라 전 세계적 국제기구(즉, 세계기구), 지역기구, 지역간 기구로 세분된다. 세계기구로는 UN(국제연합)과 그 전문기구들(예: 세계은행, 국제노동기구, 세계보건기구)을 들 수 있다. GATT(관세와 무역에 관한 일반협정)가 확대·개편되어 1995년 출범한 세계무역기구(WTO)는 UN의 관련기구로서 역시 세계기구에 속한다.

전후 동서냉전체제에 형성된 집단방위기구인 북대서양조약기구(NATO)와 바르샤바조약기구(WTO)는 지역기구에 속한다. 1949년 북미 2개국과 서유럽 10개국에 의해 창설된 북대서양조약기구는 계속 확대되어 현재 29개 회원국을 포함하고 있다. 그러나 1955년 소련을 비롯한 동유럽 사회주의 국가들에 의해 설립된 바르샤바조약기구는 1991년 해체되는 비운을 맞았다.

미국과 캐나다, 그리고 거의 모든 유럽 국가들이 참여하고 있는 다자간 안보협력기구인 유럽안보협력기구(OSCE)와 아·태지역의 다자안보대화체인 아세안지역포럼(ARF)은 또 다른 차원의 지역기구이다. OSCE는 1975년 헬싱키선언으로 설립된 유럽안보협력회의(CSCE)가 탈냉전과 더불어 기능이 강화되면서 1995년 명칭이 변경된 것이다. ARF는 1994년 18개 아·태지역 국가들의 참여로 출범했으며, 그 후 회원국이 증가하였다.

일정한 지역 내 국가들 간에 경제적·정치적 협력을 위해 설립된 지역기구로는 유럽연합(EU), 동남아국가연합(ASEAN), 북미자유무역협정(NAFTA)을 들 수 있다. 1950년대 6개 서유럽 국가들에 의해 창설된 유럽공동체(EC)는 1993년 유럽연합(EU)으로 탈바꿈하였다. 유럽연합은 현재 27개 회원국을 포함하고 있다. 1967년 동남아 5개국으로 출범한 동남아국가연합(ASEAN)은 현재 10개 회원국을 포괄하고 있으며,[16] 1993년 아세안자유무역지대(AFTA)를 설립했다. 미국, 캐나다, 멕시코 등 북미 3국은 1994년 북미자유무역협정(NAFTA)을 출범시켰으며, 이들 국가는 2018년 기존의 NAFTA를 대신할 미국·멕시코·캐나다협정(USMCA)을 체결했다. 2020년 3월 캐나다를 마지막으로 3국이 모두 비준절차를 마쳤기에 이 협정은 머지않아 발효할 것으로 예상된다. 2003년 중국, 러시아 등 6개국이 군사적 신뢰구축을 목적으로 출범시킨 상하이협력기구(SCO)는 현재 8개국을 회원으로 두고 있다.[17]

지역과 지역이 서로 협력을 도모하기 위해 설립한 지역간 기구도 있다. 1989년 아시아와 미주는 아태경제협력체(APEC)를 창설했으며, 아시아와 EU는 1996년 아시아유럽정상회의(ASEM)를 처음 개최했다. 유럽(EU)과 북미(NAFTA)는 1990년대부터 범대서양자유무역지대(TAFTA)의 설립을 추진하였으나 지지부진해졌다. 대신 2013년부터 미국과 EU 간에 무역과 투자의 자유화를 목표로 범대서양무역투자동반자협정(TTIP)의 창설이 논의 중에 있다.

3. 비정부기구

유엔에 다양한 부속기구들이 생겨나고, 동시에 국제사회에서 민간조직이 생성되어 활동하게 되면서, 유엔은 정부기구가 아닌 민간조직을 파트너로 여기기 시작했다. 이때 국제사회에서 사용되기 시작한 용어가 비정부기구(NGO)이다. 비정부기구는 공동목표를 달성하기 위해 조직된 개인이나 단체를 구성원으로 하는 자발적인 기구이다. 사람들은 국제무대에서 활동하는 비정부기구를 국제 비정부기구(INGO: International Non-Governmental Organization)라 말하기도 한다.

비정부기구는 좁은 의미에서는 비정부·비영리 민간단체인 시민단체를 지칭하는 개념으로 사용되고 있지만, 넓은 의미에서는 정치, 경제, 사회, 문화 등 다양한 분야에 걸쳐 형성되어 있는 비정부적 단체를 총괄하는 개념이다. 국제정치에서 말하는 비정부기구는 국경을 초월하여 협력하고 교류하는 모든 비정부적 단체를 포함하며, 학자들은 국제사회에서 형성되는 이들의 관계를 특별히 초국적 관계

---

16) ASEAN의 현 회원국은 다음과 같다: 태국, 인도네시아, 말레이시아, 필리핀, 싱가포르, 브루나이, 베트남, 라오스, 미얀마, 캄보디아.

17) 상하이협력기구는 2003년 6개국(중국, 러시아, 카자흐스탄, 키르기스스탄, 타지키스탄, 우즈베키스탄)으로 출범했으며, 2017년 인도와 파키스탄이 이에 정식 가입했다.

(transnational relations)라 표현한다.

정치 분야에서 활동하는 비정부기구로는 국제사회주의연합, 국제자유주의연합, 기독교민주주의세계연합 등 세계정당연합을 들 수 있다. 사회·문화 분야에서는 국제자유노동조합연맹, 국제적십자사, 세계유대인회의, 세계반공연맹, 국제올림픽조직위원회, 국제투명성기구, 국경없는 의사회 등이 활동하고 있다. 국제사면위원회는 인권분야에서 활약하는 대표적인 비정부기구이며 그린피스는 이름난 국제환경NGO이다. 이 세상에는 종교와 관련된 비정부기구들도 수없이 많다. IBM 등 다국적 기업은 경제 분야에서 활약하는 비정부기구이다. 국제적 조직망을 갖춘 테러조직과 조직범죄도 비정부기구에 속한다.

4. 개   인

개인은 개별적인 비정부 행위자이다. 국제정치 행위자로서 개인에는 세계적 명성을 지닌 정치 지도자뿐만 아니라 학자, 교환학생, 비즈니스맨, 예술인, 연예인, 체육인, 여행자 등 다양한 부류가 포함된다. 이들 개별 행위자들은 국제적인 네트워크를 형성함으로써 행위능력을 증가시킨다.

자고로 국제정치에서 개인이 갖는 비중은 다른 행위자들에 비해 상대적으로 미약하다. 하지만 최근에 들어와 비행기 등 교통수단의 발달, 인터넷과 지구촌 TV의 출현 등 전자통신수단의 발달, 민주화의 영향으로 개인에 대한 국가통제의 완화, 세계화로 인한 상호의존의 심화, 해외유학 및 이민의 급격한 확대 등으로 국제사회에서 개인이 차지하는 활동영역과 역할은 갈수록 증대되고 있다.

■ Ⅲ. 국제정치체제

사람들은 국제정치사의 윤곽을 쉽게 파악하기 위하여 이를 공통된 특성을 가지고 있는 몇 개의 시대로 구분하여 각각의 국제정치체제(international political system)로 파악한다. 세계질서(world order)라고도 불리는 국제정치체제는 본질적으로 다음과 같은 특징을 갖고 있다. 첫째, 일차적으로 강대국들의 이익을 반영한다. 둘째, 각 국가의 대외정책 방향을 설정해 준다. 셋째, 국가행위를 규제한다. 넷째, 국가 간의 관계를 규정한다.[18]

30년 종교전쟁(1618~1648)의 결과인 웨스트팔리아조약은 유럽정치의 세속화의 기원이며 근대적 국제사회 형성의 시발로 기록된다. 1815년 나폴레옹전쟁에 종지부를 찍은 비엔나회의와 더불어 등장한 비엔나체제는 강대국 간의 세력균형을 원칙으로 한다. 1871년 독일통일을 주도한 비스마르크의 동맹외교를 시작으로 형성된 소위 동맹체제는 유럽의 강대국들 간 상호 교차적 동맹으로 특징지을 수 있다. 국제법상 제1차 세계대전의 종결을 의미하는 베르사유조약(1919)에서 이름을 얻은 베르사유체제는 민족자결원칙, 집단안전보장, 군사동맹거부 등을 내용으로 한다. 제2차 세계대전 후 형성된 동서냉전체제는 미국 중심의 자유주의 서방진영과 소련 중심의 공산주의 동방진영 간의 대립을 특징으로 한다.

1. 동서냉전체제

(1) 형   성

동서냉전체제는 제2차 세계대전(1939~1945)이 끝난 후 미국을 축으로 한 서방진영(자유세계)과 소련을 축으로 한 동방진영(공산세계)이 거의 반세기에 걸쳐 정치적·이념적·군사적·경제적으로 대립과 갈등을 보인 체제이다. 상이한 이데올로기를 추구한 미국과 소련은 세계대전에서 나치독일에 대항하여 임시적 전시연합을 구성했지만 전후(戰後) 냉전체제에서 각기 양 진영을 지배하는 초강대국으로 갈라섰다. '평화속의 전쟁상태'를 의미하는 냉전(cold war)은 실질적인 열전(hot war)과 구별되는 개념으로 사용되었다.

제2차 세계대전은 독일, 일본, 이탈리아를 중심으로 한 추축국(樞軸國)과 미국, 영국, 소련, 프랑스, 중국을 중심으로 한 연합국 간에 치러진 전쟁이다. 동서냉전체제의 유래는 세계대전이 끝나갈 무렵인 1945년 2월 전후문제(戰後問題)를

---

18) 이에 관해서는 조순구, 『국제관계와 한국』(법문사, 2002), pp.90~91 참조.

논의하기 위해 연합국 수뇌들이 모인 얄타회담으로 거슬러 올라간다. 이런 이유에서 흔히 동서냉전체제는 얄타체제라고도 불린다.

얄타회담에는 미국, 소련, 영국 등 세 국가의 정상들(루스벨트, 스탈린, 처칠)이 참여했다. 이 회담에서 세 국가는 전쟁이 끝나면 독일을 분할점령하고 베를린에 삼국사령관으로 구성된 관리위원회를 설치하기로 합의했다. 그리고 이 관리위원회에 프랑스를 초청할 수 있다는 내용을 덧붙였다. 또한 소련은 독일이 항복하면 그 후 2~3개월 이내에 연합국의 일원으로 일본에 선전포고하여 태평양전쟁에 참여할 것을 미국과 영국에게 약속했다.[19] 대일전에 참전하는 대가로 소련은 러일전쟁(1904~1905)에서 잃은 영토(쿠릴 열도)를 반환받기로 했다.

대체적으로 학자들은 동서냉전체제는 1947년 개시된 것으로 받아들인다. 미국의 트루먼 대통령은 1947년 3월 공산주의 확산을 방지하기 위하여 '반소반공'을 핵심으로 한 세계 외교정책인 봉쇄정책(Containment Policy)을 내세웠다. 같은 해 9월 유럽의 9개국[20] 공산당들은 바르샤바에서 소련 공산당 주도하에 코민포름(Cominform)을 창설하여 미국을 중심으로 한 서유럽의 반공체제와 맞서 투쟁할 것을 선언했다.

1945년 5월 8일 독일군은 연합군에 무조건 항복했다. 이에 따라 미국, 영국, 프랑스, 소련 등 전승 4개국은 얄타협정에 의거 독일을 분할통치하고 베를린을 공동으로 관리하게 되었다. 전후 전개된 동서냉전체제의 형성과정에서 미국, 영국, 프랑스를 포괄한 서방세력과 소련의 이해관계는 서로 상충되어 독일의 분단은 자명한 것으로 발전하여 갔다.[21] 결국 1949년 미·영·프 등 서방 전승국들이 점령하고 있던 지역에는 독일연방공화국(서독)이 건국되었고, 같은 해 소련이 점령하고 있던 지역에는 독일민주공화국(동독)이 탄생하였다.

1945년 8월 10일 히로시마에 이어 나가사키에 두 번째 원자폭탄이 투하되어 일본의 패망이 확실시되자 소련은 얄타협정에 따라 일본에 선전포고하였다. 이어서 소련군은 만주를 거쳐 두만강을 건너 한반도에 물밀듯이 밀고 들어왔다. 소련

---

19) USA Department of State(ed.), "A Decade of American Foreign Policy," *Basic Documents* 1941~1949 (Washington, 1985), p.28.

20) 소련, 체코슬로바키아, 불가리아, 루마니아, 헝가리, 폴란드, 유고슬라비아, 프랑스, 이탈리아.

21) Kurt Sontheimer, *Grundzüge des poitischen Systems der Bundesrepublik Deutschland* (München: Piper, 1980), p.40.

이 단독으로 한반도를 점령하여 관리하는 것을 원치 않았던 미국은 다급하게 일본군의 항복과 무장해제를 위한 경계선으로 38도선을 소련에게 제의했다. 이러한 미국의 제의와 이에 대한 소련의 수락으로 미·소 양국군의 군사분계선인 38선이 책정되었다. 뒤이어 38선을 경계로 한반도의 북쪽에는 소련 군정이 실시되었고 남쪽에는 미국 군정이 실시되었다.[22] 한반도를 양단한 38선은 냉전체제의 형성과정에서 점점 더 두꺼워지는 장벽과도 같이 굳어져 갔다. 마침내 1948년 이를 경계로 이남과 이북에는 대한민국(남한)과 조선민주주의인민공화국(북한)이라는 두 개의 국가가 건립되었다.

제2차 세계대전 이후의 세계질서를 의미하는 동서냉전체제의 「동서」는 동유럽과 서유럽의 머리글자에서 유래한다. 동독과 서독의 국경선은 공산주의를 추구한 동유럽과 자유주의를 추구한 서유럽의 확고한 경계선을 이루었다. 역시 남북한의 국경선은 동북아에서 동서 양 진영의 뚜렷한 경계선을 형성하게 되었다.[23] 그리고 이러한 동서의 구분은 세계 전 지역으로 확대되었다.

(2) 원인과 책임에 관한 논쟁

냉전체제를 초래한 자는 누구인가, 또는 무엇이 원인으로 작용했는가에 관한 문제는 처음부터 치열한 논쟁의 대상이 되었다. 이에 관한 학자들의 의견은 크게 3갈래로 나누어진다.[24]

1) 전통주의자
서방의 학자들과 정치가들로부터 전폭적인 지지를 받아 온 소위 전통적 견해는 냉전발생의 원인과 책임을 일방적으로 소련에게 돌리고 있다. 전통주의자들은 제2차 세계대전 말기 미국의 외교는 방어적이었는 데 반하여 소련의 그것은 공격

---

22) 소련군은 1945년 8월 22일 평양에까지 진주해 들어왔으며, 미군은 같은 해 9월 8일 인천에 상륙했다.
23) 세간에 회자된 바와는 달리, 남북 분단의 경계선인 38선은 얄타회담에서 논의되지는 않았다. 그럼에도 불구하고 이 회담이 동북아 지역의 「동서」 경계선이 되어 버린 남북한의 분단선을 낳게 한 원인을 제공한 것만은 사실이다.
24) Hans Wassmund, *Grundzüge der Weltpolitik* (München : Beck, 1982), pp.32~34; Joseph S. Nye(2003), pp.114~116.

적이었다고 주장한다. 또한 1948년 베를린 봉쇄, 1950년 북한의 남침 등에서 볼

적이었다고 주장한다. 또한 1948년 베를린 봉쇄, 1950년 북한의 남침 등에서 볼 수 있는 바와 같이 전후 소련의 외교는 더욱 공세적으로 변했으며, 미국은 단지 이러한 소련의 팽창주의 위협에 점차 강하게 반응했을 뿐이라고 강변한다.

2) 수정주의자

1960년대와 1970년대 초 미국의 베트남전쟁 개입에 대한 비판으로부터 자극을 받은 역사가들과 정치학자들은 냉전의 발생과 과정에 대한 전통적 견해를 과감하게 수정했다. 이른바 수정주의적 견해는 냉전의 발생과 세계적으로 확산된 동서대립의 원인과 책임은 일차적으로 미국의 팽창주의에 있다고 주장한다. 그 예로 수정주의자들은 제2차 세계대전 말기 미국과 달리 소련은 핵무기를 보유하지도 않았고 국토의 대부분이 폐허로 변해 미국과의 대결보다는 국내문제에 몰두할 수밖에 없었다고 말한다.

3) 후기수정주의자

1970년대 말과 1980년대에 나타난 후기수정주의는 냉전의 시작에 대한 책임을 어느 한쪽에 전가(轉嫁)할 수 없기에 상기의 두 가지 견해는 잘못되었다고 주장한다. 그 이유로 아래와 같은 사항을 들고 있다.

첫째, 전후 세력균형을 이룬 미·소 양극구조 때문에 동서냉전체제의 형성은 거의 피할 수 없게 되었다.

둘째, 그동안 국제정치의 중심을 이루었던 유럽은 제2차 세계대전으로 파괴되었고 힘의 공백상태에 놓이게 되었다. 이러한 상황에서 전후 초강대국으로 부상한, 그러나 이데올로기와 목표가 상이한, 미국과 소련은 유럽에 뛰어 들어와 세계 지배의 목적으로 서로 대립하게 되었다.

셋째, 파시즘을 패퇴시키기 위한 공동목적에서 미국과 소련 간에 마련된 정치적·경제적·행정적 합의서는 서로 경쟁적인 상대방을 의식하여 작성되었기에 내용이 대단히 모호했으며, 그나마 이 합의서는 전쟁이 끝난 후 군사적 목적에 밀려 제대로 기능을 발휘하지 못했다.

넷째, 미국과 소련은 독일·일본·이탈리아 등으로 구성된 삼국동맹에 대항하여 싸운 협력자였으나, 전후 두 나라는 각자의 목표와 계획, 그리고 상대방에 대해 가진 두려움 등을 교환하지 않아 상호 불신이 커져만 갔다. 더욱이 상대방에

대한 판단오류는 사태를 더욱 악화시켰다.

(3) 진행과정

제2차 세계대전이 종결된 이후 소련은 막대한 군사력을 바탕으로 동유럽 여러 나라에 공산정권이 수립되도록 도왔다. 1948년에는 베를린을 봉쇄하여 서방진영에 대한 압박을 가중시켰다. 이와 같이 소련에 의해 주도된 공산주의가 급속히 팽창하자 미국과 캐나다 등 북미 2개국과 프랑스, 영국, 이탈리아, 벨기에, 네덜란드, 룩셈부르크, 덴마크, 아이슬란드, 노르웨이, 포르투갈 등 서유럽 10개국은 1949년 집단방위체인 북대서양조약기구(NATO)를 창설했다.[25] 그리고 서독은 1955년 완전한 주권국가로서 NATO에 가입하게 되었다. 그러자 같은 해 소련을 비롯한 알바니아, 불가리아, 체코슬로바키아, 동독, 헝가리, 폴란드, 루마니아 등 동유럽 사회주의국가들은 NATO에 대한 대응으로 바르샤바조약기구(WTO)를 결성했다. 이와 같이 두 개의 거대한 군사동맹체가 성립함으로써 미·소를 중심으로 유럽에서 적대적인 진영체제가 굳어졌다.

1950년대 미국은 전 세계적으로 팽창하는 공산세력에 대항하기 위하여 아시아 및 중동 지역과 군사동맹을 구축하기 위해 노력했다. 그 결과 미국은 일본, 한국, 대만, 동남아(SEATO, 1954), 중동(바그다드조약, 1955) 등과 군사적 동맹을 결성함으로써 NATO와 더불어 공산세력을 봉쇄하는 세계적 전략을 완성했다. 양 진영의 적대적 관계가 심화되면서 미·소 간의 군비경쟁도 치열해졌다. 1957년 소련이 대륙간 탄도미사일(ICBM)을 배치하기 시작하였고 인공위성 스푸트니크(Sputnik)를 발사하는 데 성공함으로써 미·소 간에 세력균형이 이루어져 두 강대국은 똑같이 핵무기 공포에 사로잡히게 되었다.

서방과의 군사력 차이가 좁혀지고 경기가 회복단계에 접어들자 어느 정도 자신감이 생긴 소련의 흐루시초프(Nikita Khrushchev)는 서방과의 평화공존을 추구하게 되었다. 흐루시초프는 1959년 미국을 방문하여 아이젠하워(Dwight D. Eisenhower) 대통령과 회담을 가졌다. 이 회담에서 두 정상은 세계평화의 중요성

---

25) 북대서양조약의 핵심 조항인 제5조를 통해 동맹국들은 "유럽과 북미(회원국들 중)의 하나 또는 그 이상의 국가에 대한 공격은 회원국 모두에 대한 공격으로 간주될 것"이라는 선언을 하였다.

을 강조하고 핵무기의 위험에 대한 인식을 같이했다. 그러나 1961년 동독이 베를린 장벽을 축조하였고,[26] 1962년 소련이 미국에 인접한 쿠바에 미사일 배치를 시도함으로써 세계는 위기를 맞기도 했다.[27]

전후 미국이 누려온 힘의 우위 시대는 지나가고 있었다. 무엇보다도 소련의 군사력이 증가하여 미국과 거의 대등하게 되었기 때문이었다. 특히 베트남전쟁에 개입해 실패한 미국은 곤경에 처하게 되었다. 이러한 상황에서 미국의 닉슨 (Richard M. Nixon) 대통령은 1970년대 초 데탕트를 외교정책의 새로운 목표로 제시했다. 소련도 극한적인 군사대결에 의한 강요와 압력보다는 유화적인 데탕트를 지향하였기에 양 강대국의 이해는 일치하게 되었다. 이념분쟁, 국경분쟁, 공산권 내에서의 주도권 싸움 등으로 소련과 갈등 및 대립을 보여 온 중국의 대서방 접근 정책은 중국과의 화해를 추진한 미국의 유화정책과 부합되어 양국의 화해는 의외로 쉽게 이루어졌다.[28]

세계적인 긴장완화의 물결 속에서 동서독은 1972년 기본조약[29]을 체결함으로써 화해와 협력의 발판을 마련했다. 이러한 동서독의 접근은 역으로 동서 양 진영 간 긴장이 완화되고 데탕트가 힘을 받게 되는 원동력이 되었다. 1975년에는 미국, 캐나다, 동·서유럽 국가들이 참여한 유럽안보협력회의(CSCE/현 OSCE)가 출범하여 양 진영 간 대화와 협력을 모색하게 되었다.[30]

---

26) 베를린 장벽의 축조는 서독 지역으로 넘어가는 동독인들의 탈출물결을 막음으로써 위기에 처한 동독을 구하는 데 그 목적이 있었다. 예를 들면 1950년에서 1961년 사이에 총 250만 명의 난민이 동독에서 서독으로 넘어왔다. 베를린 장벽이 축조되기 전해인 1960년 한 해 동안 피난민의 수는 무려 20만 명에 이르렀다. 이에 관해서는 Brigitte Seebacher-Brandt, "Die deutsch-deutschen Beziehungen," in Eckhard Jesse/Armin Mitter (eds.), *Die Gestaltung der deutschen Einheit* (Bonn : Bouvier, 1992), p.26 참조.

27) 흐루시초프는 미·소 간의 미사일능력의 차이를 극복하려는 목적으로 쿠바에 미사일을 배치시키려 했다. 그러나 미국의 강력한 대응에 굴복하여 결국 쿠바로부터 미사일을 철수시켰다.

28) 김계동, "세계질서의 변화와 외교정책의 유형," 구본학 외, 『세계외교정책론』(을유문화사, 1996), pp.36~40. 1972년 2월 미국의 닉슨 대통령이 중국을 방문하여 양국 간의 화해가 본격적으로 시작했다. 그러나 양국의 국교정상화(외교관계 수립)는 1979년에 이루어졌다.

29) 기본조약은 상호인정, 국경의 존중의무, 무력의 위협과 사용 포기, 상주대표부 교환, 그리고 여러 분야(경제, 과학과 기술, 법에 관한 정보교환, 우편 및 통신, 의료, 문화, 체육, 환경보호 등)에서의 협정체결을 주된 내용으로 한다.

하지만 1970년대 후반에 들어서 동서냉전이 다시 격화되기 시작했다. 1979년 12월 NATO는 1976년부터 소련 동부에 배치하기 시작한 WTO의 핵미사일(SS-20)에 대항하기 위하여 서유럽에 미국의 핵미사일(Cruise, Pershing)을 배치하기로 결정했다. 게다가 같은 달 소련군이 아프가니스탄에 진주하여 그동안 추진해 온 데탕트는 일대 위기를 맞게 되었다. 이로써 미·소 간에 합의된 군비감축안도 유명무실하게 되어 갔다. 더구나 양 진영의 갈등과 대립은 '반쪽 올림픽'으로 절정을 이루었다. 즉, 1980년 모스크바에서 개최된 올림픽에는 일부 서방국가들과 중국이 불참하였고, 1984년 로스앤젤레스에서 개최된 올림픽에는 소련을 비롯한 공산진영 13개국이 불참하였다.

(4) 종   식

전후 초강대국인 미국과 소련의 경쟁적인 군비확장은 외적으로 세계평화를 위협했으며, 내적으로 이들 국가의 경제적인 경쟁력을 약화시켰다. 특히 경제력이 상대적으로 약한 소련에게 군비경쟁은 큰 부담이 될 수밖에 없었다. 이에 따라 1985년 3월 소련에서 권력을 장악한 고르바초프(Michail Gorbatschow) 공산당 서기장은 대내 개혁운동으로 페레스트로이카(perestrojka)를 추진하면서 대외정책에서도 획기적인 변화를 모색했다. 신사고(novoyemyslenie)라 불리는 새로운 대외정책이 지향하는 목표는 핵 우주시대의 군비감축과 국제분쟁의 평화적인 해결을 주된 내용으로 한 평화공존이었다. 신사고에 의한 외교정책은 페레스트로이카의 핵심인 경제개혁의 성공적인 수행을 위한 대외여건을 조성하는 데 근원적인 동기를 두고 있었다.[31] 소련보다 심하지는 않았지만 역시 막대한 군비지출에 부담을 가져 온 미국도 소련과의 화해가 불가피했다. 또한 미국의 핵우산 속에서 급속하게 성장한 일본과 서독이 경제와 기술면에서 미국을 바짝 추격해 왔기에 더욱 그러했다.

1985년 11월 고르바초프 소련 대통령과 레이건(Ronald W. Reagan) 미국 대통

---

30) 유럽안보협력회의(CSCE)의 결성에 뒷받침이 된 헬싱키 협정은 유럽의 국경선을 상호 인정하고, 군사훈련을 상대방에게 공개하며, 동서 간의 접촉(경제 및 모든 분야)과 더불어 인권개선에 노력한다는 것을 골자로 한다. 탈냉전 이후 CSCE의 기능은 강화되었고, 그 연장선에서 1995년 유럽안보협력기구(OSCE)로 명칭이 변경되었다.

31) 문수언, "아·태 지역 고르바초프의 외교정책 : 동아시아의 시각," 김달중 (편), 『소련·중국·동북아』(대한교과서 주식회사, 1990), pp.33~56.

령은 스위스 제네바에서 정상회담을 갖고 세계평화와 양국관계에 관해 논의했다. 이어서 미국과 소련은 1987년 12월 유럽에 배치된 중거리핵무기폐기를 목표로 한 협정(Intermediate-Range Nuclear Forces Treaty)을 체결하였고, 1989년 2월 소련군은 제네바협정에 의거 아프가니스탄에서 철수하였다. 마침내 1989년 12월 미국의 부시(George. H. W. Bush) 대통령과 소련의 고르바초프 대통령은 몰타에서 정상회담을 갖고 동서냉전의 종식과 평화공존을 선언하기에 이르렀다.

1989년부터 동유럽에서 사회주의체제가 붕괴되고 민주화가 본격적으로 추진되었다. 1989년 폴란드에서 첫 번째로 자유선거가 실시되었으며, 1990년에는 헝가리, 동독, 루마니아, 불가리아, 체코슬로바키아 등이 뒤를 이었다.

과거 소련은 동유럽 국가들의 체제변동을 막는 제동장치의 역할을 했으나, 1985년 고르바초프 등장 이후에는 이들 국가의 체제전환을 촉진시킨 발동장치의 역할을 하였다.[32] 물론 고르바초프는 동유럽 국가들의 개혁을 원했지, 혁명적인 체제전환을 원한 건 아니었다. 그러나 그의 의도와는 달리 이들 국가들은 '혁명의 역동성'에 의해 체제를 전환하고 말았다. 심지어 15개 공화국으로 구성된 소련연방의 핵심국인 옐친(Boris Jelzin) 치하의 러시아공화국마저 완전한 체제전환의 길로 치닫고 있었다.

급변하는 국제문제에 공동으로 대처하기 위하여 폴란드, 헝가리, 체코슬로바키아 등 동유럽 3개국 수뇌들은 1991년 2월 헝가리의 수도인 부다페스트의 북쪽에 위치한 조그마한 도시인 비세그라드[33]에서 회담을 가졌다. 이 회담에서 이들은 집단방위기구인 WTO(바르샤바조약기구)를 해체하는 데 의견을 모았다. 이러한 움직임을 사전에 간파한 소련의 고르바초프 대통령은 비세그라드에서 3국 정상들이 회담을 갖기 며칠 전에 WTO를 해체할 의사가 있음을 표명함으로써 세상을 놀라게 했다.[34] 결국 WTO는 같은 해 7월 1일 프라하에서 공식 해체를 선언하였다. 이는 양진영의 한쪽을 구성해 온 동방진영의 붕괴뿐만 아니라 동서냉전체제의 실질적인 종식을 의미했다. 그 동안 냉전체제에서 동방진영의 중심을 이루었던 소련연방(1922년 성립)은 1991년 12월 해체되는 운명을 맞았다.

---

32) Christoph Royen, *Osteuropa : Reformen und Wandel* (Baden-Baden : Nomos, 1988), pp.47~94.

33) 이 회담을 계기로 이들 동유럽 국가들은 흔히 비세그라드 국가들이라고 불린다.

34) Archiv der Gegenwart, Germany, 1991년 2월 25일, p.35363.

2. 탈냉전체제

이미 1990년대 초 사람들은 냉전이 종식되었다고 말했다. 그럼에도 유럽에서 는 보스니아전쟁(1992~1995)과 코소보전쟁(1999)에서 볼 수 있듯이 20세기 말까지 냉전의 후유증이 완전히 가시지는 않았으며, 러시아를 비롯한 여러 동유럽 국가에 서는 공산당이 호시탐탐 재기를 노렸다. 더구나 동북아에서는 남북한이 이념적·군사적으로 대치하고 있었으며, 중국과 북한에서는 여전히 공산당이 지배하고 있 었다. 그러나 과거와 같은 진영 간 집단대립이 사라졌으며, 적대적 관계에 놓여 있던 개별 국가 간의 관계가 대부분 정상화되었기에, 사람들은 냉전이 종식되었다 고 보았다.

엄밀한 의미에서 탈냉전시대는 고르바초프 등장 이후 미국과 소련이 화해하 고 협력을 모색한 시기를 그 시점(始點)으로 보아야 옳겠다. 그렇지만 흔히 사람들 은 냉전체제 종식 이후의 시대를 탈냉전시대라 일컫는다. 여하튼 용어 자체가 함 의하고 있듯이, 탈냉전체제는 임시적인 성격을 띠었으며, 새로운 체제로 향한 전 환기를 의미했다. 이러한 의미의 탈냉전체제에서 나타난 특징이나 현상은 아래와 같다.

① 냉전시대에 현저하게 드러났던 진영 간, 또는 국가들 간의 이념적·정치 적 대결양상이 사라졌거나 크게 약화되었고, 대신에 경제적·사회적 분야에서의 개방과 협력이 증대되었다. 냉전시대와 달리 탈냉전시대에는 이념을 위해 국가이 익을 희생시키려고 하지는 않은 것이 일반적 현상이었다.[35]

② 1990년대 초 동유럽의 사회주의 국가들과 러시아에서의 체제변혁을 계기 로 자유민주주의와 자본주의적 시장경제 원리는 인류의 보편적 가치로 받아들여 지는 경향이었다.

③ 냉전체제에서는 초강대국인 미국과 소련이 동서 각 진영에서 패권적 지위 를 누리면서 국제정치를 주도하였다. 그런데 1991년 바르샤바조약기구가 해체되고 소련연방이 붕괴됨으로써 러시아의 국력은 크게 약화되었다. 이로써 미국은 세계 에서 유일하게 초강대국으로 남게 되었으며, 이에 따라 국제정치에서 차지하는 역 할과 책임이 증가하게 되었다. 하지만 이와 동시에 EU의 확대, 중국의 급속한 경

---

35) 신정현, 『정치학』(법문사, 1993), pp.716~717.

제성장, 경제대국인 일본의 정치적 위상강화 등으로 힘의 분포가 변하고 있었다.

④ 냉전체제에서는 진영 간(특히 미·소 간) 군비경쟁이 치열했으나, 탈냉전이 진행되면서 군비감축이 가속화되었다. 물론 국제정치체제의 전환이 반드시 군비감축만을 초래한 것은 아니었다. 오히려 냉전시대와는 달리 국가들은 스스로 안보를 책임져야 했기 때문에, 군비를 강화하는 경향이 곳곳에서 목격되기도 했다. 예를 들면 인도와 파키스탄이 핵실험을 감행하였고, 중국과 일본은 군사력의 현대화에 박차를 가했다.

⑤ 냉전시대에 국가안보는 외교의 목표에서 최우선 순위를 차지했다. 그러나 탈냉전시대에는 경제외교의 중요성이 상대적으로 커졌다. 그리고 지식정보획득, 환경보호, 문화교류 등도 중요성을 더해갔다.

⑥ 이념의 중요성이 크게 약화되는 대신 민족주의가 부활하는 경향을 보였다. 과거 공산주의라는 이념 아래 여러 민족국가들이 모여 하나의 연방국가를 형성하였는데, 탈냉전과정에서 이념이 약화되고 민족주의가 되살아나 연방국가는 해체되었다(예: 소련, 체코슬로바키아, 유고슬라비아). 보스니아전쟁, 체첸분쟁, 코소보전쟁 등에서 볼 수 있듯이 민족분규는 끊이지 않았으며, 중국과 같은 나라는 소수민족문제로 어려움을 겪었다(예: 티베트의 독립운동, 위그르족의 민족운동).

⑦ 탈냉전시대에 들어와 진영개념이 사라져 교류와 협력이 전 지구촌으로 확대되었고, 정보통신 네트워크의 세계적 확산으로 지식과 정보가 국경을 넘어 신속하게 교환되게 되었다. 바야흐로 지구촌 시대가 도래되어 국가 간의 상호 의존성이 높아졌고, 국제문제의 해결을 위한 다자간 협력의 중요성이 증대되었다. 요컨대 세계화의 결과로 전통적인 민족국가, 또는 국민국가 개념이 퇴색되었다.

⑧ 국제정치경제질서로서 세계주의와 지역주의가 공존하게 되었다. 다시 말해서 탈냉전과정에서 자유경제를 강조하는 세계주의와 역내에서는 자유주의 노선을 추구하지만 역외에 대해서는 보호주의적 성격이 강한 지역주의가 함께 발전하였다.

예컨대 7년 반에 걸친 어려운 과정을 걸쳐 1994년 우루과이라운드(UR) 협상이 타결되었고, 이에 따라 1995년 세계무역기구(WTO)가 출범하여 세계적 차원에서 자유경제질서체제가 강화되었다. 이와 같은 세계주의의 확산과 더불어 유럽, 아시아, 북미, 남미 등 세계 도처에서 지역기구가 생성·발전하였다.

⑨ 국제정치에서 남북문제가 새롭게 부각되었다. 동서냉전체제에서 잘사는 부국들은 자기 진영에 속한 못사는 빈국들을 경제적으로 돕고 무역규제 등을 심

하게 적용하지 않았다. 하지만 탈냉전시대에 선진국들은 세계화 또는 개방화라는 구호 아래 '완전한' 자유경쟁을 요구했다. 예를 들면, 부국들은 그동안 개도국에게 수여한 일반특별관세(GSP)를 축소 내지 전면 중단하였으며, 동시에 개도국으로부터 수입되는 값싼 제품에 대하여 수입제한을 강화하는 등 비관세장벽을 높였다.

우루과이라운드 충격이 채 가라앉기도 전에 미국, EU 등 선진국들은 뉴라운드를 내걸고 나왔다. 뉴라운드의 기본원칙은 생산비에 영향을 주는 환경, 노동 등 각종 요소를 최대한 평준화해서 경제력에 상관없이 모든 국가들이 동일선상에서 경쟁하자는 것이다. 뉴라운드의 파고는 국제사회에서 새로운 남북문제로 떠올랐다.

3. 새로운 국제정치체제

초강대국(superpower)인 미국과 소련이 각 진영을 관리하면서 세계정치를 주도한 동서냉전체제에서의 양극체제(bipolar system)는 1970년대에 들어와 다극체제(multipolar system)로 전환하는 모습을 보였다. 냉전시기 다극체제에서 군사적으로는 미국과 소련이 양극 구조를, 정치적으로는 미국, 소련, 중국이 3극 구조를, 그리고 경제적으로는 미국, 소련, 일본, EC가 4극 구조를 형성했다. 그러나 냉전체제에서의 이러한 다극화 현상은 어디까지나 초강대국인 미·소의 우월적인 지위하에서 일어났던 제한적인 것에 불과했다.[36]

1990년대 초 동서냉전체제가 붕괴된 후 학자들 사이에 새롭게 형성되고 있는, 그리고 미래에 형성될 국제정치체제에 관한 학문적 논의가 활발하게 전개되었다. 이들의 논의에서 상정(想定)된 국제정치체제는 다음 세 가지 유형으로 정리되며, 이 유형 틀은 지금까지 그 의미를 유지하고 있다.

(1) 단극체제

단극체제(unipolar system)란 오직 하나의 초강대국만이 존재하며, 이에 도전할 만한 어떤 강대국 세력도 존재하지 않는 체제를 말한다. 동서냉전체제에서 미국

---

36) 조순구(2002), pp.95~100.

과 소련은 초강대국으로 군림했다. 그런데 1991년 사회주의 진영이 해체되고 소련연방이 붕괴됨으로써 미국이 유일하게 초강대국으로 남게 되었다. 미국은 군사력, 경제력, 인구, 영토, 자원, 민주주의 체제 등을 종합해 볼 때 다른 나라의 추격을 불허한다는 것이 단극체제를 주장하는 사람들의 기본적인 인식이다.

이와 같은 인식하에 미국이 국제사회를 주도하는 단극체제에 관한 견해를 피력한 학자로는 크라우써머(Charles Krauthammer)를 들 수 있다.[37] 냉전종식 후 전개된 국제체제를 미국의 패권체제로 보는 월포스(William C. Wohlforth)도 이 그룹에 속한다고 할 수 있겠다.[38] 단극적 세계지배구조를 믿는 사람들 중 일부는 걸프전(1990~1991)이 세계가 미국의 헤게모니를 묵인한 팍스-아메리카나(Pax-Americana)의 시작이라고 보았다.[39]

(2) 단다극체제

단다극체제(uni-multipolar system)란 하나의 초강대국이 세계정치를 주도해 나가나 혼자 감당할 수 없기에 다른 강대국들과의 협조가 불가피한 체제라고 정의할 수 있겠다. 헌팅턴(Samuel P. Huntington)은 냉전종식 후 국제상황에서 세계의 주요 문제를 해결하기 위해서는 미국의 주도권뿐만 아니라 다른 강대국들의 협력이 필수적이기에, 국제체제는 단극체제와 다극체제의 요소가 복합된 단다극체제라고 말했다. 예를 들면 미국은 유럽에서는 독일과 프랑스, 유라시아에서는 러시아, 동아시아에서는 중국과 일본 등 해당 지역의 강대국들과 함께 단다극체제를 형성한다는 것이다.[40]

나이(Joseph S. Nye)는 미국이 유일한 초강대국임을 인정했지만, 패권적 힘을 가졌다고 보지는 않았다. 그는 군사력에서 미국은 크게 보아 유일한 축(unipolar)을 이루지만, 경제력에서는 미국, 일본 그리고 유럽(EU)이 3축(tripolar)을 형성한다고

---

37) Charles Krauthammer, "The Unipolar Moment," *Foreign Affairs*, Vol. 69, No. 5(Winter, 1990/1991), pp.25~33. 김우태 외, 『정치학의 이해』(형설출판사, 2000), p.556에서 재인용.

38) William C. Wohlforth, "The Stability of a Unipolar World," *International Security*, 21/1(Summer).

39) Joseph S. Nye(2003), p.251.

40) Samuel P. Huntington, "The Lonely Superpower," *Foreign Affairs*, Vol. 78, No. 2 (March/April, 1999), pp.35~36.

말했다. 그리고 머지않아 중국이 이에 가세해 세계는 경제적으로 4축(quadripolar)을 중심으로 움직일 것이라고 예측했다.[41] 나이의 이러한 시각은 단다극체제에 가깝다.

(3) 다극체제

몇 개의 강대국들이 합의와 협력을 통하여 중요한 국제문제를 해결해 나가는 국제정치체제가 다극체제(multipolar system)이다. 다극체제를 주장하는 사람들(예: Jean J. Kirkpatrick)은 미국의 국력쇠퇴에 주목한다. 예컨대 미국은 만성적으로 쌍둥이 적자(재정수지적자와 경상수지적자)에 시달리고 있으며, 마약, 동성애, 에이즈 등 도덕적 타락을 보이고 있고, 인종 간 차별과 갈등도 심각하다는 것이다. 그리고 이들은 중국과 러시아의 전략적 제휴, EU의 강화 등을 들면서 미국의 세계패권추구가 제동이 걸리게 되고 세계는 다극화될 것이라고 전망했다.[42]

최근 미국 주도의 세계질서에 영향을 미치는 현상들이 다수 목격되었다. 예를 들어 서브프라임 모기지발 금융위기(2008)로 미국의 위상 손상, 그루지야 전쟁(2008) 이후 러시아의 재부상, G2라는 신조어가 탄생(2009)할 정도로 중국의 급부상, EU의 정치통합을 가속화시킨 리스본조약의 발효(2009), 일본의 집단적 자위권 행사를 위한 안보법안 통과(2015) 등이 바로 그것이다. 이러한 현상들은 미국 중심 국제체제를 흔들고 있다.

도널드 트럼프 대통령이 내건 「위대한 미국 재건」(Make America Great Again)이라는 슬로건은 미국의 권력이 국제사회에서 상대적으로 감소하였다는 인식에서 출발한다. 미국은 특히 중국을 잠재적 도전세력으로 간주하고 다방면에서 견제정책을 구사하고 있다. 아직도 미국이 세계정치에서 주도적인 역할을 수행하고 있음을 부인할 수 없으나, 세계 권력판도가 미국의 패권시대에서 다극화 시대로 변하고 있음도 부인하기 어렵다.

---

41) Joseph S. Nye(2003), p.251.
42) 김우태 외(2000), p.557.

4. 미국의 패권적 권위에 대한 도전

위에서 소개한 세 가지 유형은 국제정치체제에 대한 상이한 인식과 전망에 기초하지만, 미국이 모든 논의의 중심에 서 있는 점이 공통적이다. 지난 세기 동방진영이 붕괴하고 소련연방이 해체됨으로써 미국이 유일한 초강대국으로 남게 되었음은 사실이다. 그러나 21세기에 들어와 미국의 패권적 권위에 도전하는 징후들은 아래와 같이 여러 차원에서 발견되며, 이는 미국이 차지하고 있는 위상과 역할에 변화가 있을 수 있음을 시사한다.

① 제3세계에 속했던 중국은 고도의 경제성장으로 초강대국으로 부상하고 있다. 이미 오래전에 경제대국으로 성장한 일본은 국제정치에서 이에 걸맞은 위상을 찾으려 노력한다. 회원국 확대와 통합의 질적 심화로 EU의 국제적 위상은 높아지고 있다. 러시아는 여전히 군사대국임을 과시하고 있으며, 주변국들과의 유대를 강화하고 있다.

② 중국은 미국이 일본과 손을 잡고 자국을 견제하는 기본전략을 펴고 있다고 의심하면서, 미국의 일국 패권주의식 행동에 제동을 걸고 있다. 러시아는 미국이 주도한 NATO확대를 자국에 대한 위협으로 간주하며, 미국의 패권적 세계질서를 견제하는 데 목적을 둔 다극체제 형성을 외교의 기본전략으로 삼고 있다. 중국과 러시아는 쌍방 간의 협력강화야말로 미국과의 힘의 균형을 이루는 길이라는 공동인식하에 전략적 협력관계를 구축하고 있다.[43] 미국을 견제하려는 이러한 움직임은 정도의 차이는 있지만 프랑스와 독일의 외교에서도 나타난다.[44]

③ 단극체제를 주장하는 사람들은 걸프전쟁(1990~1991)이나 이라크전쟁(2003)에서 미국이 다국적군을 조직하여 전쟁을 수행한 것은 힘이 부족해서가 아니라 단지 모양새를 갖춘 것이라고 해석한다. 그러나 이러한 해석은 다분히 자기중심적이다. 이들 전쟁은 초강대국인 미국이 단독으로 어려운 문제를 감당할 수 없음을

---

43) 중국과 러시아는 과거 냉전시절 불편했던 관계를 청산하고 영토문제를 해결하여 관계를 정상화시켰다. 이어서 2000년 러시아의 푸틴 대통령이 중국을 방문했을 때, 양국은 전략적 협력관계의 구축을 선언하였다.

44) 예컨대 1997년 프랑스의 시라크 대통령이 중국을 방문했을 때, 중국과 프랑스 양국은 "냉전 후 다극체제를 지지하고 단일국가에 의한 지배에 반대한다"는 공동성명을 발표했다. 2000년 러시아와 독일은 유일한 초강대국으로 자리매김을 하고 있었던 미국을 의식하여 전략적 관계를 추진하기로 합의했다.

보여 준 예라고 이해하는 것이 옳겠다.

④ 우리가 살고 있는 현대 국제사회는 핵확산, 지구기후문제, 마약과 인신매매 증가, 국제금융의 안정성 확보, 전염병 확산, 국제적 폭력조직과 테러조직 확산 등 여러 가지 문제들에 직면하고 있다. 이들 국제문제의 해결을 위해서는 강대국 간 상호 의존과 협력이 불가피하다.

IV. 국제적 갈등과 폭력적 해결수단

1. 갈등의 유형

국제사회에서 모든 국가는 제각기 자국의 이익을 추구하고 권력의 극대화를 도모하기에 국가 간에 갈등(conflict)이 발생하는 것은 어쩌면 당연한 일이다. 폭력(violence)으로 발전할 수 있는 잠재력을 지닌 국제적 갈등은 다음과 같은 6가지 유형으로 구분된다. 이들 유형은 상호 배타적이 아니며, 서로 중첩되어 나타난다.[45]

① 영토분쟁(territorial dispute): 국가의 본질에 있어서 영토가 가지고 있는 특수성 때문에 영토분쟁은 중요한 국제적 갈등에 속한다. 역사적으로 군사적 수단은 영토를 통제하는 효과적인 방법으로 여겨왔다. 알자스와 로렌에 관한 독일과 프랑스 간의 분쟁과 쿠릴열도에 관한 러시아와 일본 간의 분쟁은 대표적인 영토분쟁이다. 기존의 국가에서 분리하여 독립하려는 경우도 영토분쟁에 속한다.

② 정부통제(control of government): 이론상 한 국가는 다른 국가의 통치행위에 간섭할 수 없다. 하지만 실제에 있어서 어떤 국가는 다른 국가에 강한 관심을 보인 나머지 그 나라의 정부를 통제하려 든다. 예컨대 동서냉전시기에 미국과 소련은 반정부군을 지원하거나 은밀한 공작을 통하여 앙골라, 아프가니스탄, 니카라과 등 제3세계 국가들의 정부를 전복시키려 했다.

③ 경제적 갈등(economic conflict): 무역, 금융, 자원, 마약밀매 등 경제적 거

---

45) Joshua S. Goldstein(2003), pp.187~210.

래에 관한 국제적 갈등은 상존한다. 물론 경제적 교환은 상호 이득을 가져다주기에 군사적 충돌이나 전쟁으로 발전하는 경우는 드물다. 레닌(Vladimir I. Lenin, 1870~1924)은 제국주의를 자본주의가 최고로 고조된 단계로 보았으며, 제국주의국가들의 경제적 팽창정책이 제1차 세계대전을 불러왔다고 인식했다.

④ 인종갈등(ethnic conflict): 인종그룹은 조상, 언어, 문화 또는 종교 면에서 결속력을 가지며 정체성을 공유하는 사람들의 집단이다. 인종그룹 간의 갈등은 전 세계에 걸쳐 광범위하게 퍼져 있으며, 아마 수적으로 가장 많은 전쟁을 불러일으켰을 것이다. 우리는 어느 한 국가가 다른 국가에 살고 있는 자국의 소수민족에 대한 차별을 이유로 군사적 개입을 한 경우를 세계사에서 종종 찾아볼 수 있다. 쿠르드족은 터키, 이라크, 이란, 시리아 등 네 나라에 흩어져 살고 있는 민족으로서 국가를 창조하는 것이 지상 목표이다.

⑤ 종교적 갈등(religious conflict): 많은 지역에서 상이한 종교집단들이 평화스럽게 공존한다. 그렇지만 종교는 핵심적 가치와 관련된 관념적인 것이기에 종교적 상이성은 갈등의 잠재성을 지닌다. 특히 인종적 갈등이 종교적 갈등으로 비화할 경우 걷잡을 수 없는 결과가 초래된다. 1979년 이란에서 발생한 이슬람 혁명을 계기로 두각을 나타낸 이슬람 근본주의는 세계 곳곳에서 평화를 위협하고 있다.

⑥ 이데올로기적 갈등(ideological conflict): 종교와 비슷하게 이데올로기는 집단 간 또는 국가 간 갈등을 실제보다 더 증폭시키는 성질을 갖고 있다. 현실주의자들은 국제체제에서 국가들이 각자 자국의 이익을 추구하기에 이데올로기적 차이는 별로 중요하게 작용하지 않는다고 본다. 하지만 지난 냉전시대 이데올로기적 갈등이 전쟁으로 변한 경우는 종종 목격되었다(예: 1950년대 한국전쟁, 1960년대 베트남전쟁, 1980년대 니카라과전쟁).

2. 폭력적 해결수단

국제적 갈등의 해결수단은 평화적 해결수단과 폭력적 해결수단으로 구분된다. 평화적 해결방법으로는 쌍방 간 또는 다자간 협상, 제3자의 중재와 같은 정치·외교적 해결, 또는 국제사법재판, 국제형사재판, 중재재판과 같은 사법적 방법이 있을 수 있다. 폭력적 해결방법으로는 전쟁과 테러리즘을 꼽을 수 있다. 평화적 해결방법이 긍정적인 해결수단이라면, 폭력적 해결방법은 부정적인 수단이다. 아래에서는 후자에 관해 좀 더 자세히 알아보도록 하겠다.

(1) 전　쟁

전쟁(war)은 서로 적대하는 집단이나 국가 간에 행해진 군사적 폭력을 의미한다. 일찍이 독일의 클라우제비츠(Karl von Clausewitz)는 전쟁을 외교의 연장선상에서 이해하려 했으며, 이를 국가목적을 달성하는 수단으로 인정했다.

유엔 헌장은 회원국들에게 전쟁을 삼갈 것을 규정하고 있으나, 헌장의 목적을 달성하기 위한 집단안보(collective security)의 일환 또는 자위권(self- defence right)의 발동에 의한 전쟁은 합법화하고 있다.[46] 자고로 지구 도처에서 크고 작은 전쟁은 끊이지 않고 있다.

전쟁은 하나의 단순한 원인에 의해 발발하는 것이 아니기에 원인에 관한 일반화는 대단히 어려운 일이다. 그동안 학문세계에서 전쟁에 관한 여러 이론들이 발전하여 왔는데, 일반적인 효용성을 인정받는 이론은 보기 드물다. 예컨대 어떤 이론은 전쟁은 지도자의 합리적 결정의 결과라고 보는 데 반하여, 반대 이론은 지도자가 합리성에서 벗어났기 때문에 갈등이 전쟁으로 확대되었다고 본다. 억지이론(deterrence theory)은 힘의 신장과 이를 사용하겠다는 협박에 의해 전쟁을 방지할 수 있다는 가정에 입각한 반면에, 군비경쟁이론(theory of arms races)은 군비경쟁으로 인해 전쟁이 막아지는 것이 아니라 오히려 초래된다는 입장에 선다.

전쟁은 원인도 다양하지만 형태도 다양하다. 전쟁은 다음과 같이 몇 가지 형태로 구별된다.[47]

① 헤게모니전쟁(hegemonic war): 헤게모니전쟁은 세계질서를 통제하기 위한 전쟁으로 세계전쟁(world war)이 이에 속한다. 마지막 헤게모니전쟁은 제2차 세계대전(1939~1945)이다.

② 총력전쟁(total war): 제한전쟁의 상대적 개념인 총력전쟁(전면전쟁)은 다른 나라를 정복하고 점령하기 위해 감행된 전쟁이다. 수도를 점령하고 정부를 항복시키는 것이 목표이다. 19세기 초반 감행된 나폴레옹전쟁은 총력전쟁에 해당된다.

---

46) 김용욱, 『정치학』(법문사, 2002), pp.529~530.
47) Joshua S. Goldstein(2003), pp.211~214.

③ 제한전쟁(limited war): 일반적으로 제한전쟁은 전쟁목표의 제한, 무력행위에 있어서 병력과 무기체계의 제한, 전쟁지역의 지리적 제한, 정치적 해결을 위한 압력수단으로서의 전쟁 등 복합적 의미를 지닌다. 이라크에 대항하여 수행한 걸프전쟁(1990~1991)에서 미국은 쿠웨이트 영토를 되찾았으나 바그다드로 진격해 사담 후세인(Saddam Hussein) 정부를 전복시키려 하지는 않았기에 이 전쟁은 제한전쟁에 속한다.

④ 시민전쟁(civil war): 한 국가 내에서 상이한 집단들이 국가의 전체, 또는 부분을 차지하기 위하여 행하는 전쟁이 시민전쟁이다. 예컨대 미국의 남북전쟁(1861~1865)은 시민전쟁에 속한다.

⑤ 게릴라전쟁(guerrilla war): 게릴라전쟁은 시민전쟁의 특수한 형태로서 전선(戰線)이 없는 전쟁을 말한다. 비정규적인 군대가 시민들 속에 숨어서 벌이는 전투행위가 게릴라전의 특징이다. 1960년대와 1970년대 미군은 월남에서 베트콩의 게릴라전에 고전하였다.

(2) 테러리즘

테러리즘(terrorism)은 새로운 현상이 아니다. 그렇지만 2001년 9월 11일 이슬람 테러집단이 4대의 민간 항공기를 납치하여 동시다발 자살테러로 뉴욕의 세계무역센터(WTC) 쌍둥이 빌딩을 폭파시켜 수천 명의 사상자를 내고 버지니아 주의 펜타곤을 공격한 사건을 계기로, 테러리즘은 세인의 주목을 받게 되었다. 이 테러 사건은 사건 자체가 지니는 비예측성과 반인륜성, 그리고 대규모성 때문에 세계적으로 큰 충격을 안겨 주었다.

전쟁의 양상은 인류 문명의 발달과 함께 변천해 왔다. 제1차 세계대전이 탱크를 앞세운 진지전(陣地戰)이었다면, 제2차 세계대전은 전투기를 동원한 공중전(空中戰) 중심이었다. 2차 대전 후 인류는 핵무기(核武器)의 공포 속에서 다 함께 떨게 되었으며, 걸프전에는 이라크를 상대로 첨단무기를 총동원한 전자전(電子戰)이 등장했다. 그리고 9·11 테러참사를 계기로 보이지 않는 적과의 싸움을 특징으로 한 테러와의 전쟁이 본격화되었다.

테러의 주체는 외교적 수단이나 통상적인 군사력을 사용하기에는 너무 취약한 국가나 집단인 경우가 보통이다. 테러는 일반적으로 정규군이 아닌 무고한 일반 시민을 대상으로 삼는다. 테러의 목적은 상대방을 공포로 몰아넣어 정책을 전환시키거나, 극적인 상황을 연출하여 언론이나 여론의 주의를 끄는 데 있다.[48]

게릴라군보다 테러집단은 비정규적 전술의 극단적 포악성을 지닌 얼굴이 보이지 않는 폭력집단의 성격을 띤다. 요인암살, 항공기 납치 및 폭파, 인질납치, 폭탄투척, 자살폭탄 테러, 습격, 방화 등이 테러행위의 전형적인 예이다. 흔히 사람들은 테러리즘을 특정인, 또는 불특정 다수를 목표로 한 고의적이고 무차별적인 반인도적 범죄행위로 묘사한다. 그러나 테러리스트들은 자신들의 행위를 모든 합법적인 저항수단을 빼앗긴 약자의 마지막 절규라고 정당화시키며, 스스로를 자유의 전사로 미화시킨다.

일반적으로 테러행위는 일반 시민들의 사기를 저하시키는 심리적인 효과를 거두는 데 일차적인 목표가 있다. 예컨대 복잡한 시장거리에 장치해 둔 폭탄에 의해 단지 몇 명이 숨졌을지라도, 많은 사람들은 '나에게도 발생할 수 있다'고 실감한다. 다시 말해서 테러리즘은 심리적인 효과를 이용하여 작은 힘을 크게 확대시키는 기능을 한다. 이런 맥락에서 테러는 힘없는 자의 도구로 불리어진다.

현대 테러리즘은 생화학무기 사용(예: 1995년 일본의 독가스테러), 사이버 테러, 폭탄제조 및 폭파기술의 발달, 인터넷 등 첨단 통신장비 이용 등으로 전통적인 테러리즘과 차원을 달리한다. 근자에는 테러용으로 핵무기를 구입하려 애쓰고 있다. 이와 같이 테러리즘이 지능화되고 대담해지자 국제사회는 국제경찰(Interpol) 또는 유럽경찰(Europol) 등을 통하여 협조체제를 강화하고 있다.

최근 테러리즘은 국제화되고 있다(국제테러리즘). 예컨대 비밀스런 비정규 전사들을 이용하여 국제적인 경계를 넘어 특정 국가의 일반 시민에게 폭력을 가한다. 어느 국가가 특정 국가에 대하여 군사력을 동원할 힘이 없으면 그 국가는 국제테러조직을 도움으로써 소기의 목적을 달성하고자 한다. 이 경우 여러 방법(자금, 정보, 무기, 은신처 제공 등)을 통해 테러조직을 지원한다.[49] 하지만 테러리즘에 대한 국가의 개입을 추적하는 것은 쉬운 일이 아니다.

---

48) 조순구, 『국제문제의 이해』(법문사, 2006), pp.269~273.
49) 미국은 2017년 11월 북한을 테러지원국으로 9년 만에 다시 지정했다. 이로써 미국이 지정한 테러지원국은 북한을 포함해 4개국(이란, 수단, 시리아, 북한)으로 늘어났다.

참고문헌

김계동, "세계질서의 변화와 외교정책의 유형," 구본학 외, 『세계외교정책론』, 을유문화사, 1996.

김용욱, 『정치학』, 법문사, 2002.

김우태 외, 『정치학의 이해』, 형설출판사, 2000.

문수언, "아·태 지역 고르바초프의 외교정책 : 동아시아의 시각," 김달중 (편), 『소련·중국·동북아』, 대한교과서 주식회사, 1990.

박광섭, 『현대국제정치의 이해』, 대경, 2012.

서창록, 『국제기구』, 다산출판사, 2004.

신정현, 『정치학』, 법문사, 1993..

이혁섭, 『한국국제정치론』, 일신사, 1990.

조순구, 『국제관계와 한국』, 법문사, 2002.

_____, 『국제문제의 이해』, 법문사, 2006.

조지프 S. 나이(홍수원 옮김), 『(외교전문가 조지프 S. 나이의)소프트파워』, 세종연구원, 2004.

Behrens, Henning/Noack, Paul, *Theorien der internationalen Politik*, München : dtv, 1984.

Beutler, Bengt/Bieber, Roland/Pipkorn, Jörn/Streil, Jochen, *Die Europäische Gemeinschaft : Rechtsordnung und Politik*, Baden-Baden : Nomos, 1987.

Gilpin, Robert, *War and Change in World Politics*, Cambridge : Cambridge University Press, 1981.

Goldstein, Joshua S., *International Relations,* New York: Longman, 2003.

Grigsby, Ellen, *Analyzing Politics,* Belmont: Wadsworth, 1999.

Haas, Ernst B., *The Uniting of Europe : Political, Social and Economic Forces 1950~1957*, Stanford : Stanford University Press, 1958.

Haftendorn, Helga, "Internationale Politik," in Wolfgang W. Mickel(ed.), *Handlexikon zur Politikwissenschaft*, Regensburg : Ehrenwirth, 1983.

Hrbek, Rudolf, "Supranationale Organisation und Systemwandel : Die EG," in Peter Pawelka(ed.), *Lernbereich-Politik in der Sekundarstufe II*, Frankfurt : Hirschgraben, 1983.

Huntington, Samuel P., "The Lonely Superpower," *Foreign Affairs*, Vol. 78, No. 2, March/April, 1999.

Kaplan, Morton A., *System and Process in International Politics*, New York : Wiley & Sons, 1957.

Keohane, Robert O./Nye, Joseph S., *Power and Interdependence : World Politics in Transition*, Boston : Little, Brown and Company, 1977.

Krauthammer, Charles, "The Unipolar Moment," *Foreign Affairs*, Vol. 69, No. 5, Winter, 1990/1991.

Mitrany, David, *A Working Peace System*, Chicago : Quadrangle Press, 1964.

Morgenthau, Hans J., *Politics Among Nations*, fifth edition, New York : Alfred A. Knopf, 1973.

Nye, Joseph S., *Understanding International Conflicts,* New York: Longman, 2003.

Royen, Christoph, *Osteuropa : Reformen und Wandel*, Baden-Baden : Nomos, 1988.

Seebacher-Brandt, Brigitte, "Die deutsch-deutschen Beziehungen," in Jesse, Eckhard/ Mitter, Armin(eds.), *Die Gestaltung der deutschen Einheit*, Bonn : Bouvier, 1992.

Sontheimer, Kurt, *Grundzüge des poitischen Systems der Bundesrepublik Deutschland*, München: Piper, 1980.

Tidwell, Alan and Lerche, Charles, "Globalization and Conflict Resolution," *International Journal of Peace Studies*, Spring/Summer 2004.

Truman, Harry S., *Memoiren*, Stuttgart, 1955.

USA Department of State(ed.), "A Decade of American Foreign Policy," *Basic Documents* 1941~1949, Washington, 1985.

Wassmund, Hans, *Grundzüge der Weltpolitik*, München : Beck, 1982.

Wohlforth, William C. "The Stability of a Unipolar World," *International Security,* 21/1, Summer.

제14장

국제기구

국제기구(international organization)는 여러 국가가 공통의 목적과 임무를 달성하기 위해 설치한 항구적 기관이다. 1815년 나폴레옹 시대 이후 유럽의 군주국 사이에 성립된 유럽협조체제(Concert of Europe)는 단순히 세력균형을 표방하는 데 그치지 않고 유럽의 평화와 안보를 위해 나름대로 제도화를 마련했다는 점에서 국제기구의 효시라 할 수 있다.

유럽에서 산업혁명의 진전으로 교통과 통신이 발달하고 무역이 증대함에 따라 국가 간 교류와 접촉이 활발해졌다. 이와 함께 어느 한 국가만으로는 해결하기 힘든 각종 문제가 등장하자 이를 해결하기 위한 목적으로 19세기 유럽에서 경제 및 사회분야에서 국제기구가 탄생하기 시작했다. 이후 여러 원인으로 국제사회의 상호의존성이 증대하면서 이에 따른 위기를 예방하고 난제들을 해결하기 위해 국제기구의 조직은 가속화되었다. 현대 국제사회의 제도적인 틀은 제2차 세계대전 이후 결성된 국제기구들에 의해 마련되었다. 특히 지난 세기 말 이후 가속화된 세계화와 지역화는 국제기구를 새로운 차원으로 발달시키는 촉매제 역할을 했다.

국제기구는 주된 행위자가 누구냐에 따라 정부간 기구(IGO)와 비정부기구(NGO)로 분류된다. 흔히 사람들이 말하는 국제기구는 국가를 대표하는 정부가 주된 행위자로 작용하는 정부간 기구를 일컫는다. 이곳에서 다루는 국제기구 역시 정부간 기구에 한정된다. 그리고 국제기구는 설립목적과 활동내용에 따라 안보·방위기구, 경제기구, 사회기구, 문화기구, 환경기구 등으로 구분된다. 또한 활동의 지리적 범위에 따라 전 세계적 국제기구(즉, 세계기구), 지역기구, 지역간 기구로 세분된다.

I. 유 엔(UN)

1. 창 설

세계적 규모의 국제기구인 유엔(UN: United Nations)은 제2차 세계대전(1939~1945) 중에 태동하였다. 제2차 세계대전은 독일, 일본, 이탈리아를 중심으로 한 추축국(樞軸國)과 미국, 영국, 소련, 프랑스, 중국을 중심으로 한 연합국 간의 전쟁이었다. 독일은 유럽의 신질서를 내세웠고 일본은 대동아공영권(大東亞共榮圈)을 제창하였다. 연합국과 추축국이 대전을 벌여 세계가 위기에 빠지자 미국과 영국은 제1차 세계대전(1914~1918) 후 1920년 창설된 국제연맹(League of Nations)보다 더 진보하고 강력한 국제조직의 필요성을 느꼈다. 미국이 창설에 불참함으로써 한계를 안고 출범한 국제연맹은 일본과 독일의 탈퇴(1933)와 소련의 제명(1939) 등으로 인하여 이미 국제분쟁해결 기구로서의 역할능력을 상실했다.

1941년 8월 영국의 한 전투함의 선상에서 미국의 루스벨트 대통령과 영국의 처칠 수상은 전후(戰後) 세계질서의 원칙에 관한 「대서양헌장」(Atlantic Charter)에 서명했다. 그리고 1942년 1월 추축국에 대항하여 연합한 26개 국가들(United Nations)은 워싱턴에서 「연합국선언」에 서명하고 안정보장제도의 신설을 포함한 「대서양헌장」에 동의했다.

유엔의 창설에 관한 논의과정에서 미국과 소련은 이견을 보였다. 두 나라는 미국, 영국, 소련, 중국, 프랑스 등 전승 5개국이 안정보장이사회(안보리)의 상임이사국으로서 거부권을 갖는 데는 합의를 보았다. 그러나 미국이 안전보장이사회에서 절차문제에 관해서는 거부권을 행사하지 않을 것과 분쟁의 평화적 해결에 있어서 상임이사국도 포함하여 분쟁당사국은 기권해야 할 것을 주장한 데 반하여, 소련은 상임이사국의 무제한적인 거부권 행사를 요구했다. 결국 1945년 2월 루스벨트(F. Roosevelt), 처칠(Churchill), 스탈린(Stalin) 등 3국 수뇌는 얄타회담에서 미국의 주장을 채택하기로 합의해 거부권 문제는 해결되었다. 그 대신 미국과 영국은 소련연방을 구성한 우크라이나와 벨라루스(백러시아)를 국제연합의 회원국으로 인정함으로써 소련은 총회에서 합계 3표를 갖게 되었다.[1]

　　1945년 6월 미국 샌프란시스코에서 51개국 대표에 의해 유엔헌장이 만장일치로 채택되었으며, 같은 해 10월 유엔은 정식으로 탄생하였다. 최초의 총회는 1946년 1월 영국 런던에서 개최되었다. 역시 1946년 국제연맹은 총회를 개최하여 동일한 목적의 국제연합(유엔)이 창설된 것을 이유로 해산을 결의했다.

2. 조직과 원리

　　유엔은 51개 회원국으로 출범했으나, 그 후 회원국이 증가하여 현재 193개국을 포함하고 있다. 1971년에는 중국이 유엔에 들어오고, 대신에 대만이 축출되었다. 1973년에는 분단국인 동서독이 나란히 유엔에 가입하게 되었으며, 통일된 베트남은 1977년에 들어왔다. 역시 분단국인 남북한은 늦게나마 1991년 동시가입을 실현하는 기쁨을 누렸다.

　　뉴욕에 본부를 둔 유엔은 총회(General Assembly), 안전보장이사회(Security Council), 경제사회이사회(Economic and Social Council), 신탁통치이사회(Trusteeship Council), 국제사법재판소(International Court of Justice), 사무국(Secretariat) 등 6개 기관으로 구성되어 있다. 그 외에 WB, IMF, WHO, UNESCO, ILO, FAO 등 총 15개 전문기구와 IAEA, WTO 등 총 4개 관련기구를 두고 있다. 비정부기구(NGO)는 경제사회이사회에서 자문하는 역할을 한다.

　　유엔창설 당시 안전보장이사회의 5개 상임이사국은 헌장에 명시되었다. 그런

---

1) 이경희, 『현대국제정치학』(형설출판사, 1988), pp.228~229.

데 그 후 변화가 일어났다. 즉, 그동안 중국 몫으로 할당된 대표권을 행사하여 상임이사국 자리를 차지해 온 대만(중화민국)이 1971년 빠지고 대신 중국(중화인민공화국)이 들어갔다. 또한 1991년 12월 소련연방의 해체를 계기로 러시아가 소련의 국제법적 지위를 이어받아 상임이사국이 되었다.

유엔의 핵심기능인 세계평화유지를 담당하는 안전보장이사회는 현재 거부권을 갖고 있는 5개 상임이사국과 총회에서 선출된 10개 비상임이사국으로 구성되어 있다. 안전보장이사회의 개편에 관한 논의는 1990년대 초반부터 제기되어 왔다. 개편의 핵심은 유엔 창설 이래 P5(permanent 5)로 불리며 5개국(현재: 미국, 중국, 러시아, 영국, 프랑스)으로 고정되어 있는 안전보장이사회 상임이사국의 수를 늘리는 문제이다. 창설 당시에야 승전국 5개국의 거부권이 당연시되었지만 탈냉전 이후 사정이 달라졌다. 특히 유엔활동의 재정 및 경비 분담에 대한 기여도가 큰 일본(세계 2위)과 독일(세계 3위)이 상임이사국 진출에 대한 강력한 의지를 보였다.[2] 또한 세계 제2위의 인구대국 인도와 세계 제5위의 광대한 영토를 가진 브라질도 진출에 대한 의사를 피력하였다. 하지만 실제 개편이 이루어지기까지는 지난한 과정이 될 전망이다.

유엔의 창설은 전후 세계질서에 대한 구상의 결과이었다. 세계기구로서의 역할을 부여받은 유엔은 파시즘의 도전에 대한 반응으로 설립되었다. 이러한 유엔의 사상적 기반은 서구식 자유민주주의 원리(인권존중, 의회주의 등)에 뿌리를 두고 있다.[3]

유엔헌장은 모든 사람의 인권과 기본권이 평등하다고 선언했다. 이와 같은 개인으로서의 인간의 평등에 관한 원리는 모든 회원국의 주권평등이라는 것으로 나타났다. 정치실제에 있어서 이 원리는 「하나의 국가=하나의 투표권」을 의미했다. 주권평등 원리는 유엔의 총회와 기타 대부분의 관계 기구에서 하나의 조직 원리로 받아들여졌다. 그러나 국제통화기금(IMF)과 같은 기구는 예외이다. 유엔 전

---

2) 예컨대 2009년도 주요 국가의 유엔 재정분담률은 다음과 같다: 미국 22.0%, 일본 16.6%, 독일 8.6%, 영국 6.6%, 프랑스 6.3%, 이탈리아 5.1%, 캐나다 3.0%, 스페인 3.0%, 중국 2.7%, 멕시코 2.3%, 기타 23.8%. 이에 관해서는 UN Secretariat, *Assessment of Member States' contributions to the United Nations regular budget for the year 2009*, 24 December 2008(retrieved 7 July 2009) 참조.

3) Uwe Andersen/Wichard Woyke(eds.), *Handwörterbuch Internationale Organisationen* (Opladen: Leske und Budrich, 1985), pp.64~67.

문기구의 하나인 IMF는 출자금이자 투표권 배분 기준이 되는 국별 쿼터제를 채택하고 있다.[4] 주요 강대국들의 특별한 역할을 인정하여 안전보장이사회 5개 상임이사국에게 부여한 거부권도 엄밀한 의미에서 국가평등원칙의 예외적 조치이다.

유엔은 회원국들의 주권을 넘겨받은 초국가적(supranational) 기구도 아니며, 국가체계에서의 정부와 달리 국제체계에서의 권위적 세계정부도 아니다. 유엔은 단지 주권국가들이 모인 연합체이다. 이론상 유엔의 정책과 실행은 회원국들의 자유의사에 좌우된다. 하지만 정치현실에서 약소국은 강대국의 영향력을 무시할 수 없기에 「하나의 국가=하나의 투표권」 원리는 실제적으로 제약을 받는다.

3. 국제평화와 안전의 유지

유엔창설의 가장 중요한 목적은 국제평화와 안전의 유지이며, 이에 관한 주된 책임을 지는 기관은 안전보장이사회(Security Council)이다. 이미 언급한 바와 같이 안정보장이사회(안보리)는 15개 회원국으로 구성된다. 그중 5개국은 거부권을 갖고 있는 상임이사국이고, 10개국은 2년 임기인 비상임이사국이다. 유엔의 회원국들은 해마다 총회에서 5개국씩 비상임이사국을 투표로 뽑아 교체한다.

유엔 헌장은 모든 회원국들이 평화적인 방법으로 분쟁을 해결하고 무력을 통한 위협과 무력사용을 자제할 것을 요구하고 있다. 하지만 헌장 제51조를 통해 유엔은 예외적으로 개별적 또는 집단적 자위권 발동을 인정하고 있다.

유엔은 국제평화와 안전의 유지라는 목적을 위해 효과적인 집단조치를 통하여 평화에 대한 위협을 방지·제거하고 침략이나 기타 평화를 파기하는 행위에 대하여 대처하도록 규정하고 있다. 즉, 유엔은 원칙적으로 개별국가에 의한 무력사용을 금지하는 대신 집단안보제도를 채택하고 있다.

집단안보(collective security)는 국제질서유지를 위한 이상적인 제도이지만 현실적으로 다음과 같은 한계를 가지고 있다.[5]

---

4) 2015년 기준 IMF 주요국 의결권 비중은 다음과 같다: 미국 16.74%, 일본 6.23%, 독일 5.81%, 영국 4.29%, 프랑스 3.81%, 중국 3.16%. 한국은 1.36%로 19위에 놓여 있다. 이에 관해서는 동아일보, 2015년 11월 16일, A23 참조.

5) 박홍순, "유엔의 국제정치," 윤영관·황병무 외, 『국제기구와 한국외교』(민음사, 1996),

① 안전보장이사회의 5개 상임이사국은 절차사항을 제외하고 다른 모든 사항에 관해서 이른바 거부권을 갖게 되었다. 그런데 무엇이 절차사항인가에 대한 예시규정(例示規定)이 없다. 따라서 상임이사국은 채택된 의제에 대해서 절차문제인가에 관하여 거부권을 행사할 수 있고, 다음에 비절차사항에 관한 결의안에 대해서도 거부권을 행사할 수 있어 이중으로 거부권을 갖는 셈이다.

② 동서냉전체제에서 강대국 간의 갈등이 심화되었기 때문에 안전보장이사회가 집단안보를 발동시키는 것이 매우 힘들었다.

③ 국제사회에서의 폭력은 또 다른 폭력을 초래하기에 안전보장이사회는 무력의 발동을 꺼린다.

④ 복잡하고 예민한 국제정치 상황에서 회원국들은 개별국가의 이익을 고려하여 침략자를 제재하기 위한 국제적 합의도출에 소극적이다.

창설 초기의 기대와는 달리 동서냉전체제에서 유엔은 국제적 갈등과 대립으로 인해 국제평화와 안전의 유지라는 본래의 임무를 충분히 실행에 옮길 수 없었다. 특히 개별국가의 무력사용을 제한하는 대신 유엔의 핵심 장치로 채택된 집단안보가 제대로 발동되지 못했다. 하지만 1990년대 초 탈냉전시대에 들어와 동서양 진영 간 이념적·군사적 대립이 끝나감에 따라 유엔의 활동은 양적·질적으로 강화되었다. 대표적인 예로 유엔은 1950년 북한의 남침으로 발발한 한국전쟁 이후 처음으로 걸프전쟁(1990~1991)에서 집단안보를 행사할 수 있었다. 한국전쟁에서 유엔은 주도권을 갖고 연합군을 결성하여 참전했으며, 걸프전쟁에서는 미국이 주도한 연합군이 쿠웨이트를 점령한 이라크 군대를 몰아냈다.

그렇지만 1999년 코소보전쟁에서는 러시아와 중국이 거부권을 행사할 것이 예상되자 미국이 주도한 NATO는 안전보장이사회의 결의를 거치지 않고 유고를 공습하여 유엔의 권위는 크게 떨어졌다. 2003년 미국은 프랑스, 러시아 등이 반대하자 역시 안전보장이사회를 거치지 않고 영국 등과 연합하여 이라크를 공격함으로써 유엔의 권위는 또다시 실추되었다. 그러나 11·13 파리테러(2015) 직후 소집된 안전보장이사회는 테러의 배후인 이슬람국가(IS)의 격퇴에 관한 결의안을 만장일치로 채택하였으며, 이로 인해 미국 주도 연합군의 IS거점공격은 명분을 얻게

p.83 ; 이경희(1988), pp.237~238.

되었다.

그동안 유엔은 국제분쟁의 평화적 해결과 국제질서의 유지를 위하여 집단안보 외에 평화유지활동(PKO: peace keeping operation)을 전개하였다. 유엔의 평화유지활동은 이미 1940년대 말 집단안보개념의 대체, 또는 보완 조치로 시작하였다. 1948년 6월 팔레스타인 지역 정전감시를 위해 파견된 것(UNTSO)이 최초의 활동으로 기록된다. 유엔 안전보장이사회의 주요 역할 중의 하나인 평화유지활동은 동서냉전체제가 종식된 후 비로소 눈에 띄게 활발히 전개되었다.[6]

평화유지활동에는 군, 경찰, 선거요원, UN기구, 민간기구(NGO) 등 다양한 요소들이 참가하며, 군 요원은 평화유지군(PKF: peace keeping force)과 군 감시단의 일원으로 참여한다. 원칙적으로 평화유지군은 군사력을 최후의 수단으로만 사용하고 자기방어를 위해서만 사용하도록 되어 있다. PKO(평화유지활동)의 유형을 살펴보면 다음과 같다.

① 평화유지(peace keeping): 분쟁을 조기에 수습하고자 휴전 및 정전감시, 완충지대 통제, 군대해산, 무장해제, 국경획정 등의 임무를 수행한다. PKO 활동의 대부분이 여기에 해당된다.

② 평화조성(peace making): 현행 또는 잠재적 분규가 무력을 수반한 분쟁으로 확산되지 않도록 사전에 평화유지군을 파견하며, 분쟁의 조정, 중재, 교섭을 한다. 분쟁의 발생을 방지하고자 하는 예방적 전개(preventive deployment)는 평화조성과 밀접히 관련되어 있다.

③ 인도적 지원(humanitarian assistance): 분쟁상황에서 유엔 및 민간기구의 인도적 구호활동과 난민 귀환을 지원하고 인권이 침해당하지 않도록 감시한다.

④ 평화강제(peace enforcement): 휴전합의 후 분쟁당사자가 협정을 일방적으로 파기하거나 군사행동을 감행할 경우 유엔이 평화유지군을 투입하여 강제적으로 분쟁을 해결하는 활동이다.

⑤ 평화건설(peace building): 분쟁이 종식된 이후 평화와 안정이 항구적으로 정착될 수 있도록 인도적 구호활동, 군대해산 또는 창설, 경제재건, 선거지원 등의 활동을 전개한다.

---

6) John A. Jacobsohn, *An Introduction to Political Science* (Belmont: Wadsworth Publishing Co., 1998), p.520.

■ II. 북대서양조약기구(NATO)

1. 창설 및 회원국 확대

제2차 세계대전이 종결된 이후 폴란드, 유고슬라비아, 체코슬로바키아 등 동유럽의 여러 국가들이 줄지어 공산화되었다. 그 외에 남유럽의 그리스에서는 공산주의자들의 정부전복 시도가 있었으며, 북유럽의 노르웨이, 핀란드에서도 공산당이 세력을 확장하고 있었다. 게다가 1948년 소련은 서베를린의 철도 및 육로를 봉쇄하여 서방진영에 대한 압박을 가중시켰다.

이와 같이 소련에 의해 주도된 세계 공산주의가 유럽에 급속히 팽창하자 1947년 영국과 프랑스는 쌍방 간 방위조약을 체결했다. 그리고 이들 두 국가는 1948년 베네룩스 3국(벨기에, 네덜란드, 룩셈부르크)을 포함시켜 브뤼셀조약을 체결하였다.

그러나 이들 서유럽 국가들은 브뤼셀조약기구가 점증하는 소련의 위협과 압박에 대항하기에는 역부족이라는 사실을 깨닫고 미국에게 이 기구에 동참할 것을 정식 요청하기에 이르렀다. 그 후 1년간에 걸친 협상 끝에 1949년 북대서양조약기구(NATO: North Atlantic Treaty Organization)가 창설되었다. 이 기구의 창설에는 북미 2개국(미국, 캐나다)과 서유럽 10개국(영국, 프랑스, 이탈리아, 벨기에, 네덜란드, 룩셈부르크, 덴마크, 아이슬란드, 노르웨이, 포르투갈) 등 총 12개국이 참여했다.

그 후 동서냉전체제에서 NATO는 3차에 걸쳐 회원국을 확대했다. 즉, 1952년 그리스와 터키, 1955년 서독, 1982년 스페인이 추가로 가입했다. 탈냉전시대에 들어와서는 NATO의 동유럽 확대가 모색되었고, 그 결과 1차적으로 1999년 폴란드, 헝가리, 체코 등 3개국이 가입하였다. 그리고 2004년에는 구소련에 속했던 발트 3국(에스토니아, 라트비아, 리투아니아)과 동유럽 4개국(슬로베니아, 슬로바키아, 불가리아, 루마니아)이 가입했다. 2009년에는 알바니아와 크로아티아가 가입하고, 2017년에는 몬테네그로가 가입함으로써 NATO는 현재 총 29개 회원국을 포괄하고 있다(참조: 〈표 14-1〉). 29개 회원국은 북미 2개국과 유럽 27개국으로 구성되어 있으며, 그중 미국, 영국, 프랑스는 핵무기 보유국이다.

〈표 14-1〉 NATO의 회원국 확대

연 도	국 가 명	회원수
1949 (창설)	미국, 캐나다, 영국, 프랑스, 이탈리아, 벨기에, 네덜란드, 룩셈부르크, 덴마크, 아이슬란드, 노르웨이, 포르투갈(12)	12
1952	그리스, 터키(2)	14
1955	서 독(1)	15
1982	스페인(1)	16
1999	폴란드, 헝가리, 체코(3)	19
2004	에스토니아, 라트비아, 리투아니아, 슬로베니아, 슬로바키아, 불가리아, 루마니아(7)	26
2009	알바니아, 크로아티아(2)	28
2017	몬테네그로(1)	29

    NATO의 동유럽 확대에 가장 강력하게 반발한 국가는 소련연방 해체 후 독립한 러시아이다. 러시아는 냉전체제 종식 후 추진된 NATO의 확대계획을 정치·안보적으로 자국을 유럽에서 밀어내려는 음모로 이해했으며, 유럽에서 차별을 받는다는 피해의식과 더불어 고립과 불안에 사로잡히게 되었다. 그런데 러시아가 추구한 외교목표에서 강대국으로서의 역할수행이라는 정치적 목표와 서방세계가 추구하는 세계경제체제로의 융합이라는 경제적 목표가 서로 상충하였다. 따라서 NATO 확대에 대한 러시아의 저항은 한계를 지닐 수밖에 없었다. 결과적으로 러시아는 NATO와 협력관계를 맺는 방법으로 일단 동유럽 확대문제를 풀었다. 예컨대 동유럽 확대를 위한 사전 정지작업의 일환으로 1997년 러시아와 NATO 사이에 기본협정(Founding Act on Mutual Relations, Cooperation and Security)[7]이 체결되었다. 이어서, 위에서 기술한 바와 같이, 과거 소련연방에 속했거나 영향력하에 있었던 많은 국가들이 NATO에 가입하게 되었다.

---

7) 이 협정으로 러시아는 자국의 안보이익에 관련된 문제에 있어서 NATO의 의사결정과정에 참여할 수 있게 되었으며, 여러 형태의 경제적 이익을 챙겼다. 이에 관해서는 Oliver Thränert, "Perspektiven russischer Außenpolitik," *Aus Politik und Zeitgeschichte*, Bonn, B 30-31/1997, pp.8~9 참조.

2. 성   격

구조면에서 NATO는 상이한 국가들의 집합체라는 성격을 띠고 있다. 즉, NATO는 막강한 핵무기로 무장한 초강대국인 미국, 역시 핵무기 보유국인 영국과 프랑스, 강력한 재래식 무기를 보유한 독일, 그리고 많은 약소국들로 구성되어 있다. 더욱이 동유럽 확대로 회원국 수는 크게 증가하였고 국력차이는 더 벌어졌다.

NATO는 집단적 자위권의 행사를 인정하고 있는 유엔 헌장 제51조에 근거하고 있다. NATO의 주된 임무는 외부의 공격으로부터 회원국들을 보호하는 것이다. 구체적으로 이 기구는 소련을 비롯한 공산세력이라는 명백히 상정된 적대국으로부터의 침략을 방지하고 필요한 경우 회원국에 대한 무력공격에 군사적으로 대응하는 집단방위(collective defense)의 성격을 띤 기구로서 결성되었다.[8]

이와 같이 체제 내에 특정한 적을 상정하고 있는 집단방위 기구인 NATO는 그렇지 않은 집단안보(collective security) 기구인 유엔과 구별된다. 그러나 비록 NATO가 "회원국 중 한 나라에 대한 공격은 바로 NATO 전체에 대한 도발로 간주한다"는 집단방위기구라 할지라도 외부의 공격에 자동적으로 반응하는 군사동맹체는 아니다. 왜냐하면 NATO조약은 외부로부터 공격을 받을 경우 회원국들에게 대응의 종류를 결정할 권한을 위임하고 있기 때문이다.[9]

서방 군사동맹체인 NATO에 대응하는 기구로 1955년 설립된 바르샤바조약기구(WTO: Warsaw Treaty Organization)는 1991년 7월 1일 해체되는 운명을 맞았다. 같은 해 12월 소련연방도 붕괴되었다. 이로써 냉전체제는 사실상 종식되었고, NATO가 창설 당시 설정한 적도 사라졌다. 이는 NATO의 존재이유와 정당성에 의문을 가져다주는 계기가 되었다. 그러자 NATO는 한편으로 자신의 역할과 기능을 재조정하게 되었고, 다른 한편으로 동유럽 확대를 모색하게 되었다.

NATO의 역할과 기능의 재조정은 NATO의 성격변화를 의미했다. 미국을 비롯한 NATO 국가들은 1991년 11월 로마 정상회담에서 「신전략개념」을 채택했다. 여기에서 NATO는 기존의 집단방위의 성격을 유지하면서 궁극적으로 위기관리와 평화활동으로 대변되는 집단안보의 역할을 강조하였다. 그리고 기존의 「서유럽

---

8) 이서항, "유럽안보기구: 북대서양조약기구, 서유럽연합, 유럽안보 및 협력기구를 중심으로," 윤영관·황병무 외, 『국제기구와 한국외교』(민음사, 1996), pp.191~201.

9) Uwe Andersen/Wichard Woyke(1985), p.125.

방위체제」의 개념에서 벗어나 「유럽 전체의 집단안보체제」로의 변신을 꾀했다.

1999년 코소보에서 연일 포성이 울리고 있는 가운데 워싱턴에서 개최된 NATO 50주년 기념모임에서 회원국 정상들은 또 하나의 「신전략개념」을 채택했다. 이 「신전략개념」으로 NATO는 종전의 방위개념에서 벗어나 회원국들의 국경을 넘어선 지역분쟁에 개입할 수 있게 되었고, 유엔의 동의가 없이도 실질적으로 군사행동을 할 수 있게 되었으며, 테러와 대량살상무기(WMD: Weapons of Mass Destruction)로부터 회원국을 보호한다는 명분 아래 국제테러는 물론 특정국가의 내정에 간섭할 수 있게 되었다.[10]

21세기에 들어와 국제테러, 사이버테러, 해적 등 국제안보환경이 급변함에 따라 NATO는 1999년 채택된 전략구상을 대체할 새로운 기준이 필요했다. 이에 따라 28개 NATO 회원국 정상들은 2010년 11월 리스본에서 또 다른 「신전략개념」을 채택했다. 이 「신전략개념」은 지역 방위공동체를 뛰어넘은 정체성과 기능, 비회원국과의 관계강화, 유럽 내 핵무기의 역할 재정립을 골자로 한다.

3. 발전과정

지난날 NATO는 내적 요인으로 존립을 위협하는 위기에 봉착하기도 했지만 이를 무난히 극복하고, 또한 새로운 외적 환경변화에 적절히 대처함으로써 오늘날까지 건재하여 왔다. 다음에서는 NATO의 발전과정을 세 시기로 나누어 살펴보겠다.

(1) 초창기

1949년에 창설된 NATO는 1955년 5월 9일 서독의 가입으로 그 뼈대를 완성했다. 서독은 소련의 재래식 전력(戰力)을 막는 방패로 여겨졌다. 서독의 가입에 대한 반응으로 1955년 5월 14일 WTO에 관한 조약이 소련, 헝가리, 체코슬로바키아, 폴란드, 불가리아, 루마니아, 알바니아, 동독 등 총 8개국에 의해 체결되었다.

---

10) V. Kozin, "The Kremlin and NATO: Prospects for Interaction," *International Affairs*, Moscow, 3/2000, pp.13~15.

이로써 동서 양 진영 대립구도의 윤곽이 뚜렷해졌다.

　　양 진영의 대결구도 속에서 NATO는 더욱 단단하게 뭉치게 되었다. 특히 1961년 베를린 위기와 1962년 쿠바 위기를 계기로 NATO는 내외에 단합을 과시했다. 1956년 수에즈 분쟁 때 영국과 프랑스가 그들의 식민지를 유지하려 무력시위를 감행하자 미국이 이의 종결을 강요함으로써 NATO는 내부적으로 위기를 맞기도 했다. 그러나 창설 후 초창기 대체적으로 NATO는 견고해졌다고 말할 수 있다.

(2) 냉전 진행기

　　미국을 축으로 한 서방진영과 소련을 축으로 한 동방진영의 갈등과 대립이 고조되면서 대체적으로 NATO의 결속력은 강화되었다. 그런데 1960년대 촉발된 미국과 프랑스의 대립은 NATO를 위기로 몰아넣었다. 미국이 프랑스 드골(De Gaulle) 대통령의 독자적인 핵개발 정책에 반대하고, 프랑스가 NATO의 활동지역을 확대하려는 미국의 정책에 반대함으로써 양국 간 대립은 격화되었다. 결국 프랑스는 1966년 NATO의 군사조직에서 철수하였으며, 이로써 NATO의 견고화 시기는 막을 내렸다.[11] 그 후 프랑스는 극히 제한된 범위에서 NATO와 군사협력관계를 유지했다.

　　한편으로 창설 20주년을 앞두고 그동안의 군사전략을 검토할 필요성에서, 다른 한편으로 프랑스의 군사조직 철수로 인한 현실적 정치상황에 대처하기 위해 NATO는 1966년 벨기에 외무장관 하멜(Pierre Harmel)에게 보고서 작성을 의뢰했다.[12] NATO는 1967년 제출된 소위 하멜보고서(Harmel Report)의 권고를 받아들여 군사방위와 더불어 정치적 노력을 통하여 유럽의 안전을 보장하는 전략을 수립하게 되었다. 이 전략의 핵심은 안보·방위의 중요성과 동시에 긴장완화를 강조하는 것이었다. 즉, 군사적 대응을 위주로 한 기존의 전략에서 탈피하여 소련을 위시한 동방진영과의 긴장완화를 추구하는 것이 이 전략의 새로운 개념이었다.

　　1970년대 중반부터 NATO는 내부적으로 심각한 대립에 직면하게 되었다. 이 대립은 서유럽과 미국 간에 전개되었다고 표현해도 무리는 아니다. 미·소 간의 쌍

---

11) Uwe Andersen/Wichard Woyke(1985), p.127.
12) "NATO: Harmel Report," http://www.nato.int/cps/natolive (2015년 9월 16일 검색).

방주의로 인한 서유럽의 상대적 박탈감, 미국의 동남아시아 정책에 대한 서유럽의 불만, 그리고 서유럽과 미국의 경제적 격차의 심화는 NATO에 큰 부담을 주었다. 특히 동유럽에 배치한 소련의 핵미사일(SS-20)에 대항하기 위하여 서유럽에 핵미사일(Cruise, Pershing)을 배치하기로 한 1979년의 NATO 결정(소위, "Double-Track Decision")을 둘러싸고 정부 간은 물론이고 세간 여론이 서로 팽팽하게 맞섰다.

데탕트는 미국과 소련이 첨예한 대립에서 벗어나 평화적 공존을 모색한 외교 노선을 뜻한다. 1970년대 초부터 모색되어 온 이 데탕트는 1979년 서유럽에 핵미사일을 배치키로 한 NATO의 결정과 같은 해 소련군의 아프가니스탄 진주로 위기를 맞았다. 더욱이 동유럽에 배치한 WTO의 중거리 핵미사일(SS-20)에 대항하기 위해 1983/84년 NATO가 실제로 미국의 핵미사일(Pershing II)을 서독에 배치함으로써 동서 양 진영 간 긴장은 절정에 이르렀다. 유럽에 배치된 WTO와 NATO의 중거리 핵전력은 마침내 1987년 소련과 미국 간 체결된 INF(Intermediate-Range Nuclear Forces) 협정으로 철수·폐기되는 계기를 맞게 되었다.

(3) 냉전종식 후

동서냉전체제는 1990년을 전후(前後)로 동유럽에 위치한 사회주의 국가들의 체제가 붕괴되고 이어서 이들 국가들로 구성된 집단방위기구인 WTO가 1991년 해체됨으로써 종식되었다.

이미 기술한 바와 같이 NATO는 탈냉전시대에 들어와 변화된 안보환경에 대처하기 위하여 1991년 로마 정상회담에서 「신전략개념」을 채택했다. 이에 따라 NATO는 1991년 유럽에 배치된 핵무기의 80% 이상을 철거하였고, 유럽주둔 미군의 숫자를 1991년 28만 5천 명에서 1995년 10만 명 수준으로 감축했다. 이와 같은 과정에서 NATO의 편제는 신속대응군, 주방어군, 예비부대로 재편성되었다. 신속대응군(NRF: NATO Response Force)은 우여곡절 끝에 2003년 10월 공식 발족했다. NRF는 NATO가 육해공군 및 특수전 부대를 단일 지휘체계에 둔 최초의 부대로서 대리 위협에 효과적으로 대처하겠다는 것이 주된 창설 목적이다.

탈냉전 시기에 들어와 NATO의 기능과 역할이 재조정되고 유럽 주둔 미군의 감축과 유럽의 독자적인 위기관리부대 창설 등 유럽의 안보환경이 변하게 되자, 프랑스는 점차 협력정책으로 선회하게 되었다. 프랑스는 1995년 NATO의 군사조직에 부분적으로 참여하기 시작했으며,[13] 1999년 감행된 NATO의 유고공습에 적극 가담했다. 마침내 2009년 프랑스는 NATO의 완전한 회원국(full membership)으로 복귀하여 군사조직(NATO Military Command Structure)에 다시 합류하였다.

2001년 9월 11일 미국의 뉴욕과 워싱턴에서 테러 대참사가 발생했다. 그러자 며칠 후 NATO는 1개 회원국에 대한 공격을 전체 회원국에 대한 공격으로 간주해 공동 군사작전을 가능케 하는 조약 제5조를 사상 처음으로 적용하여 미국을 지원키로 했다. 이어서 2002년 11월 NATO는 테러집단과 대량살상무기 개발국에 대한 선제공격 전략을 수립했다. 또한 작전영역이 유럽을 벗어날 수 있다는 1999년 「신전략개념」을 근거로 2003년 8월 NATO는 아프가니스탄 주둔 다국적 국제평화유지군의 지휘권을 넘겨받았다. NATO가 유럽 이외 지역에서 군사활동을 벌인 것은 1949년 창설 이후 54년 만에 처음이었다.

1993년 발효한 마스트리히트조약(EU조약)에 근거하여 유럽연합(EU)이 점차 독자적인 방위정책을 도모하게 되면서 EU와 NATO 간 관계정립의 필요성이 제기되었다. EU와 NATO는 2002년 양자관계의 기본원칙을 담은 공동성명을 발표했다. 파트너십을 토대로 한 기본원칙은 위기관리 행동에 있어서 상호 힘의 강화, 상호 효과적인 협의와 협력, 의사결정에 있어서 독자성과 평등원칙 존중 등을 골자로 한다.

2010년 리스본 정상회담에서 NATO는 그동안 긴장관계를 유지했던 러시아와 유럽 미사일방어망(MD) 구축에 협력하기로 합의해 관계개선을 모색했다. 이러한 변화에도 불구하고 계속되는 NATO의 확대정책은 양자 관계를 악화시키는 요인으로 작용하였다. 특히 러시아는 우크라이나와 조지아(그루지야)의 NATO가입에 결사적으로 반대하였다. 러시아는 이들 국가로의 추가확대를 러시아를 봉쇄하고 고립시키는 NATO의 기본전략의 일환으로 보았으며, 이를 냉전의 연장이라 맹렬히 비난했다.[14] 반면 NATO는 2014년 러시아가 우크라이나의 일부였던 크림반도를 합병한 것을 불법으로 간주했으며, 또한 러시아가 2015년 조지아의 부분이었던 남오세티야와 체결한 「동맹과 통합에 관한 조약」(Treaty on Alliance and Integration)을 인정하지 않았다.[15] 」

---

13) 서병철, "유럽 신안보 질서와 NATO 확대," 『외교』 제43호(한국외교협회, 1997), pp. 54~55.

14) "NATO," http://en.wikipedia.org/wil (2015년 9월 18일 검색).

Ⅲ. 유럽연합(EU)

1. EC의 창설

(1) 유럽통합의 동기

유럽을 통합하려는 구상이나 운동은 오랜 역사를 가지고 있지만, 이런 구상이나 운동이 구체적으로 제시되고 실행에 옮겨지기는 제2차 세계대전이 끝난 후이다. 과거 유럽 사람들은 단지 주권이 손상되지 않는 범위에서 국가 간의 협력을 강화하는 차원의 통합을 상정(想定)했던 반면에, 전후(戰後)에는 주권의 상당 부분을 공동체에 이양하는, 즉 전혀 다른 차원의 통합을 구상했다. 전후 유럽 국가들이 과거와 달리 새로운 차원의 유럽통합에 강하게 의욕을 보이게 된 동기는 다음과 같다.

① 통합은 전쟁의 주된 원천인 극단적 민족주의를 극복하고 평화유지에 기여한다.

② 전쟁의 폐허에서 일어나 경제재건을 이룩하기 위해서는 화해와 협력이 필요하며, 또한 거대한 경제지역으로의 통합은 경제적 효율성을 증대시킨다.

③ 초강대국인 미국과 소련이 주도한 전후 시대에 유럽이 나름대로 국제사회에서 영향력을 발휘하고 과거의 국제적 위상을 회복하기 위해서는 통합이 필요하다.

④ 전후 심화된 동서냉전체제에서 서유럽이 소련과 공산주의의 위협에 공동으로 대처하기 위해서는 통합이 필요하다.

(2) 모네와 슈만의·역할

프랑스의 경제전문가이면서 외교관인 모네(Jean Monnet)는 유럽의 강국이면서 맞수인 독일(서독)과 프랑스의 화해와 협력이 유럽통합의 핵심이라고 보았다.[16] 그는 두 나라의 석탄과 철강의 생산을 공동기구의 감시하에 두어야 한다는

---

15) "NATO-Russia relations," http://www.nato.int/ (2015년 9월 18일 검색).

16) Martin Holland, *European Integration: From Community to Union* (London: Pinter

내용을 골자로 한 계획서를 작성하여 프랑스 외무장관인 슈만(Robert Schuman)에게 제시했다. 독일의 아데나워(Konard Adenauer) 수상이 모네계획에 동의하자, 슈만은 이를 바탕으로 유럽의 석탄과 철강의 공동화(共同化)를 위한 계획(슈만계획)을 마련하여 정부성명 형태로 발표했다.

(3) ECSC의 창설

슈만계획에 기초하여 유럽석탄철강공동체(ECSC)에 관한 조약이 1951년 파리에서 서유럽 6개국(프랑스, 서독, 이탈리아, 벨기에, 네덜란드, 룩셈부르크)에 의해 조인되었다. 이 조약은 각국에서 비준절차를 거쳐 1952년 효력이 발생하였다. ECSC의 창설로 전쟁산업에 중요한 석탄과 철강의 생산이 공동체로부터 통제를 받게 되었으며, 이로써 유럽통합의 길은 열렸다.

(4) EEC와 Euratom의 창설

이어서 회원국들은 1957년 로마에서 유럽경제공동체(EEC)와 유럽원자력공동체(Euratom)를 설립하는 조약을 체결했다. 1958년 효력이 발생한 EEC조약은 다음세 가지 사항을 주된 내용으로 한다.

① 회원국 간에 놓여 있는 관세장벽을 제거하고 역외지역에 대해서는 공동관세를 적용하는 관세동맹을 결성한다.

② 상품, 서비스, 사람, 자본의 이동이 자유롭게 되고 노동자와 사업체의 정착이 자유화되는 공동시장을 건설한다.

③ 농산품에 관한 단일시장을 형성하고 공동농업정책을 개발하여 적용하는 공동농업시장을 설립한다.

Euratom 역시 1958년 효력이 발생했다. Euratom은 핵에너지와 핵기술의 평화적인 이용을 목적으로 만들어진 기구이다. 군사적 의미의 핵문제는 Euratom 조약에서 배제되었다. 왜냐하면 핵무기 개발을 꿈꾸는 프랑스는 공동기구로부터 통제를 받고 싶어 하지 않았고, 독일(서독)은 이미 1954년 파리조약을 통해 생화학

Publishers, 1995), pp.5~14.

무기는 물론이고 핵무기도 생산할 수 없게 되었기 때문이었다.[17)

(5) 통합조약

통합조약(Merger Treaty)은 1965년 체결되어 1967년 효력이 발생했다. 이 조약으로 당시까지 ECSC, EEC, Euratom 등 세 공동체에 분산되어 운용되어 온 각료이사회(Council)와 집행위원회(Commission)가 각기 하나의 조직으로 통합되었다. 그 후 세 공동체를 총칭하는 의미로 유럽공동체(EC: European Community)라는 용어가 사용되기 시작했다. 비록 통합조약으로 세 공동체를 관장해 온 기구들이 통합되었을지라도 이들 세 공동체는 계속 법적으로 분리되어 존속했다.[18)

2. EC에서 EU로의 발전과 관련 조약

(1) EC에서 EU로의 발전

EEC조약의 전문(前文)에 새겨진 정신에 따라, EC는 세 공동체의 개별 조약이 규정한 내용에 한정하지 않고 통합을 지속적으로 발전시켜 나갔다. 이와 같이 지속적인 발전을 추구하는 과정에서 통합의 목표가 지향하는 상위개념으로 유럽연합(EU: European Union)이라는 용어가 사용되기 시작했다. 그러다가 1972년 파리에서 개최된 EC 정상회담이 발표한 공동선언에서 EU라는 용어가 사용됨으로써 이 용어는 공식적으로 자리를 잡게 되었다. 1986년 체결된 단일유럽의정서(SEA: Single European Act)는 조약상 처음으로 EU를 유럽통합이 지향하는 목표로 선언했다. 그리고 1991년 마스트리히트 정상회담에서 합의된 유럽연합에 관한 조약(EU조약)으로 EU의 모습은 구체화되었다.

EC에서 EU로의 발전은 유럽통합이 질적으로 심화되고 관할 분야가 확장되었음을 의미한다. EU는 여느 국제기구와 달리 회원국들의 주권을 제약하는 초국가적

---

17) Kurt Sontheimer, *Grundzüge des politischen Systems der Bundesrepublik Deutschland* (München: Piper, 1980), p.219 참조.

18) Josef Weindl, *Europäische Gemeinschaft* (EU)(München: Oldenbourg, 1996), p.26.

(supranational) 기구이면서, 동시에 주권을 지키고자 하는 개별국가들의 집합체인 정부간(intergovernmental) 기구이기도 하다. 원래 EU조약의 초안에는 EU의 성격이 「연방」(federal)이라고 규정되었으나, 통합에 소극적인 영국 등이 반대하여 「보다 긴밀해지는 연합」(ever closer union)으로 바뀌었다. 그럼에도 불구하고 여전히 많은 사람들은 EU가 추구하는 궁극적인 목표는 연방이라고 주장하고 또한 그렇다고 믿는다.

(2) 관련 조약

1) 단일유럽의정서

1986년 체결되어 1987년 발효한 단일유럽의정서는 EU의 창설을 유럽통합이 지향하는 목표로 설정했으며, 1992년 12월 31일까지 EC의 역내시장(internal market)을 완성하기로 했다. 또한 EC의 관할업무를 확장함으로써 연구와 기술, 환경보호, 사회정책이 새로운 업무분야로 편입되었으며, 경제·통화 분야에서 새로운 협조체제를 마련키로 했다.

2) 마스트리히트조약(EU조약)

정부간회의를 거쳐 EC 국가들은 1991년 12월 마스트리히트 정상회담에서 EU조약의 내용에 합의했다. 이 조약은 1992년 2월 외무장관회의에서 정식으로 조인되었다. 일명 마스트리히트조약이라 불리는 EU조약은 덴마크에서 실시된 국민투표에서 비준이 거부되는 등 우여곡절 끝에 1993년 11월 1일 발효하게 되었다.[19] EU조약은 다음과 같은 내용을 골자로 한다.[20]

① EU는 늦어도 1999년에 단일통화를 도입한다.

② 그동안 회원국들은 유럽정치협력(EPC)의 틀 속에서 외교 및 안보 문제에 관하여 서로 의견을 조정하고 협력해 왔다. 그런데 이제 EU는 공동으로 외교안보

---

19) 1992년 12월 영국의 에딘버러에서 개최된 정상회담에서 회원국들은 비준에 실패한 덴마크에게 여러 분야에서 예외를 인정해 주었다. 그 후 실시된 2차 국민투표에서 덴마크 국민들은 EU조약을 승인했다. 이에 관해서 자세히 알려면 한종수, 『유럽연합(EU)과 한국』(동성사, 1998), pp.36~42 참조.

20) Wolfgang Wessels, "Maastricht: Ergebnisse, Bewertungen und Langzeittrends," *integration*, Bonn, 1/1992, pp.2~16.

정책을 수행한다.

③ EU는 1954년 창설된 서유럽동맹(WEU)[21]을 중심으로 점차 독자적인 방위정책을 도모한다.

④ 조약으로 EU는 내무·사법 분야에서 상호 긴밀한 협조체제를 마련할 수 있게 되었다. 이 외에 소비자보호, 산업정책, 문화정책 등이 EU의 새로운 업무분야로 편입되었다.

⑤ 조약으로 EU는 회원국의 사회정책에 관여할 수 있는 제도적 장치를 마련할 수 있게 되었다.

⑥ 조약으로 회원국 시민들은 거주하는 회원국의 지방선거와 유럽선거에서 선거권과 피선거권을 갖게 되었다. 또한 유럽의회에 청원할 권리를 누리게 되었다.

3. EU 출범 후 체결된 조약

(1) 암스테르담조약(새EU조약)

화폐통합, 동유럽으로의 회원국 확대 등 새로운 환경에 적응하기 위하여 EU조약은 조약의 보완 및 개정을 위하여 정부간회의를 개최할 것을 예견했다. 이에 근거하여 단속적(斷續的)으로 진행된 정부간회의를 거쳐 마침내 1997년 6월 EU 정상들은 암스테르담에서 새EU조약(일명 암스테르담조약)의 초안에 합의했다. 각국의 비준을 거쳐 1999년 5월 1일에 발효한 암스테르담조약의 주요 내용은 다음과 같다.[22]

① 새로운 영역이 EU의 업무로 편입되었다(기본권, 소수민족 차별, 공공방송, 동물보호, 어린이 학대, 언론자유, 스포츠 등).

② EU는 서유럽 9개국으로 구성된 군사기구인 서유럽동맹(WEU)에 평화유지

---

21) WEU는 서유럽의 독자적인 안보체제 구축을 목표로 1954년 영국, 프랑스, 벨기에, 네덜란드, 룩셈부르크, 독일(서독), 이탈리아 등 서유럽 7개국에 의해 창설됐다.

22) Wolfgang Wessels, "Der Amsterdamer Vertrag: Durch Stückwerksreformen zu einer effizienteren, erweiterten und föderalen Union?" integration, Bonn, 3/1997, pp.117~133.

및 인도주의적 활동을 수행해 줄 것을 요청할 수 있다.

③ 2004년까지 영국과 아일랜드를 제외한 전 회원국 간에 국경을 완전히 개방한다.

④ EU조약에 근거하여 설립된 유로폴(Europol)의 임무수행 영역을 확대한다.

⑤ 이민 및 망명에 관한 협조체제를 강화한다.

⑥ 정상회담이 사전에 「공동전략」으로 결정한 문제는 전원합의제가 아닌 가중다수결 방식에 따라 공동외교안보정책을 수립한다.

(2) 니스조약

1997년 암스테르담 회의에서 EU 정상들은 동유럽으로 확대되기 이전에 해결되어야 하는 기구 및 제도 개혁에 관해서는 견해 차이로 합의를 이루지 못했다. 따라서 회원국들은 동유럽확대와 기구개편 문제를 다루기 위해 정부간회의를 2000년 2월 출범시켰다. 그리고 이들 문제는 같은 해 12월 프랑스 니스에서 열린 정상회담에서 마무리되었다. 2001년 2월 회원국들은 니스조약에 정식 서명하였으며, 다음 해 10월 아일랜드[23]가 회원국 중 마지막으로 조약을 비준하였다. 마침내 2003년 2월 1일 니스조약이 발효되었다.

(3) 리스본조약

어려운 협상 끝에 EU 국가들은 2004년 유럽헌법(EU헌법)을 채택하고 조인하는 데 성공했다. 그러나 유럽헌법(Constitution for Europe)은 다음 해 프랑스와 네덜란드에서 실시된 국민투표에서 비준이 거부됨으로써 좌초되고 말았다. 이에 따라 EU국가들은 문건의 명칭을 헌법 대신에 개정조약이라 했다. 개정조약에는 EU에 초국가적 지위를 부여하는 국가(國歌)와 국기(國旗), 공휴일 등 상징물에 관한 조항이 삭제되었으나, 핵심 조항들의 대부분은 그대로 담겼다. 그 후 개정조약은 2007년 리스본에서 조인됨으로써 리스본조약이라 칭해졌다. 그런데 2008년 아일랜드에서 실시된 국민투표에서 리스본조약이 부결되어 유럽은 큰 충격에 빠졌다.

---

23) 아일랜드는 2001년 6월에 실시한 국민투표에서 니스조약의 비준을 거부한 바 있다.

아일랜드를 제외한 다른 EU국가들은 부결위험이 덜한 의회비준을 택했다. 2009년 아일랜드 2차 국민투표에서 비준동의안은 통과되었다. 2009년 12월 1일 발효한 리스본조약의 주된 내용은 아래와 같다.

① 기본권 조항들이 담겨졌다.

② 유럽이사회 상임의장과 외교안보정책고위대표가 신설되게 되었다. 유럽이사회 상임의장은 정상회의의 의장이며 EU를 대표한다. 임기는 2년 6개월이며 1회 연임이 가능하다. 외교안보정책고위대표는 5년 임기로 외교정책 결정의 대표이면서 집행의 수장이다.

③ 회원국의 55% 이상이 찬성하고 이들 찬성 국가의 인구가 전체 EU 인구의 65% 이상이 되어야 정책이 결정되는 이중다수결제(double majority principle)가 도입되었다. 거의 모든 주요 정책분야에 적용되는 이 의사결정방식은 2014년부터 점진적으로 실행되기 시작했다.

④ 유럽의회의 공동결정사항 범위가 대폭 확대되었다.

4. 회원국 확대와 통합의 질적 심화

양적인 회원국 확대(enlargement)와 통합의 질적 심화(deepening)는 야누스의 두 얼굴과 같은 양면성을 지닌다.[24] 즉, 회원국 확대를 중시하면 통합의 질적 심화가 떨어지고, 반대로 질적 심화를 중시하면 회원국 확대가 어렵게 된다. 그래서 EU는 이미 도달한 통합의 정도를 훼손시키지 않고 지속적인 발전을 도모하기 위해 대대적인 회원국 확대를 앞두고는 새로운 조약을 체결해 내부개혁을 단행하였다.

(1) 회원국 확대

1950년대 6개국으로 시작한 EC/EU는 과거 수차에 걸쳐 회원국을 확대하여 한때 28개 회원국을 포괄하였다. 그러다가 2016년 찬반 국민투표를 실시해 EU탈퇴(Brexit)를 결정한 영국이 마침내 2020년 1월 31일 공식적으로 EU를 떠났다. 이

---

24) Hans Arnold, "Die Europäische Gemeinschaft zwischen Vertiefung und Erweiterung," *Europa-Archiv*, Bonn, Folge 10/1991, pp.318~326.

로써 EU회원국은 27개국으로 줄어들었다(참조: 〈표 14-2〉). 21세기에 들어와 무려 13개국이 신규 가입함으로써 EU는 '언어의 바벨탑'이라는 명성을 더하게 되었다. 현재 공식 언어는 24개에 이른다.

〈표 14-2〉 EC/EU의 회원국 변화

연 도	국 가 명	회원수
1958 (창설)	프랑스, 서독, 이탈리아, 벨기에, 네덜란드, 룩셈부르크(6)	6
1973(가입)	영국, 덴마크, 아일랜드(3)	9
1981(〃)	그리스(1)	10
1986(〃)	스페인, 포르투갈(2)	12
1995(〃)	오스트리아, 핀란드, 스웨덴(3)	15
2004(〃)	폴란드, 체코, 헝가리, 에스토니아, 라트비아, 리투아니아, 슬로베니아, 슬로바키아, 키프로스, 몰타(10)	25
2007(〃)	루마니아, 불가리아(2)	27
2013(〃)	크로아티아(1)	28
2020(탈퇴)	영국(-1)	27

(2) 기 구

그동안 EU는 기구 문제에서 많은 발전을 이룩하여 현재 상당히 견고하고 짜임 세가 있는 체계를 갖추고 있다. EU의 주요 기구를 간략히 소개하면 다음과 같다.

① 각국의 정상들로 구성된 유럽이사회(European Council)는 EU가 나아갈 방향을 제시하고 기본적인 원칙을 결정한다. 리스본조약으로 유럽이사회 상임의장이 신설되었다.

② 각국의 해당 부서 장관들로 구성된 각료이사회(Council)는 정책을 결정하고 법을 제정하는 기능을 한다.

③ 집행위원회(Commission)는 제안문건을 작성하여 각료이사회에 제출하며, 각료이사회에서 정한 정책과 법을 실행에 옮기고, 예산안을 작성하여 유럽의회에 제출한다.

④ 각국에서 직접선거에 의해 선출된 의원들로 구성된 유럽의회(EP)는 입법

과정에 여러 방법(공동결정, 협력, 협의, 동의)으로 참여한다. 그동안 여러 차례에 걸친 조약의 변경으로 EP의 기능은 확대되었으나 아직 여느 국가의 의회가 갖는 권능에는 미치지 못한다.

⑤ 사법기관(Court of Justice)은 EU의 조약과 법을 해석하고 적용시키는 업무를 수행한다.

이 외에 다음과 같은 기구들이 제도적으로 EU를 받치고 있다: 감사원(Court of Auditors), 경제사회위원회(Economic and Social Committee), 지역위원회(Committee of the Regions), 유럽중앙은행(European Central Bank), 유럽투자은행(European Investment Bank), 유럽옴부즈맨(European Ombudsman).

(3) 정   책

그동안 EU가 취급하는 정책상 업무영역은 크게 확장되었으며, 또한 질적으로 심화되었다. 아래에서는 주요 정책을 선별하여 간략히 설명하겠다.

EC는 1958년부터 역내관세를 점차적으로 인하하기 시작하여 1968년 7월(단, 농산품은 1970년 1월)에는 이를 완전히 철폐했다. 더 나아가 역외에서 들어오는 수입품에 부과하는 회원국들의 관세를 일원화하여 공동대외관세제도를 확립했다. 그리고 1993년에는 역내경계가 완전히 사라진 단일시장을 형성했다.

오랜 기간에 걸친 화폐통합에 관한 노력은 1999년 11개국(독일, 프랑스, 이탈리아, 벨기에, 네덜란드, 룩셈부르크, 스페인, 포르투갈, 아일랜드, 오스트리아, 핀란드)이 참여한 유럽단일통화인 유로(euro)의 출범으로 그 결실을 보았다. 2002년에는 유로 지폐와 주화의 통용이 개시되었다. 2001년 그리스, 2007년 슬로베니아, 2008년 키프로스와 몰타, 2009년 슬로바키아, 2011년 에스토니아, 2014년 라트비아, 2015년 리투아니아가 추가로 가입하여 현재 유로존(eurozone)은 총 19개국을 포괄하고 있다. 영국, 덴마크, 스웨덴은 스스로 유로존에 가입하는 것을 거부했다.

원칙적으로 유로존에서 통화정책은 유럽중앙은행(ECB)이 수립하고 집행하며, 재정정책은 각 국가가 운영한다. 2009년부터 일부 EU회원국들은 과도한 국가채무 증가로 재정상 어려움을 겪게 되었으며, 이는 결국 유로존을 위기로 몰아넣었다. 당시 그리스, 포르투갈, 아일랜드, 스페인, 키프로스가 외부(ECB, IMF, EU국가)로부터 긴급구제 금융을 받는 수모를 당했다.

회원국들은 1970년 창설된 유럽정치협력(EPC)의 틀 속에서 외교안보에 관한 문제를 서로 협의하고 조절하였다. 그러나 EU조약의 발효와 더불어 이들은 공동 외교안보정책(CFSP)을 추구하게 되었다.

회원국들은 망명, 국경통제, 불법이민, 마약, 국제사기, 테러리즘 등 내무·사법 분야에서 서로 협조한다. 이들 분야에서 정보교류 및 분석, 수사조율 등 회원국을 지원하기 위한 센터로 만들어진 유로폴(Europol)은 1999년 7월 1일 전면적으로 활동을 개시했다. 현재 유로폴은 관련국과의 연대 및 협의하에 그 관련국 영토에서 수사를 행할 수 있다. 단, 강제조치의 적용은 관련국에 유보되어 있다.

통합역량이 가장 약한 분야로 알려진 안보방위 영역에서 1990년대 이후 통합 움직임은 빠르게 진행되었다. 1990년대 진행된 유럽의 공동안보방위에 관한 정책을 표현한 개념인 유럽안보방위정체성(ESDI)은 니스조약(2003년 발효)에 의해 유럽안보방위정책(ESDP)으로 발전했다. NATO의 지배하에 있었던 ESDI와 달리 ESDP는 EU의 직접적인 관할권에 속하게 되었다. 그 후 리스본조약(2009년 발효)으로 ESDP는 좀 더 강한 의미를 지닌 공동안보방위정책(CSDP: Common Security and Defence Policy)으로 명칭이 바뀌었다. 현재 CSDP를 지원하기 위해 EU차원에서 여러 종류의 다국적군이 조직되어 활동하고 있다. 그동안 ESDP/CSDP는 세계 곳곳(마케도니아, 콩고, 조지아, 인도네시아, 수단, 팔레스타인, 이라크 등)에 다국적군을 파견하여 분쟁예방과 위기관리를 위해 노력하였다.

IV. 아태경제협력체(APEC)

1. 회원 현황

아태경제협력체(APEC: Asia-Pacific Economic Cooperation)는 호주 수상 호크(Bob Hawke)의 제안에 힘입어 1989년 아시아·태평양 지역 12개 국가들에 의해 창설되었다. 당시 호주 캔버라에서 개최된 APEC 창립총회는 통상장관회의로 시작되었다. 정상회의는 1993년 미국 시애틀에서 처음 개최되었으며, 그 이후 매년 열리고 있다.

그동안 APEC은 여러 차례 확대되어 현재 21개 회원을 포괄하고 있다(참조: 〈표 14-3〉). 회원자격 기준은 국가가 아닌 개별 경제체이다. 1991년 가입할 당시 홍콩은 영국식민지(현재: Hong Kong, China)로, 대만은 「중화 타이베이」(Chinese Taipei)라는 이름으로 참여했다. 실제에 있어서 APEC은 회원을 지칭하는 용어로 회원국(member countries)보다는 회원경제체(member economies)를 즐겨 사용한다.

〈표 14-3〉 APEC의 회원 확대

연 도	국 가 명	회원수
1989 (창설)	미국, 일본, 한국, 캐나다, 호주, 뉴질랜드, 태국, 말레이시아, 필리핀, 인도네시아, 싱가포르, 브루나이(12)	12
1991	중국, 대만, 홍콩(3)	15
1993	멕시코, 파푸아뉴기니(2)	17
1994	칠레(1)	18
1998	러시아, 베트남, 페루(3)	21

과거 APEC은 여러 가지 이유로 신규 회원 가입을 여러 차례 미룬 바 있다. 현재 파키스탄, 방글라데시, 몽골, 라오스, 스리랑카, 파나마, 코스타리카, 콜롬비아, 에콰도르 등 많은 나라들이 가입을 신청하고 대기 중에 있다. 태평양 연안국이 아닌 인도는 미국과 일본의 지지에도 불구하고 가입이 거부되었으며, 다만 2011년 처음으로 옵서버로 참여할 수 있게 되었다. 괌은 홍콩의 예를 들면서 개별 경제체로서 회원자격을 획득하고자 하나 미국은 이에 반대한다.

2. 창설배경 및 특징

(1) 창설배경

APEC의 창설에는 여러 상이한 요인들이 복합적으로 작용했다. 아래에서 이를 정리해 보겠다.

① 1960년대 말 태평양경제협의회(PBEC)가 결성되어 아시아·태평양 지역에서 민간차원의 경제협력 기반이 마련되었다. 1980년대 초에는 태평양경제협력회의(PECC)가 발족되어 지역협력문제에 대한 관료, 학계, 기업계의 공동노력이 전개되었다. 이러한 비정부 기구들의 한계를 극복하고 보다 실질적인 역내 경제협력을 도모하기 위하여 정부간 경제협력기구를 창설하게 되었다.

② 세계적인 지역주의화의 추세에 대응하기 위함이었다. 지역통합을 선두에서 이끌어 온 EC는 1986년 단일유럽의정서를 통하여 EU를 유럽통합의 목표로 설정했으며, 또한 1992년 말까지 역내시장을 완성한다는 의지를 다졌다. 북미에서도 지역기구의 설립에 대한 논의가 본격화되었으며, 이는 1989년 미국과 캐나다 간의 자유무역협정으로 나타났다. 그 외에 남미, 아프리카, 회교권 등 세계 도처에서 지역주의(regionalism)가 활기를 띠어 갔다.

③ 세계경제질서의 재편과정에서 「21세기는 아태지역의 세기」라고 표현될 정도로 아태지역은 가장 주목받는 지역으로 부상하고 있었다.25) 이 지역에는 당시 세계경제의 3대축(미국, EC, 일본)을 이룬 미국과 일본이 있었을 뿐만 아니라, 경제적으로 급부상하고 있는 중국이 있었고, 고도의 경제성장을 자랑하는 한국, 대만 등 아시아 신흥공업국들이 존재하였다. APEC은 이와 같이 세계경제의 중심으로 주목을 받는 아태지역의 역동적인 경제성장을 촉진시키고 상호의존을 효율적으로 관리하기 위한 지역협력의 필요성에 부응하여 창설되었다.

④ 동서냉전종식의 결과로 대규모 전쟁의 가능성은 줄어들었으나, 국제환경의 변화로 국제관계는 불확실해졌다. 이러한 불확실성은 정치적·경제적 변화로 새로운 질서가 형성되고 있는 아태지역도 예외는 아니었다.26) APEC 설립의 주된 동기는 경제협력이었지만 지역의 불안요소 제거와 평화유지 역시 설립의 한 이유가 되었다.

---

25) Werner Weidenfeld, "Asien im Brennpunkt," *Internationale Politik*, 10/1995, Bonn, p.1.
26) Chan Heng Chee, "Veränderte Machtkonstellationen in Asien," *Internationale Politik*, Bonn, 10/1995, p.3.

(2) 특   징

아래에서는 APEC의 성격을 결정짓는 여러 상이한 특징들을 파악하여 소개해 보겠다.

① 점진적으로 경제공동체 추구: 중·단기적으로는 무역활성화 조치와 함께 경제·기술 분야의 협력증진을 추구하며, 장기적으로는 역내 무역·투자 자유화를 실현한다.

② 개방적 지역주의 표방: 아태지역 내 무역자유화를 추진하되 역외국에 대한 배타적 지역주의는 지양하며, 상호주의에 입각하여 역내 자유화 조치의 혜택을 역외국에 부여한다(open regionalism).

③ 진화적 과정: 창설 당시에는 지역협력의 기본원칙에 대해서만 합의하고 향후 운용해 가는 과정에서 필요에 따라 탄력적으로 제도를 마련하고 기구를 확대한다.

④ 전체합의 방식의 의사결정: 역내 각국들이 가지고 있는 다양성을 인정하는 토대 위에서 협력을 추구하고, 이를 위해 전체합의(consensus)에 의한 의사결정 방식을 존중한다.

3. 발전과정

APEC은 역내의 경제협력기구들(NAFTA, AFTA, EAEC 등)을 대체하기보다는 이들을 포괄하는 느슨한 협력체로 출발했다. 1989년 12개국의 통상장관들이 모인 호주 캔버라 창립회의는 비공식적인 대화의 장(forum)에 불과했다. 그러나 1990년 제2차 각료회의부터 기구가 활성화되기 시작했으며, 여러 협력사업이 확정되었고, 이를 위한 실무반의 활동이 개시되었다. 특히 1993년 협력사업의 효율적인 관리를 위해 싱가포르에 상설 사무국(Secretariat)이 설치됨으로써 APEC은 국제기구의 성격을 갖추게 되었다.

그동안 APEC에 소극적인 태도를 보여 온 미국은 클린턴 행정부에 들어서 본격적인 관심을 보이게 되었으며, 이를 계기로 느슨한 협력체로 출발한 APEC의 성격도 변하기 시작했다. 1993년 7월 클린턴 대통령은 동경에서 개최된 G7회의에서

「신태평양공동체」의 건설을 제의했다. 같은 해 11월 미국 시애틀에서 열린 APEC 회의에서는 각료회의(제5차)와 더불어 처음으로 정상회의가 개최되었다. 미국이 이와 같이 APEC에 적극적인 태도를 보이게 된 이유는 고도의 경제성장을 지속하고 있는 동아시아의 중요성을 인식한 데다, 일부 아시아 국가들이 미국을 배제한 경제권을 만들려는 의도를 노골적으로 드러냈기 때문이었다.[27] 또한 미국은 APEC이라는 틀을 통해서 아시아 지역의 무역자유화를 추진하고자 했다.

미국의 적극적인 노력에 힘입어 1994년 인도네시아에서 개최된 APEC회의에서 역내 선진국은 2010년까지, 개도국은 2020년까지 무역 및 투자의 자유화를 달성하는 것을 골자로 한 「보고르선언」이 채택되었다. 한국은 개도국으로 분류되었다. 이어서 1995년 일본의 오사카회의에서는 무역투자자유화를 위한 9개항의 「오사카 행동지침」(OAA)이 채택되었고, 1996년 필리핀의 마닐라회의에서는 무역투자자유화를 구체적으로 실행에 옮기기 위한 「마닐라 실행계획」(MAPA)이 채택되었다. 그 후 개최된 연례 정상회의에서 보고르 목표달성은 지속적으로 강조되었다.[28]

창립 이래 APEC이 추구한 가장 중요한 목표는 역내 자유무역의 실현이다. 이와 관련하여 2006년 하노이 정상회의에서 아태자유무역지대(FTAAP: Free Trade Area of the Asia-Pacific)라는 개념이 구체적으로 논의되기 시작했다. FTAAP는 역내 포괄적인 수준 높은 자유무역협정(FTA)을 실현하겠다는 APEC 차원의 구상이었다. 하지만 그 후 진행된 논의의 대부분이 이전 수준에 머물렀다. 이에 따라 2014년 베이징회의에서 정상들은 FTAAP에 대한 전략적인 공동연구를 관계자들에게 위임함으로써 새로운 전기가 마련되었다. 그러나 미국과 중국(소위 G2국가)이 아태지역에서 주도권 확보를 위한 다툼을 치열하게 하고 있고, 역내 수많은 양자간 또는 다자간 FTA가 복잡하게 얽혀 있으며, 국가 내적으로 상존하는 자유무역 반대 목소리를 고려할 때, 연구와 협상에는 수년이 소요될 것으로 예상된다.

APEC이 다루는 핵심과제는 경제문제이다. 그렇지만 정상회의에서 경제외적

---

27) 1990년 말레이시아의 마하티르 총리는 미국이 배제된 동아시아경제권(EAEG: East Asian Economic Group)을 제안했으며, 이에 근거하여 ASEAN 내 합의를 바탕으로 EAEC(East Asian Economic Caucus)가 추진되었다.

28) 예컨대 2001년 상해 정상회의에서 APEC은 보고르 목표달성 촉진을 위한 「상해합의」(Shanghai Accord)를 이끌어 냈다. 2013년 인도네시아 발리 정상회의에서도 보고르 목표달성이 강조되었다.

인 문제도 다루어진다. 예컨대 1999년 오클랜드회의에서 동티모르사태와 북한 미사일문제 등 정치적 현안들이 주요 의제로 논의되었다. 2001년 상해회의에서 정상들은 미국 9.11테러와 관련하여 반테러 APEC선언문을 채택했다. APEC은 2006년 하노이 정상회의에서 북한 핵실험에 대한 우려와 6자회담 재개를 촉구하는 의장 구두성명을 채택했다. 2012년 블라디보스토크회의에서 정상들은 공동선언문을 통해 투자환경개선 차원에서 부패와의 전쟁에 공동 노력하겠다는 의지를 밝혔다. 2015년 마닐라회의에서 채택된 정상선언문을 통해 APEC은 11·13 파리테러 등을 강력히 규탄하고 테러와의 전쟁에서 국제협력 및 연대의 필요성을 강조했다. 하지만 2018년 파푸아뉴기니에서 개최된 정상회의는 무역문제를 둘러싼 미국과 중국의 이견 때문에 공동성명을 채택하지 못한 채 폐막되기도 했다.

4. 문 제 점

APEC에는 미국이나 일본과 같은 경제대국은 물론이고 파푸아뉴기니 같은 저개발국도 포함되어 있다. 아태지역에 대한 지리적 정의도 애매모호하다. 게다가 사회적·문화적 이질성, 일본의 제국주의 침략과 역사청산 문제, 국경문제 등 갈등 요소들이 상존한다.

느슨한 협력체로 출발한 APEC은 일정 정도의 제도화를 구비한 기구로 발전하였으며, 나아갈 방향도 무역 및 투자의 자유화로 집중시켰다. 그러나 확실한 의사결정방식이 존재하지 않고 합의에 의해 운영되고 있으며, 결정에 대한 구속력도 가지지 못한다. 예컨대 1996년 「마닐라실행계획」은 협상의 결과가 아니고, 각국이 제출한 계획을 종합한 것에 불과하다. 2010년 정상회의에서 제시된 시장통합 목표도 선언적 수준에 그쳤다고 보아야 한다. 이런 맥락에서 APEC은 엄밀한 의미에서 국제기구이기보다는 협력체에 가깝다고 말할 수 있겠다.

애초 APEC의 핵심의제는 무역 및 투자 자유화와 개발협력의 성격을 가진 기술경제협력이었다. 그러나 미국이 적극적으로 참여하게 되면서 APEC은 무역 및 투자 자유화를 추진하는 기구로 방향을 잡았고, 그 결과 APEC의 양대 목표 중 하나인 기술경제협력은 뒷전으로 밀려나 버렸다.

APEC은 무역과 투자 분야에서의 장애요소를 제거하여 역내 재화·자본·용역의 이동을 촉진시키고 지역의 안정과 번영을 달성하는 데 설립목적이 있다. 즉, APEC의 우선적인 과제는 무역과 경제문제이다. 그런데 APEC회의에서 경제외적인 정치·안보에 관한 이슈가 갈수록 강도 있게 다루어지는 것이 현실이다. 이에 따라 의제의 선정 및 논의 과정에서 회원국 간에 갈등이 표출된다.

 V. 아시아유럽정상회의(ASEM)

1. 회원구성과 창설배경

EU는 역사적으로 특별한 인연이 있고 자원이 풍부한 ASEAN 지역에 일찍부터 관심을 보였다. 이미 1978년 EU는 ASEAN과 각료회담을 개시했으며, 1980년에는 기본협정을 체결했다. 이어서 일본 및 중국과 각료회담을 정례화하였으며, 한국과는 1983년부터 각료급 연례 회담을 갖게 되었다. EU는 아시아의 위상을 고려하여 1994년 「신아시아전략에 대하여」(Towards a New Strategy for Asia)라는 보고서를 채택했다. 아시아와 유럽 간 정상급 대화의 필요성은 1994년 개최된 세계경제포럼(WEF)에서 구체적으로 제기되었다. 이어서 1995년 싱가포르에서 열린 ASEAN-EU 고위관리회의에서 아시아유럽정상회의(ASEM: Asia-Europe Meeting)의 추진이 결정되었다. 이 회의체에 한국, 중국, 일본 등 동북아 3국이 동참하기로 함으로써 ASEM은 성립될 수 있었다.

ASEM은 아시아와 유럽을 잇는 지역간 기구이다. ASEM 정상회의는 1996년 방콕회의를 시작으로 매 2년마다 아시아와 유럽에서 번갈아 열리고 있다.

ASEM은 1996년 아시아 10개국(태국, 싱가포르, 말레이시아, 인도네시아, 필리핀, 브루나이, 베트남, 한국, 중국, 일본)과 15개 EU회원국(프랑스, 독일, 이탈리아, 벨기에, 네덜란드, 룩셈부르크, 영국, 덴마크, 아일랜드, 그리스, 스페인, 포르투갈, 오스트리아, 핀란드, 스웨덴) 그리고 EU를 회원으로 출범했다. 그 후 ASEM은 회원확대를 거듭하여 2018년 벨기에 브뤼셀에서 개최된 제12차 정상회의에는 51개 국가와 2개 지역기구(EU, ASEAN)가 참여했다. 51개 회원국은 다음과 같이 분포되었다.

　　─ 28개 EU회원국

— EU에 속하지 않는 2개 유럽국가(노르웨이, 스위스)

— 21개 아시아국가(태국, 싱가포르, 말레이시아, 인도네시아, 필리핀, 브루나이, 베트남, 캄보디아, 라오스, 미얀마, 한국, 중국, 일본, 인도, 파키스탄, 몽골, 호주, 뉴질랜드, 러시아, 방글라데시, 카자크스탄)

유럽과 아시아는 지리적으로 멀리 떨어져 있고, 문화·종교적으로 이질적이며, 정치체계와 경제수준에서도 많은 차이를 보였다. 이러한 제약조건에도 불구하고 두 지역이 협력의 장으로서 ASEM을 창설하게 된 배경은 다음과 같다.

① 그동안 EC/EU는 EFTA(유럽자유무역연합), ACP(아프리카, 카리브연안, 태평양), 지중해연안 국가 등 회원국들과 역사적·지리적으로 인연이 깊은 지역에 많은 관심을 보여 왔으며, 아시아에 대한 관심은 상대적으로 적었다. 그러나 아시아(특히 동아시아) 국가들의 높은 경제성장이 1990년대에 들어와서도 지속되고, 이와 함께 EU와 아시아 간의 교역량이 증가하자, 아시아에 대한 EU의 관심이 증대하게 되었다.[29)]

② 1990년대에 들어와 동아시아 경제의 지속적이고 비약적인 성장으로 북미, 유럽, 아시아 지역으로 형성되고 있는 세계경제의 3극화 현상은 더욱 뚜렷해졌다. 그리고 이들 각 지역에서 지역화 움직임은 강화되었다. 즉, 유럽에서 EC가 EU로 발전하였고, 북미에서 NAFTA(북미자유무역협정)가 출범했으며, 아세안은 AFTA(아세안자유무역지대)를 결성했다. 이와 같이 지역내(intra-regional) 협력이 진전됨에 따라 이에 대한 반응으로 지역간(inter-regional) 협력이 모색되었다. 즉, 미주와 아시아 간에 APEC이 성립되었으며, 유럽과 미주 간에 TAFTA(범대서양자유무역지대)가 추진되었고, 아시아와 유럽 간에는 ASEM이 출범하게 되었다.

③ 미국은 NAFTA를 통해 북미지역의 경제적 결속을 강화하였고, APEC을 통해 아시아 지역과의 협력을 확대하였으며, TAFTA를 통해 유럽과 새로운 협력을 도모하였다. 이런 상황에서 유럽 국가들은 APEC이 지나치게 미국의 독주로 진행

---

29) 예를 들면 1990년에서 1995년 사이 한국, 중국, 그리고 ASEAN 국가들의 연 평균 실질 성장률은 약 7%를 기록하여 여타 지역보다 높았다. 그리고 아시아는 이미 1994년 EU의 총 대외 교역량의 23.2%를 차지하여 최대 교역상대로 부상했다. 이에 관해서는 신용대, "ASEM방콕 이후 아시아-유럽 경제협력 발전방향," 『유럽연구』, 겨울호(한국유럽학회, 1997), p.18 ; 외교안보연구원, 『ASEM의 출발과 한·EU관계』, 주요국제문제분석, 1996. 5. 29, p.5 참조.

되고 있다는 우려를 하게 되었고, 아시아 국가들 역시 미국 일변도의 대외경제관계를 염려하였다. 이렇듯 ASEM의 창설에는 아시아에서 미국의 독주를 견제하려는 유럽의 의도와 미국 일변도의 대외경제관계를 다변화하려는 아시아의 의도가 함께 작용하였다.[30]

④ 1990년대에 들어와 단일시장의 완성, EU로의 발전, 단일통화 도입예정 등 유럽통합이 심화되자 역외 국가들은 '유럽의 요새화'를 경계하게 되었다. 그러자 EU는 이러한 역외 국가들의 경계심을 불식시키고 국제적인 고립을 막기 위해 역외 지역과의 협력을 구체화시켰다.[31] 달리 말해서, 아시아에 대한 EU의 접근은 유럽통합의 심화와 병행하여 역외 지역과의 협력을 강화하려는 EU의 대외전략의 일환이었다.

2. 기 능

ASEM은 정치·안보, 경제, 사회, 문화 등 제 분야에서 아시아와 유럽 간 이해증진과 상호협력을 도모하고, 이를 통해 양 지역의 안정과 번영 그리고 발전에 기여하는 것을 목적으로 창설되었다.

지역간 기구는 다층적 글로벌 거버넌스의 한 층을 형성하는 국제기구로서 일반적으로 균형맞춤, 제도형성, 다자적 유용성, 의제설정, 정체성형성 등 5가지 기능을 수행한다.[32] 다음에서는 지역간 기구의 하나인 ASEM이 수행해 온 이들 기능을 파악해 보겠다.[33]

---

30) Frankfurter Allgemeine Zeitung, 1998년 4월 6일, p.4.

31) 아시아에 대한 접근 외에도 EU는 1995년 북아프리카, 중동 등 지중해연안 국가들과 2010년까지 자유무역지대를 형성한다는 내용의 바르셀로나 선언을 발표하였고, NAFTA와는 TAFTA를 추진하기 시작했으며, 메르코수르(남미공동시장)와도 경제협력 방안을 모색하였다.

32) Jürgen Rüland, "Interregionalism and the Crisis of Multilateralism: How to keep the Asia-Europe Meeting(ASEM) Relevant," *European Foreign Affairs Review*, Spring 2006, pp.47~48.

33) 한종수, "지역간 다자기구로서 ASEM에 관한 연구," 『한국동북아논총』, 제11권 제4호, 2006, pp.286~291.

(1) 균형맞춤

지역간 기구가 행하는 기능으로서 균형맞춤(balancing)은 냉전체제 종식 후 뚜렷하게 형성된 세계경제 3대 축(아시아, 유럽, 미주) 간에 균형을 맞추어 나가는 것을 의미한다. 실제로 APEC은 EU의 장벽 쌓기를 뜻하는 '유럽의 요새화'로 인해 초래된 두려움에 대한 환태평양 국가들의 반응으로 성립되었으며, ASEM은 APEC에 대한 EU국가들의 반응으로 출현하였고, TAFTA(범대서양자유무역지대)는 ASEM에 대한 미주 국가들의 반응으로 추진되었다.[34] 1990년대 이래 미주와 유럽 간에 진행되어 온 TAFTA(Transatlantic Free Trade Area)에 관한 협상이 지지부진해지자, 2013년부터 미국과 EU 간에 범대서양무역투자동반자협정(TTIP: Transatlantic Trade and Investment Partnership)이 추진되었다.

ASEM은 세계경제 3대 축 간의 상호관계에 있어서 그동안 협력관계가 상대적으로 미약했던 아시아와 유럽 간의 관계를 보강하여 3대 지역 간 균형을 맞추는 기능을 수행했다. 물론 자유무역지대의 형성을 추진하고 있는 APEC이나 TTIP와 달리 ASEM이 일종의 대화체 내지는 협력체에 불과한 점을 고려할 때, 3대 축 간 균형을 맞추어 나가는 ASEM의 기능은 질적인 면에서 한계를 갖고 있음은 사실이다.

(2) 제도형성

아시아와 유럽을 연결하여 협력을 강화하려면 제도형성(institution-building)이 필요하다. 그런데 ASEM은 포괄적인 의제를 다루는 비공식 대화의 장으로 출발했으며, 지금까지 공식기구로 발전시키는 것과 같이 필요 이상으로 제도화하는 것을 거부하는 원칙을 견지해 왔다. 이에 따라 ASEM은 APEC과 달리 실무를 담당할 사무국조차 두지 않고 있다. ASEM의 비공식적 성격(informality)은 기구의 명칭('Meeting')에서도 잘 드러난다.

이와 같이 ASEM은 비공식성의 원칙에 따라 필요 이상의 제도화를 거부하고 있지만, 다양한 의제에 대한 효율적인 정책결정이 가능하도록 다양한 협의채널을

---

34) Jürgen Rüland(2006), p.48.

가동하고 있다. 매 2년마다 개최되는 정상회의 바로 아래 수준에서는 외무, 경제, 재무, 문화 등 분야별 각료회의가 개최되어 해당 의제에 관해 협의한다.[35] 각 분야별 각국 실무책임자로 구성된 고위관료회의(SOM)는 정상회의에서 합의된 사항을 이행하기 위한 후속조치를 협의하며 각료회의를 보좌하는 역할을 한다. ASEM은 정부간 기구이지만 비정부 차원에서도 제도형성이 이루어져 협력을 도모되고 있다. 현재 아시아유럽재단(ASEF), 아시아유럽비전그룹(AEVG), 아시아유럽비즈니스포럼(AEBF), 기업인회의(Business Conference) 등 각종 협력조직이 활동하고 있다.

(3) 다자적 유용성

다자적 유용성(multilateral utility)은 일종의 다자기구인 지역간 기구가 역내는 물론이고 전 지구적 차원의 국제체제에서 안정, 평화, 번영, 평등과 같은 보편적 가치가 유지·확대되도록 기여하는 틀의 역할을 하는 것을 의미한다.[36] 좀 더 구체적으로 말해서, 지역간 기구는 위에서 언급한 가치들과 관련된 사안에 있어서 회원국들의 의사를 하나로 묶으며, 이를 국제정치에서 이슈화하고, 더 나아가 전 지구적 차원의 다자기구(UN, WTO, IMF, WHO 등)에서 조정하고 협력하는 기능을 수행한다는 것이다.[37]

그동안 ASEM은 인권침해, 테러리즘, 금융위기, 기후변화, 북한 핵무기개발 등 인류의 안정, 평화, 번영 등을 해치는 글로벌 이슈들을 정상회의에서 논의하고 그 결과를 선언 또는 의장성명 형태로 국제사회에 공표함으로써 다자적 유용성의 기능을 수행해 왔다. 예를 들어 2014년 이탈리아 밀라노에서 개최된 정상회의에서 ASEM은 의장성명을 통해 지구온난화와 인권과 같은 글로벌 이슈에 대한 의견을 밝혔다. 이 성명에 의하면 정상들은 온실가스배출을 감축하기 위해 국제사회의 지속적이고 즉각적인 행동이 요구된다는 데 의견을 같이하였고, 더 나아가 2014년

---

35) 외무장관회의는 정치·안보 분야에 대한 논의는 물론이고 다른 각료회의의 논의를 취합하여 정상회의 의제로 상정하고 주요 현안에 관한 회원국의 의견을 수렴하는 등 특별한 위치에 있다.

36) Christopher M. Dent, "The Asia-Europe Meeting and Inter-Regionalism," *Asian Survey*, Mar/Apr2004, pp.213~214.

37) 한종수(2006), p.288.

리마와 2015년 파리에서 개최될 유엔기후변화협약 당사국총회(UNFCCC)의 성공을 위해 협조하기로 했다. 또한 이들은 UN헌장에 따른 인권의 신장과 보호에 관한 국제사회의 약속을 재확인했다.[38]

(4) 의제설정

아시아와 유럽 간 회의를 열기 위해서는 먼저 의제를 설정하는 작업이 필요하다. ASEM에는 고위관료회의 하부에 조정국회의가 설치되어 있다. 조정국회의는 국가별 혹은 지역별 의견을 취합하고 조정하여 의제설정(agenda-setting)을 준비하는 하부구조로서의 기능을 수행한다. 외무장관회의는 고위관료회의와 각료회의의 논의를 모아 정리하여 이를 정상회의의 의제로 상정한다. 물론 정상회의에서는 고위관료회의나 외무장관회의가 준비한 의제를 중심으로 회의가 진행되지만, 각 정상들은 이에 구속받지 않고 회의진행 과정에서 중요하다고 생각하는 사안을 자유롭게 제안하여 토의할 수도 있다.

(5) 정체성형성

지역간 기구가 갖는 기능으로서 정체성형성(identity building)은 서로 다른 지역이 교류하고 협력하는 과정에서 상대방을 인식하고 친밀감과 일체감을 쌓아가는 것을 말한다. 위에서 살펴본 바와 같이, ASEM에는 국가차원에서 각종 회의체가 마련되어 상호 협력할 뿐만 아니라, 민간차원에서 각종 협력체가 결성되어 활동하고 있다. 이런 맥락에서 ASEM은 나름대로 양 지역의 정체성형성에 기여하는 기능을 수행한다고 말할 수 있다.

3. 문 제 점

여느 국제기구와 달리 ASEM은 구속력 있는 결과를 도출하기 위한 협상기구

---

38) "Chair's Statement of the Tenth Asia-Europe Meeting Milan, 2014," http://www. consilium.eurp (2015년 10월 14일 검색).

가 아니며, 탄력적이고 포괄적인 공통 관심사에 대하여 논의하고 협력을 지향하는 일종의 대화체 내지는 협력체이다. 그동안 정상회의는 각종 선언과 성명을 통해 다양한 내용의 결정사항들을 발표했지만, 이들을 구체적으로 실현시킬 실행계획(action plan)을 제시하지는 못했다.

ASEM은 양 지역의 정치·안보, 경제·재정, 사회·문화·교육 등 다양한 분야에서의 협력강화를 목적으로 한다. APEC의 의제가 경제문제에 집중되고 있어 단순하면서 효율적인 데 반하여, ASEM의 의제는 매우 광범위하여 집중력이 떨어진다는 비판을 받는다.

지금까지 ASEM은 공식기구로 발전시키는 것과 같이 필요 이상으로 제도화하는 것에 반대하는 원칙을 고수하여 왔다. 이에 따라 ASEM은 실무를 담당할 사무국조차 마련하지 않고 있다.

ASEM은 원칙적으로 전체합의(consensus)에 의한 결정방식을 따르고 있다. 이 방식은 느슨한 회의체를 유지시키는 데는 도움이 되지만, 결속력을 갖는 기구로의 발전을 도모하는 데는 한계를 갖는다.

ASEM의 설립은 아시아에서 미국이 지닌 우월적 지위와 일방적 외교행위를 견제하기 위한 유럽과 아시아의 공통된 이해 속에서 추진된 측면도 있다. 그러나 미국이 양 지역에 미치는 정치적, 경제적, 안보적 영향력을 고려할 때, 미국을 견제하기 위한 ASEM의 행위능력은 제한적일 수밖에 없다.

박홍순, "유엔의 국제정치," 윤영관·황병무 외, 『국제기구와 한국외교』, 민음사, 1996.

서병철, "유럽 신안보 질서와 NATO 확대," 『외교』 제43호, 한국외교협회, 1997.

신용대, "ASEM방콕 이후 아시아-유럽 경제협력 발전방향," 『유럽연구』, 겨울호, 한국유럽학
회, 1997.

외교안보연구원, 『ASEM의 출발과 한·EU관계』, 주요국제문제분석, 1996. 5. 29.

외교통상부, 『ASEM 길라잡이』, 외교통상부 중유럽과, 2010.

이경희, 『현대국제정치학』, 형설출판사, 1988.

이서항, "유럽안보기구: 북대서양조약기구, 서유럽연합, 유럽안보 및 협력기구를 중심으로,"
윤영관·황병무 외, 『국제기구와 한국외교』, 민음사, 1996.

한종수, 『유럽연합(EU)과 한국』, 동성사, 1998.

한종수, "지역간 다자기구로서 ASEM에 관한 연구," 『한국동북아논총』, 제11권 제4호, 2006.

동아일보, 2015년 11월 16일.

Andersen, Uwe/Woyke, Wichard(eds.), *Handwörterbuch Internationale Organisationen*,
Opladen: Leske und Budrich, 1985.

Arnold, Hans, "Die Europäische Gemeinschaft zwischen Vertiefung und Erweiterung,"
Europa-Archiv, Bonn, Folge 10/1991.

Asmus, Ronald D./Kugler, Richard L./Larrabee, F. Stephen, "Building a New NATO,"
Foreign Affairs, 72-4, September/October, 1993.

Brown, Michael E., "The Flawed Logic of NATO Expansion," *Survival*, Vol. 37, 1995.

Chee, Chan Heng, "Veränderte Machtkonstellationen in Asien," *Internationale Politik*,
Bonn, 10/1995.

Dent, Christopher M., "The Asia-Europe Meeting and Inter-Regionalism," *Asian Survey*,
Mar/Apr, 2004.

Elerk, Andrew, "APEC-Motives, Objectives and Prospects," *Australian Journal of
International Affairs*, Vol. 64, No. 2, 1992.

European Parliament, *Summary of the Constitution adopted by the European Council in
Brussels on 17/18 June 2004.*

Holland, Martin, *European Integration: From Community to Union*, London: Pinter
Publishers, 1995.

Jacobsohn, John A. *An Introduction to Political Science,* Belmont: Wadsworth Publishing Co., 1998.

Kozin, V., "The Kremlin and NATO: Prospects for Interaction," *International Affairs,* Moscow, 3/2000.

NATO, *NATO Handbook,* Brussels: NATO Office of Information and Press, 1995.

Riggs, Robert E./Plano, Jack, C., *The United Nations: International Organization and World Politics,* Chicago: The Dorsey Press, 1988.

Roberts, Adam/Kingsbury, Benedict(eds.), *United Nations, Divided World: The UN's Roles in International Relations,* Oxford: Oxford University Press, 1993.

Rüland, Jürgen, *The Asia-Europe Meeting(ASEM): Towards a New Euro-Asian Relationship?,* Universität Rostock, 1996.

Rüland, Jürgen, "Interregionalism and the Crisis of Multilateralism: How to keep the Asia-Europe Meeting(ASEM) Relevant," *European Foreign Affairs Review,* Spring 2006.

Sontheimer, Kurt, *Grundzüge des politischen Systems der Bundesrepublik Deutschland,* München: Piper, 1980.

Thränert, Oliver, "Perspektiven russischer Außenpolitik," *Aus Politik und Zeitgeschichte,* Bonn, B 30-31/1997.

UN Secretariat, *Assessment of Member States' contributions to the United Nations regular budget for the year 2009,* 24 December 2008(retrieved 7 July 2009).

Weidenfeld, Werner, "Asien im Brennpunkt," *Internationale Politik,* 10/1995, Bonn.

Weindl, Josef, *Europäische Gemeinschaft(EU),* München: Oldenbourg, 1996.

Wessels, Wolfgang, "Maastricht: Ergebnisse, Bewertungen und Langzeittrends," *integration,* Bonn, 1/1992.

Wessels, Wolfgang, "Der Amsterdamer Vertrag: Durch Stückwerksreformen zu einer effizienteren, erweiterten und föderalen Union?," *integration,* Bonn, 3/1997.

Frankfurter Allgemeine Zeitung, 1998년 4월 6일.

"Chair's Statement of the Tenth Asia-Europe Meeting Milan, 2014," http://www.consilium.eurp (2015년 10월 14일 검색).

"NATO: Harmel Report," http://www.nato.int/cps/natolive (2015년 9월 16일 검색).

"NATO," http://en.wikipedia.org/wil (2015년 9월 18일 검색).

"NATO-Russia relations," http://www.nato.int/ (2015년 9월 18일 검색).

찾아보기

ㅇ

ㅈ

ㅊ

ㅋ

ㅌ

한 종 수

■ 약 력

- 고려대학교 정치외교학과 졸업
- Universität Tübingen(독일) 정치학 석사, 박사
- University of Iowa(미국) 방문교수
- 한독정치학회장
- 호남국제정치학회장
- 한국정치학회 부회장
- 한국세계지역학회 부회장
- 한·독사회과학회 부회장
- 원광대학교 사회과학대학장
- 현, 원광대학교 명예교수

■ 저 서

- Die Beziehungen zwischen der Republik Korea und der Bundesrepublik Deutschland 1948-1986
- 유럽연합(EU)과 한국
- 현대유럽정치(공저)
- 국제기구와 한국외교(공저)
- 현대정치이론과 체제변동(공저)
- 권력과 리더십 5(공저)
- 현대정치학의 이해
- 북한외교정책(공저)
- 유럽통합과 국제정치(공저)
- 독일과 유럽연합(EU) 정치(공저)
- 유럽연합의 법, 정치와 대외관계(공저)

제3판 정치학개론

2006 년 2 월 15 일 초 판 발행
2020 년 8 월 17 일 제3판 발행

저 자 한 종 수
발행인 이 방 원
발행처 세창출판사
　　　서울 서대문구 경기대로 88 냉천빌딩 4층
　　　전화 723-8660　　팩스 720-4579
　　　E-mail: edit@sechangpub.co.kr homepage: www.sechangpub.co.kr
　　　신고번호 제300-1990-63호

잘못 만들어진 책은 바꾸어 드립니다.
무단복제를 금합니다.

ISBN 978-89-8411-968-0 93340

이 도서의 국립중앙도서관 출판예정도서목록(CIP)은 서지정보유통지원시스템 홈페이지(http://seoji.nl.go.kr)와 국가자료공동목록시스템(http://www.nl.go.kr/kolisnet)에서 이용하실 수 있습니다.(CIP제어번호:CIP2020032082)